· 普通高等教育“十三五”规划教材
· 国家自然科学基金项目资助出版（编号：51205208）

汽车新技术概论

陈　刚　王良模　杨　敏　韩冰源　编著

国防工業出版社
· 北京 ·

内 容 简 介

本书比较全面系统地介绍了近几年在汽车上使用的新技术，以及作者近十年来的研究成果。全书共分10章，内容包括代用燃料汽车（包括清洁燃料汽车、气体燃料汽车、氢燃料汽车和生物燃料汽车）技术，电动汽车（包括蓄电池电动汽车、混合动力电动汽车和燃料电池电动汽车）技术，汽车节能环保技术（包括发动机电子喷射技术和汽车排气净化技术），汽车安全技术（包括主动安全技术和被动安全技术），智能网联技术（包括车载网络、智能汽车、车联网和驾驶机器人技术），其他汽车新技术（包括汽车CAD技术、汽车线控技术、汽车产品开发技术、汽车新材料及应用、四轮转向系统、电动助力转向系统、主动式转向系统、电控悬架系统、自动变速器、车身自动水平调整系统和汽车电子故障诊断技术）。

本书可作为车辆工程、装甲车辆工程、汽车服务工程、机械工程及自动化、载运工具运用工程等专业的本科生或专科生教材，也可以作为从事相关专业的工程技术人员的参考书。

图书在版编目（CIP）数据

汽车新技术概论/陈刚等编著．—北京：国防工业出版社，2016.6
普通高等教育“十三五”规划教材
ISBN 978-7-118-10881-1

Ⅰ.①汽…　Ⅱ.①陈…　Ⅲ.①汽车—高技术—高等学校—教材　Ⅳ.①U46

中国版本图书馆CIP数据核字（2016）第141126号

※

国防工業出版社出版发行
（北京市海淀区紫竹院南路23号　邮政编码100048）
三河市鼎鑫印务有限公司印刷
新华书店经售

*

开本 787×1092　1/16　**印张** 15　**字数** 344千字
2016年6月第1版第1次印刷　**印数** 1—4000册　**定价** 35.00元

国防书店：（010）88540777　　发行邮购：（010）88540776
发行传真：（010）88540755　　发行业务：（010）88540717

前 言

近年来，能源危机、大气污染、交通事故、交通拥挤等社会问题日益严重。为解决这些问题，以现代信息技术、电子控制技术、新材料和新工艺等技术为先导，汽车新技术获得了突飞猛进的发展，各种汽车新技术不断涌现。

本书偏重于讲述新能源、新能源汽车、无人驾驶汽车、节能环保、车联网、汽车新材料等方面的技术，在内容上与国内已经出版的图书具有一定的互补性。另外，国内外新能源及新能源汽车技术，无人驾驶汽车技术，复合材料和功能材料等新材料在汽车上的应用等成为国内外研究前沿和研究热点。随着 Google 无人驾驶汽车在美国加州试运行，无人驾驶汽车及驾驶机器人成为汽车工业发展的一个重要发展方向。但目前还没有一本系统地讲述这些技术的图书，因此本书具有重要的出版价值。

本书内容包括 10 章，由南京理工大学陈刚、王良模，南京理工大学紫金学院杨敏，江苏理工学院韩冰源编著。分工为：陈刚（第 1 章、第 3 章、第 7 章、第 10 章）、王良模（第 2 章、第 4 章、第 6 章）杨敏（第 8 章、第 9 章）、韩冰源（第 5 章）。

本书是国家自然科学基金项目（编号：51205208）、江苏省六大人才高峰计划项目（编号：2015-JXQC-003）、江苏省产学研前瞻性联合研究项目（编号：BY2015004-02）、中央高校基本科研业务费专项资金项目（编号：30916011302）的部分研究成果。本书的编写得到了南京理工大学教务处的大力支持，是南京理工大学“十二五”规划教材。

本书可作为车辆工程、装甲车辆工程、机械工程及自动化、汽车服务工程、交通工程、电子信息、计算机、电气工程及自动化等专业教材，也可作为从事相关专业的工程技术人员的参考书。

由于编者的水平有限，书中疏漏之处在所难免，欢迎广大读者指正。

编著者

目　录

第1章 概论

1.1 世界汽车工业的发展

世界汽车工业的发展经历了以下几个时期。

1. 诞生时期(1886—1900 年)

1886 年,戴姆勒一号车为世界上第一辆汽车(图 1.1),后置发动机,后轮驱动,后轮比前轮大一倍,利用转向杆转向,时速 10km 左右。1926 年,本茨与戴姆勒成立了戴姆勒—奔驰汽车公司(图 1.2)。后又相继出现了一批汽车制造公司,生产的汽车包括福特(图 1.3)、劳斯莱斯(图 1.4)、保时捷(图 1.5)、菲亚特(图 1.6)、沃尔沃(图 1.7)、法拉利(图 1.8)、林肯(图 1.9)、雷诺(图 1.10)、雪铁龙等。这一时期的汽车生产方式是手工生产。发动机功率仅有 1.5kW~2.5kW,只能乘坐 2~3 人,并且设有门窗、车篷等。这个时候的汽车只是供绅士贵族娱乐的工具。

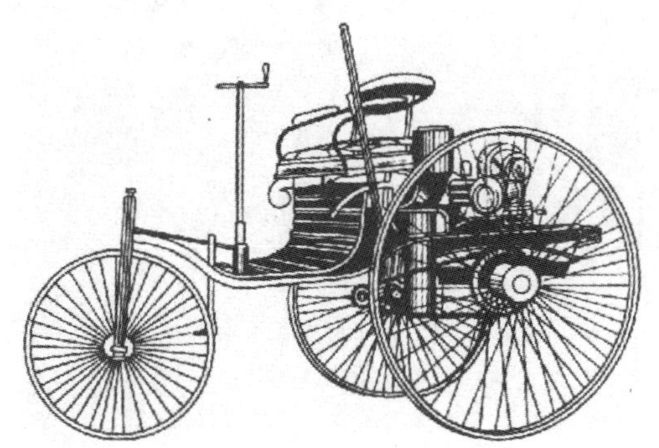

图 1.1　世界上第一辆汽车:奔驰一号车

图 1.2　梅赛德斯—奔驰

2. 汽车工业的创建期(1900—1920 年)

这个时期,汽车的需求量增大,车速变快。美国的亨利·福特创立了流水线的生产方式,使生产效率大大提高,成本下降。到 1920 年,汽车保有量达 200 万辆。主要产品为小轿车。

图 1.3　福特 T 型车

图 1.4　劳斯莱斯

图 1.5　保时捷

图 1.6　菲亚特

图 1.7　沃尔沃

图 1.8　法拉利

3. 汽车产品的发展时期(1920—1950 年)

这个时期里出现了第一次经济危机,汽车产品出现了供大于求的情况,汽车工业不景气,开始开发新产品。例如大客车、载重汽车、军用车,通过开发新车型,带动汽车消费等。这期间,发展很快的通用汽车公司的规模超过了福特汽车公司。特别是 1939 年第二次世界大战爆发,促进了军用车、越野汽车的发展。到 1950 年,汽车产品性能趋于完善,汽车结构趋于成熟,已经成为系列。

图 1.9　林肯大陆

图 1.10　雷诺

4. 汽车技术的进步时期(1950 年至今)

20 世纪 50 年代出现了高速公路,促进了汽车工业的再发展,且呈现汽车技术和其他科技的发展紧密结合的趋势,如电子学科、人体工效、非金属材料等。几个主要的技术突破如下:

转子发动机:经济性好,体积小,转速高。

根据柴油机的燃烧规律,采用了增压技术。力求做到污染少、质量轻、噪声小,从而出现了电子控制燃料供给系统。

高速公路的发展,使车速提高,促进了汽车性能的提高,主要是安全性能的提高,这些汽车安全系统包括:制动系统加制动力调节装置和电子防抱死系统,防碰撞系统,自动调节悬架。

空气动力学的发展,促进了降低空气阻力技术的发展和车速的提高。

电子计算机应用到汽车设计和制造中,包括计算机辅助设计(Computer-Aided Design, CAD)和计算机辅助制造(Computer-Aided Manufacturing, CAM),极大促进了汽车技术的进步。

20 世纪 70 年代,由于中东战争,出现了石油危机。油价的上升,人们关心的是省油、价廉。日本的丰田汽车公司率先推出了省油型、小排量汽车,之后迅速占领了美国市场。并且出现了代用燃料汽车——甲醇汽车、氢气汽车、天然气汽车、太阳能汽车、电动汽车等。

另外,由于汽车中越来越多地引进微处理器,传感器,执行器,汽车结构由单一的机械系统转变为机—电—液一体化系统,并逐步具有人工智能。汽车正在向自动化和智能化方向发展。

1.2　中国汽车工业的发展

在过去一个世纪里,中国汽车工业从无到有、从小到大,走过颇不平凡的道路。

1951 年,中国批准设计了仿吉尔 150,年产量 3 万。1953 年,中国第一汽车制造厂兴建,中国的汽车工业从此诞生了。1956 年 7 月 15 日,第一辆汽车 CA10 开下装配线。第一汽车制造厂的解放牌汽车共生产了 30 多年,车型由 CA10 发展到 CA10B,CA15,CA141。设计生产从刚开始的年产量 3 万,到 1985 年的年产量 10 万,其中 CA141 达到了国外 20 世纪

70年代的水平。1958年后,国家又相继成立了很多汽车厂,如南京汽车制造厂(代表车型NJ130)、北京汽车制造厂(代表车型BJ130)、济南汽车制造厂(代表车型JN150)、上海汽车制造厂(代表车型SH760)。这时中国的汽车工业处于仿制阶段。1965年到1981年,中国汽车工业处于闭门造车的阶段。这个阶段相继出现了中国第二汽车制造厂,陕西汽车制造厂,四川制造汽车厂等。1975年7月1日,在湖北十堰的第二汽车制造厂,“东风”系列的第一个基本车型-2.5t越野车正式投产。

1981年到现在,我国汽车产品处于更新换代时期。“一汽”由CA10B发展到CA141,共有37个系列品种。1987年,国家批准“一汽”成为我国三大轿车生产基地之一。1984年1月15日,首家中外合资汽车企业——中美合资北京吉普汽车有限公司开业,生产当时的美国切诺基XJ系列四轮驱动越野车。整车企业较大规模地引入外资,标志着中国汽车工业的全面开放。紧随北京吉普之后的上海大众、一汽大众、神龙、上海通用、广州本田等轿车项目,南京依维柯、江铃、庆铃、金杯等轻型车项目获得成功,合资企业成为中国汽车工业的重要组成部分。

1994年3月12日,国务院批准中国第一部,也是中国唯一一部产业政策:《汽车工业产业政策》。在20世纪的最后几年里,德国大众、日本本田、美国通用等跨国公司,通过在中国的合资企业建立与规范销售服务体系。2000年,中国汽车产量首次超过200万辆。中国跻身世界汽车十强之列。汽车产量在1971年、1988年、1992年和2000年分别突破10万辆、50万辆、100万辆和200万辆。2013年我国汽车产销量双双突破2000万辆,其中产量为2211.68万辆,销量为2198.41万辆。2014年我国汽车产销量双双突破2300万辆,其中产量为2327万辆,销量为2349万辆。至此,中国已经连续5年蝉联全球第一。

1. 初创阶段(1949—1965年)

初创阶段的特征是:首先建成了中国第一汽车制造厂,实现了中国汽车工业零的突破;接着建立了南京汽车制造厂、上海汽车制造厂、济南汽车制造厂、北京汽车制造厂,形成了5个汽车生产基地。

1949年,中华人民共和国成立后,就开始了建立我国汽车工业的筹备工作。1949年10月,在中央重工业部内设置了汽车工业筹备组。1950年1月,中共中央代表团访问苏联,商定苏联帮助中国建设156项重点工程,其中包括建设一座现代化汽车厂。

1) 第一汽车制造厂的建立

1953年7月15日,在长春孟家屯举行了隆重的第一汽车制造厂建设奠基典礼。1956年7月15日,第一批国产解放牌汽车(图1.11,原型是苏联制造生产的吉斯150型汽车)从总装配线上驶出,这表明中国不能制造汽车的历史从此结束,为中国汽车工业竖起了里程碑,圆了几代人的汽车梦。

1957年5月,第一汽车制造厂开始设计轿车。1958年5月5日,第一汽车制造厂生产出第一辆东风CA71型轿车,如图1.12所示,是中国人制造的第一辆轿车,迈出了中国人自制轿车的第一步。东风轿车前端的发动机罩上装饰了一个金龙腾飞的车标。

1958年7月,第一汽车制造厂又试制出东风CA72型高级轿车,如图1.13所示。发动机为8缸、V形排列,功率为162kW/(4000r/min),装有自动变速器。散热器罩窗孔采用中国传统的扇子造型,后灯采用大红宫灯,发动机罩上方标志是三面红旗。红旗牌高级轿车是

图1.11 第一批国产解放牌汽车

图1.12 东风CA71型轿车

图1.13 东风CA72型轿车

国产高级轿车的先驱。1963年8月,第一汽车制造厂建成小批量生产能力的轿车分厂,逐步形成具有批量生产能力的红旗牌轿车生产基地。经过进一步改进产品性能和质量,第一汽车制造厂又试制出红旗CA770型三排座高级轿车。1966年4月,首批20辆红旗CA770型轿车送到北京,作为国家主要领导人乘坐用车。

2)其他汽车生产基地的形成

至1966年,我国汽车工业已形成第一汽车制造厂、北京汽车制造厂、南京汽车制造厂、上海汽车制造厂、济南汽车制造厂5个汽车生产基地,基本填补了汽车类型的空白。

(1)南京汽车制造厂。1958年3月,在南京汽车制造厂诞生了第一辆跃进NJ130型轻型载货汽车,如图1.14所示,原型是苏联高尔基莫托洛夫汽车制造厂生产的嘎斯51型汽车。跃进NJ130型汽车投产后成为当时我国轻型载货汽车的主力车型。

图 1.14　南京跃进 NJ130 型轻型载货汽车

（2）上海汽车制造厂。20 世纪五六十年代，除了少量的红旗轿车供中央领导和省部级领导使用外，迫切需要一种普及型轿车供公务用。上海因其技术和经济上的优势，不失时机地开始向轿车进军。1957 年开始生产越野汽车，1958 年生产上海 SH58-1 型三轮车。1958 年 9 月，第一辆国产凤凰牌轿车诞生，开创了上海制造轿车的历史。1964 年凤凰牌轿车更名为上海 SH760 型轿车（图 1.15），该车一直到 20 世纪 80 年代上海桑塔纳轿车生产才退出历史舞台。

图 1.15　上海 SH760 型轿车

（3）济南汽车制造厂。济南汽车制造厂的前身是始建于 1935 年的一家汽车配件厂。1959 年，济南汽车制造厂参照了捷克生产的斯柯达 706RT 8t 载货汽车设计我国的重型载货汽车。1960 年 4 月，试制成功了黄河 JN150 型重型载货汽车（图 1.16）。从此，黄河汽车驰骋于祖国大地。

图 1.16　黄河 JN150 型重型载货汽车

(4) 北京汽车制造厂。20 世纪 60 年代初,中苏关系破裂,我国军用指挥车失去了供应货源,于是中央军委指示一定要尽快开发出部队装备用车。1961 年,国防科委批准了关于以北京汽车制造厂作为生产轻型越野汽车的基地。1961 年,试制出第一辆北京 BJ210 型轻型越野汽车,经过改进试制,1963 年 3 月定名为北京 BJ210C 型轻型越野汽车。1964—1966 年,试制、鉴定定型北京 BJ212 型轻型越野汽车(图 1. 17)。从此北京汽车制造厂成为我国轻型越野汽车的生产基地。

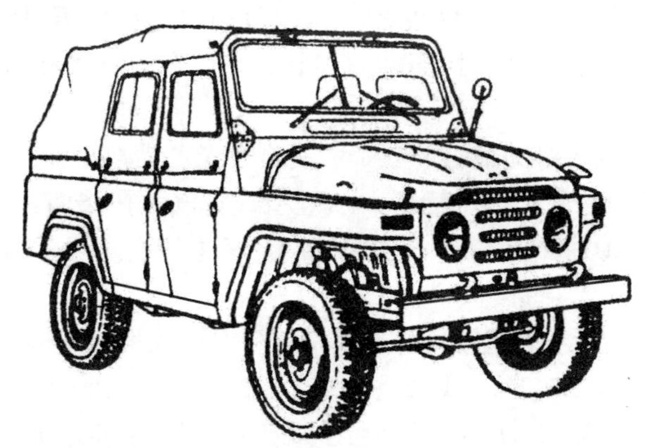

图 1. 17 北京 BJ212 型轻型越野汽车

2. 成长阶段(1966—1980 年)

成长阶段的特征是:先后兴建了第二汽车制造厂、四川汽车制造厂和陕西汽车制造厂三个主要生产军用越野汽车的三线汽车制造厂;开发矿用自卸汽车和重型汽车;5 个老汽车生产基地为包建和支援第二汽车制造厂、四川汽车制造厂、陕西汽车制造厂作出了巨大贡献,其自身也得到一定发展;地方积极建设汽车制造厂,汽车生产的分散局面已经形成。

1) 第二汽车制造厂的建立

1964 年,第二汽车制造厂建设被列入第三个五年计划。1967 年 4 月 1 日,第二汽车制造厂举行开工典礼大会。“二汽”兴建期间正值“文化大革命”,后由于各种干扰不得不被迫停工。1969 年 9 月,在国务院的领导下,扭转了“二汽”建设停工的局面,步入大规模建设阶段。1975 年 7 月 1 日,建成第一个基本车型东风 EQ240 型 2. 5t 越野汽车生产基地。1978 年 7 月 15 日,建成第二个基本车型东风 EQl40 型 5t 载货汽车生产基地。

2) 川汽和陕汽的建立

四川汽车制造厂负责生产 10t 以上的重型军用越野汽车,在中国汽车工业总公司的领导下,于 1964 年建厂工作全面展开。产品经过几轮的试制试验和改进,最后定型为红岩 261。

陕西汽车制造厂负责生产 5t 军用越野汽车,定型为延安 SX250 型。从 1965 年选厂址开始,直到 1978 年 3 月 14 日正式批准验收投产为止,历时 13 年才建成。

3. 全面发展阶段(1981 年至今)

1978 年 12 月召开的党的十一届三中全会以后,确立了改革开放的基本路线,中国汽车工业也随之揭开了新的一页。这一阶段的特征是:党和政府提出要把汽车工业发展成为支柱产业;在产量不断提高的同时,加快进行产品结构调整,形成比较完整的汽车产品系列;改变过去那种封闭发展模式,引进国外先进技术和资本;轿车工业迅猛发展,由此也拉开了汽车进入家庭的序幕。

1) 发展汽车工业的政策陆续出台

党的十四大、八届人大作出振兴机械、汽车等产业,使之成为国民经济支柱产业的重大决策,确立了汽车工业在我国经济发展中的战略地位。1994 年 7 月 4 日,国务院批准发布了《汽车工业产业政策》。《中华人民共和国国民经济和社会发展第十个五年计划纲要》《汽车工业“十五”规划》明确提出了“十五”期间我国汽车工业的发展目标。

2) 产品结构调整步伐加快

1987 年、1988 年,生产时间最长的三个载货汽车老产品换型,转产新解放、新跃进和新黄河。1989 年 6 月 23 日,我国第一辆斯太尔重型载货汽车在济南汽车制造厂下线。原第二汽车制造厂在东风 EQ140 型载货汽车的基础上,又生产出东风 EQ1092 型、东风 EQ1118 型等新型载货汽车。

20 世纪 80 年代中后期,随着改革开放等一系列方针政策的贯彻执行,我国轻型载货汽车工业得到了迅速发展。2000 年,我国重、中、轻、微型载货汽车产量在载货汽车总产量的比重为 10.7%,20.2%,51.1%,18%。20 世纪 80 年代,我国初步形成微型汽车制造工业,经过“七五”“八五”期间的技术改造,我国微型汽车已形成年产 60 万辆的生产能力。

20 世纪 80 年代初,国内轿车工业几乎空白,仅有供高层领导和迎宾用的红旗牌高级轿车和供公务用的上海牌中级轿车,不足部分依赖进口解决。1981—1990 年 10 年间共进口轿车 351042 辆,相当于同期国产轿车 165910 辆的 2.1 倍,累计用外汇近 30 亿美元。从 1983 年开始,国家有关部门对发展我国轿车工业进行研讨。1987 年 5 月,中国汽车工业发展战略研讨会在第二汽车制造厂召开,提出中国轿车的发展与普及和中国汽车工业发展战略建议。1987 年 8 月,国务院北戴河会议讨论发展轿车工业问题。确定建设“一汽”“二汽”“上汽”三个轿车生产基地。

3) 生产集中度有所提高

改革开放以来,我国汽车工业得到了较快的发展,形成了比较完整的汽车产品系列和生产布局,建成了中国第一汽车集团、东风汽车公司、上海汽车工业(集团)总公司等大型企业。《汽车工业产业政策》颁布后,国家对汽车工业的扶持政策向重点骨干企业倾斜,80%以上的投资集中于 13 家骨干企业,促进了我国汽车工业组织结构的优化,大企业对行业发展的主导作用不断加强。2000 年,13 家骨干企业汽车生产集中度超过 90%,其中一汽、东风、上汽三家企业集团汽车生产集中度达到 44%,轿车生产集中度超过 70%。

4) 我国汽车工业所要解决的问题

我国汽车工业所要解决的问题主要有:生产企业分散、规模太小;对汽车工业的特点、复杂性及艰巨性认识不足;零部件工业基础薄弱;产品性能、技术水平低;引进工作中的问题;自主开发产品的能力差;研究、开发的资金投入太少。

5) 引进工作中的问题

我国汽车工业技术引进工作中存在的问题有:共同开发及消化吸收不够;受控于外方,没有自主权;产品权及经营权为外方掌握;无法形成自主开发产品的能力;自主开发产品的能力差;开发产品的技术及手段落后;试验研究设备少而不全;基础及应用研究都不够;高级人才及经验不足。

1.3 节能环保及安全问题

在肯定汽车对世界贡献的同时,我们不能不注意到,汽车给人类社会带来了严重公害。汽车对大气环境造成严重污染,汽车噪声是城市的主要噪声源,汽车可产生电磁波公害,汽车造成了大量交通事故,汽车消耗了大量石油资源,汽车保有量的增加使城市交通不畅。

能源、环保和安全是汽车技术的三大课题。

1. 能源问题

进入21世纪,环境与发展问题受到国际社会的普遍关注,石油资源的日益短缺以及燃烧油品对环境造成的污染已成为许多国家调整能源政策的出发点。

2. 环保问题

汽车给生活带来的便利、为社会作出的贡献有目共睹,但汽车给环境、给健康带来的危害却往往被忽略。目前,全世界有10亿多城市人口的健康受到空气污染的威胁;预计到2020年全世界死于空气污染的人数将达到800万;2015年中国汽车保有量达2.79亿辆,在我国11个大城市中,空气污染每年使5万人夭折,40万人感染上慢性支气管炎。在我国,数以千万计的汽车日复一日地污染着我们赖以生存的空气,越来越多的城市人充当着“吸尘器”的角色,汽车尾气污染日益严重。

3. 安全问题

虽然道路交通安全设施不断加强,交通法规不断完善,监管力度不断加强,但是车辆事故和因事故伤亡的人数仍不断增加,所以人们越来越将自己乘车出行的安全性寄托在汽车本身的安全性能上。现在,我国每年因车祸死亡人数超过10万人,位居世界第一。

1.4 汽车技术发展的特点及趋势

汽车是相关学科、产业众多,技术密集的产品,汽车工业涉及的学科如图1.18所示。

现代汽车已不是过去单纯的机械工程的体现,而是要运用诸如空气动力学、工程热物理、电子学、控制论、模糊数学、人体工程学等基础学科的研究成果。运用诸如计算机网络技术、多媒体、电子技术、激光、红外线等高新技术及新材料。

世界级的汽车公司在开发新产品中实时同步工程,对于结构、性能变化较大的发动机及底盘则提前开发,同时进行主机及零部件的设计、研制工作。在汽车、发动机的各个系统及零部件方面,新的结构、工作原理以及新的材料和工艺等新技术不断涌现。

1. 汽车工业的特点与发展趋势

现代汽车工业的特点如下:

(1) 汽车是高投入的产品。

(2) 汽车是受法规限制最多、最严的产品。限制法规包括排放、燃油消耗、噪声、防火、安全等方面。

(3) 车型及新技术日益增多。

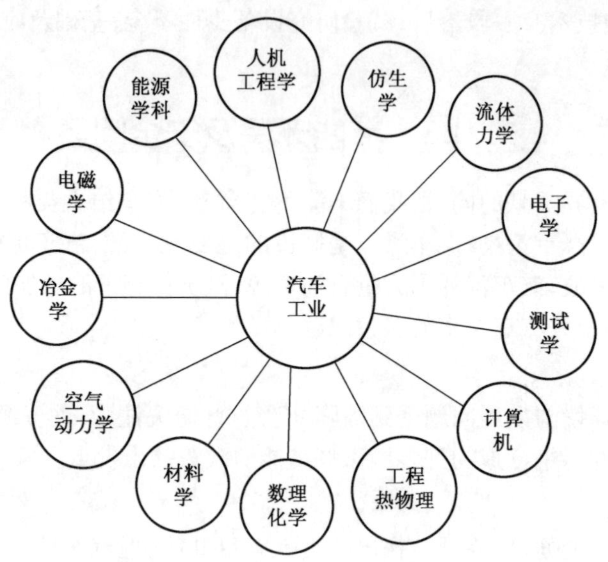

图 1.18　汽车工业涉及的学科

(4) 汽车是市场竞争最激烈的产品。

(5) 汽车工业运作的全球化矩阵管理方式。为了提高工作效率,降低成本,各大汽车公司很注意组织管理体制的改革,精简组织管理的层次,采用以产品系列为纵向、功能部门为横向体系的矩阵式管理体制。

汽车工业的发展趋势如下:

(1) 生产的集中化及专业化。

(2) 零部件生产的规模扩大及国际化。

(3) 生产计算机网络管理及柔性化。

(4) 采用系统配套方式。

(5) 追求效率。

在发达国家中,大城市已是堵车成灾,不得不纷纷采取限车措施。所以,车辆更新将成为轿车的主要市场,轿车的竞争会更加剧烈。要想在竞争中获胜,必须开发新车型。在能源、环保法规日益严格,城市交通堵塞日益严重的 21 世纪,小型车将比大型车更有优势。但在发达国家,开发费用极高,动辄以几十亿计,各车企难以承担。于是出现了合资、收购、兼并的重组浪潮。

2. 汽车技术发展的特点与发展趋势

1) 汽车技术发展的特点

当代汽车技术的发展仍然围绕着节能、环境保护及安全方面的主要要求进行,当然还要考虑行驶稳定性、驾驶方便、舒适性、多种功能、个性化等方面的需要。

向机电一体化、电子化及集中控制方面发展。在发动机方面不仅是供油系统电子控制,而且进、排气系统,冷却及增压系统等都在实现电子控制、集中管理。汽车的转向、驱动、悬架及制动等方面也都向集中控制方面发展。

充分利用航空航天技术、国防科技成果以及其他高新技术,进一步将计算机技术应用到新技术的开发，在计算分析过程中，孕育出一些新技术。

为了更好地解决新产品开发中互相制约的矛盾，需要运用多学科交叉理论及知识，形成能综合地解决问题的新技术。

为了节省资金、人力，加快新技术开发的速度，一些重大研究课题更多地以生产企业、研究单位及高等学校合作、大公司之间合作以及国际合作的方式进行。

2）汽车技术发展趋势

汽车技术的发展趋势图如图 1.19 所示。

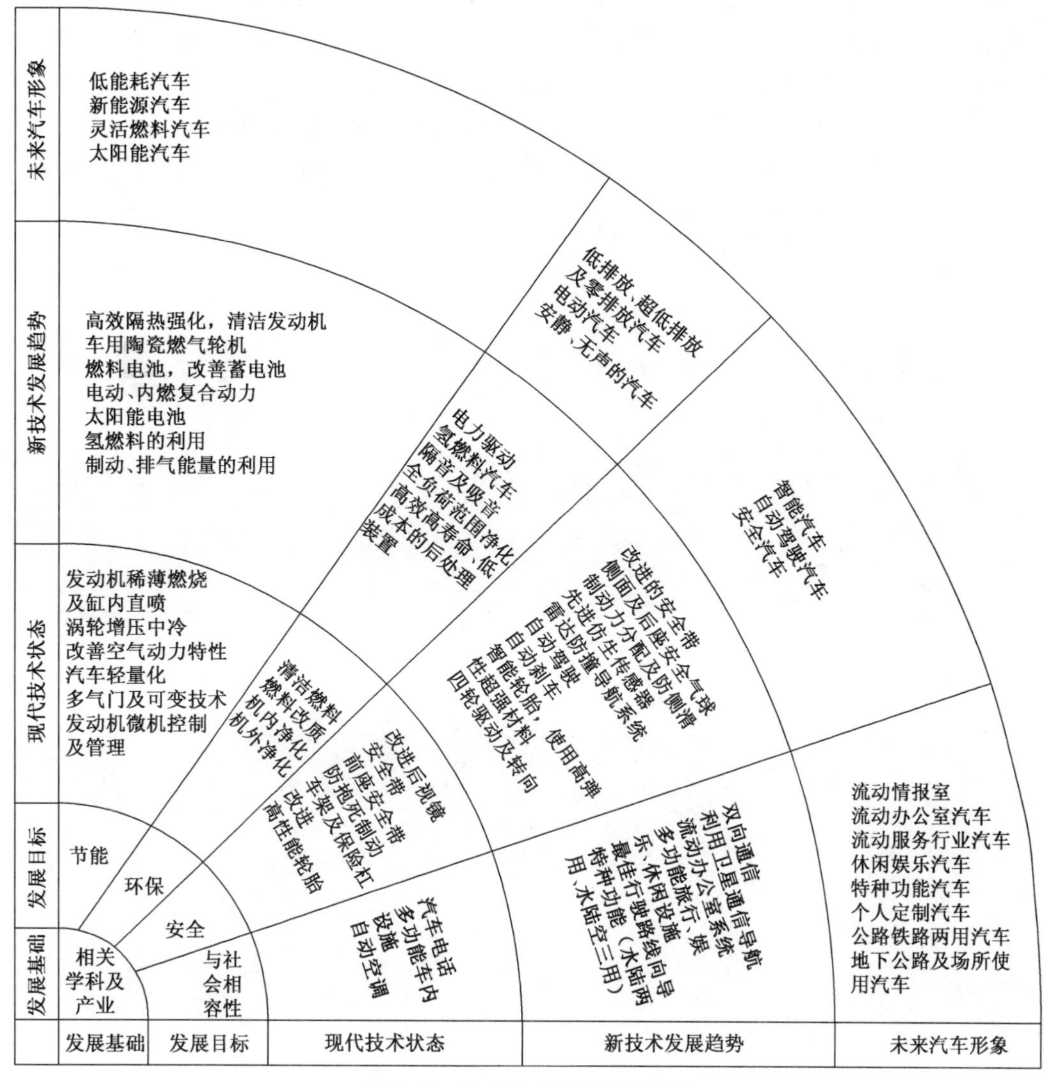

图 1.19　汽车技术的发展趋势图

未来汽车技术发展的趋势如下：

(1）向效率更高、排气更清洁甚至无污染的汽车发展。

发展气体燃料汽车、清洁代用燃料汽车、混合动力汽车、电动汽车、氢能汽车、太阳能汽车等。

(2) 开发新的能量转换系统及动力装置。

研发性能更好的增压、中冷直喷柴油机，隔热柴油机，车用燃气涡轮，燃料电池及飞轮电池等。

(3) 汽车的电子化程度更高，并实行集中控制。

未来的汽车可能从过去以机械装置为主、电子设备为辅的状态，转变成以集成电路、电子模块为主，机械装置为辅的电子化汽车。

采用多种安全措施，实行自动的集中控制，计算机辅助驾驶，使汽车向安全型及智能型发展，同时使用先进的通信、导航系统，最大限度地避免车祸。汽车在各种道路上行驶时，都能使驾驶员感到舒适、安全、顺利及驾驶的乐趣。

(4) 汽车将进一步从结构合理化、采用新型材料等方面减轻车身重量。

汽车各总成及零部件也都将围绕上述总的发展趋势向前发展，在结构、作用原理层面都会有新的发展。汽车也将更多地采用轻质的、可以回收的、对环境无害的新型材料。

第2章 代用燃料汽车

2.1 清洁燃料汽车

2.1.1 基本概念

1. 车用清洁燃料的定义

《美国清洁空气条例》(CAA)对车用清洁燃料的定义是:能使汽车排气污染低于常规汽油或柴油的燃料或能源。对当前的我国情况而言,能使汽车排气达到我国于2000年1月1日颁布实施的汽车排放强制性国家标准GB 14761—1999、GB 17691—1999和GB 3847—1999的车用燃料,在中国范围内被认为是清洁燃料。

2. 清洁燃料汽车的定义

凡使用车用清洁燃料,并证明其排放尾气能达到在汽车行驶国家或地区法定的汽车排放限值的汽车,称为清洁燃料汽车。

3. 车用清洁燃料

车用清洁燃料有天然气、液化石油气、醇类和汽油的混合物,电(包括带料净化和重整系统的车用燃料电池),以及新配方汽油。

2.1.2 汽柴油组成与排放的关系

汽油组成对排放的影响如下:

(1) 降低硫含量,可显著减少SO_x(硫氧化物)排放,有限度减少NO_x(氮氧化物)、CO(一氧化碳)、CH_x(碳氢化合物)和有毒物排放。

(2) 降低芳烃含量,可明显减少尾气中有毒物质排放。

(3) 加入含氧化合物,可提高抗爆性,使燃烧完全,降低CO、CH_x排放,但对NO_x、有毒物排放影响不显著。

(4) 降低烯烃,可明显降低同臭氧结合倾向。

柴油组成与排放的关系如下:

(1) 随着硫含量的增加,尾气中的 SO_x增加。

(2) 随着多环芳烃的增加,NO_x和 PM(颗粒物)增加,而 CO 和 HC 下降。

(3) 随着十六烷值的增加,CO 和 HC 排放显著下降,NO_x排放略有下降,但 PM 增加。

控制机动车尾气排放控制途径主要是汽车生产技术改进和生产使用清洁燃料。其中汽车生产技术改进手段包括:提高汽车发动机压缩比、电子燃油喷射、闭环控制、催化转换器、汽油缸内直接喷射、PM 捕集过滤器、废气再循环等。

2.1.3 中国清洁燃料面临的挑战

我国大气污染因素主要包括酸雨(SO_x)、温室效应(CO_2、CH_4、NO_x)、臭氧层破坏(氟氯烃)、光化学烟雾(NO_x)、汽车尾气(SO_x、NO_x、HC、颗粒物 PM)。

清洁燃料生产实施中面临的瓶颈问题主要有:①改进生产工艺所需的巨大投资;②清洁燃料价格同普通燃料的竞争性;③政府的激励机制。

目前使用最广泛的代用燃料是压缩天然气(Compressed Natural Gas,CNG),液化天然气(Liquified Natural Gas,LNG)和液化石油气(Liquified Petroleum Gas,LPG)。我国已制定了压缩天然气和液化石油气产品标准。

2.2 气体燃料汽车

气体燃料主要是天然气,包括液化石油气,是继煤和石油之后的第三大能源。随着城市交通的不断发展,汽车排放已成为当今城市大气的主要污染源。20 世纪 70 年代以来,人们逐渐认识到使用气体燃料(天然气、液化石油气和沼气)具有低污染和清洁的特点,从而加速了天然气汽车的发展。特别是在交通密集的城市,推广使用天然气汽车,不仅可节约石油资源,降低燃料费用,而且作为一种“清洁燃料”,可大大降低城市污染。

2.2.1 压缩天然气汽车

压缩天然气汽车是采用已定型的汽油车,在保留原车供油系统的情况下,经改装增加一套使用压缩天然气的装置,使改装后的汽车既可使用天然气又可使用汽油作燃料,成为压缩天然气-汽油两用燃料系统的汽车。

2.2.2 液化石油气汽车

液化石油气是以 3 个或 4 个碳原子的烃类(如丙烷、丙烯、丁烷、丁烯)为主的混合物,常温常压下是无毒、无色、无味的气体,具有辛烷值高、抗爆性能好、热值高、储运压力低等优点,是一种性能优良的汽车代用燃料。LPG 与天然气、汽油的物理性质比较见表 2.1。

表2.1 LPG与天然气、汽油的物理性质比较

性质	液化石油气		天然气(甲烷)	汽油(90#)
	丙烷	丁烷		
H/C原子比	2.67	2.50	4	2~2.30
沸点/℃	-42.1	-0.5	-161.5	30~90
热值/MJ/kg	45.77	46.39	50.05	43.90
辛烷值	111.5	95	130	92
着火温度/℃	466	430	537	390~420
火焰传播速度/(cm/s)	38	37	33.8	39~47
火焰温度/℃	1970	1975	1918	2197

LPG汽车按燃料供给系统的不同可分为三种:单燃料(LPG)汽车、两用燃料(LPG和汽油)汽车及双燃料(LPG和柴油)汽车。

中国气体燃料汽车的发展初期是从燃气极丰富的新疆、大庆等地油田兴起的,接着汽车尾气污染严重而又有资源的城市开始发展。当中国气体燃料汽车的市场达到一定的规模时,必然要促进和带动我国的汽车工业对它的关注和参与。例如,长安胜利汽车河北有限公司LPG/汽油两用燃料中巴将批量投放市场;松花江LPG/汽油两用微型车已上国家生产目录;捷达、富康、夏利等一批LPG/汽油两用燃料轿车,以及上海汽车工业(集团)总公司的凤凰氢燃料电池轿车和清华大学的氢燃料车也都研制成功。但是应看到,中国主机厂对燃气汽车发展的研究还仅仅处于初级阶段,与国外先进的成熟的规模系列化相比还有相当大的距离。但是这些汽车主机厂的参与对最终在我国发展气体燃料汽车,实现适合我国国情的燃气汽车产业将起到重要作用。

LPG汽车的优点如下:

(1) 大幅度减少废气的排放,有利于环境保护。LPG和CNG是比汽油更"清洁"的燃料,但天然气中未燃烧的甲烷等成分对大气温室效应影响较大,需在内燃机缸内烧掉或选用新的催化剂加以处理。而LPG的蒸发温度低,雾化性能好,更易于与空气混合,且LPG的燃烧速度比汽油快8%~21%,即LPG能在与汽油相同的燃烧时间内燃烧得更充分,因此LPG汽车排气中的CO、HC、NO_x等有害成分大为减少,没有黑烟和积炭。

(2) 大幅度降低汽车的燃料费用。LPG的热值比汽油高4%~5%,且从理论空燃比看,一定量的空气匹配的LPG比汽油燃料消耗少约6%,对不同车型燃料费节省不等,一般汽车燃用LPG比燃用汽油可节省燃料费用5.0元/100km。天然气的热值略高于汽油,但理论混合气的热值要比汽油低,随着甲烷含量的增加,天然气的热值有所降低。因此,采用LPG作为车用燃料,可提高发动机的经济性。另外,天然气的着火温度为537℃,火焰传播速度慢,需要较高的点火能量,汽油的着火温度为390~420℃,火焰传播速度快且诱导期较短,抗爆性较差,而LPG介于两者之间,只要适当调整点火提前角,即可获得较好的动力性和经济性。

(3) 延长汽车使用寿命。汽车使用汽油作为燃料稀释了运动部件的润滑油,运动部件润滑情况变差,加快了零部件的磨损。LPG主要成分是丙烷、丙烯、丁烷、丁烯等化合物,沸点低,挥发性好,在燃烧过程中不产生焦油和无积炭,且呈气态,润滑油不会被稀释,更换时

间为汽油车的3倍左右,且LPG汽车发动机运转平稳,噪声小,因而发动机耐用,使用寿命为汽油车的3倍。

(4) 提高发动机的热效率。LPG辛烷值高达100~110,比优质汽油高8%~16%,故抗爆性能好。LPG进入空气混合器之前为气态,与空气混合均匀,燃烧充分,由于LPG的辛烷值高,所以可适当提高发动机的压缩比,这对提高发动机的效率有明显作用;而且LPG汽车发动机运转平稳、低速性能比汽油车好,尤其适用于车辆拥挤、人口密集的大城市使用。天然气的主要成分是甲烷,甲烷的研究法辛烷值为130,具有高的抗振性能。两者均优于汽油的抗爆性,可用于高压缩比的发动机,有利于提高发动机的效率。

(5) 低温启动性好。在环境温度-30℃时,LPG汽车无须采取特别措施仍可顺利启动。

(6) 安全性能可靠。由汽油车改装成的LPG汽车的钢瓶上设有安全阀,其开启压力为2.55MPa,压力过大时它自动开启放散。钢瓶上还设有限流阀和紧急切断阀,当输液管发生断裂漏气时,限流阀短时间内自动切断漏气。当发动机停止工作或发生意外时,紧急切断阀立即关闭以切断液化气。蒸发器是全密封组件,当汽车熄火、停车时,调压阀自动关闭燃料的供给。车用LPG系统设有安全保护装置,不易泄露,LPG的比重是0.54,即使稍有泄露,在极短的时间内空气含量很难达到1.7%~9.7%的爆炸极限,而且自燃温度为458~481℃,比汽油的220~260℃高,火焰传播速度较低且诱导期较长,即使因意外事故碰撞亦不会爆炸燃烧。

(7) 缓解我国汽车燃料短缺的供需矛盾。我国交通运输事业迅猛发展,对汽油资源需求量大幅度增加,以石化生产过程中副产品LPG作为汽车动力燃料调整了动力燃料能源结构,既缓解了汽油供应紧张的问题又满足了交通事业迅猛发展的需要。

(8) 携带方便。压缩天然气制造成本相对较高,其储存容器的绝热性(甲烷易蒸发,沸点-162℃)是制约其发展的主要原因之一。而LPG可以液态携带,较为方便。LPG尽管在资源上不如天然气丰富,安全性也稍逊于天然气,但由于它易于携带,与传统的液体燃料汽车更相通,而且将来随着燃油税的出台,零售汽油的"含税价"会比现在高出很多,因而在兼顾动力性和经济性的前提下,LPG汽车将得到率先发展。

2.3 氢燃料汽车

氢燃料汽车是在传统内燃机的基础上加以修改后可以直接用氢为燃料燃烧,产生动力,是一种真正实现零排放的交通工具,排放出的是纯净水,具有无污染,零排放,储量丰富等优势。因此,氢动力汽车是传统汽车最理想的替代方案。福特氢燃料汽车如图2.1所示。

氢是一种高效燃料,每千克氢燃烧产生的能量为33.6kW·h,是汽油的2.8倍,而且氢气燃烧具有着火界限宽,火焰传播速度快和点火能量低等特性,所以氢汽车的总燃料效率比汽油车高20%。另外,氢燃烧的产物主要是水和极少量氮氧化物,不会产生CO、CO_2等碳化物和硫化物。从能源和环境保护角度看,氢汽车将是今后城市和城市间理想的交通工具。氢气是一种清洁的能源载体,以氢为燃料的燃料电池驱动的电动汽车是未来城市理想的交通工具。

氢燃料电池汽车是利用氢气在燃料电池中与氧气发生反应,产生出驱动电动机的电力,推动汽车前进。目前世界上结构最紧凑、动力强劲的新款燃料电池是通用汽车公司研究的。

图 2.1 福特氢燃料汽车

它的动力密度达到 1.75kW/L,创造了新的世界纪录。该电池组的体积为 819mm×140mm×508mm(58L),质量为 82kg,持续动力输出为 102kW。该电池组还可应付更高的峰值要求,在短时间内提供高达 129kW 的电力。这个尺寸比一般的内燃机还要小。

氢燃料的优点如下:①可降低温室效应气体排放;②保证能源安全和能源供应的多样性;③提高空气质量;④提高工业竞争力;⑤分散型的能源供应有利于满足发展中国家能源需求的增长并降低因此而造成的污染。

促进氢燃料电池技术的发展因素如下:

(1) 能源安全问题。目前石油已成为关乎国计民生的战略资源。寻找石油的替代品也就成为摆在科学家面前的重要课题,可以再生的氢进入人们的视野。

(2) 环保。尽管目前汽车环保技术已非常先进,但传统能源排放产生的 CO_2 问题却难以解决。而氢燃料只会产生水,可谓是"零排放的清洁能源"。

(3) 汽车工业的持续发展。通用公司 CEO 瓦格纳曾表示,氢燃料电池可以把汽车从"污染耗能"的指责中根本地解脱出来。

氢燃料电池要克服的困难如下:

(1) 成本的问题。由于要用到贵金属铂,因此成本居高不下。一般来说,仅燃料电池堆的成本就在 2000~5000 美元/kW 左右。也就是说,要制造一个功率为 100kW 的氢燃料电池组,就要 20~50 万美元,这显然是非常不经济的。

(2) 氢的储存问题。由于氢常温常压下为气态,因此在车上如何携带氢也就成为一大难题。目前,常用的办法是将氢加压 700kg,变成液态,用耐高压的复合材料瓶储存。

(3) 加氢站等基础设施缺乏。这是困扰氢燃料电池汽车真正商业化的一个大问题。通用、丰田提出在现有汽油中重整产生氢,而在每辆车上仅加一个小型汽油重整装置的过渡办法。

氢燃料电池称为"零污染"电池,由氢和氧发生反应产生能量,副产品只有水。目前,氢的来源一般是天然气和沼气。此外,可以通过电解水将氢和氧分离而提取氢。而电能则可以通过煤或核反应堆发电来产生。

目前,美国政府对于提取氢的能源来源存在两个方案。一个方案是开发再生能源,如风力和太阳能;另一个方案是通过燃烧煤和核反应堆等获得能量。对于这两个方案,美国国会存在争论,目前仍无定论。不过,欧洲对于以上两个方案态度比较明确。即开发再生能源。

由于氢的提取需要消耗其他能源,因此,如果使用煤等碳氢燃料来提取氢,则会排出导致温室效应的气体。美国麻省理工学院的最新研究表明,考虑到燃油效率和温室气体的排放,2020年以前,燃料电池车不会比一辆柴油—电力混合动力车要好。因为现在几乎所有的氢燃料都来自天然气。采用风力和太阳能可以解决这一问题,但目前成本太高。麻省理工学院能源与环境试验室研究员迈科姆·韦斯表示:"如果忽视氢燃料的制造和运输问题而单纯地谈论燃料电池车,容易产生误导作用。"

推动氢燃料电池车产业化的措施如下:

首先是瞄准合适的用户群,瞄准功率小、路线相对固定、行程较短、工况相对较为简单的旅游观光车、高尔夫球车、车站机场行李拖车、机场摆渡车等,因其所需功率小,价格可使用户接受;所需加氢站规模小、投资小、建站利用率高、车辆易维修、市场需求量较大,是燃料电池商业化应用的最好切入点。

其次还可从燃料电池新材料应用及制作工艺上降低使用成本。产品价格高往往是由前期研发阶段的高投入和后期生产制作使用的材料价格造成的。质子交换膜和碳纤维纸等原材料价格非常高,如果加大生产规模,将会减少这部分原料的成本;催化剂现在是铂金制成的,价格较贵,目前,技术人员正在研究使用一种替代材料用作催化剂。另外,由于燃料电池发动机系统里配套的零件没有专门的厂家生产,更没有相应的科研力量解决这种需求,这部分配件的价格也非常高。因此,发展氢燃料电池必须从降低原材料价格入手。

氢早已在工业中获得广泛的应用,特别是在合成氨工业中,积累了大量的经验。目前经济上现实可行的制氢技术是由天然气或煤转化技术为基础的。以天然气为原料制氢,首先通过甲烷蒸汽重整,在相当高的温度下(约900℃)将天然气转化为CO和H_2合成气,将合成气冷却后经过水蒸气转化反应,使合成气中的CO转化成CO_2,并产生更多的氢气,再采用变压吸附工艺将氢气从上述反应所产生的CO_2和H_2混合气体中分离出来。

以煤为原料的制氢技术是以煤气化技术为基础的,并采用与天然气制氢相类似的流程,将氢气从CO_2和H_2混合气体中分离出来,剩下的CO_2加以回收,并可加压打入地下储存。由于混合气体中CO_2的浓度很高,因此可以用较低成本实现CO_2的分离收集。从而,以煤气化为基础的制氢技术还可望实现CO_2近零排放的目标。此外,氢的制取还可以由核能和可再生能源来获得。

2.4 生物燃料汽车

生物燃料是指通过生物资源生产的醇类燃料和生物柴油等,可以替代由石油制取的汽油和柴油,是可再生能源开发利用的重要方向。生物燃料汽车就是以生物燃料为能源的汽车。

2.4.1 生物燃料汽车在国外的发展

为应对20世纪70年代中期以来几次世界石油危机的挑战,减少对石油进口的依赖,巴西开始研发酒精燃料,充分利用本国的农业资源,尤其是甘蔗种植的优势,制订了以甘蔗为主要原料的酒精燃料发展计划。经过近 30 年的努力,巴西不仅成为酒精生产大国,而且掌握了生产酒精燃料的成熟技术。2009 年,巴西全国使用酒精汽油(汽油中添加一定比例的无水酒精)燃料的汽车达 1550 万辆,摩托车 350 万辆;完全用含水酒精作燃料的酒精汽车达 220 万辆。巴西已成为世界上唯一不供应纯汽油的国家,也是世界上以酒精为汽车燃料最为成功的国家。

世界上第一个以植物纤维素酒精为燃料的车队在加拿大诞生。加拿大自然资源部部长和 Iogen 公司总裁亲自为联邦车队添加这种从小麦秸秆中提炼出来的酒精燃料。与其他乙醇燃料相比,纤维素乙醇来源于农作物秸秆或木材废料,而不是农业食品。使用酒精汽车可以大量减少温室气体的排放,使加拿大有一个持续的未来,因为加拿大交通工具所排放的温室气体占整个国家温室气体排放量的 25%。而且,使用农作物秸秆或木材废料生产纤维素酒精也为加拿大农村开辟了新的经济增长点。作为可再生燃料大战略的一部分,加拿大政府自 20 世纪 80 年代中期就开始资助酒精研究和开发,并自 1992 年起免除了酒精燃料的联邦政府税。

瑞典首都斯德哥尔摩交通部门已广泛使用再生燃料作为动力的公共汽车,并在欧盟的支持下,开展一项将以酒精燃料为动力的公共汽车推广到欧洲其他大城市的项目。按照这个项目,西班牙、荷兰、英国和意大利的一些城市将从斯德哥尔摩租借一部分以酒精燃料为动力的公共汽车进行试运行。这种以酒精燃料为动力的公共汽车已经在斯德哥尔摩运行了 30 多年,除了在刚使用时汽车会散发轻微气味外,酒精燃料汽车对环境没有任何副作用。斯德哥尔摩市内的公共汽车已经全部更换成酒精再生燃料驱动的汽车。在欧盟决定全面推广再生燃料的公共交通之际,斯德哥尔摩的酒精汽车成了最受关注的再生燃料节能交通工具。目前在斯德哥尔摩行驶的酒精汽车是以从巴西进口的甘蔗中提炼的酒精作燃料的,价格比汽油便宜。欧盟许多国家已经在考虑大规模开展酒精燃料的开发。例如,地中海沿岸国家可以开发利用葡萄籽、橄榄核,而北欧国家则以木材工业的残余物为原料。酒精属流质,可直接在普通汽油加油站操作,在世界许多国家,如巴西和美国,成为发展最快的再生能源。

2.4.2 生物燃料汽车在国内的发展

推广使用酒精燃料是保障国家能源安全、发展再生清洁能源的战略选择之一。它不仅能有效应对未来世界性石油能源短缺,实现国家能源可持续,而且可确保能源开发与环境保护协调发展。

随着我国国民经济的快速发展和汽车保有量的增加,石油短缺问题日益突出,大气环境污染日益严重。酒精作为最有前途的代用燃料之一,在全世界越来越受到重视,开展酒精、柴油混和燃料的研究十分必要。

变性燃料酒精和车用酒精汽油是我国即将推广使用的汽车用燃料。变性燃料酒精是以玉米、小麦等为原料,经发酵、蒸馏制得酒精,脱水后再添加变性剂变性成为燃料酒精。将一定量变性燃料酒精加入不添加含氧化合物的液体烃中,再辅以改善使用性能的添加剂,便成为车用酒精汽油。

尽管酒精汽油有很多优点，但它在我国的推广使用工作还存在一些技术性问题需要解决。

一是要解决酒精汽油的储运问题。由于酒精汽油一旦遇水就会分层，影响使用，因而无法采用成本很低的管道输送。国外燃料酒精一直采用汽车、火车、轮船等成本较高的运输手段，并在调配中心将酒精和汽油直接经过计算机计量，加入专用的运输车辆时完成调和，送至加油站销售。酒精汽油的储运周期只有四五天，因此必须改造、建设专供酒精汽油使用的储罐、槽车、调和与加油设施。

二是酒精汽油对使用的汽车带来新要求。使用酒精汽油后，汽车的油耗有所增加，发动机的动力性能有不同程度的下降。酒精汽油对汽车油箱、化油器等部件的有色金属、橡胶材料会产生不同程度的腐蚀。我国在用的汽车型号复杂，出厂年代跨度大，使用酒精汽油带来的问题将更为突出。

三是燃料酒精生产企业需要降低成本。当汽油价格高于酒精价格时，酒精汽油的销售困难不大。但是，如果酒精价格高于汽油价格，推广就很困难。

2.4.3 酒精燃料汽车

根据全球汽车燃料的发展趋势，今后很长一段时间内石油仍然是最主要的燃料。然而石油并不是取之不尽、用之不竭的，同时其带来的污染问题也越来越引起人们的重视，这也要求我们不断开发新的符合环保要求的汽车燃料。而醇类燃料以其高热值、低污染和可再生的巨大优势成为汽车燃料的重要替代品。在越来越注重环保的现代社会，酒精燃料作为一种清洁无污染燃料，是未来能源使用的发展趋势之一。

酒精汽车是使用车用乙醇汽油作为主要的动力燃料的机动车。一直以来，生物酒精燃料备受争议，因为有人批评大规模使用酒精作为燃料，会导致食品价格上涨。此外，传统的制造酒精过程中会消耗很多能源。因此，从所谓的“油井到车轮”全过程来看，酒精燃料并不环保。但是，通用汽车打算结束这种争论，通用汽车推出了多款 E85 酒精燃料车，同时，作为推动车用能源多样化的战略手段，正式宣布与美国 Coskata 能源公司携手，在酒精燃料技术领域内开展合作。

酒精燃料汽车的优点如下：①降低能耗；②减少环境污染；③带动其他产业发展并创造更多的就业机会。

酒精的性质与汽油相近，在汽油机上使用酒精汽油（即汽油二酒精混合燃料）技术已十分成熟，我国已经在一些地区推广使用，而酒精燃料与柴油的理化性质差别较大，酒精与柴油的相溶性较差，在柴油机上使用柴油醇（即柴油二酒精混合燃料）遇到的问题也较多。随着技术进步，英国 AAE 技术公司、美国纯能源公司等相继开发出低成本添加剂，解决了柴油与酒精的互溶性、润滑性、腐蚀性等问题，由于它不需要对柴油机做任何改动，因此使酒精柴油混合燃料的大量应用成为可能。

第3章 电动汽车技术

3.1 概述

纯电动汽车(Electric Vehicle,EV)或称蓄电池电动汽车,由蓄电池供电,电动机驱动行驶,可实现零排放,动力性、经济性、安全性和可靠性等达到或接近普通内燃汽车,续驶里程能满足一般运行要求,同时具有低噪声、易维修、可利用低谷电以节能等优点,是未来理想的交通运输工具。电动汽车的分类如图3.1所示。

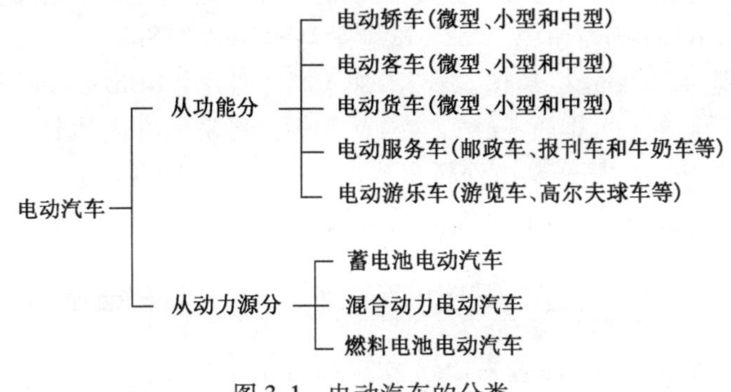

图3.1 电动汽车的分类

纯电动汽车技术基本成熟,但在动力性能、续驶里程、制造成本和可靠性等方面还无法与内燃机汽车相比。作为动力源的各类型蓄电池(主要有镍铬型、铅酸型、镍锌型、锂型、钠镍型、钠硫型、镍氢型等)不同程度地存在着成本高、寿命短、比能量低、比功率小、体积和质量大、充电时间长等问题。目前,还没有一种电池全面适合电动汽车,这使得蓄电池成为电动汽车发展和普及的瓶颈。此外,必须解决的关键技术及配套装置还有电机及其控制系统、充电站等。

在美、日及欧洲发达国家,纯电动汽车已开始进入实用化阶段。其中,美国的通用EV-1两座轿车、通用S-10两座皮卡、福特Ranga两座皮卡,日本的丰田RAV-4五座轿车、本田Plus四座轿车、日产Lunnet五座轿车、大发Hi-et微型面包,法国的标志—雪铁龙P106四座轿车等都投入了商业运行。

进入无马车时代以后，电动汽车进入了一个商业化的发展阶段，此时的电动汽车有辐条车轮、充气轮胎、舒适的弹簧椅和豪华的车内装饰。到1912年，美国有34000辆电动汽车。1899—1916年期间，Baker电气公司一直是美国最重要的电动汽车制造厂之一。1901—1920年，英国伦敦电动汽车公司生产了后轮轮毂电动机式、后轮驱动、斜轮转向和充气轮胎的电动汽车。1907—1938年期间，底特律电气公司生产的电动汽车不仅具有无噪声、清洁可靠的优点，而且最高时速达到40km/h，续驶里程为129km。

1911年，美国工程师Charles Kettefing发明了起动机，这促进了内燃机汽车的发展。内燃机汽车后来居上，在性能、机动性、车辆质量等指标远远超过了电动汽车。电动汽车由于不适应长距离行驶，发展几乎停滞。而福特彻底结束了电动汽车的生命，它大批量生产福特T型车，使其价格从1909年的850美元降到了1925年的260美元，因此加速了电动汽车的消失。而燃油汽车的续驶里程是电动汽车的2～3倍，且使用成本低，因而使得电动汽车的制造商想占领一定的市场份额已不可能。

西方工业发达国家把电动汽车的研究开发看作解决环境问题和能源问题的一种有效手段，并在经济上给予大力支持。美国政府至今已出资数百亿美元支持汽车厂商和相关厂商进行电动汽车技术的开发研究。1991年，美国三大汽车公司联合成立了美国先进电池联合体，投入了4.5亿美元，其中政府拨款2.25亿美元，共同开发镍镉、镍氢、锌空气电池等各种高性能蓄电池。日、法、德等国各大公司也投入巨资研究开发高性能电池。

电动汽车目前是世界的一个热点研究课题，在我国的863计划中，把电动汽车的攻关列为重大课题，高校中同济大学、北京理工大学、吉林大学等得到了国家的重点支持，同济大学已成功研制出燃料电池轿车“超越二号”，试验最高时速达118km，从0加速到最高时速耗时24.8s，续驶里程为168km。“超越二号”参加了国际必比登(Bibendum)清洁汽车挑战赛，经测试该车在污染排放、CO_2排放、噪声、“蛇行”和燃料经济性方面达到A级水平，并获得5个单项技术奖，这标志着中国燃料电池轿车技术水平已跨入世界先进行列。国内在电动机、电池方面做了大量的研究工作，并取得了一定的成果。

3.2 电动汽车结构及工作原理

电动汽车的组成包括电力驱动及控制系统、驱动力传动等机械系统、完成既定任务的工作装置等。电力驱动及控制系统是电动汽车的核心，也是区别于内燃机汽车的最大不同点。电力驱动及控制系统由驱动电动机、电源和电动机调速控制装置等组成。电动汽车的其他装置基本与内燃机汽车相同。

典型电动汽车的基本结构如图3.2所示。电动汽车系统可分为三个子系统，即电力驱动子系统、主能源子系统和辅助控制子系统。

其中，电力驱动子系统由电控单元、功率转换器、电动机、机械传动装置和驱动车轮组成。根据从制动踏板和加速踏板输入的信号，电子控制器发出相应的控制指令来控制功率转换器的功率装置的通断，功率转换器的功能是调节电动机和电源之间的功率流。

主能源子系统由主电源、能量管理系统和充电系统构成。当电动汽车制动时，再生制动的动能被电源吸收，此时功率流的方向要反向。能量管理系统和电控系统一起控制再生制动及其能量的回收，能量管理系统和充电器一同控制充电并监测电源的使用情况。

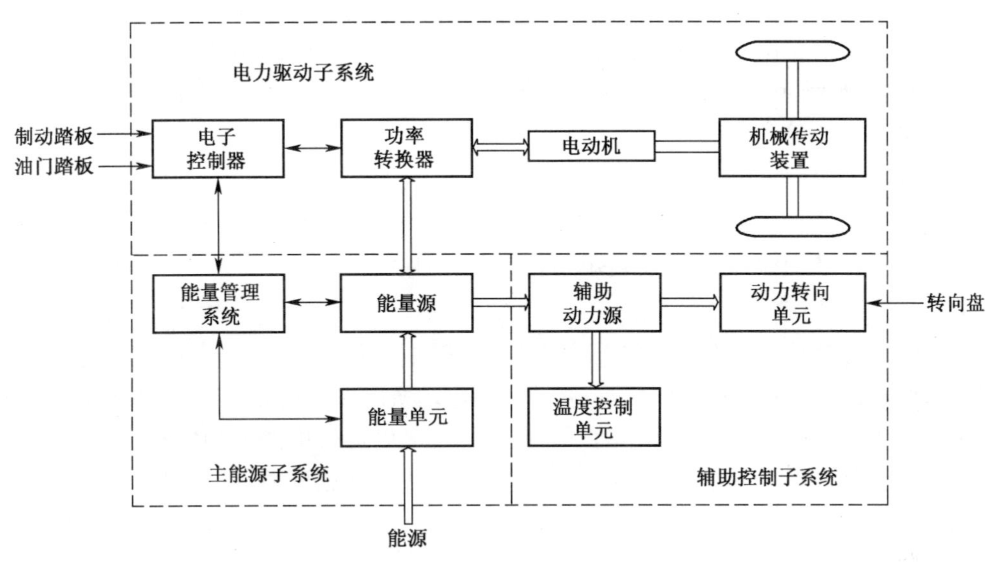

图 3.2 典型电动汽车的基本结构

辅助控制子系统具有动力转向、温度控制和辅助动力供给等功能。辅助动力供给系统供给电动汽车辅助系统不同等级的电压并提供必要的动力，它主要给动力转向、空调、制动及其他辅助装置提供动力。

除了从制动踏板和加速踏板给电动汽车输入信号外，转向盘输入也是一个很重要的输入信号，动力转向系统根据转向盘的角位置来决定汽车灵活地转向。

现代电动汽车很多采用三相交流感应电动机，相应的功率转换器采用脉宽调制逆变器，机械变速传动系统一般采用固定速比的减速器（变速器）与差速器。

1. 电源

电源为电动汽车的驱动电动机提供电能，电动机将电源的电能转化为机械能，通过传动装置或直接驱动车轮和工作装置。目前，电动汽车上应用最广泛的电源是铅酸蓄电池，但随着电动汽车技术的发展，铅酸蓄电池由于比能量较低，充电速度较慢，寿命较短，逐渐被其他蓄电池所取代。正在发展的电源主要有钠硫电池、镍铬电池、锂电池、燃料电池、飞轮电池等，这些新型电源的应用，为电动汽车的发展开辟了广阔的前景。

在内燃机汽车上，常采用电池作为发动机起动机、点火系统、照明、信号系统、刮水器和喷淋器，以及车载娱乐和通信设备等装备的电源。它们所需要的电能容量较小，工作时间较短，蓄电池与发动机、发电机组共同组成内燃机汽车的电气系统。在 EV、FCEV 和 HEV 上，动力电池组必须是具有强大能量的动力电源，除了作为驱动动力能源外，还要向空调系统、动力转向系统等提供电力能源。在 EV 上蓄电池是唯一的电力能源，用于驱动 EV。在 FCEV 上蓄电池是辅助电力能源，用于 FCEV 启动和车辆低压电气系统。在 HEV 上蓄电池是辅助电力能源，用于作为发动机的辅助动力源，提高整车的动力性能或作为电动机驱动车辆时的电力能源。

2. 驱动电动机

驱动电动机的作用是将电源的电能转化为机械能，通过传动装置或直接驱动车轮和工作装置。目前电动汽车上广泛采用直流串激电动机，这种电机具有“软”的机械特性，与汽车的行驶特性非常相符。直流电动机存在换向火花，比功率较小、效率较低，维护保养工作量大，随着电动机技术和电动机控制技术的发展，势必逐渐被直流无刷电动机（BCDM）、开关磁阻电动机（SRM）和交流异步电动机所取代。

3. 电动机调速控制装置

电动机调速控制装置是为电动汽车的变速和方向变换等设置的，其作用是控制电动机的电压或电流，完成电动机的驱动转矩和旋转方向的控制。

4. 传动装置

电动汽车传动装置的作用是将电动机的驱动转矩传给汽车的驱动轴，当采用电动轮驱动时，传动装置的多数部件常常可以忽略。因为电动机可以带负载启动，所以电动汽车无须传统内燃机汽车的离合器。因为驱动电动机的旋向可以通过电路控制实现变换，所以电动汽车无须内燃机汽车变速器中的倒挡。当采用电动机无级调速控制时，电动汽车可以忽略传统汽车的变速器。在采用电动轮驱动时，电动汽车也可以省略传统内燃机汽车传动系统的差速器。

5. 行驶装置

行驶装置的作用是将电动机的驱动力矩通过车轮变成对地面的作用力，驱动车轮行走。它同其他汽车的构成是相同的，也由车轮、轮胎和悬架等组成。

6. 转向装置

转向装置是为实现汽车的转弯而设置的，由转向机、方向盘、转向机构和转向轮等组成。作用在方向盘上的控制力，通过转向机和转向机构使转向轮偏转一定的角度，实现汽车的转向。多数电动汽车为前轮转向，工业中用的电动叉车常常采用后轮转向。电动汽车的转向装置有机械转向、液压转向和液压助力转向等类型。

7. 制动装置

电动汽车的制动装置同其他汽车一样，是为汽车减速或停车而设置的，通常由制动器及其操纵装置组成。在电动汽车上，一般还有电磁制动装置，它可以利用驱动电动机的控制电路实现电动机的发电运行，使减速制动时的能量转换成对蓄电池充电的电流，从而得到再生利用。

8. 工作装置

工作装置是工业用电动汽车为完成作业要求而专门设置的，如电动叉车的起升装置、门架、货叉等。货叉的起升和门架的倾斜通常由电动机驱动的液压系统完成。

3.3 电动汽车驱动系统

3.3.1 电驱动结构形式

电动汽车电驱动结构模式如图 3.3 所示。

(1) 传统的驱动模式。图 3.3(a)与传统汽车驱动系统的布置方式一致，带有变速器和

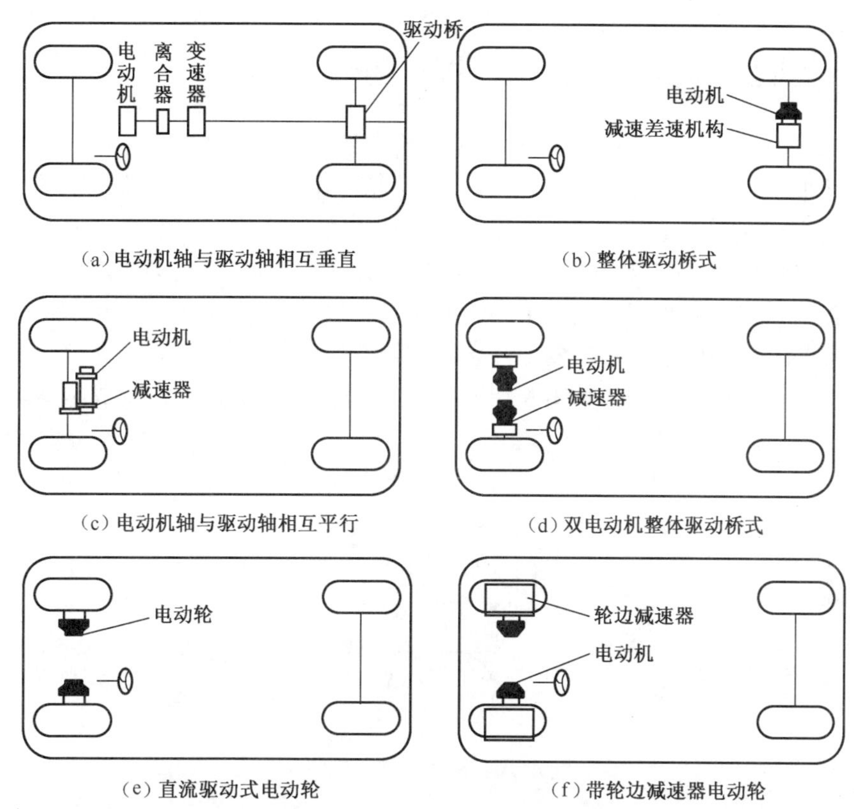

图 3.3 电动汽车电驱动结构模式

离合器,只是将发动机换成电动机,属于改造型电动汽车。这种布置可以提高电动汽车的启动转矩,增加低速时电动汽车的后备功率。

(2) 电动机—驱动桥组合式驱动模式。图 3.3(b)、(c)取消了离合器和变速器,但具有减速差速机构,由一台电动机驱动两车轮旋转。优点是可以继续沿用当前发动机汽车中的动力传动装置,只需要一组电动机和逆变器。这种方式对电动机的要求较高,不仅要求电动机具有较高的启动转矩,而且要求具有较大的后备功率,以保证电动汽车的启动、爬坡、加速超车等动力性。

(3) 电动机—驱动桥整体式驱动模式。图 3.3(d)是将电动机装到驱动轴上,直接由电动机实现变速和差速转换。这种传动方式同样对电动机有较高的要求,大启动转矩和后备功率,不仅要求控制系统有较高的控制精度,而且要具备良好的可靠性,从而保证电动汽车行驶的安全、平稳。

(4) 轮毂电机驱动模式。图 3.3(e)、(f)同图 3.3(d)布置方式比较接近,将电动机直接装到了驱动轮上,由电动机直接驱动车轮行驶。

1. 轮式驱动结构

电动机装在车轮里面(称为轮毂电动机),可以进一步缩短从电动机到驱动轮的传递路径,可以采用固定速比的行星齿轮变速器,它能提供大的减速比,而且输入和输出轴可布置在同一条轴线上。轮式驱动结构容易实现 4×2 双后轮驱动或双前轮驱动,以及实现多功能车和越野车的4×4全轮驱动。由于直接由车轮驱动，省去了中间的传动环节，使得电动汽车的传动效率可以进一步提高。采用智能控制系统，可以实现对两边电动机进行精确控制，提高操纵稳定性。

电动轮式的电驱动系统有直接驱动式电动轮和带轮边减速器电动轮两种基本形式。直接驱动式电动轮电驱动系统如图3.4所示。电动轮与车轮组成一个完整部件总成，采用电子差速方式，电机布置在车轮内部，直接驱动车轮带动汽车行驶。其优点是系统传动效率高，结构紧凑；既利于整车结构布置和车身设计，也便于改型设计；车辆总质量小，离地间隙大，通过性好。但由于电机工作会产生一定的冲击和振动，要求车轮轮辋和车轮支撑必须坚固、可靠；同时由于非簧载质量大，要保证车辆的舒适性，要求对悬架系统弹性元件和阻尼元件进行优化设计，另外电机输出转矩和功率也受到车轮尺寸的限制，系统成本高。

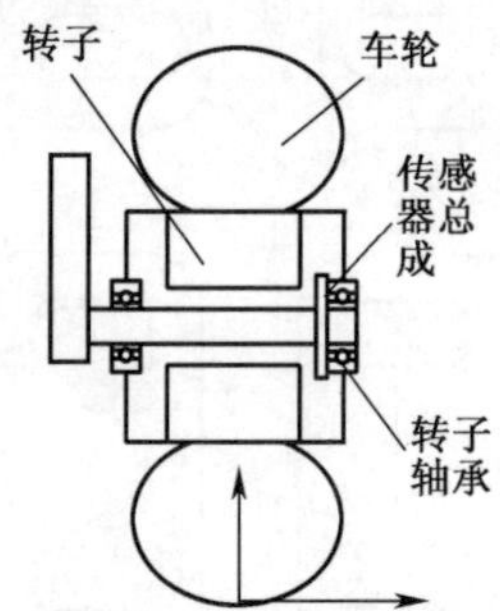

图3.4　直接驱动式电动轮电驱动系统

带轮边减速器式电动轮电驱动系统如图3.5所示。它能适合现代高性能电动汽车的运行要求，系统具有直接驱动式电动轮电驱动系统的优点。电动机输出轴通过行星齿轮减速机构与车轮驱动轴连接，使电机轴承不直接承受车轮与路面载荷作用，改善了轴承工作条件；采用固定速比行星齿轮减速器，使系统具有较大的调速范围和输出转矩，充分发挥驱动电机的调速特性，克服了电机输出转矩和功率受到车轮尺寸影响的问题。设计中主要应考虑解决齿轮工作噪声和润滑问题；另外其非簧载质量也比直接驱动式电动轮电驱动系统的大，对电动机及系统内部的结构方案设计要求更高。

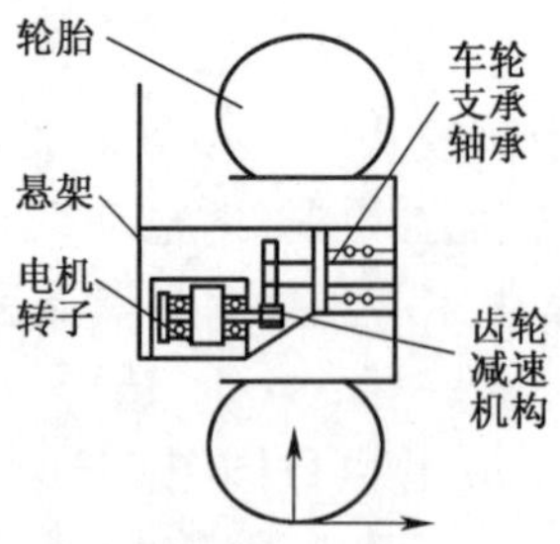

图3.5　带轮边减速器式电动轮电驱动系统

轮式驱动汽车有以下优点：

(1) 可以有4×2和4×4两种布置方式。各个车轮之间的同步转动或异步转动由中央控制器的计算机系统控制。

(2) 4×2 布置方式有双前轮驱动模式和双后轮驱动模式。

(3) 4×4 布置方式可以实现四轮驱动模式。这样可以腾出大量有效空间,便于总布置,可以降低汽车簧载质量。

2. 储能装置的结构形式

电动汽车单蓄电池动力结构如图 3.6 所示,蓄电池可以布置在车的四周,也可以集中布置在车的尾部或者布置在底盘下面。所选用的蓄电池应该能提供足够高的比能量和比功率,并且在车辆制动时能回收再生制动能量。具有高比能量和高比功率的蓄电池对电动汽车而言是最理想的动力能源,比能量影响汽车的行驶里程,而比功率影响汽车的加速性和爬坡能力。

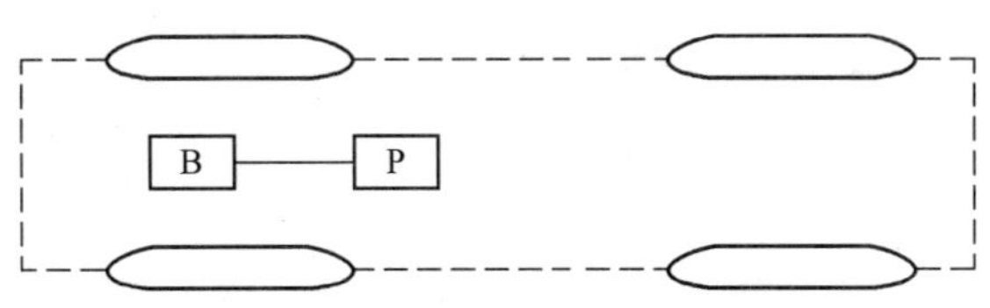

图 3.6 电动汽车单蓄电池动力结构

注:B—蓄电池;P—功率转换器。

为了解决一种蓄电池不能同时满足比能量和比功率的要求这一问题,可以在电动汽车上同时采用两种不同的蓄电池,其中一种能提供高比能量,另外一种能提供高比功率。图 3.7 所示的是这种蓄电池—蓄电池作混合动力能源的基本结构,这种结构不仅分离了对于比能量和比功率的要求,而且在汽车下坡或制动时可利用蓄电池回收能量。

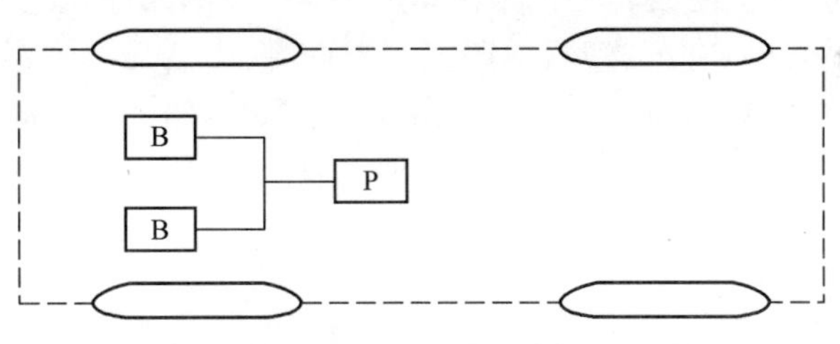

图 3.7 双蓄电池混合动力结构

注:B—蓄电池;P—功率转换器。

除了蓄电池以外,还可以用燃料电池作储能装置,它是一个小型的发电装置。燃料电池的工作原理是利用可逆的电解过程,即用氢气和氧气结合产生电和水。氢气可以储存在一个车载的氢气罐里,而氧气可以直接从空气里获得。燃料电池能提供高的比能量但不能回收再生制动能量,因此最好与一种能提供高比功率且能高效回收制动能量的蓄电池结合在一起使用。图 3.8 所示的是用燃料电池和蓄电池作混合动力的结构框图。

燃料电池所需的氢气不仅可以以压缩氢气、液态氢或金属氢化物的形式储存,还可以由常温的液态燃料如甲醇或汽油随车产生。图 3.9 所示的是一个带小型重整器的电动汽车的结构简图,燃料电池所需的氢气由重整器随车产生。

当用蓄电池与电容器进行混合时,所选的蓄电池必须能提供高比能量,因为电容器本身比蓄电池具有更高的比功率和更高效回收制动能量的能力。由于用在电动汽车上的电容器

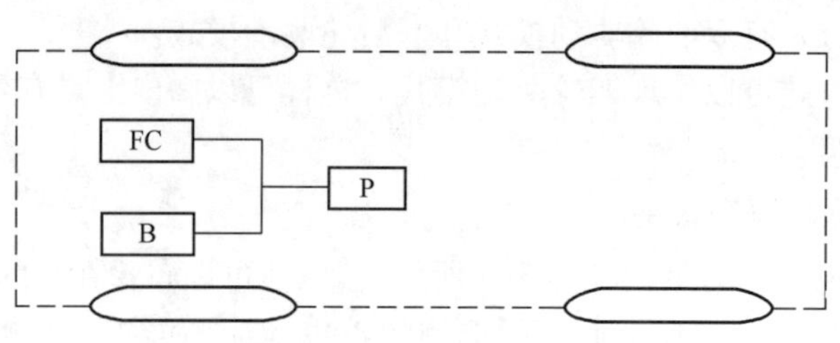

图 3.8　燃料电池和蓄电池混合动力结构

注:FC—燃料电池。

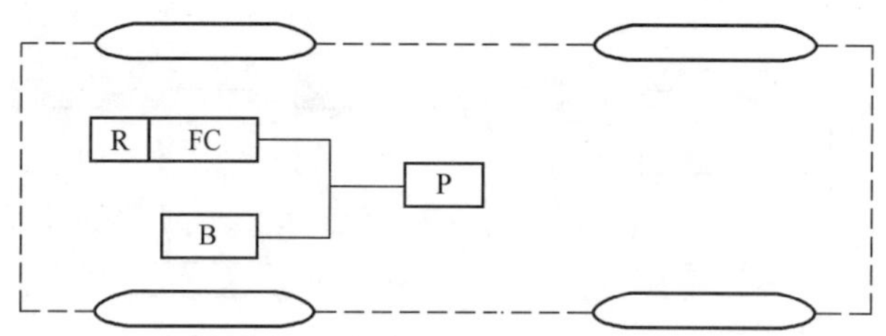

图 3.9　带重整器的燃料电池和蓄电池混合动力结构

注:R—重整器。

(通常称为超大容量电容器)相对而言电压较低,所以需要在蓄电池和电容器之间加一个DC/DC 功率转换器。图 3.10 所示为蓄电池和电容器混合动力结构。电容器是一种电荷的储存器,当电源的电压连接在电容器的两端时,电源的电荷就存储在电容器中。实际上电容器在电子电路中还是振荡、滤波、耦合、相移和旁路等电器的元件。电容器的介质有固体、液体和气体等三类,固体介质有纸、塑料薄膜、云母、陶瓷、电解质等,气体介质有空气和真空等。电容器的计量单位为“法拉”(F)。利用电容器能够存储电荷的特性,可以在 EV、FCEV 或 HEV 上将电容器作为一种储存电能的存储器,来提供车辆行驶所需要的部分电能。

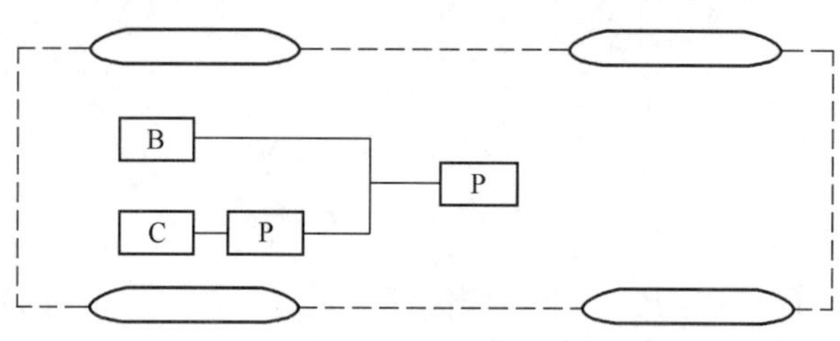

图 3.10　蓄电池和电容器混合动力结构

与超大容量电容器类似,飞轮是另外一种新兴的具有高比功率和高效制动能量回收能力的储能器。用于电动汽车的飞轮与传统低速笨重的飞轮是不同的,这种飞轮质量小,且在真空下高速运转。超高速飞轮与具有两种工作模式(电动机和发电机)的电动机转子相结合,能够将电能和机械能进行双向转换。这种飞轮和蓄电池作混合动力的结构如图 3.11 所示,所选用的蓄电池应能提供高比能量。飞轮最好与无刷交流电动机结合使用,因为这种电动机的效率比直流电动机高,因而应在蓄电池和飞轮之间加一个 AC/DC 转换器。

高速飞轮储能器在理论上具有很高的动能,但由于在超高速旋转时的离心力的作用下,

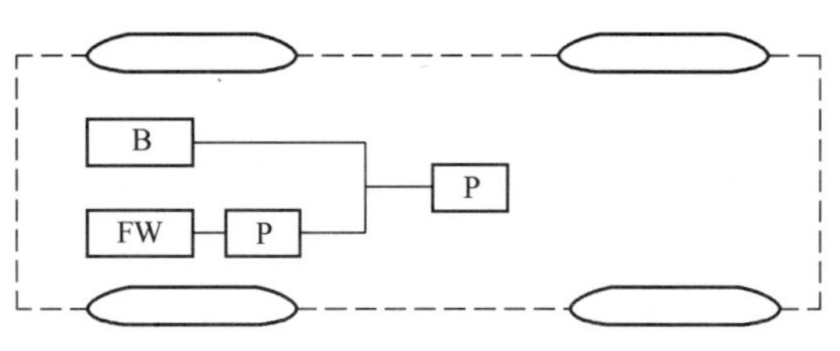

图 3.11 飞轮和蓄电池混合动力结构

金属材料无法承受巨大的离心力所产生的应力，因此在实践中有很大的困难。飞轮储能器主要的作用有以下两个方面：①稳定主动力源的功率输出。在电动车辆启动、爬坡和加速时，飞轮储能器能够快速、大能量地提供动力（放电），为主动力源提供辅助动力，并减少主动力源的动力输出的损耗。②提高再生制动时能量回收的效率。在电动车辆下坡、滑行和制动时，飞轮储能器能够快速、大能量地储存动能（充电），充电速度不受“活性物质”化学反应速度的影响，提高再生制动时能量回收的效率。

3. 单电动机或多电动机驱动

对于电动汽车，如果采用双电动机或者四个电动机驱动，由于每个电动机的转速可以有效地独立调节控制车轮，实现电子差速。机械差速器、带电子差速器双电动机驱动结构如图 3.12、图 3.13 所示。电子差速器比机械差速器体积小、质量小。如果电动汽车采用单电动机驱动就必须装机械差速器，而多电动机系统就采用电子差速。电子差速器的优点是体积小、质量小，在汽车转弯时可以实现精确的电子控制，提高电动汽车的性能；其缺点是由于增加了电动机和功率转换器，增加了初始成本，而且在不同条件下对两个电动机进行精确控制的可靠性需要进一步提高。近年来，由于电子控制器具有容错能力，其可靠性得到了很大的改善。如由三个微处理器组成的电子控制器，其中两个分别控制左右两个电动机，另一个用于控制与协调，通过监测器来监视彼此的工作情况以改善其可靠性。

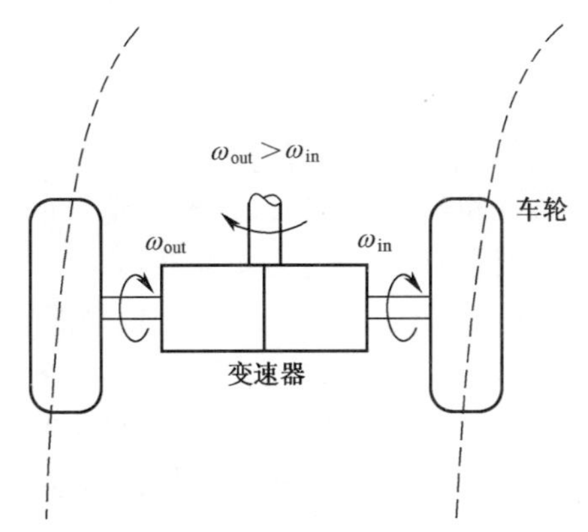

图 3.12 机械差速器

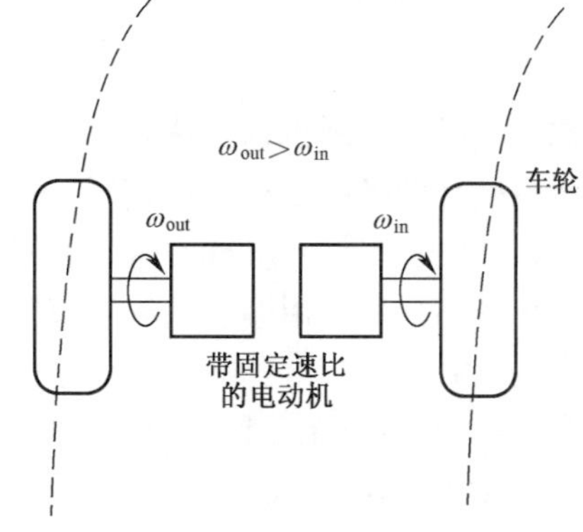

图 3.13 带电子差速器双电动机驱动结构

4. 轮毂电动机驱动

如果将驱动电动机直接安装在车轮上，可以缩减甚至去掉电动机与车轮之间的机械传递装置，这取决于是采用高速内转子还是低速外转子电动机。

若采用高速内转子电动机,则必须安装固定速比的减速器来降低车速。一般采用高减速比的行星齿轮减速装置,安装在电动机输出轴和车轮轮缘之间,这种电动机设计的工作转速约为10000r/min,目的是获得更高的功率密度。电动机的最高转速主要受线圈损失、摩擦损失以及变速机构的承受能力等因素的限制,所选用的行星齿轮变速机构的速比为10∶1,而车轮的转速范围则降为0~1000r/min。

若采低速外转子电动机,则可以完全去掉变速装置,外转子就安装在车轮轮缘上,而且电动机转速和车轮转速相等,因而就不需要减速装置。图3.14、图3.15显示了这两种内置轮式电动机的结构,采用的都是永磁无刷电动机。这种电动机由于具有显著的高功率密度的特点,因而比其他电动机更有优势。

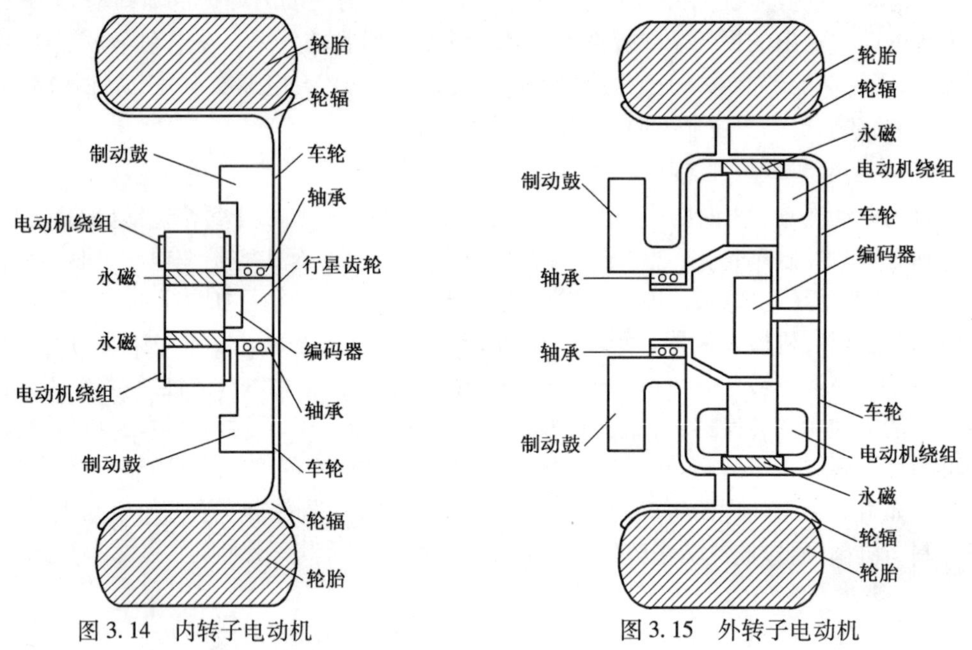

图3.14　内转子电动机　　图3.15　外转子电动机

高速内转子电动机具有体积小、质量小和成本低的优点,但它需要加行星齿轮变速机构。而低速外转子电动机结构简单,无须齿轮变速传动机构,但它是以低速电动机的体积大、质量大和成本高为代价的。这两种轮毂电动机在现代电动汽车上都有应用。

传统的燃油汽车用液态的汽油或柴油作燃料,内燃机驱动,而电动汽车用电动机驱动,用蓄电池、燃料电池、电容器或飞轮作相应的能源,由于电容器和飞轮目前所能达到的比能量有限,因而它们不能单独作为电动汽车的能源。燃油汽车与电动汽车的主要区别在于它们的驱动系统不同,电动汽车结构各式各样,尽管大多数的电动汽车参数是从发展成熟的燃油汽车体系中借鉴的,但电动汽车的结构和许多性能与技术参数有它本身的特征。

3.3.2　电动汽车主要部件技术

1. 电动机驱动系统

电动机驱动系统是电动汽车的心脏,它的任务是在驾驶员的控制下,高效率地将蓄电池的能量转化为车轮的动能,或者将车轮上的动能反馈到蓄电池中。电动机驱动系统的结构如图 3.16 所示。

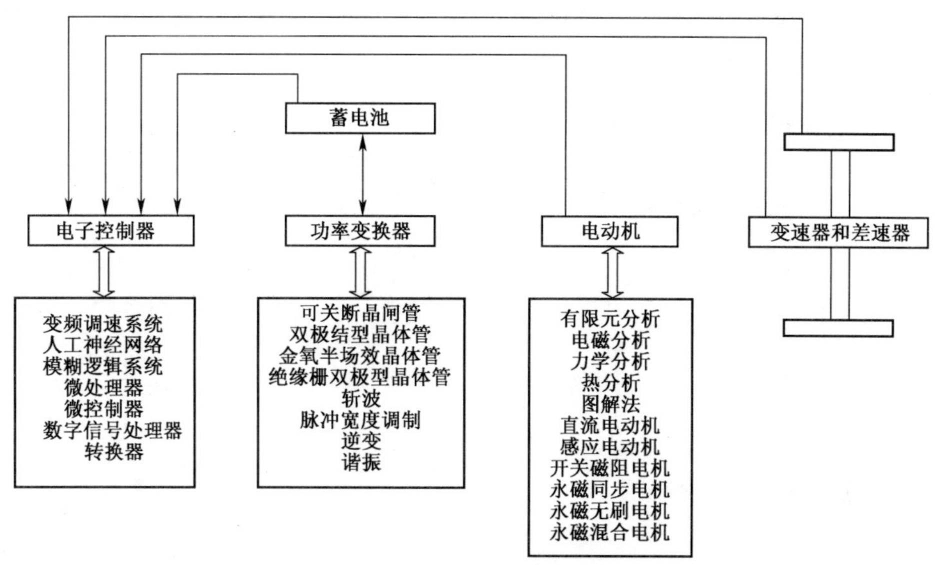

图 3.16 电动机驱动系统的结构

从功能的角度看,电动汽车的电动机驱动系统可分为电气和机械两大系统。电气系统由电动机、功率转换器和电子控制器等三个子系统组成;而机械系统主要包括机械传动装置(是可选的)和车轮。

电动机与车轮通过机械传动装置连在一起,该传动装置是可选的,因为电动机也可以直接装在车轮上,用电动轮直接驱动。

电动机驱动系统的特性主要取决于以下三个方面:驾驶员对电动汽车的驾驶性能要求、车辆的性能约束以及车载能源系统的性能。驾驶性能的要求是由包括加速性能、最大车速、爬坡能力、刹车性能以及续驶里程等在内的驾驶模式决定的;车辆的性能约束主要是指车型、车重和载重等;能量系统的性能与蓄电池、燃料电池、电容器、飞轮及各种混合型能源有关。

电动汽车驱动电动机需要有 4~5 倍的过载以满足短时加速行驶与最大爬坡度的要求;而工业驱动电动机只要求有 2 倍的过载。电动汽车驱动电动机的最高转速要求达到在公路上巡航时基速的 4~5 倍;而工业驱动电动机只要求达到恒功率时基速的 2 倍。电动汽车驱动电动机应根据车型与驾驶员的驾驶习惯进行设计;而工业驱动电动机通常只根据典型的工作模式进行设计即可。电动汽车驱动电动机要求有高的功率密度和好的效率图(在较宽的转速和转矩范围内都有较高的效率),从而能够降低车重,延长续驶里程;而工业驱动电动机通常对功率密度、效率及成本进行综合考虑,在额定工作点附近对效率进行优化。

为使多电动机协调运行,要求电动汽车驱动电动机可控性高、稳态精度高、动态性能好;而工业驱动电动机只有某一种特定的性能要求。电动汽车驱动电动机往往被装在机动车上,空间小,工作在高温、恶劣天气及频繁振动等条件下;而工业驱动电动机通常在某个固定

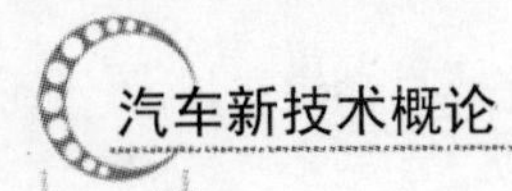

的位置工作。

2. 单电动机或多电动机结构

电动机结构一种是采用单个电动机驱动车轮，另一种是采用多个电动机一起各自驱动每一个车轮。电动机的结构如图 3.17 所示。

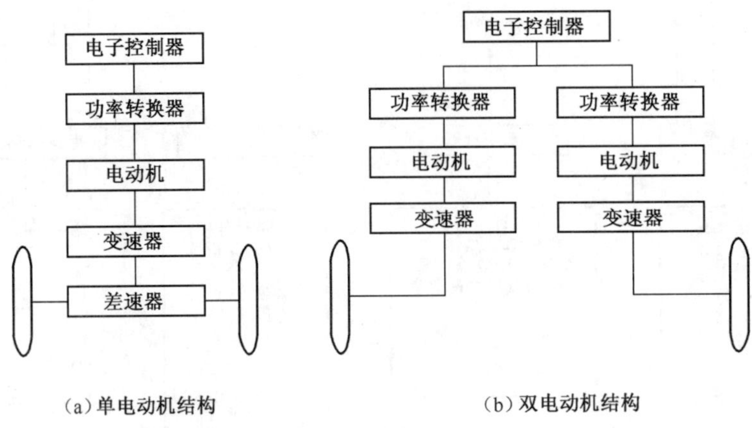

图 3.17　电动机的结构

单电动机结构由于只用一个电动机，它能最大限度地减小相应的体积、质量及成本。而多电动机结构能减小单个电动机的电流和功率的额定值，并能均衡电动机的尺寸和质量。单电动机和双电动机结构的比较见表 3.1。

表 3.1　单电动机和双电动机结构的比较

性能参数	单电动机	双电动机
成本	较低	较高
体积	笨重	分散
质量	集中	分散
效率	较低	较高
差速方式	机械式	电子式

3. 固定速比或可变速比齿轮减速

电动机结构通常也分为单速传动和多速传动。前者采用固定速比齿轮变速传动，而后者采用带离合器和变速器的多级齿轮变速传动。对于固定速比变速传动，设计的电动机要求既能在恒转矩区提供较高的瞬时转矩（额定值的 3~5 倍），又能在恒功率区提供较高的运行速度（基速的 3.5 倍）。可变速比齿轮变速传动的优点是应用常规驱动电动机系统可在低挡位得到较高的启动转矩，在高挡位得到较高的行驶速度，但其缺点是质量及体积大，成本高，可靠性低，结构复杂。固定速比与可变速比变速传动的比较见表 3.2。

4. 有齿轮和无齿轮传动

采用高传动比的固定速比变速传动，可使电动汽车的驱动电动机在高速下运转，因而系统具有较高的功率密度。该系统的最大速度受摩擦损失、风阻损失以及驱动桥公差的限制。电动汽车的电动机也可以采用无齿轮变速驱动，电动机直接驱动传动轴或采用轮毂电动机驱动。但是，如果采用低速外转子电动机，则系统的功率密度就会较低，不过，这可通过减少变速器，相应增加电动机的体积及质量来平衡，否则增加电动机的质量和体积会带来新的问题。轮毂电动机的电动汽车结构如图 3.18 所示。

表 3.2　固定速比与可变速比变速传动的比较

性能参数	固定速比	可变速比
电动机额定值	较高	较低
逆变器额定值	较高	较低
成本	较低	较高
体积	较小	较大
质量	较低	较高
效率	较高	较低
可靠性	较高	较低

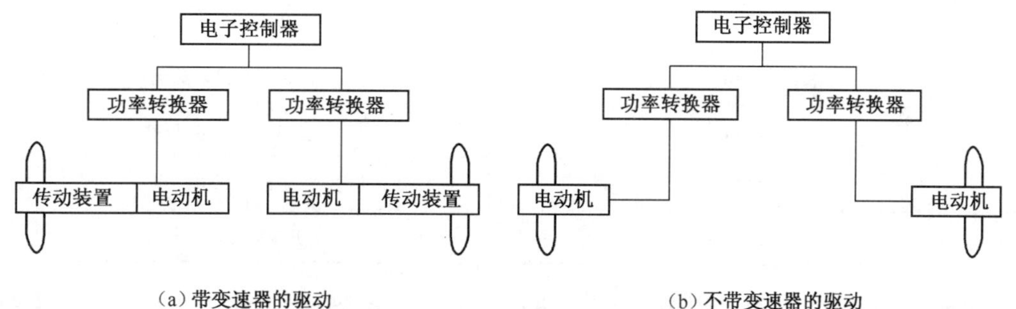

图 3.18　轮毂电动机的电动汽车结构

5. 系统电压

所选的电动汽车系统电压等级将大大影响驱动电动机系统的设计。采用合理的高电压电动机可减小逆变器的成本和体积。如果所需电压过高，则需要串联许多电池，这会引起车内及行李箱空间的减小，车辆的质量及成本的增加，以及车辆性能的下降。由于不同的车型采用不同的系统电压等级，因而电动汽车驱动电动机的设计需适合于不同的电动汽车。大体上，系统电压受蓄电池质量的限制，电池质量约占整车质量的 30%。实际上，电动机的功率越大，所采用的电压等级越高。

6. 整合

电动机与转换器、控制器、变速装置、能源等的整合是最为重要的。电动汽车驱动电动机的设计者应充分了解这些部件的特性，然后在给定的条件下设计电动机。电动汽车驱动电动机的分类如图 3.19 所示。

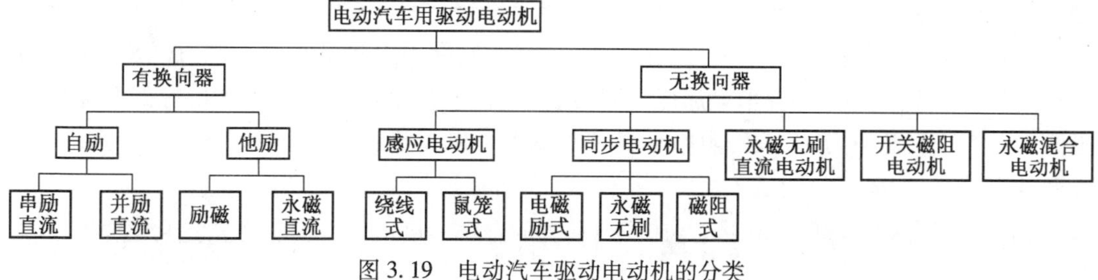

图 3.19　电动汽车驱动电动机的分类

典型的电动汽车选用的电动机见表3.3。

表3.3 典型的电动汽车选用的电动机

电动汽车型	电动汽车电动机
菲亚特 Panda Elettra	串励直流电动机
马自达 Bongo	并励直流电动机
Conceptor G-Van	他励直流电动机
铃木高级三轮车	永磁直流电动机
菲亚特 Seicento Elettra	感应电动机
福特 Think City	感应电动机
通用 EV1	感应电动机
本田 EV Plus	永磁同步式电动机
尼桑 Altra	永磁同步式电动机
丰田 RAV4	永磁同步式电动机
Chloride Lucas	开关磁阻电动机

各种驱动电动机性能比较见表3.4。主要对电动机六个方面的性能加以评价,每个性能的得分为1~5分。

表3.4 各种驱动电动机性能比较

性能参数	直流电动机	感应电动机	永磁无刷电动机	开关磁阻电动机	永磁混合电动机
功率密度	2.5	3.5	5	3.5	4
效率	2.5	3.5	5	3.5	5
可控性	5	4	4	3	4
可靠性	3	5	4	5	4
成熟性	5	5	4	4	3
成本	4	5	3	4	3
综合	22	26	25	23	23

从表中可以看出感应电动机相对而言是最容易接受的。如果永磁无刷电动机(包括直流和交流)的成本下降,且技术更加成熟时,这种电动机将是最受欢迎的。传统的直流电动机似乎在失去其竞争力,开关磁阻电动机和永磁混合电动机在电动汽车上的应用有更大的发展潜力。

3.3.3 电动汽车用发动机技术

1. 四冲程汽油发动机

四冲程汽油发动机是当前混合动力电动汽车(Hybrid Electric Vehicle,HEV)的主力发动机,四冲程汽油发动机在技术上已相当成熟,在节能和环保方面也取得了很大的进展。汽油发动机节能和环保的主要技术措施主要体现在发动机燃烧室结构、活塞顶结构、气门结构、电控喷射系统、电子控制系统等。

例如丰田汽车公司的THS型动力组合器动力组合式混联式混合动力电动汽车(Power Split Hybrid Electric Vehicle,PSHEV)的汽油发动机。它用了一个1.5L N型四冲程汽油发动机,装置在丰田汽车公司所开发的THS的动力组合器动力组合式PSHEV上。与传统的汽油机汽车相比,装有THS的动力组合器动力组合式PSHEV,CO_2的排放量下降50%,CO、HC和NO的排放量只有传统汽油机汽车的1/10左右。

再如本田汽车公司Insight牌PHEV跑车的汽油发动机。Insight牌PHEV跑车是以汽油发动机为主要动力,电动/发电机为辅助动力,它们的动力配比为9∶1。Insight牌PHEV跑车的发动机单缸排量为1L、直列3缸、直喷式、铝制气缸体、VTEC"极端稀薄燃烧"发动机。发动机最大功率为52kW/(6000r/min),转矩为91N·m/(4600r/min)。发动机的质量仅60kg,是当前世界上1L级发动机中质量最小、效率最高的发动机。

2. 四冲程柴油发动机

四冲程柴油发动机在汽车上的应用逐年增多,在节能和环保技术上已有很大的进展。近年来开发了多种小型化、低油耗、低排放和高性能的四冲程柴油发动机,已被各种HEV所采用,特别是在混合动力大客车上,得到普遍地采用。一般所采取的控制策略为:

(1) 采用多气门技术,废气涡轮增压技术,增压中冷技术,高压喷射或超高压喷射,电磁阀定时控制,扩散燃烧和稀薄燃烧等新技术。

(2) 采用部分废气再循环来降低NO_x或采用新型NO_x催化剂来降低NO_x的排放量。采用颗粒滤清器(DPF)降低黑烟中的固体颗粒。柴油机四效催化转化器可以同时净化废气中的HC、CO、NO_x和碳颗粒(PM)中的有机溶剂可溶成分(Soluble Organic Fraction,SOF)。

3.4 蓄电池电动汽车

3.4.1 概述

采用电能作为能源的电动车辆,有100多年的历史,现在已具有多种多样的电动车辆。电动汽车与普通"汽车"的主要区别是动力源的改变,EV用蓄电池—电动机系统,FCEV用燃料电池发动机—电动机系统,HEV用混合动力的发动机—发电机和电动机系统,取代了内燃机汽车的汽油机、柴油机、转子发动机和燃气轮机。EV是一种最好的"零污染"或"超低污染"的车辆,多项性能远远地优于内燃机汽车,是当前开发和研制取代内燃机汽车的首选车型。

20世纪70年代以来,美国、日本、德国、法国和意大利等国家的汽车公司和研究部门,为寻找汽车的新能源和开发“零污染”汽车,相继投入了大量的人力和物力,开发了多种电动汽车,以及EV用的蓄电池、燃料电池、驱动电动机、控制装置和设备、车身和底盘等技术装备,使EV得到了迅速的发展。

3.4.2 车载动力电池

1. 分类

目前在EV上,一般以多种不同的蓄电池组成动力电池组储存的电能作为动力源,用周期性的充电来补充电能。动力电池组是EV的关键装备,它储存的电能、质量和体积,对EV的性能起决定性影响,也是发展EV的主要研究和开发的对象。目前,EV用电池经过了三代的发展,已取得突破性的进展。

第一代的EV电池是铅酸电池,由于铅酸电池的比能量和比功率不能满足EV动力性能的需求,进一步发展了阀控铅酸电池等,使铅酸电池的比能量有所提高,目前仍然能够作为EV的电源。

第二代的高能电池有镍镉电池、镍—氢电池、钠—硫电池、钠—氯化镍电池、锂离子电池、锂聚合物电池、锌—空气电池和铝—空气电池等多种电池。第二代电池的比能量和比功率都比铅酸电池高,大大地提高了EV的动力性能和续驶里程。但第二代的电池仍然是在电能—化学能—电能的化学反应过程中存储电能和供给电能,有一些特殊使用条件和一定的局限性,其中有些高能电池还需要复杂的电池管理系统和温度控制系统,各种电池对充电技术还有不同的要求。另外,化学电池中的活性物质在使用一定的期限后,会老化变质以至完全丧失充电和放电功能而报废,增加了EV的使用成本。

第三代电池是以燃料电池为主的电池,燃料电池直接将燃料的化学能转变为电能,能量转变效率高,比能量和比功率高,并且能量转化过程可以连续进行,反应过程能够有效地控制,是较理想的FCEV用电池,一些关键技术正在不断地突破,并且在使用上取得了良好效果。

“飞轮”储能器是电能—机械能—电能转换的“电池”。超级电容器是电能—电位能—电能转换的“电池”。这两种储能器在理论上都具有很大的转换能力,而且在“充电”和“放电”时十分方便。

由多个12V或24V的电池串联成的动力电池组是EV唯一的动力源,动力电池组是电压为155~300V高压直流电源。在EV上,还有空调系统的空压机,动力转向系统的油泵和制动系统的真空泵等,也需要动力电池组提供动力电能。空调系统的空压机如果用动力电池组供给电能时,对EV的动力性能影响很大,会使EV的续驶里程减少近30%,在EV启动、加速、爬坡和停车时,一般采取智能控制系统控制空调系统停止运转,以节约电能。

2. 电池管理系统

对动力电池组的管理包括对动力电池组的充电与放电时的电流、电压、放电深度、再生制动反馈的电流、电池的自放电率、电池温度等进行控制。因为个别的蓄电池性能变化后,会影响到整个动力电池组的性能。用蓄电池管理系统来对整个动力电池组和动力电池组中的每一单体电池进行监控，保持各个电池间的一致性，同时要建立动力电池组的维护系统，来保证 EV 的正常运行。

动力电池组必须进行周期性的充电，动力电池组对充电时的电压和电流都有一定的要求。因此，高效率的充电装置和快速充电装置，也是 EV 使用时所必需的辅助设备。根据 EV 不同的形式，可采用地面充电器、车载充电器、接触式充电器或感应充电器等进行充电。

电池充电系统、管理体系、维修系统和再生制动能量的回收等，是一个全新的系统工程，是 EV 运行的保证体系，其重要性不亚于 EV 本身。如何建立充电站系统，使 EV 的充电能够像内燃机汽车加油站那样方便、那样普及，与此同时还应建设报废蓄电池的回收和处理工厂，以避免出现废料造成严重污染，也是推广 EV 的关键问题，这些都需要得到政府和全社会的重视与支持。

3. 安全保护系统

EV 的动力电池组具有数百伏的高压直流电，人身触电时会造成致命的危险。因此必须设置安全保护系统，确保驾驶员、乘员和维修人员在驾驶、乘坐和维修时的安全；另外，在撞车、翻车或线路发生短路时，驾驶员要能够迅速切断动力电池组的电源，避免发生火灾；同时，还需要防止电池中的电解液溢出对乘员造成的伤害。为保护成员的安全，EV 必须配备电气装置故障自检系统和故障报警系统，以及时防止重大事故的发生。

3.4.3　电机及驱动技术

驱动电动机是 EV 的动力装置，这也是 EV 与内燃机汽车的根本区别之处。一般要求能够在 EV 制动时电动机实现再生制动，一般可以回收 10%～15%的能量，再生制动能量的回收有利于 EV 节能和延长 EV 的续驶里程，这是 EV 节能的重要措施之一，再生制动在内燃机汽车上是不能实现的。

在 EV 的制动系统中，还保存了常规的制动系统和 ABS 制动系统，以保证车辆在紧急制动时，有可靠的制动性能。

随着 EV 结构形式不同，采用不同的驱动系统。EV 的驱动系统可以分为集中驱动系统和轮边驱动系统两大类。集中驱动系统大部分是由齿轮和差速器等共同组成。

采用双电动机驱动代替单电动机驱动，可以减小电动机的直径，便于在 EV 底盘下部布置，能够减轻 EV 的簧载质量。轮毂电机改变了内燃机汽车传统的驱动方式，每个车轮都是由独立的电动机来驱动。更有利于实现机电一体化和应用现代控制技术。

任何一种电动机都可以与不同的传动系统组合成集中驱动系统或轮边驱动系统，并组成不同形式的系列化的 EV。

3.4.4　车身与底盘设计

EV 车身造型，特别重视流线型设计，使得 EV 的车身造型更加具有特色，更加丰富多彩，也使得车身的空气阻力系数大大地降低。EV 大多数用复合材料来制造车身结构和车身内饰,有的豪华气派,有的简单朴实,并且更加轻盈和美观。

由于动力电池组的质量和所占据的空间均较大,为减小 EV 的整车质量,多采用轻质材料、碳纤维增强树脂和复合材料等制造车身和底盘部分总成,并采用三维挤压成型工艺,制造出结构复杂、质量小、强度大和装卸动力电池组方便的车架,补偿因装动力电池组而增加的负载。在底盘的布置上还要有足够的空间存放动力电池组,并且要求线路连接方便,充电方便,检查方便和装卸方便,能够实现动力电池组的整体机械化装卸。这就要求在 EV 底盘的布置上,打破传统的内燃机汽车底盘布置模式,加大承载空间的跨度和承载结构件的刚度,并充分考虑防止动力电池组渗出的液酸或碱等对底盘结构件的腐蚀等。

在 EV 上多采用滚动阻力小的子午线轮胎,这种子午线轮胎的滚动阻力系数仅为 0.005,使得 EV 行驶时的滚动阻力大大地降低。

3.4.5 控制技术与系统

为了保持传统的驾驶习惯,EV 保存了加速踏板、制动踏板和各种控制手柄等,在 EV 上是将加速踏板、制动踏板机械位移的行程量转换为电信号,输入中央控制器,通过动力控制模块控制驱动电动机运转。

EV 的控制系统主要是对于动力电池组的管理和对电动机的控制,随着车辆行驶工况的变化,会引起的电动机输出功率、转矩和转速的变化,必然引起动力电池组的电压、电流等的改变,通常采用电压表、电流表、电功率表、转速表和温度表等仪表来显示,特别是对动力电池组剩余电量和剩余续航里程的显示有重要意义。有些 EV 的仪表板上采用红色和蓝色箭头来表示电流的流向,同时用数字表示输出或输入功率的大小,方便地显示了整个动力电池组和驱动电动机的运转的情况。

由于 EV 高度电气化,因此更加有条件采用自动化的控制系统和管理系统,实现机电一体化,一般用中央控制器中的计算机来进行控制和管理。另外,控制系统还包括整车低压系统的电子与电器装置、卫星导航和雷达防撞等装备的控制,现代控制理论在 EV 上得到了广泛的应用。EV 除装备现代内燃机汽车的一些先进的电子设备外,电动轮、四轮转向、再生制动和太阳能的利用等,都可以在 EV 上发挥其独特的作用。

在 EV 控制系统中还应用了各种各样的传感器、电流检测器、测速编码器、显示装置、仪表、报警装置和自诊断装置等。它们可以对整个动力电池组,电流转换器—驱动电动机系统进行监控并及时反馈信息或报警。EV 的控制策略和控制系统如图 3.20 所示。

3.4.6 通用 EV-1 电动轿车介绍

通用 EV-1 型电动轿车的整备质量 1350kg,动力电池组的质量 533kg,最高车速为 128km/h,0~96km/h 加速时间为 9s,使用 85%的电池组电量时,城市循环行驶里程 112km,高速公路行驶可达 144km。EV-1 型电动轿车可以回收再生制动能量,是效率高、动力性能好的“零污染”电动轿车。在行驶过程中,驱动系统对加速踏板行程产生响应,自动调节 EV-1 行驶速度,不需要换挡,速度变化过程平稳。EV-1 型电动轿车的技术性能见表 3.5。

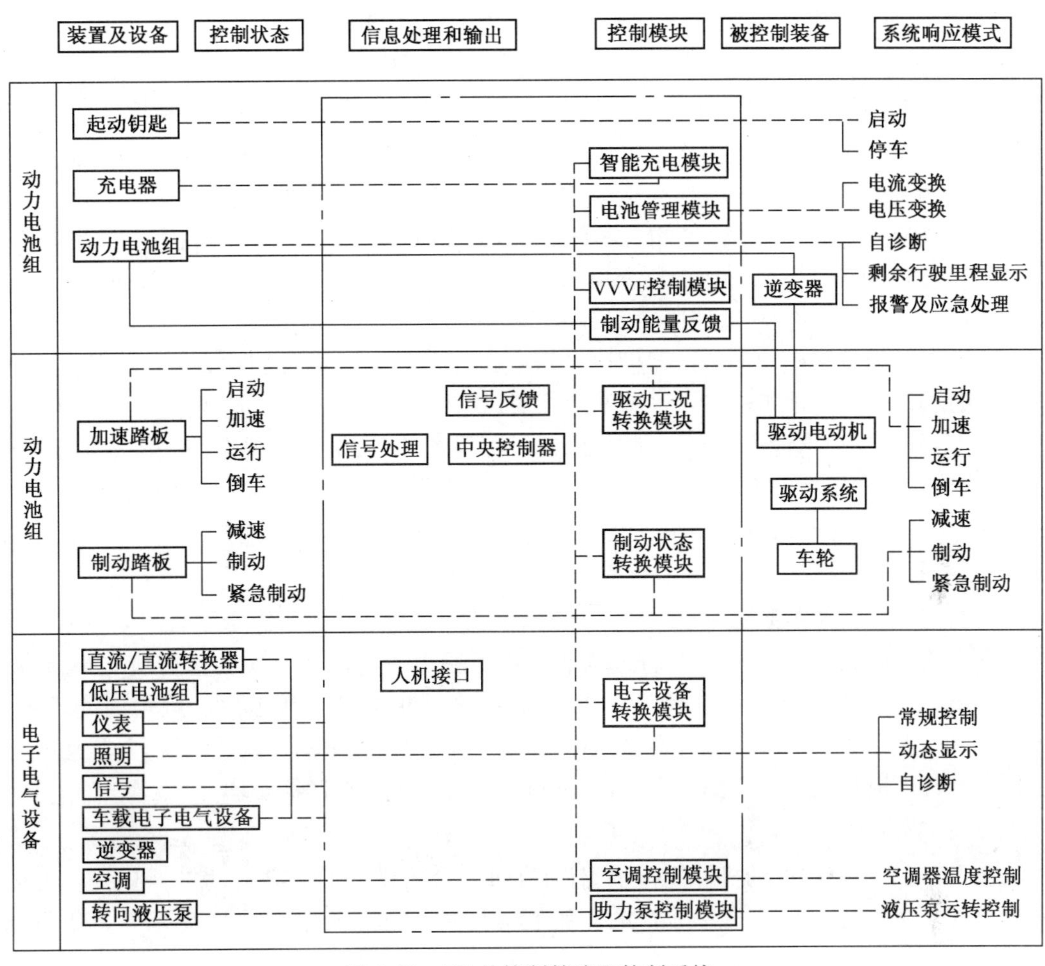

图 3.20 EV 的控制策略和控制系统

表 3.5 EV-1 型电动轿车的技术性能

参数			单位	EV-1	参数		单位	EV-1
尺寸参数	总长		mm	4309	电动机性能参数	类型		三相交流
	宽度		mm	1766		最大功率	kW	100
	高度		mm	1281		最高转速	r/min	15000
	轴距		mm	2512		最高车速	km/h	128
	轮距	前轮	mm	1470		空气阻力系数		0.19
		后轮	mm	1244		续驶里程	km	铅酸电池 88~152
质量参数	乘员数		人	5		续驶里程	km	镍氢电池 120~200
	整备质量		kg	铅酸电池 1400	充电器	输入电压	V	220
	整备质量		kg	镍—氢池 1320		充电程度	%	0~100
电池组	类型			铅酸电池		充电时间	h	铅酸电池 5.5~6
				镍—氢电池		充电时间	h	镍氢电池 6~8

动力系统包括动力电池组、充电器、驱动系统、操纵装置和控制系统。

1. 动力电池组

EV-1 采用 Delco 公司免维护调压阀式密封铅酸电池组,用气体再化合技术保证免维护功能。用吸附玻璃垫层吸附溢出的电解液,从而保证电解液不会溢出到电池壳外面。带火焰消除器的单向压力阀允许气体逸出等技术,实现了电池的免维护。

另外,EV-1 还可以采用"通用—噢旺尼克"公司的镍—氢动力电池,比能量 70W · h/kg,能量密度 160W · h/L。在 50%放电深度时比功率 220W/kg,80%放电深度时比功率 200W/kg,一次充电后续驶里程达到 265km。

动力电池组管理模块的分流器模块检测动力电池组的电流,控制动力电池组的充电、放电的全过程。动力电池组热管理系统和冷却通风系统模块,对动力电池组进行热管理,对电线保护套松动、动力电池组的电压和温度,进行测量和控制,保证车载电源系统能够正常运行,以优化动力电池组的性能和延长寿命。自我检测和自我保护系统模块,将动力电池组的技术状况的信息,随时反馈到中央控制器中,并由中央控制器作出相应的处理。

2. 充电器

用智能控制模块控制随车感应式耦合充电系统,采用可分式绝缘变压器产生磁场,因此能够在全天候的条件下对 EV-1 动力电池组进行充电。目前所采用的磁感应式(Madne-Charge)6. 6kW 充电系统,充电时间 2~3h。新开发的 50kW 快速充电系统,充电时间缩短到 10~15min,就可以达到 80%的电量,电量可供 EV-1 行驶 90~100km。在 EV-1 制动时,回收再生制动的能量向动力电池组充电,全部过程都是由中央控制器管理。

3. 驱动系统

在 EV-1 中,驱动电动机控制模块,控制 Delco 公司供应的驱动电动机,驱动电动机为液体冷却式交流感应电动机,有宽广的调速范围和优异的转速特性,最大功率为 100kW,最高转速 1600r/min,并具有优越的转速范围和转矩特性。

Delco 的驱动电动机采取机电一体化设计,将驱动电动机、主减速器驱动桥的轻质铝差速器和半轴等,组合成整体,一体化驱动系统结构十分紧凑,通用性好。轻质铝合金制造的差速器,既轻巧又坚固,车桥的驻车锁止器能够保证 EV-1 在驻车时的可靠锁止。Delco 的驱动电动机的液体冷却系统和润滑油循环系统,提高了传动性能和传动效率,性能更好,寿命更长。Delco 的驱动电动机可以实现四象限运转,有效地回收再生制动时的能量。所有的电气连接都是全天候的,能够适应驱动电动机周边和罩内严酷的环境条件。一体化 Delco 驱动单元装有由 Delco 的 110 型"动力电子系统"控制的轴端编码器、啮合模式开关、油压开关、温度传感器等监控系统,保证了驱动单元的平稳性和可靠性。

4. 操纵装置

EV-1 电动轿车控制系统的操纵装置有加速踏板、制动踏板等操纵装置,加速踏板、制动踏板的机械位移量,转换为电信号后输入 Delco 公司制造的混合动力模块中。驱动系统即产生"油门响应",不需要换挡,运转平稳,符合汽车驾驶员的操作习惯。

5. 控制系统

1) 750A-混合动力控制模块

EV-1 采用 Delco 的 750A 混合动力控制模块作为控制单元技术装备，由于具有 750A 强大的额定电流，在大功率的条件下不需要再并联功率模块。

750A 混合动力控制模块的微处理器采用可再编程存储器，具有转矩控制、巡航控制、电子限速、加速踏板标定、过电压/不足电压限值、诊断和自我检测等多种功能。驱动系统统一装置在驱动系统箱体内，采用冷却系统冷却以保证工作的可靠性。

2) 110 型动力电子系统模块

对整个车辆的动力进行控制，110 系统可以在动力电池的额定直流电压为 270~350V 之间正常工作，推荐在充电时最高电压不超过 430V，在再生制动能量回收时电压不超过 405V。在 110 型动力电子系统中，逆变器是采用专门设计的、装于 EV-1 的行李箱内、特殊环境条件下的绝缘栅双极 750A 的大功率管，可提供 110kW，输出电流为 400A 的电流。逆变器以正弦波输出，能在 0~600Hz 范围内进行精确控制，控制交流感应电动机的转速达到 16000r/min。实现即时加速踏板响应并实现无级变速，使 EV-1 的最高车速达到 128km/h，并且起动平稳，有优良的加速性能和爬坡性能。驱动电动机还能够实现四象限运行，在制动时能够转换为发电机发电，回收再生制动的能量，增加续驶里程。不论在驱动模式和再生制动模式的工况下，都能实现对电机的高效率的控制。由于再生制动能量的回收，可以增加 EV-1 的续驶里程接近总续驶里程的 1/5~1/4。

110 型动力电子系统带有可再编程存储器和微机控制系统，可以根据驾驶员通过对操纵装置的输入量，进入 110 型动力电子系统，经过微机控制系统处理，并通过输出接口输送到各个控制模块中去，对整车进行综合控制。通过不同的控制模块来控制加速踏板的标定，电子限速，巡航控制，力矩控制，力矩指令滤波，过电压和不足电压的限值，诊断和自我检测等多种功能。

在 EV-1 中 110 型动力电子系统中的辅助功率控制模块的功率为 4. 2kW，控制 DC/DC 转换器和低压辅助电池组，承担从动力电池组向低压辅助电池组充电和管理，然后由低压辅助电池组向各个用电装置提供电能。在 4. 2kW 的辅助功率模块中，其中 1. 5kW 的功率经过 DC/DC 为辅助电池充电，供各种低压电器用电。0. 8kW 用于挡风玻璃除霜加热，1. 9kW 用于暖风或空调系统压缩机和风扇用电。0. 8kW 的动力转向模块，控制 0. 75kW 的动力转向器。用各种监控装置，包括编码器、传感器、油压开关和啮合模式开关等组成整个控制系统。

全部过程都是在中央控制器控制的指令和低压电池组控制模块的监控下进行的。12V 的电池组提供整车低压电气系统和控制系统用电。在 EV-I 上照明系统、信号系统、仪表板、刮水器、喷淋器、电动车门、电动车窗、音响、电视、多媒体、安全气囊、防撞系统、导航系统、车载电话等，都采用低压电源。

3.5　混合动力电动汽车

3.5.1　组成和分类

混合动力电动汽车，其动力系统包括内燃机和电池组，兼备了内燃机汽车和电动汽车优点,按内燃机与电动机的连接方法可分为并联式、串联式和混联式。它将内燃机、电动机与一定容量的储能器件通过控制系统相组合,电动机可补充提供车辆起步、加速时所需转矩,又可以存储吸收内燃机富余功率和车辆制动能量,从而可大幅度降低油耗,减少污染物排放。

HEV 的主要优点是采用了高功率的能量储存装置(飞轮、超级电容器或蓄电池)向汽车提供瞬时能量,可以提高效率、节省能源、降低排放,因此经济性和排放性明显改善。

较之纯电动汽车,HEV 主要优点:续驶里程和动力性可达到内燃机汽车的水平;空调、真空助力、转向助力及其他辅助电器,借助发动机动力,无须消耗电池组有限电能,从而保证了乘坐的舒适性;而且 HEV 技术难度相对较小,成本也相对较低。HEV 介于传统汽车和纯电动汽车、燃料电池汽车之间,是一种承前启后的在经济和技术方面都趋于成熟的电动汽产品。

1. HEV 组成

HEV 的基本结构模型和驱动模式见表 3.6。

表 3.6 HEV 的基本结构模型和驱动模式

结构模型	驱动模式
串联式 HEV 机、发电机、驱动电动机三大动力总成组成	(1) 以动力电池组的电能为主要动力源; (2) 以发动机和发电机发电为辅助动力源; (3) 驱动电动机驱动是唯一的驱动模
发动机轴动力组合式并联式 HEV 由发动机、电动/发电机两大动力总成组成	(1) 以发动机驱动为基本驱动模式; (2) 电动/发电机为辅助动力源; (3) 电动/发电机只在发动机启动,车辆加速、爬坡时起辅助作用,与发动机组成混合驱动模式
动力组合器动力组合式并联式 HEV 由发动机、驱动电动机两大动力总成组成	(1) 以发动机驱动为基本驱动模式; (2) 驱动电动机为辅助驱动模式,可以独立驱动并联式混合动力源; (3) 在混合驱动时,发动机与驱动电动机的动力通过"动力组合器"组合
驱动轮动力组合式并联式 HEV 动力系统由发动机、驱动电动机两大动力总成组成	(1) 以发动机驱动为基本驱动模式,独立驱动后驱动轮; (2) 驱动电动机为辅助驱动模式,能独立驱动前驱动轮; (3) 在混合驱动时,发动机驱动的后轮动力与驱动电动机驱动的前轮的动力进行组合,成为混合四轮驱动模式
动力组合器组合式混联式 HEV 由发动机、电动/发电机、驱动电动机三大动力总成组成	(1) 以发动机驱动为基本驱动模式,带动电动/发电机,通过动力组合器驱动车辆行驶; (2) 驱动电动机能够以电动机驱动模式,通过动力组合器驱动车辆行驶; (3) 在加速、爬坡时,驱动电动机与发动机组成混合驱动模式,发动机与驱动电动机的动力通过动力组合器组合

（续）

结构模型	驱动模式
驱动轮动力组合式混联式 HEV 动力系统组成由发动机、电动/发电机、驱动电动机三大动力总成组成	（1）以发动机驱动为基本驱动模式，带动电动/发电机，并独立驱动后驱动轮； （2）驱动电动机为辅助驱动模式，能独立驱动前驱动轮； （3）在混合驱动时，发动机驱动的后轮动力与驱动电动机驱动的前轮的动力进行组合，成为混合四轮驱动模式

在 HEV 上普遍地采用以计算机为核心的现代计算机技术和自动控制技术，各种智能控制系统，包括自适应控制技术、模糊控制技术、专家控制系统、神经网络控制系统等也逐渐应用到 EV、FCEV 和 HEV 上，使 HEV 更加安全、节能、环保和舒适。

HEV 控制系统的基本组成如下：

（1）装置、中央控制器和各种控制模块共同组成。

（2）发动机和驱动系统。发动机和发动机驱动系统的控制系统。

（3）电动机和驱动系统。电动机和电动机驱动系统的控制系统。

（4）信号反馈及检测装置。包括各种车速表、里程表、发动机转速表、电量检测装置（电压表、电流表等）、显示装置和自诊断系统等。

（5）车电气装备和电子装备。包括刮水器、喷淋器、安全气囊、空调系统、娱乐装置和导航系统等。

不同形式的 HEV 特点比较见表 3.7。

表 3.7 不同形式的 HEV 特点比较

结构模式	串联式	并联式	混联式
动力总成	发动机、发电机、驱动电动机等三大动力总成	发动机、电动/发电机两大动力总成	发动机、电动/发电机、驱动电动机三大动力总成
发动机的选择范围	发动机的选择有多种形式	发动机一般为传统的内燃机	发动机的选择有多种形式
发动机动率	发动机功率较大	发动机功率较小	发动机功率较小
发动机排放	发动机工作稳定，排放较小	发动机工况变化大，排放较高	发动机排放介于串联式和并联式之间
驱动模式	电动机是唯一的驱动模式	发动机驱动模式、电动机驱动模式、发动机—机混合驱动模式	发动机驱动模式、电动机驱动模式、发动机—机混合驱动模式、电动机—机混合驱动模式
传动效率	发动机—电动/发电机—驱动电动机能量转换效率较低	发动机传动系统的传动效率较高	发动机传动系统的传动效率较高
制动能量回收	能够回收制动能量	能够回收制动能量	能够回收制动能量

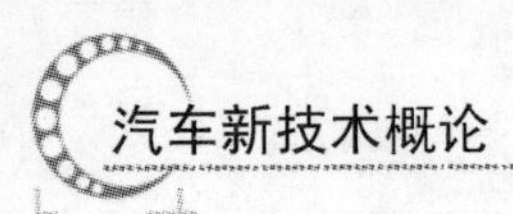

（续）

结构模式	串联式	并联式	混联式
整车总布置	三大动力总成之间没有机械式连接装置，结构布置的自由度较大，但三大动力总成的质量、尺寸都较大，在小型车上不好布置，一般在大型车辆上采用	发动机驱动系统保持机械式传动系统，发动机与电动机两大动力总成之间被不同的机械装置连接起来，结构复杂，使布置受到一定的限制	三大动力总成之间采用机械式连接装置，三大动力总成的质量、尺寸都较小，能够在小型车辆布置，但结构更加复杂，要求布置更加紧凑
适用条件	适用于大型客车或火车，适应在路况较复杂的城市道路和普通公路上行驶，更加接近电动汽车性能	适用于小型汽车，适应在城市道路和高速公路上行驶，接近普通的内燃机汽车性能	适用于各种类型的汽车，适应在各种道路上行驶，更加接近普通的内燃机汽车性能
造价	三大动力总成的功率较大，质量较大，制造成本较高	只有两大动力总成，且其功率较小，质量较轻，可利用普通内燃机汽车底盘改装，制造成本较低	虽然有三大动力总成，但三大动力总成的功率较小，质量较轻，需要采用复杂的控制系统，制造成本较高

HEV 的发展优势如下：

HEV 用传统的发动机与电动机进行混合，得到多种多样不同组合形式的 HEV，包括串联式混合动力电动汽车、并联式混合动力电动汽车、混联式混合动力电动汽车等，既保持了内燃机汽车的优良性能，又在降低石油燃料的消耗和对环境污染方面有重大改进，突出体现了 HEV 的节能和环保的优越性。

HEV 还可以像内燃机汽车一样，直接从加油站添加燃料（汽油及代用燃料），可以利用现有的加油站和服务设施。在服务系统工程方面有继承性，不需要投入大量的改造资金，这为推广 HEV 提供了良好的基础。

本田公司开发的 Insight 牌汽车，是发动机主动型混合动力系统，由一个三缸发动机和一个永磁同步电动机共同驱动。电动机由 144V 的镍氢电池组驱动，电池组可利用正常行驶的富裕功率和下坡时的再生制动能量充电。Insight 是燃油效率最高的混合动力汽车，燃油经济性为 26~30km/L。

2. HEV 分类

HEV 的分类如图 3.21 所示。

串联混合型的主要特点是在纯电动模式下，内燃机和发电机一起工作产生所需的电能；并联混合型的主要特点是内燃机和与变速器相连的电动机都通过各自的驱动轴驱动车轮；混联混合型就是直接把串联和并联相结合，而复合式则能提供更多更广的工作模式。

1）串联式

串联式是 HEV 中最简单的一种，发动机输出的机械能首先通过发电机转化为电能，转化后的电能一部分用来给蓄电池充电，另一部分经由电动机和传动装置驱动车轮。

和燃油车比较，它是一种发动机辅助型的电动车，主要是为了增加车辆的行驶里程。由

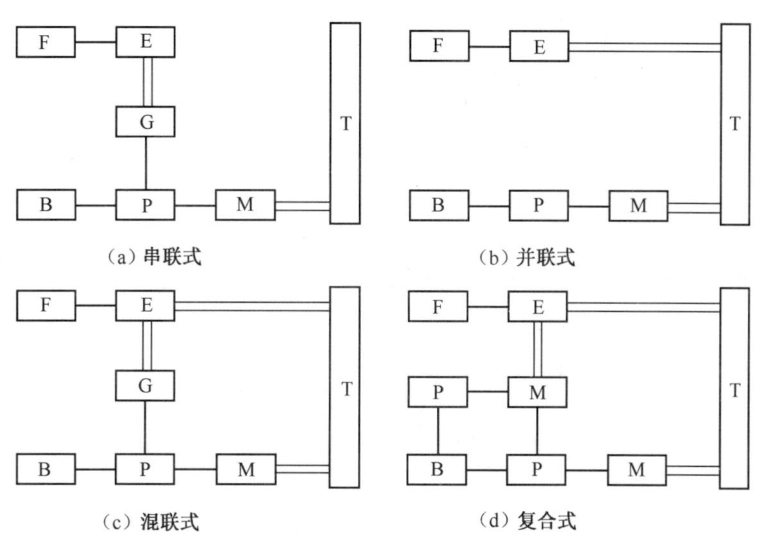

图 3.21 HEV 的分类

B—蓄电池;E—内燃机;F—油箱;G—发电机;M—电动机;
P—功率转换器;T—传动装置(包括制动、离合器和齿轮箱)。

于在发动机和发电机之间的机械连接装置中没有离合器,因而它具有一定的灵活性。尽管其传动结构简单,但它需要三个驱动装置:发动机、发电机和电动机。如果串联 HEV 设计时考虑爬长坡,为提供最大功率三个驱动装置的尺寸就会较大,如果用作短途运行,如当通勤车用或只是用于购物,相应的内燃机—发电机装置应采用低功率的。

2) 并联式

并联式与串联式不同的是,并联式采用发动机和电动机两套独立的驱动系统驱动车轮。

发动机和电动机通常通过不同离合器来驱动车轮,可以采用发动机单独驱动,电力单独驱动或者发动机和发电机混合驱动三种工作模式驱动。从概念上讲,它是电力辅助型的燃油车。

当发动机提供的功率大于驱动电动车所需的功率或者再生制动时,电动机工作在发电机状态,将多余的能量充入电池。

与串联式比较,它只需两个驱动装置—发动机和电动机,而且在蓄电池放完电之前,如果要得到相同的性能,并联式比串联式的发动机和电动机的体积要小。即使在长途行驶时,发动机的功率也可以达到最大而电动机的功率只需发出一半即可。

3) 混联式

混联式在结构上综合了串联式和并联式的特点,与串联式相比,它增加了机械动力的传递路线;与并联式相比,它增加了电能的传输路线。

尽管混联式同时具有串联式和并联式的优点,但其结构复杂,成本高,不过,随着控制技术和制造技术的发展,一些现代混合动力电动汽车更倾向于选择这种结构。

4) 复合式

复合式结构复杂,难以把它归于上述三种中的哪一种。其结构似乎与混联式相似,因为它们都有起发电机和电动机作用的电动机,二者的主要区别在于复合式中的电动机允许功率流双向流动，而混联式的发电机只允许功率流单向流动。

双向流动的功率流可以有更多的运行模式，这对于采用三个驱动动力装置的混联式而言是不可能达到的。复合式混合动力电动汽车同样具有结构复杂，成本高的缺点，不过，现在有些新型的 HEV 也采用这种双轴驱动的复合式系统。

由于各种 HEV 结构上的差异，因而需要不同的控制策略来调节和控制功率流从不同元件的流进和流出，采用不同控制策略的目的是达到不同的目标，其主要目标有以下四个：最佳的燃油经济性，最低的排放，最低的系统成本和最佳的驱动性能。

3.5.2 串联式混合动力电动汽车控制

串联式 HEV 的功率流控制四种工作模式如图 3.22 所示。

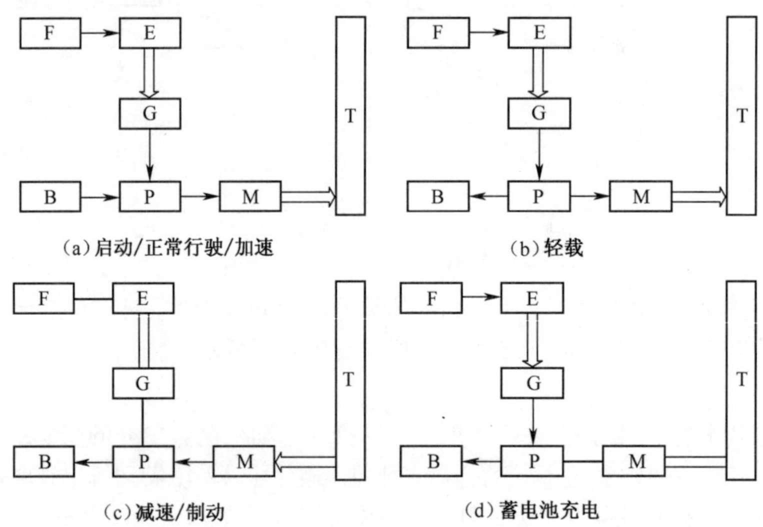

图 3.22 串联式混合动力电动汽车的功率流控制模式

B—蓄电池；E—内燃机；F—油箱；G—发电机；M—电动机；

P—功率转换器；T—传动装置(包括制动器、离合器和齿轮箱)。

车辆启动、正常行驶或加速行驶时，发动机通过发电机和蓄电池一起输出电能并传递给功率转换器，然后驱动电动机，通过机械传动装置驱动车轮。车辆轻载时，发动机发出的功率大于车辆所需功率，多余的能量通过发电机给蓄电池充电直到电荷状态(SOC)达到预定的限值。车辆制动或减速时，电动机把驱动轮的动能转化为电能，并通过功率转换器给蓄电池充电。车辆停车时，发动机也可以通过发电机和功率转换器给蓄电池充电。

3.5.3 并联式混合动力电动汽车控制

本田 Insight 牌混合动力电动汽车采用的就是类似的功率流控制方式。并联式 HEV 的工作模式如图 3.23 所示。

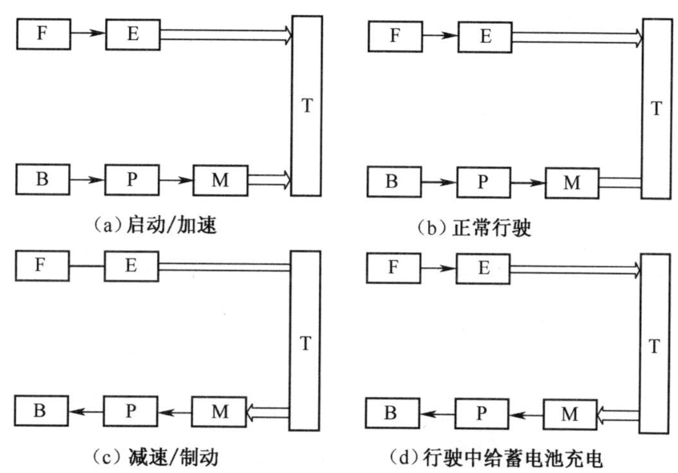

图 3.23　并联式混合动力电动汽车的工作模式
B—蓄电池;E—内燃机;F—油箱;G—发电机;M—电动机;
P—功率转换器;T—传动装置(包括制动器、离合器和齿轮箱)。

车辆启动或节气门全开加速时,发动机和电动机同时工作,共同分担驱动车辆所需的动力。比如,发动机和电动机分别承担总功率的 80%和 20%。车辆正常行驶时,电动机关闭,仅由发动机工作提供车辆行驶所需动力。车辆制动或减速行驶时,电动机工作于发电机模式,通过功率转换器给蓄电池充电。由于发动机和电动机驱动同一根驱动轴,因此当车辆轻载时,发动机发出的功率也可以通过电动机转化为电能给蓄电池充电。

3.5.4　混联式混合动力电动汽车控制

混联式兼有串联式和并联式的特点,因而有很多种可能的控制方式。基本上可分成两种,一种称为发动机主动型,另一种称为电力主动型。车辆运行时,前一种主要是发动机起作用,而后一种主要是电动机起作用。

发动机主动型混联式 HEV 的工作模式如图 3.24 所示。

尼桑 Tino 混合动力电动汽车就采用了类似的功率流控制方法。车辆启动时,发动机关闭,蓄电池工作提供车辆行驶所需的动力。节气门全开车辆加速行驶时,发动机和电动机同时工作,共同分担车辆行驶所需的动力。车辆正常行驶时,电动机关闭,发动机工作,提供车辆所需的动力。车辆制动或减速行驶时,电动机工作于发电机模式,通过功率转换器给蓄电池充电。车辆行驶给蓄电池充电时,发动机一部分动力用于驱动车辆,另一部分动力由发动机经功率转换器给蓄电池充电。当停车时,发动机也可以通过发电机给蓄电池充电。

电动机主动型混联式 HEV 的工作模式如图 3.25 所示。

丰田 Prius 混合动力电动汽车就采用了这种功率流控制方式。车辆启动或轻载运行时,发动机关闭,由蓄电池给发动机提供电能驱动车辆。节气门全开、车辆加速行驶时,发动机和电动机一起工作,共同提供车辆所需功率。节气门全开加速行驶时,其动力由蓄电池和发电机共同提供,通常用行星齿轮机构分流发动机的输出功率,一部分用于驱动车辆，一部

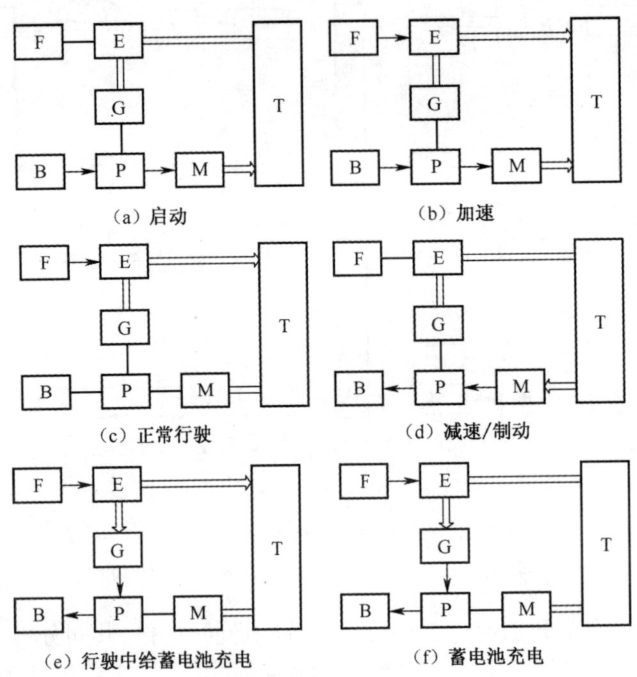

图 3.24　发动机主动型混联式混合动力电动汽车的工作模式

B—蓄电池;E—内燃机;F—油箱;G—发电机;M—电动机;
P—功率转换器;T—传动装置(包括制动器、离合器和齿轮箱)。

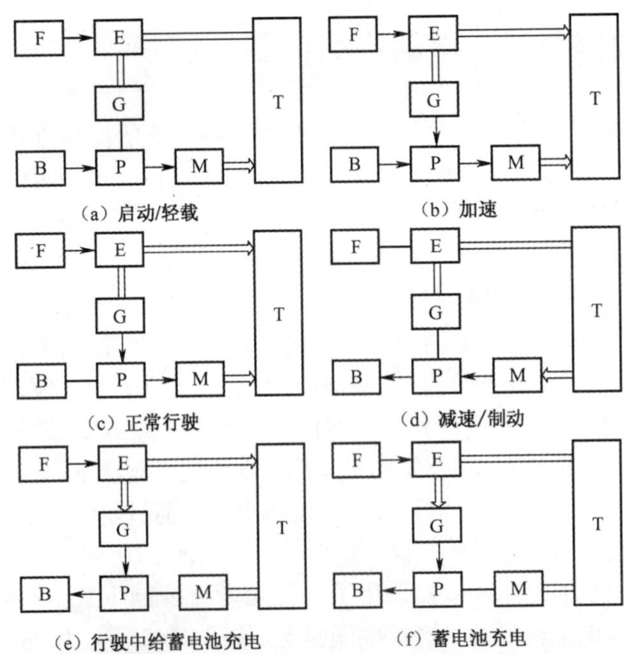

图 3.25　电动机主动型混联式混合动力电动汽车的工作模式

B—蓄电池;E—内燃机;F—油箱;G—发电机;M—电动机;
P—功率转换器;T—传动装置(包括制动器、离合器和齿轮箱)。

分用来驱动发电机。车辆正常行驶,发动机和电动机一起工作,共同提供车辆所需功率。车辆正常行驶的动力仅由发动机驱动发电机提供。车辆制动或减速行驶时,电动机工作于发电机模式,通过功率转换器给蓄电池充电。车辆行驶给蓄电池充电时,发动机一部分动力用于驱动车驱动发电机给蓄电池充电。停车时,发动机也可以通过发电机给蓄电池充电。

3.5.5　复合式混合动力电动汽车控制

复合式 HEV 的发展主要集中于双轴驱动混合动力系统。在这种系统中,前轴和后轴独立驱动,前轮和后轮之间没有任何驱动轴或转换器相连,这样可以减轻驱动系统的质量,增加车辆装配的灵活性,而且同时回收 4 个车轮的制动动能可以大大提高车辆的燃油利用率和燃油经济性。

3.5.6　主要技术总成

1. 发动机

HEV 可以广泛地采用四冲程内燃机(包括汽油机和柴油机)、二冲程内燃机(包括汽油机和柴油机)、转子发动机、燃气轮机和斯特林发动机等。一般转子发动机和燃气轮机的燃烧效率比较高,排放也比较洁净。采用不同的发动机就可以组成不同的 HEV。

2. 电动机

HEV 可以采用直流电动机、交流感应电动机、永磁电动机和开关磁阻电动机等。随着 HEV 的发展,直流电动机已经很少采用,多数采用了感应电动机和永磁电动机,开关磁阻电动机应用也得到重视,还可以采用特种电动机作为 HEV 的驱动电动机。采用不同的电动机就可以组成不同的 HEV。

3. 电池

HEV 可以采用各种不同的蓄电池、燃料电池、储能器和超级电容器等作为“电池”。一般电池只作为 HEV 的辅助能源,只有在 HEV 用电动机启动发动机或电动机辅助驱动时才使用。

3.5.7　丰田 Prius 混合动力汽车介绍

丰田 Prius 是世界上第一种大批量生产的 HEV。它采用四缸发动机(4500r/min,52kW)和永磁同步电动机(5600r/min,33kW)共同驱动,是发动机主动型 HEV,需要功率分配装置,即行星齿轮装置,将一部分能量传到车轮,另一部分传给发电机。发电机输出的能量可用于增加电动机的输出功率,或者用于给 38 个镍氢动力电池充电。Prius 的最高车速为 160km/h,0～96km/h 的加速时间为 12.7s,市区和公路的复合工况的燃油经济性为 20km/L。其燃油经济性和排放性能比传统的燃油汽车提高了许多。

Prius 工作原理 I 如图 3.26 所示。丰田 Prius 属于以电动机为主的形式。它的混合动力总成包括两个动力源:发动机与电动机。还包含发电机、电动机、内置动力分离装置的混合动力专用变速器、镍氢电池组和动力控制总成。

Prius 工作原理Ⅱ如图 3.27 所示。启动以及中速以下行驶，此时发动机效率低下，因此 Prius 的发动机关闭，仅由大功率电动机驱动车辆（箭头 A）。

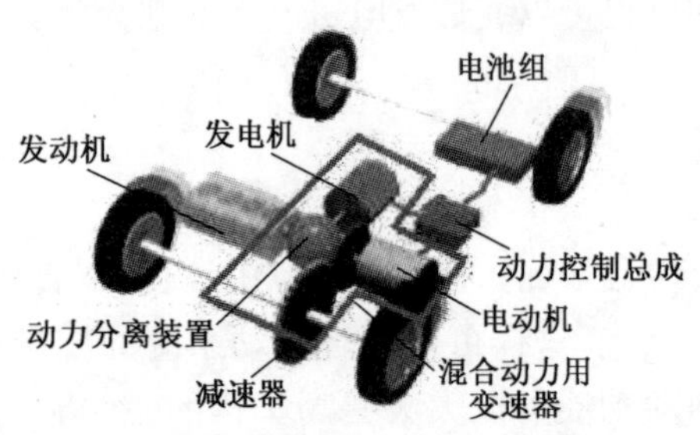

图 3.26　Prius 工作原理Ⅰ

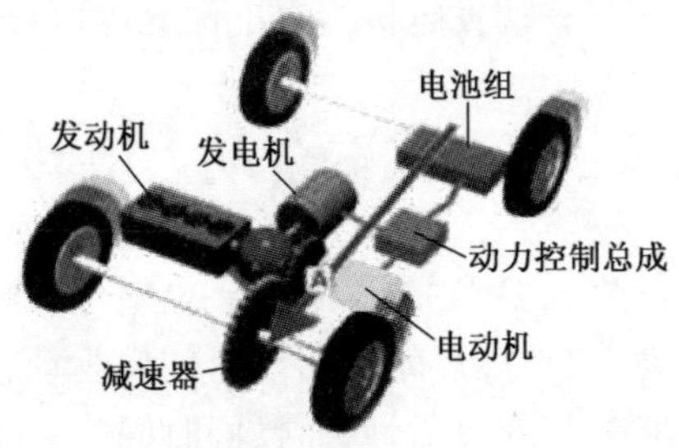

图 3.27　Prius 工作原理Ⅱ

Prius 工作原理Ⅲ如图 3.28 所示。在常规行驶时，发动机作主动力源，由动力分离装置将动力分成两路，一路驱动发电机进行发电，产生的电力驱动电动机运转（箭头 B）；另一路则直接驱动车轮（箭头 A），系统会自动对两条路径的动力进行最佳分配，以达到效率的最大化。

Prius 工作原理Ⅳ如图 3.29 所示。当要加速时，电池组会加进来为电动机供电，增强电动机输出功率。

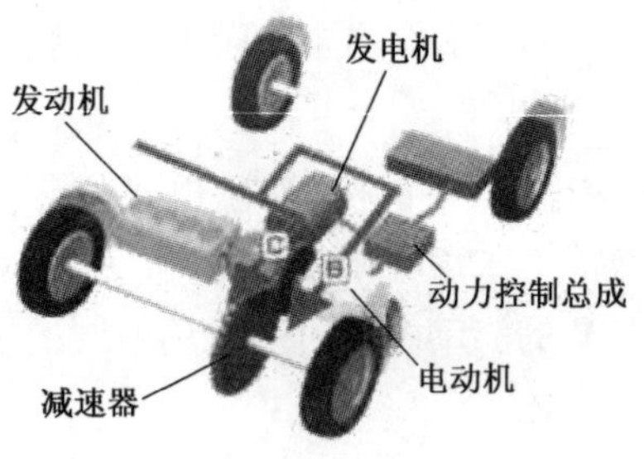

图 3.28　Prius 工作原理Ⅲ

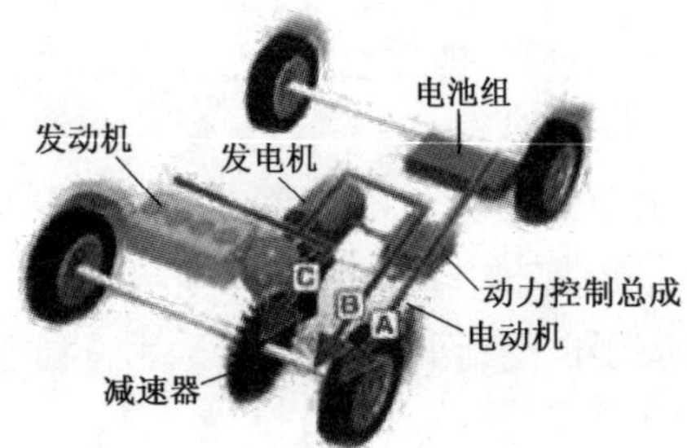

图 3.29　Prius 工作原理Ⅳ

Prius 工作原理Ⅴ如图 3.30 所示。当减速或制动时，则由车轮的惯性力驱动电动机。这时电动机变成了发电机，车辆制动能量转换成了电能（箭头 D）。

Prius 工作原理Ⅵ如图 3.31 所示。电池组电量保持在一个恒定水平。当系统发现电池组电量下降会启动发动机驱动发电机发电，向电池组充电（箭头 E）。

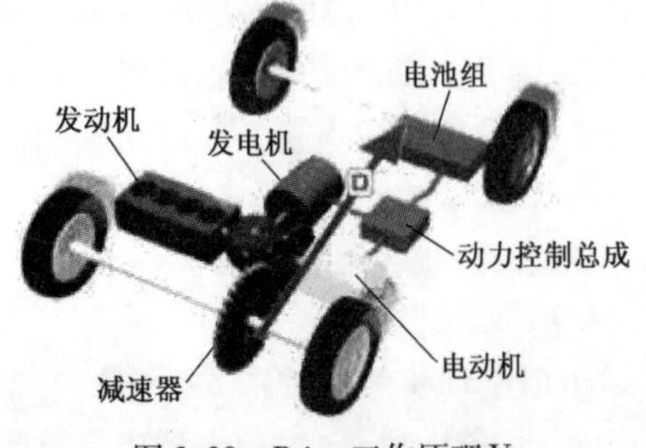

图 3.30　Prius 工作原理Ⅴ

图 3.31　Prius 工作原理Ⅵ

混合动力技术是一座桥梁,氢动力燃料电池车才是终极解决方案。

3.6　燃料电池电动汽车

采用燃料电池作电源的电动汽车称为燃料电池电动汽车(Fuel Cell Electric Vehicle, FCEV),最早的FCEV是燃料电池大客车(Fuel Cell Electric Bus,FCEB)。早期的FCEV结构如图3.32所示。

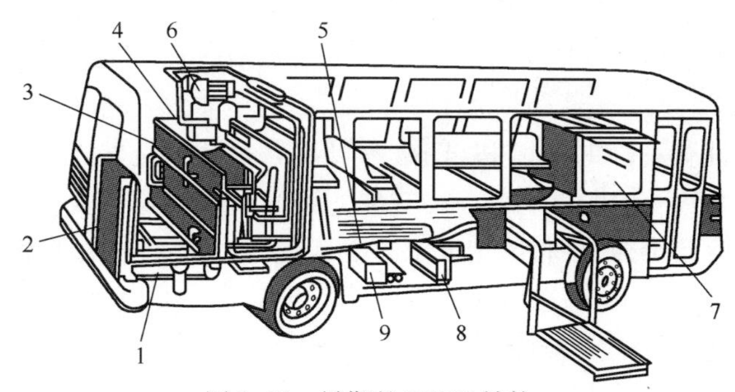

图3.32　早期的FCEV结构

1—甲醇储存罐;2—散热器;3—重整器;4—H_2、CO分离器;5—燃料电池组;
6—循环泵;7—控制系统;8—蓄电池组;9—DC/DC转换器。

3.6.1　燃料电池汽车研究现状

近年来,燃料电池汽车开发已不仅仅是实验室工程,而是越来越多地融入企业行为,世界各主要汽车制造厂家及燃料电池公司几乎都卷入了这场竞争中。到目前为止,世界在FCEV开发竞争方面分为两大阵营:丰田和通用为一方,戴姆勒—克莱斯勒、福特及三菱为另一方。燃料电池以氧气和氢气为原料。燃料电池所需的氧气可以从空气中获得,较大的难点在于怎样获得另一种燃料—氢气。丰田和通用公司阵营采用的获取氢气的方式是:从一种名为清洁碳氢化合物燃料的新型汽油中取氢。美国埃克森—莫比尔石油公司与通用和丰田公司达成研发协议。而戴姆勒—克莱斯勒、福特及三菱汽车公司阵营则决定以天然气为原料,采取对甲醇改质的办法制取氢气。

在国内,上海通用汽车公司与上海泛亚汽车技术中心共同开发出串联型燃料电池和蓄电池驱动的凤凰燃料电池轻型客车。车身以上海通用汽车生产的别克GL8公务用车为原型,主要技术参数:乘客8人,动力性能接近内燃机汽车水平,0~100km加速时间14s,最高车速113km/h,最大驱动功率104kW。东风电动车辆股份公司与中国科学院、大连化学物理研究所及电工所合作,研制了燃料电池电动中型客车。

3.6.2　基本要求与特点

1. FECV对燃料电池的要求

燃料电池是当前所开发的电池中最有发展前途的“高能电池”。FCEV对使用的燃料电池基本要求如下：

（1）燃料电池组的比能量不低于150~200W·h/kg，比功率不低于300~400W/kg。要求达到或超过美国先进电池联合体（USABC）所提出的电池性能指标水平。

（2）FCEV除排放达到“零污染”的要求外，动力性能也要求基本达到内燃机汽车的动力性能。

（3）各种辅助技术装备的外形尺寸和辅助技术装备的质量应尽可能地减小，要尽可能地降低FCEV装备的质量，以符合FCEV装车要求。

（4）可以在常温条件下工作，有可靠的安全性和密封性，不会发生燃料气体的泄漏或结冰。

（5）各种结构件有足够的强度和可靠性，可以在负荷变化情况下正常运转，能够耐受FCEV行驶时的振动和冲击。

（6）燃料充添方便迅速，燃料电池能够打开以进行电极和催化剂的更换及修理。

（7）所配置的辅助蓄电池，应能满足提供启动电能和储存制动反馈电能的要求。

2. FCEV的特点

燃料电池电动汽车的特点如下：

（1）热效率高。用碳氢化合物燃料经过重整器重整，并经过燃料电池将化学能转变为电能，然后再通过电动机和驱动系统驱动汽车的车轮，其综合效率可达到34%。内燃机汽车的发动机将燃料的化学能转变为机械能，然后再通过传动系统驱动汽车的车轮，其综合效率约11%。热效率高是燃料电池突出的优点，热效率高意味着用燃料电池的汽车比内燃机汽车更加节能。

（2）零污染或超低污染。采用以氢气为燃料的燃料电池，燃料经过化学反应后所产出的废物只有水，排放属于“零污染”。采用以甲醇或汽油经过重整后产生氢气，也只有极少数的CO、CH和NO_x等有害气体排放，排放属于“超低污染”，完全可以达到最严格的排放标准的要求。燃料电池本身没有运动件和运动副的摩擦损耗，在化学反应过程中没有噪声。

（3）在宽广的范围内保持高效，过载能力强。燃料电池组在额定功率下运行时，效率可达到60%左右，部分功率下运行时，效率可达到70%左右，而在过载功率下运行时，效率仍可达到50%~55%。功率范围宽广，效率受输出功率变化影响小，短时间的过载能力可以达到200%，适合于各种类型的FCEV动力性能和加速性能的要求。

（4）配置灵活，机动性大。不同种类的燃料电池的单体电池所能产生的电压略有不同，单体电池所能产生的电压约为1V。通常将多个单体电池按使用电压和电流的要求组合成为燃料电池组，有利于组合成不同功率的系列燃料电池组。其辅助设备可以在不同类型FCEV上灵活配置，能够充分地利用车辆上的有效空间。

（5）充分利用现有服务设施。与其他电池所不同的地方是FCEV所续驶里程可以与内燃机汽车一样，只取决于燃料箱所装载的燃料（氢气或甲醇、汽油等）多少。特别是以甲醇或汽油作为燃料时，燃料的装载方法与内燃机汽车也相似，在几分钟内即可加满所需的燃料，可以充分利用现有内燃机汽车的加油站的现成设备和服务体系。

（6）续驶里程长。采用燃料电池系统作为能量源，克服了纯电动汽车续驶里程短的缺点，其长途行驶能力及动力性已经接近于传统内燃机汽车。

(7) 低噪声。燃料电池属于静态能量转换装置，除了空气压缩机和冷却系统以外无其他运动部件，因此与内燃机汽车相比，运行过程中噪声和振动都较小。

(8) 辅助设备复杂。以甲醇或汽油为燃料的 FCEV，甲醇或汽油等燃料通过重整器进行重整后，除生产氢气外还有少量的 CO、CO_2、HC 和 NO_x 等气体混杂在氢气中，其中 CO 会使催化剂"中毒"而失效，在氢气进入燃料电池组之前，必须采用净化装置对 CO、CO_2和 NO_x 进行分离处理，增加了结构和工艺的复杂性。由于甲醇或汽油在重整过程中会产生热量，因此还需要对重整系统进行热能的控制和管理。

(9) 辅助设备重、占用体积大。目前 FCEV 大多数是采用氢气作为燃料，但氢气的制取、储存、运输和灌装还没有实现规模化，安全保护要求高。采用氢气作为燃料需要特种储存罐（高压、低温和防护），罐体体积大，占用空间大。目前使用成本也很高，给 FCEV 的推广带来不便。

3.6.3　结构及分类与工作原理

1. 燃料电池汽车结构

FCEV 的结构如图 3.33 所示。

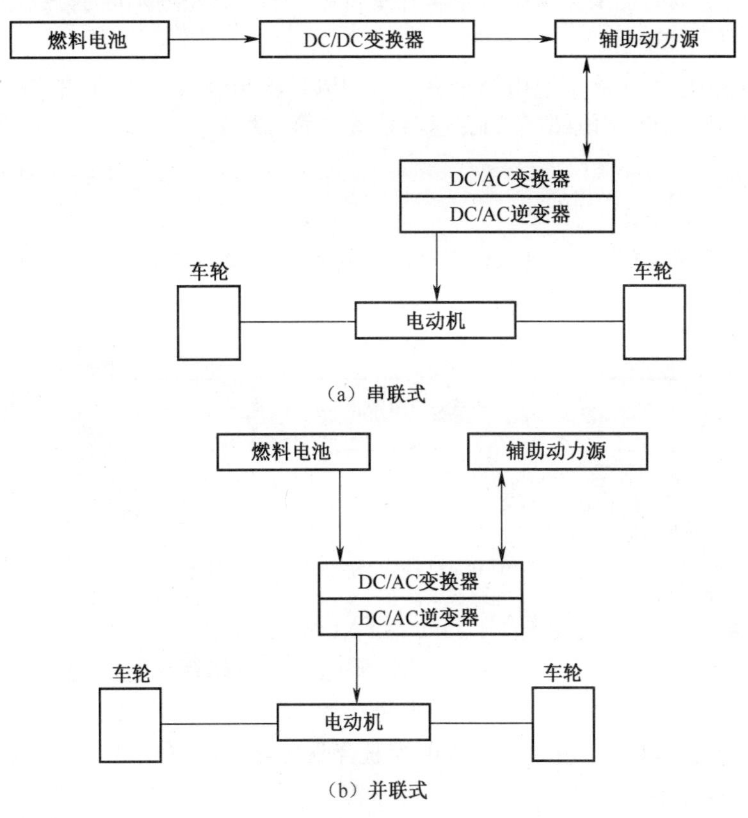

图 3.33　燃料电池汽车的结构

FCEV 的动力系统主要由燃料电池发动机、辅助动力源、DC/DC 变换器、DC/AC 逆变器、驱动电动机和动力电控系统等组成。

1) 燃料电池发动机

在 FCEV 所采用的燃料电池发动机中，为保证质子交换膜燃料电池组(PEMFC)的正常工作，除以 PEMFC 组为核心外，还装有氢气供给系统、氧气供给系统、气体加湿系统、反应生成物的处理系统、冷却系统和电能转换系统等。只有这些辅助系统匹配恰当和正常运转，才能保证燃料电池发动机正常运转。

2) 辅助动力源

在 FCEV 上，燃料电池发动机是主要电源，另外还配备有辅助动力源。根据 FCEV 的设计方案不同，其所采用的辅助动力源也有所不同，可以用蓄电池组、飞轮储能器或超大容量电容器等共同组成双电源系统。

3) DC/DC 变换器

FCEV 的燃料电池需要装置单向 DC/DC 变换器，蓄电池和超级电容器需要装置双向 DC/DC 变换器。

4) 驱动电动机

FCEV 用的驱动电动机主要有直流电动机、交流电动机、永磁电动机和开关磁阻电动机等。FCEV 驱动电机的选型必须结合整车开发目标，综合考虑电动机的特点。

5) 动力电控系统

FCEV 的动力电控系统主要由燃料电池发动机管理系统、蓄电池管理系统、动力控制系统及整车控制系统组成，而原型车的变速器系统会简化很多。

2. 燃料电池汽车分类

FCEV 的类型如下：

(1) 燃料电池与辅助蓄电池联合驱动的 FCEV(图 3.34)。

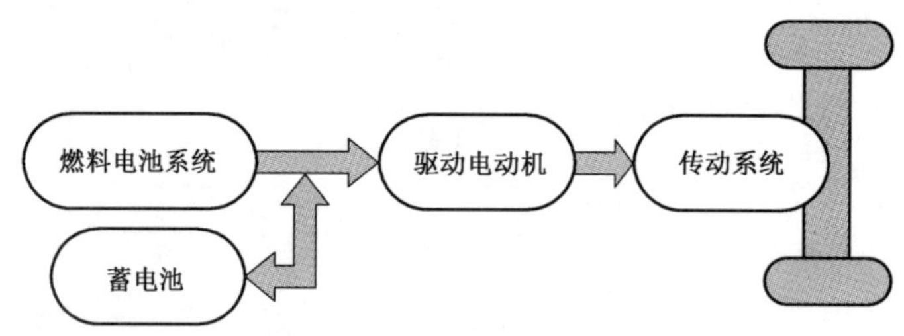

图 3.34　燃料电池与辅助蓄电池联合驱动的 FCEV

(2) 燃料电池与超级电容联合驱动的 FCEV(图 3.35)。

这种结构形式与上一种结构相似，只是把蓄电池换成超级电容。随着超级电容技术的不断进步，这种结构将成为一种新的重要研究方向。

(3) 燃料电池与辅助蓄电池和超级电容联合驱动的 FCEV(图 3.36)。

3. 燃料电池汽车工作原理

氢气是 21 世纪的主要燃料，四大洋的水是取之不尽、用之不竭的氢气的来源，但当前氢气的制取还比较困难，价格也比较昂贵。目前用甲醇、汽油和天然气通过重整技术快速转化

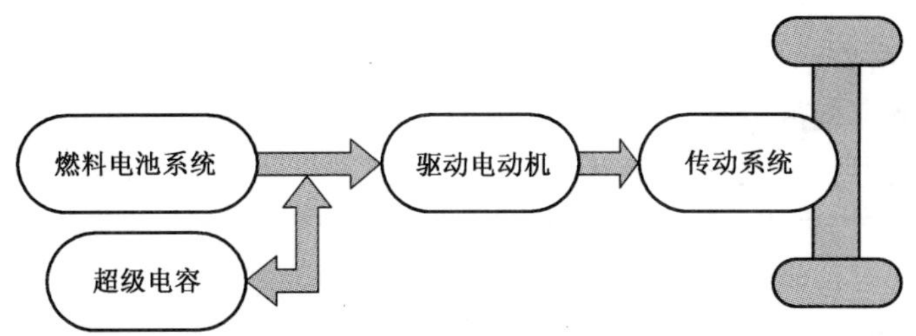

图 3.35　燃料电池与超级电容联合驱动的 FCEV

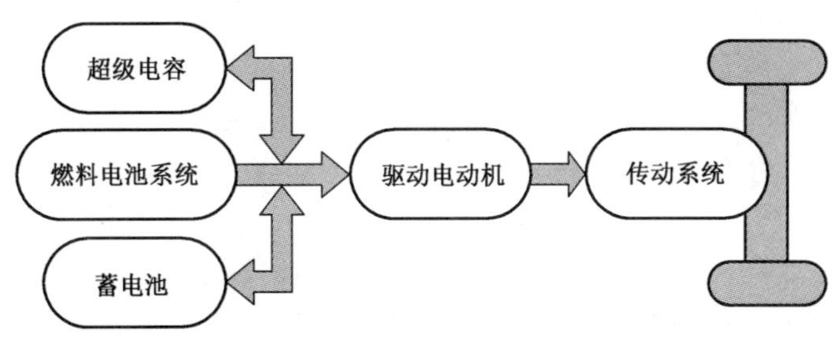

图 3.36　燃料电池与辅助蓄电池和超级电容联合驱动的 FCEV

为氢气,是一种成熟的技术,它使得氢气的生产成本降低,而更具有竞争力。FCEV 最终普及推广还是归结到氢燃料的大规模使用上。世界各国在燃料电池的催化剂、电极、质子交换膜、燃料电池组的可靠性、密封性和燃料电池组的管理系统等方面也开展了全方位的技术攻关,新兴的专业工厂也正在兴起。

FCEV 是利用燃料电池中氢气与氧气发生反应产生的电力作驱动力的电动汽车。燃料电池不同于普通电池(有限的电能输出和储存装置),参与反应的化学物质氢和氧,分别由燃料电池外部的单独储存系统提供,因而只要能保证氢氧反应物的供给,燃料电池就可以连续不断地产生电能,从这个意义上说,燃料电池是一个氢氧发电装置。按电解质划分,燃料电池大致上可分为五类:碱性燃料电池(AFC)、磷酸型燃料电池(PAFC)、固体氧化物燃料电池(SOFC)、熔融碳酸盐燃料电池(MCFC)和质子交换膜燃料电池(PEMFC)。

FCEV 的燃料电池发动机由燃料电池本体和燃料电池动力 DC/DC 转换器组成。FCEV 最基本的动力设备是用单体燃料电池串联而成的燃料电池组,燃料电池组本身的结构比较简单,没有运动构件,不需要润滑,便于维修。

在 FCEV 上使用的燃料电池发动机应具有 30~75kW 的功率,要求采用氢气作为燃料电池燃料的发动机的比功率≥150W/kg,采用甲醇作为燃料电池燃料发动机的比功率≥100W/kg,功率要能够满足与所配套的不同级别 FCEV 动力的要求。体积能符合 FCEV 整车布置的要求(保证设计的载客空间和载客量),便于在 FCEV 上安装。质量应控制在整车整备质量规定的控制范围内,不致引起车辆的过载。

燃料电池的电反应的速度和效率随参加反应气体参数变化而不同,如压力、温度、湿度和载荷的变化等。它们对燃料电池反应的响应各不相同,综合响应的规律就更加复杂。

在 FCEV 上,用现代电子技术,根据参加反应气体反应条件的变化,对燃料电池电响应的速度和效率进行控制,将反应过程控制在适合的范围内,根据反应条件的规律来制定相应的控制策略,用现代控制理论(模糊控制、智能控制等)开发燃料电池控制系统的软件和硬件,使反应速度加快和尽可能地提高效率。

燃料电池的特点是低电压、大电流,燃料电池输出的电压是随温度的升高而升高的,输出的电压随输出的电流增大而下降。动态过程时间从载荷变化开始到输出电压、电流缓慢地逐渐进入稳定状态,停留在误差带范围内的动态反应时间较长(相对于铅酸蓄电池)。由于大多数的电器和电极难以适应燃料电池电压、电流受温度影响的特点,和动态响应过程时间长的影响,直接使用燃料电池的电能有一定的困难,必须有一个动力 DC/DC 转换器来与燃料电池配合使用。

燃料电池具有低电压、大电流的特点,但燃料电池电压变化范围大。因此,在 FCEV 上需要配置适宜于低电压、大电流的动力 DC/DC 转换器。动力 DC/DC 转换器,由电流变换器、变压器、整流器等组成,用智能模块进行控制,燃料电池的动力 DC/DC 转换器根据 FCEV 系列进行匹配,形成 30~150kW 系列动力 DC/DC 转换器模块。

FCEV 有多种多样的形式,包括轿车、客车和货车等,在 FCEV 上,需要研发不同功率系列化的燃料电池发动机,并逐步实现小型化和轻量化,以便在 FCEV 上使用的燃料电池发动机时,FCEV 的整车质量控制在允许的范围内,还要求能够对 FCEV 行驶工况的变化快速响应,承受 FCEV 行驶时的颠簸和振动等。

燃料电池发动机的单元电池的电压一般在 1V 以下,燃料电池本体是用多个单体燃料电池串联来提高输出的电压。这种串联的结构形式就给燃料电池组的密封提出很高的要求,在氢气进入燃料电池之前,氢气与氧气(空气)应完全隔绝并有严密的防泄漏的装备。如果密封不好,氢气与氧气在反应前因泄漏而混合,会严重地影响燃料电池的效率。如果氢气泄漏到系统外,在适当的条件下,可能引发氢气的燃烧,严重的还会因氢气泄漏而造成爆炸事故。

在 FCEV 行驶过程中如果有颠簸和振动,对燃料电池的密封性的要求就更加严格。燃料电池发动机的布置应尽可能地与乘客区分开,采取有效的安全防范措施,装配报警系统和应急防护系统,以确保乘员的安全。

燃料电池中氢和氧不经热机过程,燃料化学能直接转化为电能,实际效率达 60%~80%,能量转化效率高,是内燃机的 2~3 倍,生成物是水,缺点是造价高。采用燃料电池的电动汽车摆脱了充电补充能源模式,而是采用加注燃料的方式,使电动汽车不受充电设施的限制。但燃料电池不能提供车辆启动、加速所需瞬时大功率,且无法吸收车辆制动能量,因此需与其他储能元件一起组成动力源。与纯电动汽车相比,FCEV 在一次行驶中的里程、热效率、充分利用现有服务设施等方面显示出较大优势。

3.6.4 典型燃料电池电动汽车介绍

1.通用燃料电池汽车

美国通用汽车公司推出基于欧宝赛飞利 MPV(多功能用途车)改进的氢动三号燃料电池原型轿车(图 3.37),这标志通用公司燃料电池电动汽车技术已走在世界前列。

“氢动三号”在外观和技术上的突破主要体现在两个方面:其一,在科研人员对驱动系

图3.37 “氢动三号”

统进行整体设计后，此系统可以作为一个整体模块进行预先组装，然后安装在“氢动三号”中，并与传统发动机使用同样的固定点，电牵引系统、燃料电池组、空气压缩机及附件都被置入这一重300kg的模块中；其二，不再需要一个蓄电池，而上几代车都需要依靠蓄能电池供电以满足峰值功率的特定要求。

上述突破不仅使“氢动三号”的总质量降低了约100kg，接近了1590kg的目标值，而且使“氢动三号”获得了600L的容积，这一容积与欧宝赛飞利的载货空间完全相同。由此一来，它的外形与现有的车型几乎相同。

“氢动三号”燃料电池驱动系统工作原理如下：燃料电池由200块相互串联在一起的燃料电池块组成的电池组产生电力，通过68L的氢气储存罐向燃料电池组提供氢气。电池组所产生的电能输入电动机后，通过功率为60kW三相异步电机驱动车辆行驶，并几乎不产生任何噪声。“氢动三号”0~100km加速时间约为16s，最大时速达到160km/h。氢储存罐分为两种，一种罐内储存的是温度为-253°C的液态氢，另一种罐内储存的是承受最高压力可达70MPa的高压氢气。一次充气行驶里程分别可达400km和270km。

通用汽车正在朝着批量生产“氢动三号”燃料电池车的目标奋进，但真正实现这一目标亟待解决成本问题。据估算，按年产量10万辆车的规模计，“氢动三号”所需的成本仍是传统动力车成本的3~4倍。目前成本过高的主要原因是在一些关键部件上采用了昂贵的原材料。例如，制造燃料电池块需要采用铂金，而制作高压储氢罐需要采用碳纤维。

2. 日产燃料电池汽车

日产公司的燃料电池车技术发展历程如下：1996年，日产开始FCV技术开发；1999年5月，日产开始甲醇改造燃料电池车(RNESSA FCV)的测试；2000年3月，日产加入美国加州燃料电池联盟(CaFCP)；2001年，日产与雷诺进行项目合作，开发燃料电池。同年4月，日产开始在美国加州进行X-TERRA FCV的千米测试；2002年7月，日产参加日本氢能及燃料电池示范项目(JHFC)；2002年12月，日产X-TRAIL FCV(高压氢动力燃料电池车)获得日本交通省的批准，开始在日本进行公路测试。2006该车型在开始在日本及加拿大经受市场考验；2008年在德国纽伯格林北环赛道创造同车型最快纪录。

X-TRAIL燃料电池车如图3.38所示。

日产燃料电池发动机如图3.39所示。

图 3.38　X-TRAIL 燃料电池车

图 3.39　日产燃料电池发动机

第4章 汽车节能环保技术

4.1 发动机电子喷射技术

4.1.1 概述

随着汽车数量的日益增多,汽车废气排放物与燃油消耗量的不断上升困扰着人们,迫使人们去寻找一种能使汽车排气净化,节约燃料的新技术装置去取替已有几十年历史的化油器,汽油喷射技术的发明和应用,使人们这一理想得能以实现。

德国博世公司成功地研制了D型电子控制汽油喷射装置,用在大众轿车上。这种装置是以进气管里面的压力作参数,但是它与化油器相比,仍然存在结构复杂、成本高、不稳定的缺点。针对这些缺点,博世公司又开发了一种称为L型电子控制汽油喷射装置,它以进气管内的空气流量作参数,可以直接按照进气流量与发动机转速的关系确定进气量,据此喷射出相应的汽油。这种装置由于设计合理,工作可靠,广泛为欧洲和日本等汽车制造公司所采用,并奠定了今天电子控制燃油喷射装置的雏形。

美国的通用、福特,日本的丰田、三菱、日产等汽车公司都推出了各自的电子控制汽油喷射装置,尤其是多气门发动机的推广,使电子控制喷射技术得到迅速的普及和应用。到目前为止,欧、美、日等主要汽车生产大国的轿车燃油供给系统,95%以上都安装了燃油喷射装置。目前,只有采用电子控制汽油喷射装置的轿车才能准予在市场上销售。

4.1.2 分类与控制内容

汽油喷射型式分为机械式和电子控制式两种。机械式汽油喷射装置是一种以机械液力控制的喷射技术。集成电路的出现使电子技术能在发动机上得到应用,更好的电子控制汽油喷射技术也就应运而生了。

1. 电控汽油喷射系统分类

1）按喷油器的喷射位置分类

(1) 缸内喷射。缸内喷射是将喷油器安装在气缸盖上直接向缸内喷油。

(2) 进气管喷射。进气管喷射是将喷油器安装在进气总管或者进气支管上,汽油由喷油器喷入进气总管(或进气支管的进气门前)。

按照喷油器的安装部位又可分为单点喷射和多点喷射。

(3) 单点喷射是在节气门体上只安装1~2只喷油器,向进气总管内喷油,形成可燃混合气。

(4) 多点喷射是在每一缸的进气门前均安装1只喷油器,汽油直接喷射到各缸的进气门附近,并与空气混合形成混合气。

2) 按控制方式分类

(1) 机械式汽油喷射系统。机械式汽油喷射系统先将空气流量计与燃油计量分配器组合在一起,空气流量计检测空气流量的大小后,靠连接杆传动操纵燃油计量分配器的柱塞动作,以燃油计量槽孔开度的大小控制喷油量,以达到控制混合气空燃比的目的,如博世公司的K-Jetronic系统即为这类汽油喷射系统。

(2) 机电混合式汽油喷射系统。机电混合式汽油喷射系统是在机械式汽油喷射系统的基础上加以改进,它与机械式汽油喷射系统的主要区别在于:在燃油计量分配器上安装了一个由电控单元(ECU)控制的电液式压差调节器,ECU根据冷却液温度、节气门开度等传感器的输入信号控制电液式压差调节器的动作。

(3) 电子控制式汽油喷射系统。电子控制式汽油喷射系统是根据各种传感器送至ECU的发动机运行状况的信号,由电控单元运算后,发出控制喷油量和点火时刻等多种执行指令,实现了多种功能的控制,如博世公司的Motronic系统(也称为L型系统)即为这类汽油喷射系统。

3) 按喷射方式分类

(1) 间歇喷射又称为脉冲喷射。汽油的喷射以脉冲方式在某一时间段内喷入进气管。

(2) 连续喷射又称为稳定喷射。其特点是在发动机运转期间汽油连续不断地喷射到进气支管内,与发动机的工作顺序没有关系,大多应用于机械式或机电结合式汽油喷射系统中,如Bosch公司的机械式和机电式喷射系统。

4) 按空气流量测量方式分类

(1) 质量流量方式。利用空气流量计直接测出吸入的空气量(L型、LH型)。

(2) 速度密度方式。根据进气管压力和发动机转速,推算吸入的空气量,并计算燃油流量(D型)。

(3) 节流速度方式。根据节气门开度和发动机转速,推算吸入的空气量,并计算燃油流量。

5) 按控制系统有无反馈信号分类

(1) 开环控制。把根据试验确定的发动机各种工况最佳参数,事先存入ECU;当发动机运行时,ECU根据各传感器的输入信号判断发动机的运行工况,从内部存储器中查出相应的控制参数,输出信号对执行机构进行控制。

(2) 闭环控制。闭环控制是ECU以事先设定的控制参数控制发动机工作,同时还不断地检测发动机相关工作参数,根据检测到的信号对控制参数进行修正。

6）按喷射时序分类

（1）同时喷射是指发动机在运转期间，各缸喷油器同时开启且同时关闭，由计算机的同一个喷油指令控制所有的喷油器同时动作。

（2）分组喷射是将喷油器分成两组交替喷射，计算机发出两路喷油指令，每路指令控制一组喷油器。

（3）次序喷射是指喷油器按发动机各缸进气行程的顺序轮流喷射，它喷射正时，由计算机根据曲轴位置传感器提供的信号，辨别各缸的进气行程，适时发出各缸的喷油脉冲信号，以实现顺序喷射的功能。

7）按喷油正时不同分类

（1）同时喷射是指所有喷油器并联，同时喷油。两次喷完一个循环的供油量。

（2）分组喷射是指将气缸分为两组，所需燃油一次喷完。

（3）顺序喷射是指按各缸的进气顺序间歇喷油。

2. 电喷汽油机控制系统控制内容

主控内容：

（1）汽油喷射控制（包括喷油量、喷油定时、断油、闭缸、电动燃油泵控制）。

（2）点火控制（包括点火时刻、点火闭合角、防止爆震控制）。

辅控内容：

（1）怠速控制。

（2）排放控制（包括燃油蒸发回收、废气再循环、二次空气喷射、三元催化转换器净化控制）。

（3）可变进气机构控制。

（4）进气增压控制。

（5）自动变速器控制。

（6）自诊断功能测试控制。

（7）故障保护和备用系统控制。

（8）其他功能扩展控制（巡航控制、冷却风扇控制、空调压缩机控制、发电机控制等）。

4.1.3　结构与工作原理

电子控制燃油喷射装置是用控制器（微型计算机）控制发动机所需燃油量。控制器综合各种不同传感器送来的信息作出判断，控制喷嘴以一定的压力，正确、迅速地把燃料喷射到发动机进气歧管里，与吸入的空气混合后，进入气缸内。电喷装置的总体结构简图如图 4.1 所示。

电子控制燃油喷射装置由燃料供给系统、进气系统和控制系统三部分组成。

1. 燃料供给系统

燃油从燃油箱经过电动汽油泵以约 0.25MPa 的压力流经燃油滤清器，除去杂质后，进入分配器管。在分配器管的后端有一个压力调节器，它使喷油压力保持恒定。过量的压力又将通过此压力调节阀无损失地返回油箱。由于连续的燃油流过，因此总能保证有正常的

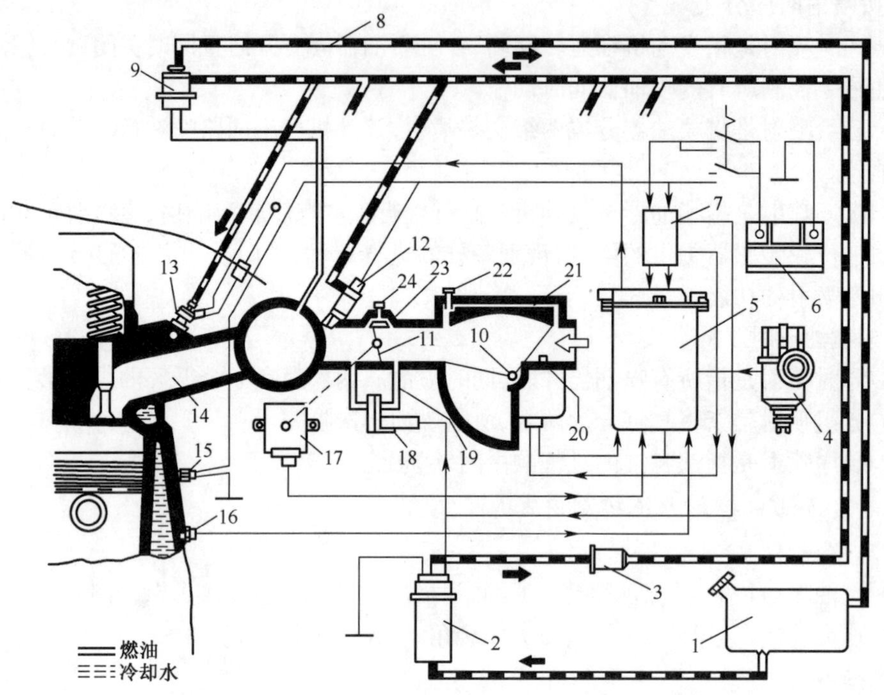

图 4.1 电喷装置的总体结构简图

1—油箱;2—电动燃油泵;3—滤油器;4—分电器;5—控制器;6—蓄电池;7—继电器;8—回油管;
9—燃油压力调节器;10—空气流量传感器;11—节气门;12—冷启动喷嘴;13—喷嘴;14—进气歧管;
15—热时间开关;16—水温传感器;17—节气门开度传感器;18—辅助空气阀;19—辅助进气管;
20—进气温度传感器;21,23—旁通道;22,24—调节螺钉。

燃油供给。调节后的压力油,将通过分配器的支管分送到各喷油器,接受 ECU 的指令控制,燃油喷至进气门的上方,当进气门打开时,才能将燃油与空气同时吸入气缸。

燃料供给系统包括油箱、燃油泵、滤油器、压力调节器、喷嘴和冷启动喷嘴等部件。电动燃油泵 2 将汽油从油箱 1 吸出,经过滤油器 3 送到喷嘴 13。油路中安装燃油压力调节器 9 的作用是保持输油管的供油压力符合规定值。当供油压力超过规定值时,压力调节器内的减压阀打开,燃油便经过回油管 8 流回油箱,使输油管油压降低。滤油器 3 的功用是除去燃油中的污物,以防阻塞喷嘴针阀。

喷嘴的喷油量取决于喷油孔的截面积大小、喷油压力和喷油的延续时间。对一只已定型的喷嘴,其截面尺寸是固定的,喷油压力由燃油泵和压力调节器来保证。因此,喷油量的多少仅决定于喷油的延续时间。喷油嘴针阀开启的延续时间则取决于电磁喷嘴励磁电流脉冲的宽度,其脉冲宽度由控制器根据空气流量等参数来控制。

2. 进气系统

空气经过空气滤清器,滤除空气中的杂质后,流经空气流量传感器,经过计量后,空气流沿着节气门通道流入进气歧管,再分别供给到各个气缸中。汽车行驶时空气流量是由驾驶员通过加速踏板操纵节气门控制的。

进气系统包括空气滤清器、进气歧管、空气流量传感器、节气门等部件。空气由空气滤清器过滤后，顶开空气流量传感器 10 的测量片，经节气门 11 进入进气歧管，进入的空气量取决于节气门的开度。

节气门 11 由加速踏板操纵，怠速时节气门全闭。怠速运转所需的空气量，经过设在空气流量传感器 10 和节气门 11 侧面的旁通道 21 和 23 进入进气歧管，此时的进气量可由调节螺钉 22 和 24 控制。为了保证发动机低温怠速期间运转平稳所需增加的空气量，可通过辅助进气管 19 进入气缸。辅助进气管内装有辅助空气阀 18，其阀门打开的截面积及电加热双金属弹簧随发动机温度而变化。

3. 控制系统

控制系统由控制器 5 及各种传感器组成。其作用是根据发动机工况的各种信号，确定喷嘴针阀的开启时间，以确保供给发动机的最佳可燃混合气。继电器 7 承受蓄电池的电压，当闭合点火开关时，继电器 7 便接通控制器 5、电动燃油泵 2、冷启动喷嘴 12、热时间开关 15 和辅助空气阀 18 等电路，使燃油喷射系统开始工作。

电喷发动机电子控制器的基本构成如图 4.2 所示。

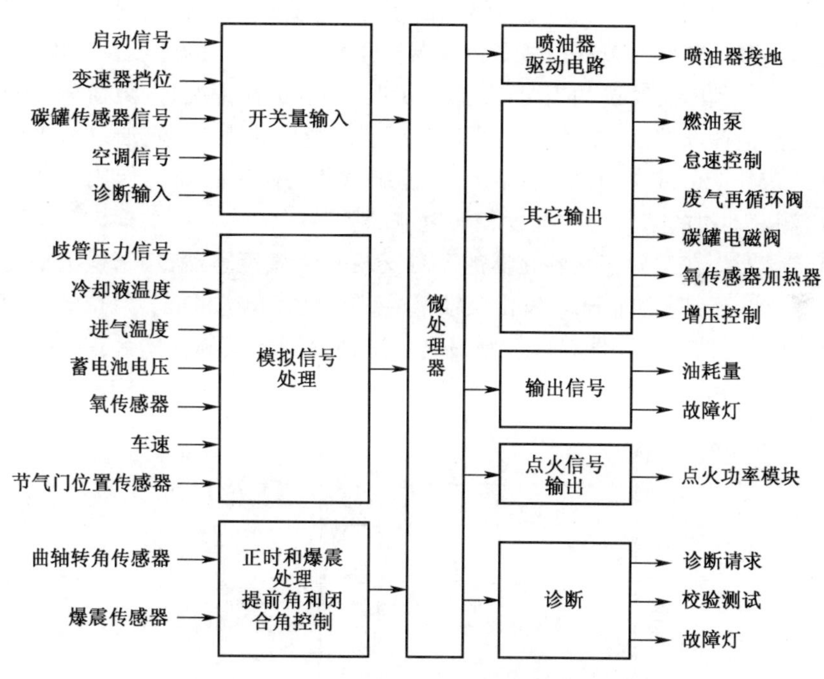

图 4.2 电喷发动机电子控制器的基本构成

（1）转速传感器。用来测量发动机转速，以确定基本喷油量和基本点火提前角。

（2）曲轴位置传感器（发动机转速、曲轴转角传感器）。它检测曲轴转角位移，给 ECU 提供发动机转速信号和曲轴转角信号，作为燃油喷射和点火控制的主控信号。曲轴位置传感器用来确定相对于每缸压缩上止点的喷油定时和点火定时，在顺序喷射发动机上还需要有判缸信号。曲轴位置传感器主要有四种类型：光电式、磁感应式、霍耳式和差动霍耳式。其中，磁感应式曲轴位置传感器是利用电磁线圈产生的脉冲信号来确定发动机转速和各缸的工作位置;霍耳式曲轴位置传感器是 ECU 通过电源使电流通过霍耳晶体管,旋转转子的凸齿经过磁场时使磁场强度改变,霍耳晶体管产生的霍耳电压放大后输送给 ECU,ECU 根据霍耳电压产生的次数确定曲轴转角和发动机转速。

(3) 凸轮轴位置传感器(气缸判别传感器、相位传感器)。它给 ECU 提供曲轴转角基准位置(第一缸压缩上止点)信号,作为燃油喷射控制和点火控制的主控信号。识别第一缸的压缩上止点,从而进行顺序喷油控制、点火控制和爆震控制。

(4) 空气流量传感器。它用来将吸入的空气量转换成电信号送给 ECU,作为决定喷油量的基本信号之一。

(5) 进气歧管绝对压力传感器。它依据发动机负荷状况,测出进气歧管中绝对压力的变化,并将其转换成电压信号,与转速信号一起送到 ECU,作为确定基本喷油量的依据。

(6) 气温传感器。它监测进气温度的高低,多安装在进气主管上。

(7) 水温传感器。它监测发动机水温的高低,多安装在水温较高的气缸盖上。

(8) 节气门体和节气门位置传感器。节气门体安装在进气管中,用来控制发动机正常工况下的进气量。节气门体置于空气流量计和发动机之间的进气管上,节气门与驾驶员的加速踏板(油门)联动,通过改变进气通路截面积,控制发动机运转工况。节气门体包括节气门及壳体等一系列部件。节气门位置传感器用于检测节气门的开度及开度变化,此信号输入 ECU,由 ECU 判断发动机的工况(如怠速工况、部分负荷工况、大负荷工况等),控制燃油喷射时间及其他辅助控制(变速器换挡和变矩器锁止时机等)。它通过一个电位计检测节气门位置,在 M-jetronic 燃油喷射系统中,起到一个负荷传感器的作用。在其他喷油系中,它用来检测发动机的节气门的开度和加速、减速信号。

(9) 氧传感器。在三元催化转化器的上游安装一个氧传感器,用来检测混合气的空燃比较化学计量比浓还是稀,向 ECU 发出反馈信号,调节喷油量,将混合气空燃比控制在化学计量比附近,使三元催化转化器转换效率最高。这种控制方式称为闭环控制方式。氧传感器的输出特性如图 4.3 所示。

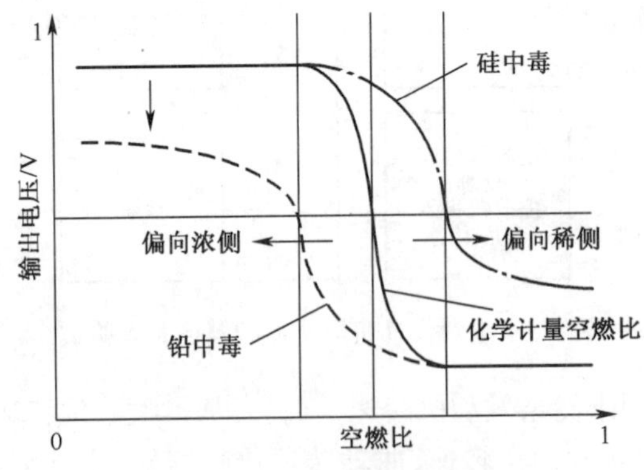

图 4.3 氧传感器的输出特性

最常用的氧传感器是氧化锆式氧传感器。氧化锆传感器内侧通大气,外侧裸露在排气中。如果陶瓷体内侧大气中含氧量与陶瓷体外侧的含氧量不同时,在氧化锆内、外两侧极间就产生一个电压。当混合气稀时,氧化锆传感器产生的电压低(接近于 0V)。当混合气浓时,氧化锆元件产生的电压高(约 1V)。在化学计量比附近,电压有突变,氧传感器起到一个浓、稀开关的作用。只有采用电控燃油放射系统(EFI)闭环控制系统,才能将空燃比控制在化学计量比附近,使三元催化转化器的净化效率最高。而化油器式发动机是无法实现此要求的。

闭环控制系统的作用是使每辆汽车在满足汽车性能要求的条件下减少有害排放物,可减少各新车之间由于制造装配等因素造成有害排放物的差异,减少由于车辆老化使发动机有害排放物恶化。在缸内直接喷射系统中,火花塞附近供给浓混合气,以利着火;在其他区域供给稀混合气,进行分段喷油,以达到分层燃烧的目的。据报导空燃比为 30 时,仍可燃烧。此种方法可节约燃料 1/3 以上。为了减少稀燃时的 NO_x,在排气系统中安装两只温度传感器、两只氧传感器和两级催化转化器。宽范围氧传感器是常用加热型氧传感器的发展,它能测量 10∶1~35∶1 的空燃比。

(10) 喷油器。按喷油口的结构不同,喷油器可分为轴针式和孔式两种。喷油器主要由滤网、线束连接器、电磁线圈、回位弹簧、衔铁和针阀等组成,针阀与衔铁制成一体。轴针式喷油器的针阀下部有轴针伸入喷口。喷油器不喷油时,回位弹簧通过衔铁使针阀紧压在阀座上,防止滴油。当电磁线圈通电时,产生电磁吸力,将衔铁吸起并带动针阀离开阀座,同时回位弹簧被压缩,燃油经过针阀并由轴针与喷口的环隙或喷孔中喷出。当电磁线圈断电时,电磁吸力消失。口位弹簧迅速使针阀关闭,喷油器停止喷油。喷油器的驱动方式(图 4.4)可分为电流驱动方式和电压驱动方式。

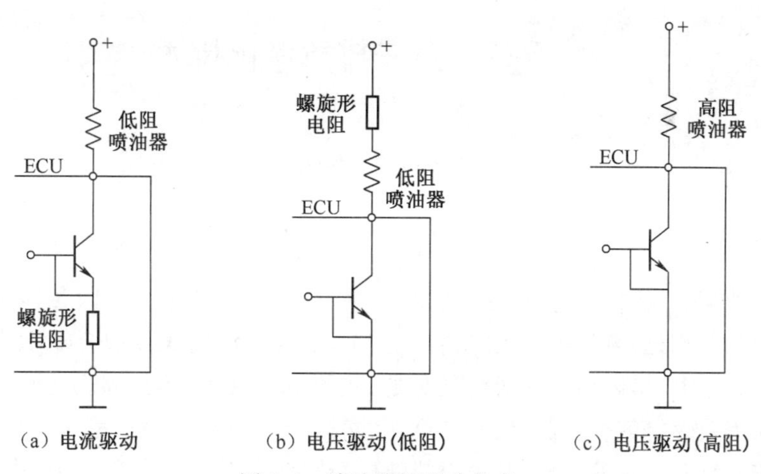

图 4.4 喷油器的驱动方式

电压驱动是指计算机驱动喷油器喷油的电脉冲的电压是恒定的,这种喷油器又可分为高阻抗型和低阻抗型两种。低阻抗型喷油器是用 5~6V 的电压驱动,电磁线圈的电阻较小,为 3~4Ω,不能直接和 12V 电源连接,否则会烧坏电磁线圈;高阻抗型喷油器是用 12V 电压驱动,电磁线圈电阻较大,为 12~16Ω,在检修时可直接和 12V 电源连接。

电流驱动式喷油器的驱动电脉冲开始时是一个较大的电流,使电磁线圈产生较大的吸力,以打开针阀,然后再用较小的电流来保持针阀的开启。这种喷油器一般为低阻抗型,电磁线圈的电阻一般为 2~3Ω。喷油器针阀的升程很小,一般为 0.1~0.20mm,以保证针阀反应快捷,在数毫秒之内开启和关闭。

(11) 燃油泵。多淹没在油箱内或油箱外的底部排油、排气、升压,便于喷油雾化。

4.1.4 电子控制燃油喷射装置优点

电子控制燃油喷射装置在汽油发动机上完全代替了化油器。与化油器相比,电子控制燃油喷射装置具有下列优点:

(1) 能提高发动机的最大功率。因为燃油喷射式发动机的进气不必预热,可以吸入较冷的空气,而冷空气的密度较大,进气歧管的阻力又较小,所以充气效率高,在提高压缩比的同时可提高输出功率。

(2) 耗油量低,经济性好。电喷装置可以将混合气的空燃比精确地控制到最佳值,并且汽油是在一定油压下喷出,燃料的雾化品质好,同时进气管道可以设计得更合理(因进气管不受燃料雾化的限制),从而使混合气分配均匀,燃料消耗降低。

(3) 减少排气污染。该装置与三元催化器配合使用,能有效地减少 CO、NO 和 HC 等有害气体。当发动机速度降低到一定值时,切断燃料供给,可完全排除传统化油器减速时无法清除的 HC 气体。

(4) 改善发动机的低温启动性。化油器式发动机启动时,进气流速低,燃料雾化不好,发动机启动不良,然而电喷装置设有冷启动喷嘴,可改善启动性能。

4.2 汽车排气净化技术

4.2.1 概述

汽车排放是指从废气中排出的 CO、HC、NO_x、PM(微粒,碳烟)等有害气体。它们都是发动机在燃烧做功过程中产生的有害气体。这些有害气体产生的原因各异,CO 是燃油氧化不完全的中间产物,当氧气不充足时会产生 CO,混合气浓度大及混合气不均匀都会使排气中的 CO 增加。HC 是燃料中未燃烧的物质,由于混合气不均匀、燃烧室壁冷等原因造成部分燃油未来得及燃烧就被排放出去。NO_x 是燃料(汽油)在燃烧过程中产生的物质。PM 也是燃油燃烧时缺氧产生的物质,其中以柴油机最明显。因为柴油机采用压燃方式,柴油在高温高压下裂解更容易产生大量肉眼看得见的碳烟。为了抑制这些有害气体的产生,促使汽车生产厂家改进产品以降低这些有害气体的产生源头,欧洲和美国都制定了相关的汽车排放标准。其中欧洲标准是我国借鉴的汽车排放标准,目前国产新车都会标明发动机废气排放达到的欧洲标准。

4.2.2 汽车尾气成分与危害

汽车排放的尾气,除空气中的氮和氧以及燃烧产物 CO_2、水蒸气为无害成分外,其余均为有害成分。汽车发动机排放的尾气中的一部分毒性物质，是由于燃料不完全燃烧或燃气温度较低时产生的。尤其是在次序启动、喷油器喷雾不良、超负荷工作运行。燃油不能很好地与氧化合燃烧，必定生成大量的CO、HC和煤烟。另一部分有毒物质，是由于燃烧室内的高温、高压而形成的氮氧化合物NO_x。

然而上述的CO是一种无色、无味、有毒的气体，它不易与其他物质发生反应而成为大气成分中比较稳定的组成部分，能停留2~3年。当人们吸入过多的CO后，CO可与血液中的血红素结合，阻碍血液吸收氧气和输送氧气而中毒死亡。它引起的公害称为汽车尾气第一排气公害。

碳氢化合物中，特别是烯在大气上空，在太阳光紫外线作用下，会与氧化氮起光化反应生成臭氧、醛等烟雾状物质，刺激人们的喉、眼、鼻等黏膜。它不仅危害人们与动物，而且使生态环境遭到破坏，严重影响农作物的生长，使农业减产，同时还具有致癌作用。它成为汽车尾气排放的第二公害。

NO_x是NO及NO_2的总称，其中NO与血液中的血红素的结合能力比CO还强。很容易使人们中毒而死亡。NO_2是一种褐色有毒气体，有特殊刺激臭味，损害人的眼睛和肺部。它是产生酸雨和引起气候变化、产生烟雾的主要原因，也是成为汽车尾气的排放公害。

汽车尾气排放的颗粒物，一般是由直径为0.1~40μm的多孔性炭粒构成。它能黏附SO_2及苯芘有毒物质，有臭味，对人们呼吸道极为有害（颗粒度较大的炭粒能迅速沉淀，不易从肺部排出）。

此外，汽车尾气中的铅化合物、硫化合物等也为有害成分。

综上所述，汽车尾气排出的污染物，给人类赖以生存的大气环境带来了严重的污染。在交通干线等人口密集区，其排气高度接近人体呼吸带，给人体健康造成了严重的危害。因此，必须采取有效措施，减少或者消除汽车尾气的排污量。

4.2.3 汽车尾气排放的现状与危害

由于汽油、柴油燃烧不充分，排放出的尾气中含有大量直径等于或小于2.5μm的细微颗粒物（PM2.5），它们很容易随着呼吸进入人体肺部，又被称为入肺颗粒物。其中，有30%~50%元素碳（碳黑）和有机碳，这些细粒子长期漂浮在空气中，使空气变得浑浊，对阳光有散射作用，使空气能见度下降。有机碳中大部分为挥发性有机化合物，在紫外线照射下产生氧化反应，变成醛、酮类化合物，还会生成过氧乙酰硝酸酯和臭氧等氧化物，是形成光化学烟雾的主要条件。光化学烟雾容易刺激人的眼睛和喉咙，导致咳嗽、哮喘等疾病。汽油和柴油在燃烧过程中还产生半挥发性多环芳烃化合物，其中苯并芘等是强致癌物质（特别是肺癌），这使得一些大城市的肺癌患者呈上升趋势。此外，尾气中还含有苯甲苯、二甲苯等，苯是致癌物质，能通过肺泡进入血液。近年来儿童白血病（血癌）高发就与此有关。细粒子还富集了铅、砷、钒等重金属氧化物。目前，许多城市儿童血液中的铅含量达到20~30μg/100mL，超过卫生组织的最高限值10μg /100mL。

在汽车的发源地西方发达国家，汽车污染已不是什么新话题。20世纪40年代以来，美国洛杉矶就开始出现化学烟雾污染事件。在我国，近年来尾气污染也已迅速上升为城市的

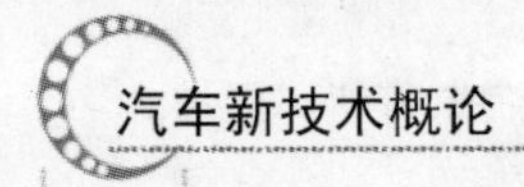

主要污染源，许多城市呈现汽车尾气与煤烟污染、炊烟污染并存的混合污染态势，形势相当严峻。

4.2.4 汽车排放法规的发展

目前美国、欧盟、日本构成世界汽车排放法规的三大体系。

在美国1970年颁布了《大气净化法案》(马斯基法)，1990年进行了修订，制定了最严格的排放法规，即加利福尼亚州低排放汽车(ULEV)标准。近期研讨进一步强化汽车排放标准，提出《美国汽车产品管理及技术法规》(SULEV)，限值为ULEV的1/4。欧盟自1993年开始，积极强化汽车排放法规，现行法规为欧洲Ⅱ号(Euro Ⅱ)标准，自2000年实行欧洲Ⅲ号(Euro Ⅲ)，计划2005年强化欧洲Ⅳ号(Euro Ⅳ)标准，2009年欧Ⅴ标准。欧洲排放标准比较如图4.5所示(数据来源：欧盟排放标准对第一类汽车中的汽油车的排放限制。对PM的限制来源于柴油车)。

欧洲标准是由欧洲经济委员会(ECE)的排放法规和欧共体(EEC)的排放指令共同加以实现的，排放法规由ECE参与国自愿认可，排放指令是EEC或EU参与国强制实施的。

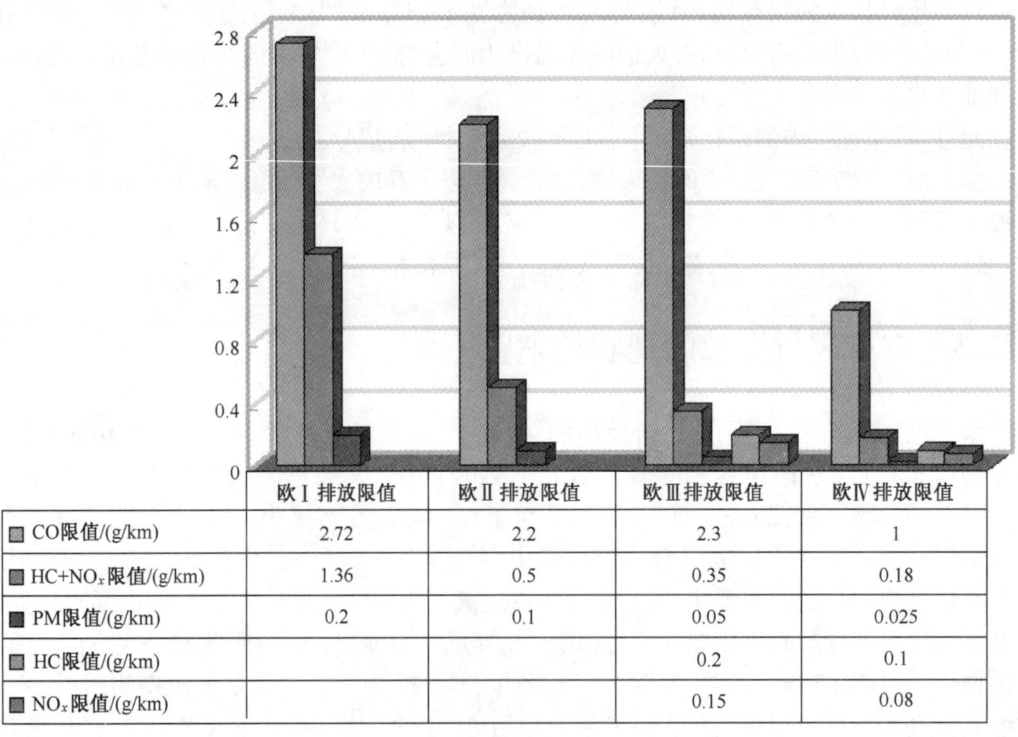

	欧Ⅰ排放限值	欧Ⅱ排放限值	欧Ⅲ排放限值	欧Ⅳ排放限值
CO限值/(g/km)	2.72	2.2	2.3	1
HC+NO_x限值/(g/km)	1.36	0.5	0.35	0.18
PM限值/(g/km)	0.2	0.1	0.05	0.025
HC限值/(g/km)			0.2	0.1
NO_x限值/(g/km)			0.15	0.08

图4.5 欧盟排放标准比较

4.2.5 汽车排放控制技术

汽车排气净化方式(图4.6)主要有降低发动机排气歧管排放(机内净化)和后处理技

术(机外净化)。

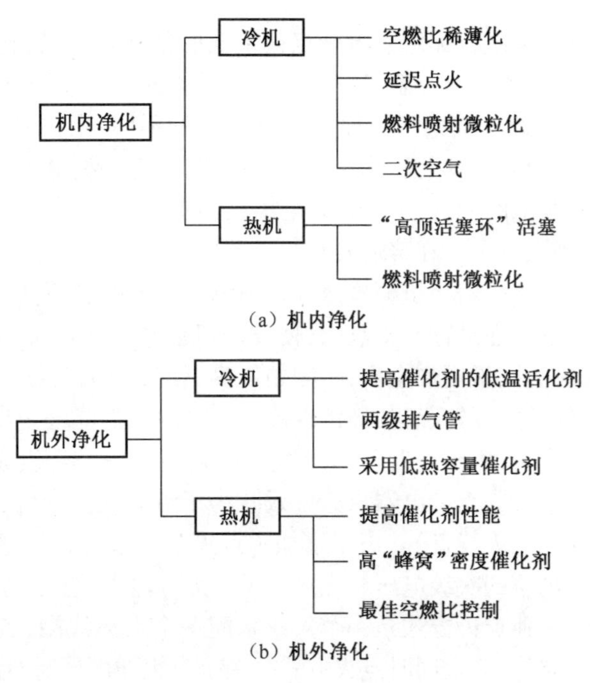

图 4.6　汽车排气净化方式

从目前来看,控制汽车排放污染的措施归纳起来主要有三种:第一是前处理净化;第二是机内净化;第三是后处理净化。

1. 前处理净化

前处理净化就是提高汽油质量,即提高汽油本身质量或在汽油内加入某种物质(添加剂等),使汽油充分燃烧,减少有害物质的排放。

我国在城区推广的“城市用油”就是拟拉开不同质量水平的汽油差价和税收,最终希望让全部汽油都达到优化配方的要求。据介绍,为了实现汽油无铅化,我国石化部门先后投入了数百亿元资金,改进汽油成分仍需要更大的投资。美国实现汽油无铅化用了 21 年,日本用了 12 年,我国从 1993 年提出无铅汽油标准。目前我国车用汽油不论是数量还是品种质量,基本上可以满足国民经济和汽车工业发展的需要。但由于我国的原油质量及炼制工艺等方面的原因,无铅汽油的某些指标还有待进一步提高。

汽油清净剂具有清洗、保洁、抗氧、破乳和防锈等功能,汽油中加入清净剂后不但可以改善汽车尾气排放,还能降低油耗,用以保证发动机燃油系统的清洁。在国外,汽油清净剂的开发应用已有近几十年历史,我国部分城市近年也已开始在无铅汽油中加入清净剂。北京成为全国第一个在无铅汽油中大规模加入清净剂的城市。

2. 机内净化

1) 点火系统

(1) 半导体辅助点火系统。半导体辅助点火系统是根据晶体管的开关放大原理设计而成的，其特点是用一只高反压功率放大晶体管串联在初级电路中，代替触点起开关作用，而触点则接在晶体管的基极回路中。

（2）无触点电子点火系统。无触点电子点火系统的基本特点是，在传统点火系统的基础上，用点火信号发生器来代替触点触发和控制点火系统的工作，因此与触点有关的故障和维修作业均不复存在。无触点点火系统根据触发方式的不同，主要可分为磁感应式、光电式、电磁振荡式和霍耳效应式。这几种均属电感储能式，还有一类电容放电式，性能更好，但其结构复杂、成本高，且放电时间短（5~50μs，电感式为1~2ms），从而可能导致启动及低速运转时点火不良，这些都限制了它在普通发动机上的推广使用。

（3）微机控制点火系统。由于机械式点火提前调节装置控制精度低，响应速度慢，不能保证发动机在各种工况下均在最佳时刻点火，使发动机性能进一步提高受到限制。采用微机控制点火提前角，考虑的因素更加全面，控制精度高，使发动机在各种工况下都能采用最佳点火提前角，发动机的动力性能、燃油经济性能及排放净化性能进一步提高。微机控制点火系统主要由各种传感器、微机控制器、点火器、点火线圈、火花塞等组成。

（4）无分电器点火系统。无分电器点火方式减小了点火能量损失（配电器分火头与旁电极之间跳火会损失部分点火能量）。由于增加了点火线圈数量，每个线圈通电时间延长，保证发动机在高速时有足够的次级电压和点火能量。无分电器点火系统分为单独点火方式和双缸同时点火方式。单独点火方式是一个火花塞配一个点火线圈，点火线圈直接安装在火花塞顶上，不需要高压线。双缸同时点火方式是一个点火线圈同时给两个气缸点火，这种点火方式要求共用一个点火线圈的两缸工作相位相差360°曲轴转角。

2）喷射技术。

（1）电子喷射。这是化油器喷射的革新产品，由电动油泵、燃油滤清器、油压调节器、喷射器等组成，ECU是一个微型计算机，内有集成电路以及其他精密的电子元件。

（2）缸内喷注。它是将喷油嘴安装在燃烧室内，将汽油直接喷注在气缸燃烧室内，空气则通过进气门进入燃烧室与汽油混合成混合气被点燃做功。

（3）高压喷射。高压喷射使燃油可以雾化得非常细，使发动机的燃烧过程进行得相当充分，而且速度快，同时又不明显提高燃烧温度。

（4）共轨喷射。这是高压喷射系统的一种，共轨原意是共同的燃油轨道，起着储存和转运燃油的作用。

3. 后处理净化

1）催化式净化器

催化式净化器是能同时将废气中的三种主要有害物质转化为无害物质的一种高效率净化器。三元型催化式排气净化器安装在汽车发动机的排气装置上，可以净化90%以上的有害物质，是现代轿车上一种新的排气净化装置。

2）陶瓷微粒捕集氧化器

陶瓷微粒捕集氧化器是一种微粒后处理技术，一般由耐高温的过滤器和可消除沉积于过滤器中微粒的再生系统组成。因而，微粒捕集器技术包括过滤器、再生系统和控制系统三部分。

3）静电微粒捕集器

排气中有70%~80%的微粒带有电荷，因此，国内外正在尝试利用附加加强电场对带电的碳烟微粒进行静电吸附,在实验室已取得一定成果。

4) 袋滤器

袋滤器是一种利用纤维作为过滤介质,将排气中的微粒过滤出来的净化设备。滤布都做成袋形,其过滤效率高,对半径大于0.1μm的微粒,过滤效率达90%以上。

5) 尾气净化器

尾气净化器是利用排放废气中残余的氧和排气温度,在催化剂表面进行氧化还原反应,使有害物质CO、HC和NO_x转变成无毒害的CO_2、H_2O和N_2,从而减少了对环境的污染。通常,使用带排气氧传感器闭环控制的电控燃油喷射系统加上三效尾气净化器,可使排放废气中的CO下降96%,HC下降97%,NO_x下降76%左右。

催化净化装置的结构较为简单,主要由载体和催化剂两部分组成,即在蜂窝载体骨架(又称第一载体)上涂上活性氧化铝,壳层(又称第二载体)上涂上催化剂材料。蜂窝载体材料有陶瓷和金属两种。

催化剂材料的基本要求:①必须适应经常的、大量的气流冲击以及温度和组分的剧烈变化;②必须同时具有高温和低温活性,才能保证冷启动时发挥催化作用,高温下不被烧结;③能同时净化CO、HC和NO_x三种有害物质。

汽车排气机外净化措施必须建立在机内净化的基础上,其基本条件是:①采用尾气净化器,必须使用带有排气氧传感器闭环控制的电控燃油喷射系统,这样才能使催化剂起三元净化作用;②尾气净化器的使用应建立在机内净化技术充分发挥作用和无铅汽油广泛应用基础上;③尾气净化器必须与不同车型进行匹配,既要达到净化效果,又要保证其动力性和经济性;④尾气净化器不但要有良好的初始活性,而且还要经得起寿命试验的考验;⑤在尾气净化器与发动机相匹配的前提下,应尽量减小体积,以便于安装和降低成本。

4.2.6 未来排气净化系统

图4.7所示为未来排气净化系统构成,可以满足《美国汽车产品管理及技术法规的法规》要求,接近于大气环境水平的排放质量。

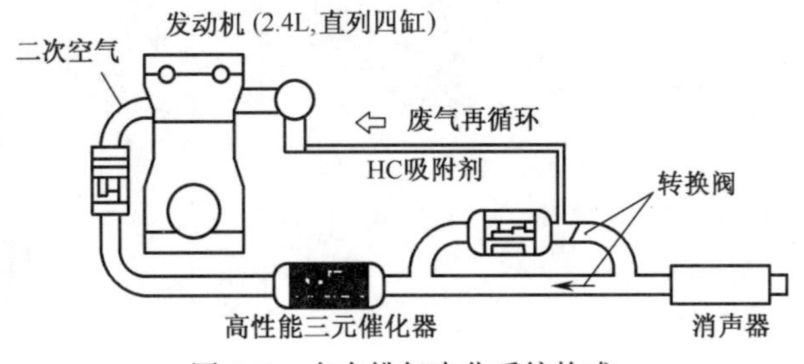

图4.7 未来排气净化系统构成

在发动机冷机时,使用电加热催化剂(EHC)和二次空气。为有效利用排气余热,将EHC安装在排气歧管之后,在排气管后设置旁通管路,安装HC吸附剂,能提高低C成分的吸附率,在EHC活性前吸附HC的净化系统,脱离的HC受切换阀控制,通过排气再循环返流到进气系统。

发动机热机时，在歧管催化剂作用下没有净化的是反应性活性低的烷烃 HC，为提高其净化率，在排气管中安装三元催化装置。按美国汽车排放试验规程，NMOG（非甲烷 HC 和含氧有机物）排放浓度可以降到 ULEV 系统的 1/10 水平，能达到 SULEV 规定值，以满足大气环境标准。该系统尚处于研究阶段，是一个技术比较复杂的系统，为尽快进入实用化，应解决系统的电子控制、耐久性等技术指标。

纳米复合材料在汽车尾气中具有广泛的应用前景。在试验中将制好的纳米复合催化剂涂在石蜂窝陶瓷载体上，然后安装在发动机排气管内进行试验。结果表明：纳米复合催化剂比传统的三元催化转化器降低了 CO 排放 35%、HC 排放 30%、NO_x 排放 22%。

研究成果也表明，复合稀土化合物的纳米级粉体具有极强的氧化还原性能，这是其他任何汽车尾气净化催化剂都不能比拟的，它的应用可以很好地解决了汽车尾气中 CO 和 NO_x 的污染问题，使它们转化成二氧化碳和氮气。

4.2.7 汽车环保技术的最新动向

环保汽车技术创新的三条思路如下：

（1）促进传统汽车技术革新。包括半导体辅助点火系统、微机控制点火系统、无分电器点火系统。

（2）开发新能源汽车。包括太阳能汽车、氢动力车、醇类燃料汽车、天然气汽车。

（3）安装汽车净化装置。包括催化式净化器、陶瓷微粒捕集、氧化器、静电微粒捕集器、袋滤器。

第5章 汽车主动安全技术

5.1 概　　述

随着社会的发展，交通安全问题越来越凸显，传统的汽车安全理念也在逐渐发生变化。传统的安全理念很被动，比如安全带、安全气囊、保险杠等多是一些被动的方法，并不能有效应对交通事故的发生。随着科技的进步，汽车的安全被细化，目前汽车安全分为主动安全和被动安全两类。

交通安全问题已成为世界性的大问题。随着高速公路的发展和汽车性能的提高，汽车行驶速度也相应加快，加之汽车数量增加及交通运输日益繁忙。汽车事故增多所引起的人员伤亡和财产损失，已成为一个不容忽视的社会问题。而传统的被动安全已经远远不能避免交通事故的发生，因此主动安全的概念慢慢地形成并不断地完善。

汽车安全设计要从整体上考虑，不仅要在事故发生时尽量减少乘员受伤的概率，而且更重要的是要在轻松和舒适的驾驶条件下帮助驾驶员避免事故的发生。过去，汽车安全设计主要考虑被动安全系统。现在汽车设计师们更多考虑的则是主动安全设计，使汽车能够主动采取措施，避免事故的发生。在这种汽车上装有汽车规避系统，包括装在车身各部位的防撞雷达、多普勒雷达、红外雷达等传感器、盲点探测器等设施，由计算机进行控制。在超车、倒车、换道、恶劣天气等易发生危险的情况下随时以声、光等形式向驾驶员提供汽车周围必要的信息，并可自动采取措施，有效防止事故发生。另外，在计算机存储器内还可以存储大量有关驾驶员和车辆的各种信息，对驾驶员和车辆进行监测控制。例如，由日本丰田公司研制成功的“丰田高级安全汽车”即具有驾驶员瞌睡预警系统、轮胎压力监测警告系统、发动机火警预报系统、前照灯自动调整系统、盲区监控系统、汽车间信息传输系统、道路交通信息引导系统自动制动系统、紧急呼叫停车系统、灭火系统及各向安全气囊系统等，其中有些单项设备已投放市场。

在汽车100多年的发展史中，有关汽车安全性能的研究和新技术的应用也发生了日新月异的变化，从最初的保险杠、减振系统、安全带、安全气囊等，到车轮防抱死制动系统、驱动防滑系统，到无盲点、无视差安全后视镜及儿童座椅等，汽车的安全性能正日趋完善。特别是近几年，随着科学技术的迅速发展，越来越多的先进技术被应用到汽车上。随着更加先进的智能型传感器、快速响应的执行器、高性能电控单元、先进的控制策略、计算机网络技术、雷达技术、移动通信技术在汽车上的广泛应用,现代汽车正朝着更加智能化、自动化和信息化的机电一体化方向发展。

预防汽车发生事故,避免人员受到伤害而采取的安全设计,称为主动安全设计,其特点是提高汽车的行驶稳定性,尽量防止车祸发生。目前安全技术逐渐在完善,有更多的安全技术将被开发并得到应用。

5.2 制动辅助系统

制动辅助系统(Brake Assist System,BAS),可以从驾驶员踩制动踏板的速度中探测到车辆行驶中遇到的情况,当驾驶员在紧急情况下迅速踩制动踏板,但踩踏力又不足时,该系统会在不到1s的时间里将制动力增至最大,缩短紧急制动情况下的刹车距离。

5.2.1 BAS的工作原理

在紧急制动过程中制动器协调时间一般为0.2~0.7s,在这期间制动减速度逐渐增大,直至达到最大减速度,该时间主要取决于驾驶员踩踏制动踏板的速度及制动系统的形式和结构,制动协调时间的长短直接影响制动距离。对于不习惯于驾车或是习惯于驾车但容易慌张的人来说,在紧急制动过程中,不能充分地踩踏制动踏板,从而难以实现制动系统的最佳性能。

BAS的基本工作原理就是利用制动防抱死执行器内的压力传感器来探测制动踏板被踏下时的速度和力,从而使ECU通过分析、计算,推算出驾驶员紧急制动的意愿,进而BAS利用辅助的制动能源迅速将制动压力提高至ABS工作状态,以使车辆迅速减速。BAS使制动协调时间大大缩短,帮助车辆获得来自制动系统的最佳制动性能。其基本工作原理如图5.1所示。

BAS还具有设定助力定时和助力量性能,通过按图中的图形调节助力量值,可以使制动感觉尽可能自然,提高车辆制动时的舒适性,制动力调节过程如图5.2所示。制动辅助系统作用之后,如果驾驶员松开踏板,制动辅助就会减小以实现消除行驶不良的感觉。

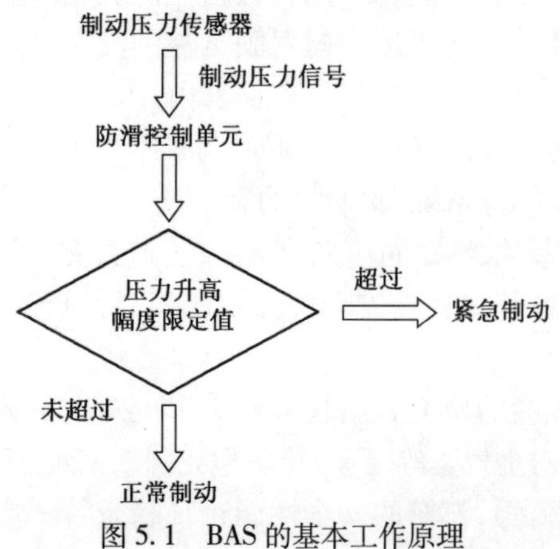

图5.1 BAS的基本工作原理

制动力
带BAS
不带BAS
制动时间

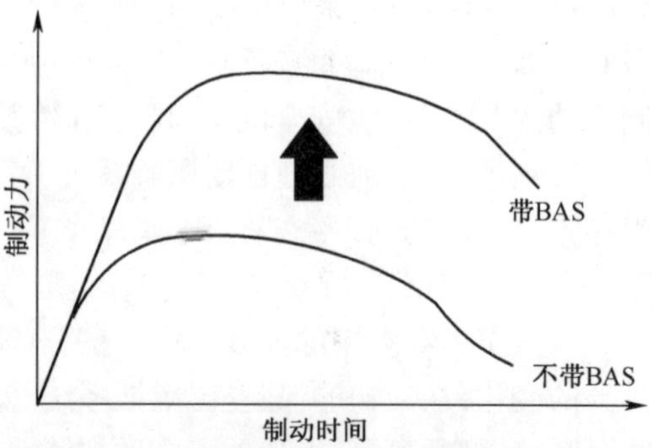

图5.2 BAS的制动力调节过程

5.2.2 BAS的工作过程

1. BAS的增压过程

当防滑电子控制模块确定驾驶员要紧急制动时，制动辅助开关阀通电。总泵制动液经制动辅助开关阀到达储液器，并且把油液送到液压泵中（未制动时此管路及储液器充满油液）。制动液被液压泵加压后送至ABS调压器的保持阀，此时保持阀未通电而处于开启状态，高压制动液送到轮缸。并且由于此时减速阀并未通电关闭，轮缸压力迅速升高，其工作过程如图5.3所示。

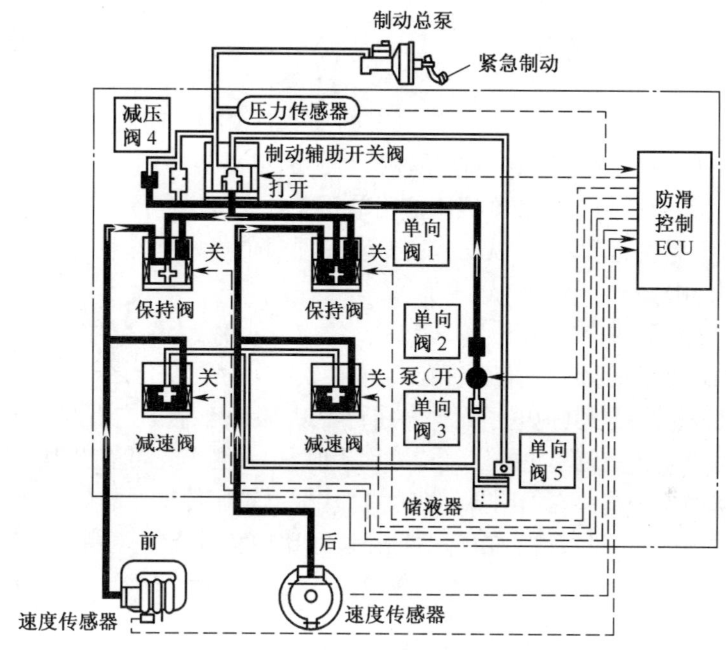

图5.3 BAS的工作过程

2. BAS工作过程

轮缸迅速升高的油压很快达到制动即将抱死状态时的压力，此时ECU控制保持阀和减速阀，开始进入BAS工作状态，车辆由于获得来自制动系统中的最大制动性能而迅速减速。

BAS起作用过程中轮缸制动压力升高过程如图5.4所示。从图5.4中可以看出，安装

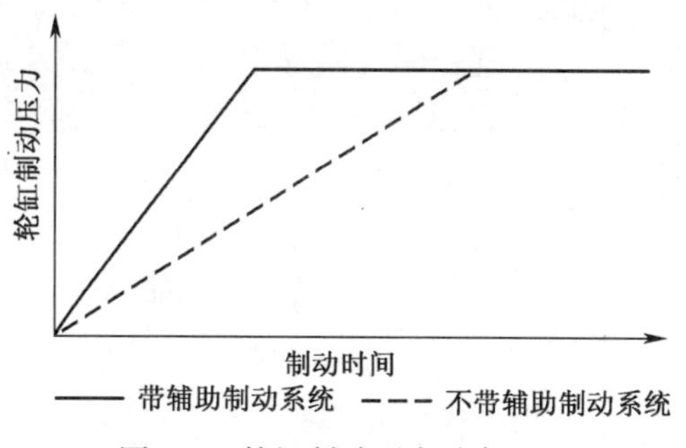

图5.4 轮缸制动压力升高过程

BAS 后轮缸压力升高速率明显提高，且能迅速达到 ABS 工作的条件。

3. 恢复常规制动过程

BAS 工作时，若驾驶员对制动踏板施加的压力低于特定值，则系统压力又趋于与驾驶员制动踏板压力相近，制动系统重新直接由驾驶员控制。

5.3 电子差速系统

电子差速锁（Electronic Differential System，EDS），是 ABS 的一种扩展功能，用于鉴别汽车车轮是否失去着地摩擦力，从而对汽车打滑车轮进行控制。

5.3.1 EDS 的基本功用

EDS 也是 ABS 的一种功能扩展，用于汽车的加速打滑控制过程，ASR 系统也具有此项功能。在汽车加速过程中，当 ECU 根据轮速信号判断得出某一侧驱动轮打滑时，EDS 功能会自动启动，通过防滑控制系统控制液压控制单元来对该车轮进行适当强度的制动，从而提高另一侧驱动轮的附着力利用率，从而提高车辆的通过能力。当车辆的行驶状况恢复正常后，EDS 即停止作用。

EDS 的基本工作原理介绍如下：

EDS 作为 ABS 系统的另一种附加功能，除了在软件上存在变化之外，还在 ABS 控制单元上新增加了专用的电磁阀及其他电子元件。在行驶过程中，车辆的左右驱动车轮处于不同附着系数路面上，尤其是当一侧车轮处于光滑冰面上时，这一侧车轮可能出现打滑现象，在车辆起步、加速或上坡时这种趋势更加明显，此时，ECU 根据轮速传感器的信号，比较左右驱动轮的轮速，当轮速差值较大，即一侧车轮出现打滑时，ECU 将发出指令，对滑转车轮施加制动。这样，打滑车轮的速度降低直至接近另一侧的轮速，以保证另一侧车轮具有足够的驱动力。

5.3.2 EDS 的工作过程

常规制动过程，如图 5.5 所示。驾驶员踏下制动踏板，制动管路由制动总泵建立油压，EDS 系统使液压阀不通电关闭，电磁隔离阀不通电打开，常开阀不通电打开，常闭阀不通电关闭，轮缸压力升高，车轮进行常规制动。

EDS 工作中的制动过程，如图 5.6 所示。当 ECU 根据轮速信号判断出某一侧驱动轮打滑时，EDS 系统使液压阀通电打开，电磁隔离阀通电关闭，液压泵通电工作，制动管路建立油压，通往该轮管路中常开阀通电打开，常闭阀不通电关闭，轮缸压力升高，系统对该车轮进行适当制动，使该车轮得到一定的制动力矩。相应地，该轮得到的驱动力矩将增加，由于差速器转矩特性使两侧车轮分得的转矩总是保持相等，因此通过差速器使另一侧车轮的驱动力也增加，从而提高了车辆的整体驱动力，使车辆的通过能力大大增加。

EDS 工作中的保压过程，如图 5.7 所示。当 ECU 根据轮速信号判断出该侧车轮需要保持压力时，常开阀通电关闭，常闭阀不通电关闭，该轮制动分泵压力保持不变，车轮制动力保持不变。

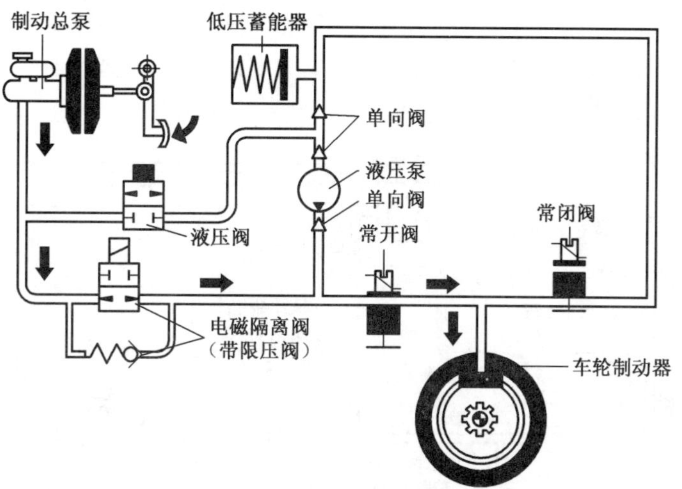

图 5.5　常规制动过程

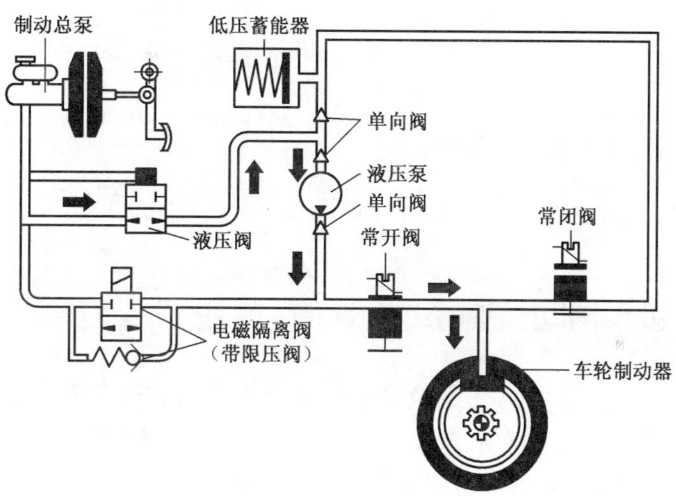

图 5.6　EDS 工作中的制动过程

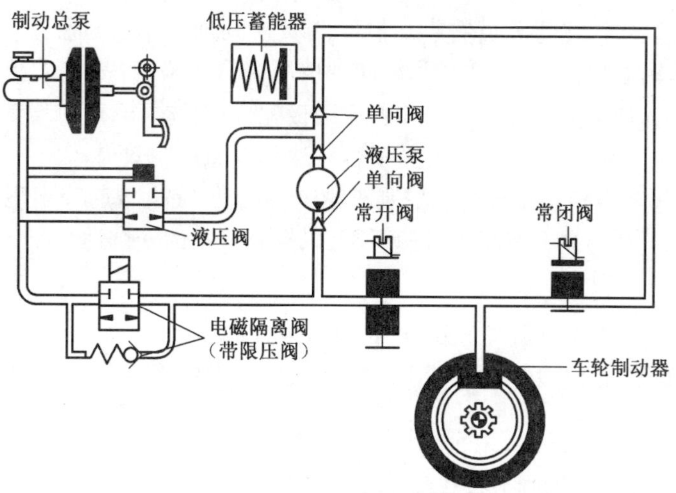

图 5.7　EDS 工作中的保压过程

EDS 工作中的减压过程,如图 5.8 所示。当 ECU 根据轮速信号判断出该侧车轮需要制动压力减小时,常开阀不通电打开,常闭阀不通电关闭,电磁隔离阀不通电打开,该轮制动分泵与总泵相通,该轮制动压力减小。

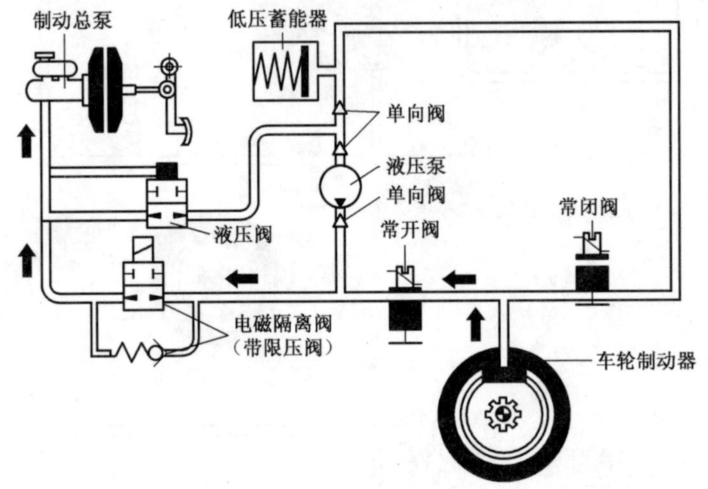

图 5.8　EDS 工作中的减压过程

5.4　上下坡起步辅助控制系统

5.4.1　上坡起步辅助控制系统

上坡辅助控制系统(Hill-start Assist Control,HAC),是在 ESP 系统的基础上进一步开发出来的系统。当车辆在坡路停车后重新起步时,系统会自动控制制动器几秒钟的时间,防止车辆下滑,从而提升坡路起步时的行驶安全性。

1. 车辆上坡起步下滑及 HAC 功用

当汽车上坡起步时,在驾驶员右脚从制动踏板换到加速踏板过程中,由于行车制动消失,很容易造成车辆因自重而导致的下滑,这种情况非常危险,容易造成交通事故。传统的驾驶操作中,一般驾驶员采用驻车制动和加速踏板配合进行操作,这对驾驶员的驾驶技术要求比较高,对于驾驶技术不熟练的驾驶员不容易达到理想控制效果。

HAC 就是通过防滑控制系统自动控制车辆进行制动,在上坡起步出现下滑时自动进行制动介入,从而避免车辆在上坡起步时的下滑,以提高汽车的安全性。

2. HAC 工作的前提条件

HAC 工作的前提条件包括 4 个方面,如图 5.9 所示。

(1) 自动挡车辆处于“D,4,3,2 或 L”挡位,注意不可处于“R”挡位。

(2) 车速大于 0km/h。

(3) 每个车轮的转动和车辆行驶方向相反。

(4) 打滑警告灯闪烁时并且蜂鸣器鸣响。

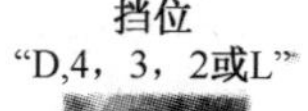

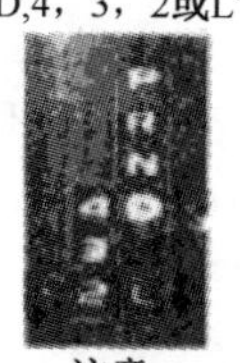

图 5.9　HAC 工作的前提条件

3. HAC 的基本工作原理

(1) 防滑控制单元接收来自检测挡位和车身行驶方向的各种传感器的信号，然后电控单元判断驾驶员坡道起步时是否存在车身向后移动现象。

(2) 减速度传感器检测斜坡坡度和车身加速状态；车轮速度传感器检测车轮锁定状态及其旋转方向。

(3) 防滑控制单元将接收到的信号进行计算、判断，当车辆状态符合 HAC 系统起作用的所有条件时，HAC 对制动压力控制单元发出指令，通过液压控制单元控制来自蓄能器或液压泵的高压制动液进入轮缸，进行车辆制动。

(4) 当 HAC 起作用的条件中任何一个条件未得到满足时，HAC 停止工作，车辆恢复常规控制状态。

(5) 当车辆开始向前运动时，系统解除制动，车辆恢复到正常行驶状态。

4. HAC 的优点

(1) HAC 可以减少驾驶员从制动踏板到加速踏板换挡时车辆向后下滑的机会，因此可以使驾驶员很舒适地进行上坡时的驾驶操作。

(2) HAC 可以减少车辆向后滚动的速度，因此可以控制驾驶员踩踏加速踏板时的车轮旋转，从而帮助驾驶员在光滑路面上的启动。

(3) HAC 可以优化控制 4 个车轮上的制动液压，因此可以在光滑坡道上未锁定车轮的情况下保证车辆的稳定性。

5. HAC 应用的注意事项

(1) HAC 的功能并非为了保持车辆在斜坡上停稳。

(2) HAC 工作时，组合仪表上的侧滑指示灯闪烁，制动灯点亮。

(3) HAC 控制 4 个车轮的制动力以防止车辆的后退。但是，在特别陡的坡道、冰面上或其他摩擦力很小的路面上时，该系统可能不会完全起作用。

5.4.2　下坡辅助控制系统

1. 车辆下坡下滑及 DAC 功用

下坡辅助控制系统(Down-hill Assist Control，DAC)，与发动机制动的原理相同，为了避免制动系统负荷过大,减轻驾驶员负担,下坡辅助控制在分动器位于 L 位置;车速 5~25km/h 并打开 DAC 开关的条件下,不踩加速踏板和制动踏板,下坡辅助控制系统可以自动把车速控制在适当水平。下坡辅助控制系统工作时停车灯会自动点亮。

汽车在下坡过程中,驾驶员未采取合理制动措施时,车辆由于自重容易导致迅速下滑,这种情况非常危险,容易引发交通事故,对于驾驶技术不佳的驾驶员很难达到理想控制效果。

DAC 是通过防滑控制系统自动控制制动系统在下坡时自动进行制动介入,从而避免车辆在下坡过程中出现危险情况。

2. DAC 工作的前提条件

DAC 工作的前提条件包括 5 个方面,如图 5.10 所示。

(1) DAC 开关开启,DAC 指示灯点亮。

(2) 车速小于 25km/h 且大于 5km/h。

(3) 4WD 控制开关在"L4"位置。

(4) 驾驶员未踩踏加速踏板及制动踏板。

(5) 打滑警告灯闪烁并且蜂鸣器鸣响。

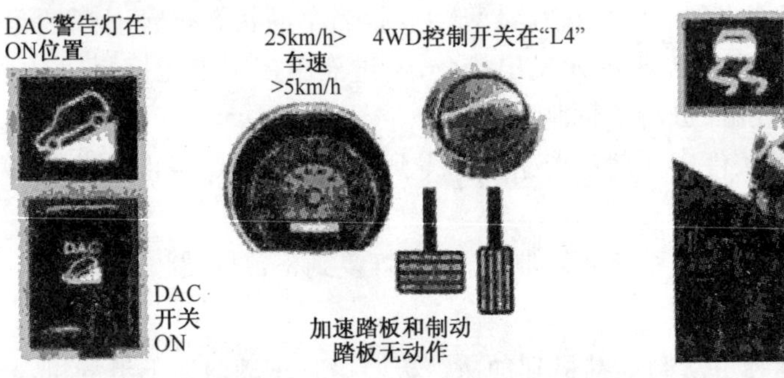

图 5.10 DAC 工作的前提条件

3. DAC 的基本工作原理

防滑控制单元接收来自发动机及自动变速器控制单元和轮速传感器等的信号,以监测车辆运动状态,并将接收到的信号进行计算、判断,当车辆状态符合 DAC 起作用的所有条件时,DAC 对制动压力控制单元发出指令,通过液压控制单元控制,使来自蓄能器或液压泵的高压制动液进入轮缸,进行车辆制动。当 DAC 系统起作用的条件中任何一个未得到满足时,DAC 将停止工作,车辆进入正常行驶状态。

4. DAC 警告灯闪烁的含义

(1) 当出现下列情况时,警告灯闪烁以警告驾驶员:①制动控制单元在 DAC 检测到故障时;②暂时中断 DAC 以保护传统制动器;③当 4WD 控制开关 L/L4 以外的挡位时。

(2) 在下列情况下尽管 DAC 还在工作,但 DAC 警告灯会闪烁以警告驾驶员注意下列事项:①变速器处于"N"挡位;②当 DAC 工作时,其开关关闭。

5.5 汽车主动避撞系统

汽车主动避撞技术利用现代信息技术、传感技术来扩展驾驶员的感知能力,将外界信息

(如车速、障碍物距离)传递给驾驶员,同时根据路况、车况等综合信息辨识是否构成安全隐患,并在紧急情况下,该系统能自动干涉驾驶操纵、辅助驾驶员进行应急处理,使汽车能主动避开危险,防止汽车相撞事故的发生,保证车辆安全行驶。在主动避撞系统中,涉及多种传感器技术,如雷达、激光雷达、摄像机等,其工作原理如图 5.11 所示。

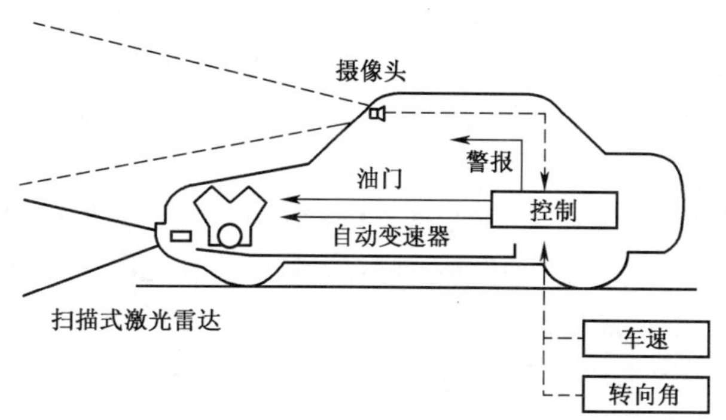

图 5.11　主动避撞系统工作原理

汽车主动避撞系统由环境识别子系统、状态判断子系统、汽车控制执行子系统等组成。在汽车正常行驶时,环境识别子系统不断感知车辆状态及外界环境信息,并将这些信息传递给状态判断子系统,控制器综合多种信息,依据安全状态判断逻辑对车辆安全状态进行判断;判断为安全状态时,系统无任何动作,不干扰驾驶员的正常驾驶;判断为危险状态时,系统会首先自动关闭油门,此时,若驾驶员尚未采取相应的动作,则系统将自动控制车辆制动和转向,并调用其他相关控制系统,使车辆远离危险的同时保证自车的安全,一旦车辆回到安全的行驶状态或驾驶员采取了控制动作,系统对车辆的控制将自动解除,回到正常行驶状态;当系统判断为危险而无法避让时,除采取远离和减少危险的控制外,还将根据危险程度的大小,选择合适的被动安全控制策略。

5.6　汽车轮胎气压监测系统

汽车轮胎压力监视系统(Tire Pressure Monitoring System,TPMS),主要用于在汽车行驶时实时地对轮胎气压进行自动监测,对轮胎漏气和低气压进行报警,以保障行车安全。汽车高速行驶时,轮胎故障是突发性交通事故发生的重要原因,而轮胎气压不足或渗漏是造成轮胎故障的重要原因。保持标准的轮胎气压和及时发现轮胎漏气是防止轮胎事故的关键,因此 TPMS 开始得到开发与使用。

据统计,在中国高速公路上发生的交通事故有 70%是由于爆胎引起的,而在美国这一比例则高达 80%。要防止爆胎就需要对轮胎气压进行实时监测,如何进行轮胎的动态气压检测是国内外许多学者和汽车工程师研究的热门课题,将以往的人力操作转变为自动检测,从而减轻驾驶员的劳动强度、提高车辆行驶性能。

5.6.1　汽车轮胎气压与行车安全

轮胎是由橡胶(包括多种化工原料,如补强剂、防老剂、促进剂、软化剂、硫化剂等的组合)、胎体骨架材料(金属或纤维帘线组合)以及胎圈钢丝等组成的一个环形弹性体。在汽车上轮胎是一个重要的支撑元件和行走元件。轮胎支撑着汽车的全部质量和动载荷并传递各种力(驱动力、制动力、转向力和侧向力)。因此轮胎及其性能的好坏对汽车行驶安全性影响很大。

由于汽车轮胎是在高速度、高摩擦、高负荷、高温度的恶劣条件下工作,当作用在其上的负荷超过轮胎本身所能承受的极限负荷时,就会突然爆裂,汽车就会丧失操纵稳定性,极有可能造成翻车或甩尾碰撞等交通事故。因此,研究轮胎性能对汽车安全性及其使用寿命的影响是非常有必要的。

影响汽车轮胎性能的因素很多,除结构、材料外,轮胎气压是影响轮胎性能的最重要因素之一。轮胎气压对承载性能、制动性能、侧偏特性、高速性能等都有一定的影响。

1. 轮胎气压对承载性能的影响

为了保证汽车行驶安全,首先要考虑的因素就是根据汽车的最大总质量选择能够承受相应负荷的轮胎。不同规格的轮胎具有不同的额定负荷,轮胎负荷又与轮胎气压有关,轮胎气压越高,所能承受的负荷也就越大,但充气压力过高内胎容易破裂,产生爆胎,还会造成胎冠中心部分的过度磨损,使轮胎的使用寿命大大降低。相反,轮胎的气压也不能过低,气压过低,充气压力过低,所能承受的最大负荷就会减小,滚动阻力明显增加,影响汽车的动力性,同时制动、转向性能也会受到影响;另外,由于滚动阻力增加,因此轮胎磨损加剧,从而缩短了轮胎的使用寿命。轮胎气压与载荷的关系如图 5.12 所示。

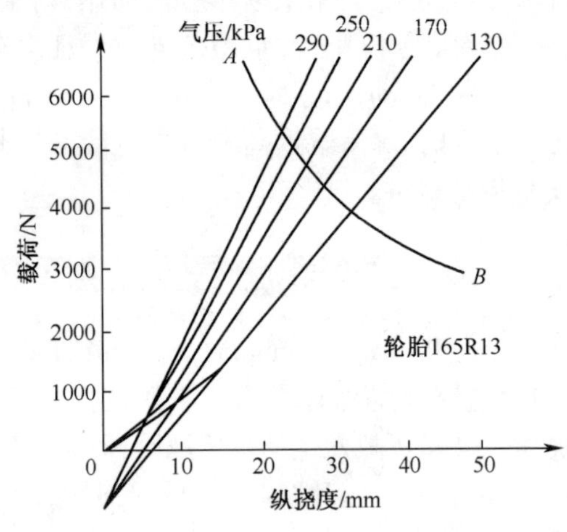

图 5.12 轮胎气压与载荷的关系

2. 轮胎气压对制动性能的影响

当汽车在高速转弯或制动时,轮胎与地面的接触情况发生了变化,由滚动状态变为边滚边滑或纯滑动状态,这种现象是由于惯性力的合力超过汽车与地面最大附着力而产生的。汽车轮胎出现边滚边滑或纯滑动状态时,汽车很容易摆头或甩尾,失去控制,这种现象通常称为侧滑现象。

侧滑现象的产生取决于最大滑动摩擦系数,而影响最大滑动摩擦系数的一个重要因数是轮胎的气压。一般地,轮胎的气压越大,则轮胎的刚度越大,轮胎的接地压力也越大,最大滑动摩擦系数越小。所以轮胎的气压越高，汽车转向或制动时发生侧滑的可能性也越大。统计资料表明，当轮胎气压增加 10%时，侧滑现象发生的可能性增加 20%~30%。

3. 轮胎气压对侧偏特性的影响

轮胎对汽车操纵稳定性的影响主要来自轮胎的侧偏特性，侧偏特性是指侧偏力、回正力矩与侧偏角之间的关系。根据汽车理论可知，在侧向力的作用下轮胎接地印迹出现扭曲，这时车轮运动方向与轮胎旋转平面成一定的角度，称为侧偏角，而轮胎接地印迹上的地面给轮胎的反力称为侧偏力。当侧偏角在 3°~4°范围内时，侧偏力与侧偏角成线性关系，这一直线段的斜率称为侧偏刚度。轮胎的气压越高，其侧偏刚度越大，相同侧偏角下产生的侧向力越大，此时转弯的操纵稳定性越好。但是当轮胎气压增加时，回正力矩减小，对汽车的直线行驶操纵稳定性就带来不好的影响。

4. 轮胎气压对高速性能的影响

通常汽车轮胎的爆裂是与驻波现象联系在一起的。当轮胎承受负荷时，轮胎与路面接触的部分会发生微小变形。汽车在前进时，轮胎变形的部分离开路面后便恢复原状。从轮胎的某一触点来看，都可以看出轮胎是在变形和还原的循环中转动的。在高速行驶时，轮胎变形的恢复速度没有轮胎的圆周速度快，有时会在轮胎触地面后侧发生波状变形，这种现象被称为驻波现象。产生驻波后轮胎的变形花纹与路面激烈摩擦，温度急剧上升，导致外胎面橡胶和内部胎体产生剥离，最后轮胎爆裂，汽车失去控制。发生驻波现象后直到轮胎爆破，司机是感觉不到这种异常过程的，所以在高速行驶时，驻波现象十分可怕。

汽车在长时间高速行驶时，如果轮胎气压选择不当极易产生驻波现象，轮胎气压不同，产生驻波的临界时速也不同。消耗功率的突然增加点，即为临界时速，也就是驻波的发生点。轮胎气压越高，其发生驻波现象对应的车速越高。

未来的轮胎气压监测系统是集轮胎气压检测与实时控制为一体的智能化系统，系统将向着结构最小化、性能最优化、价格低廉化、安装方便化等方向发展，并尽可能地提高其性能价格比。

5.6.2　汽车轮胎压力监视系统的功能

1. 事前主动报警

TPMS 属于主动型安保装备，是一种主动安全技术产品，它采用智能传感和无线网络技术，将每个轮胎的工作状态发送至监视控制器上，对非正常工作状态，实时提醒驾驶员采取措施，以预防爆胎事故的发生。

2. 延长轮胎使用寿命

统计表明，20%的轮胎处于 40%的亚充气状态，胎压不足行驶，显著地降低了轮胎的寿命，当胎压比正常值降 10%时，轮胎的使用寿命将缩短 9%~16%。TPMS 实时监测每个轮胎的动态瞬时气压，当胎压出现异常时能及时自动报警，从而减少车胎的损耗，延长轮胎使用寿命。

3. 减少燃油消耗

有关数据表明，胎压低于标准气压值 30%时，油耗将上升 10%。如果胎压不正常，轮胎磨损也会加快。车辆安装了 TPMS,就能及时发现胎压异常现象,有效避免上述现象的发生,这不仅可以降低油耗,而且还可以减轻对环境的污染。

4. 避免车辆部件不正常的磨损

若汽车长期在胎压不均衡的状态下行驶,将会对发动机底盘及悬架系统造成很大的伤害,增加悬架系统的磨损,还容易造成制动跑偏。胎压状态一般有三种情况:气压过高状态、正常状态、缺气状态。胎压过高,将使轮胎伸张变形、胎体弹性降低,汽车在道路上行驶时所受到的动负荷也增大,如遇到冲击会产生内裂或爆破;胎压过高,使轮胎的接地面积减少,胎冠中部将会很快磨损,这样也会造成胎冠部的爆破;还会使轮胎避振性能变差,导致车辆的减振弹簧负荷过大,减振效果降低,底盘、发动机等重要部件容易受损。如果胎压过低,轮胎变形,下沉量增大,胎温因摩擦增加而急剧升高,导致轮胎变软,强度下降;同时过热状态会加速子午胎钢丝与橡胶的老化、变形,甚至导致内部断裂,这些都可能造成爆胎意外。当缺气行驶时,由于轮胎变形,会造成胎肩磨损剧增,同时出现不规则的磨耗。

5.6.3 汽车轮胎压力监测方法的分类

TPMS 在每个轮胎上安装灵敏度高的传感器,于行车状态下对汽车胎压、温度等进行动态监测,并透过传感器、智能单片机以无线方式发射到接收器,让驾驶员能随时掌握胎压和温度状况,以确保汽车行驶中的安全,在出现危险状况时发出警报,从而有效预防爆胎,是保障行驶安全的高科技产品。目前,TPMS 分为间接式、直接式和混合式三种类型。

1. 间接式 TPMS

间接式 TPMS(Wheel-Speed Based TPMS,WSB TPMS)是通过汽车 ABS 的轮速传感器来比较轮胎之间的转速差别,以达到监测胎压的目的。当胎压降低时,车辆的质量会使轮胎直径变小,导致车速发生变化,这种变化可触发警报系统来向驾驶员发出警告。其优点是安装简单、价格便宜,缺点是汽车须在直道上行驶,且行驶距离必须超过 1km,ABS 才能够测试轮胎的气压情况,如果汽车进入转弯,ABS 则不能进行测试;而且无法对两个以上的轮胎同时缺气的状况和速度超过 100km/h 的情况进行判断。

间接式 TPMS 可以分为 4 类,即

(1) 借用现有的 ABS,通过对汽车车轮速度的监测来实现轮胎压力异常时的报警。轮速传感器测量车轮转速的原理是,当胎压下降时,滚动半径就会减小,从而导致车轮转速增大。由于轮速传感器在现在的大多数汽车上都已经安装,要达到监测胎压的目的只需升级软件系统即可。

(2) 建立轮胎、路面模型来采集车身振动信号,然后对所得振动信号进行处理后,找出规律,发现异常,从而检测出胎压异常。

(3) 通过定义胎压、温度及车辆速度为输入信号,速度补偿和压力补偿信号为输出信号建立一个模糊逻辑控制器,研究并分析输入信号与输出信号之间的关系,从而达到实现胎压和胎温监控的目的。

(4) 通过加速度传感器采集车辆前后轴加速度,建立其前后轴加速度的虚拟传递函数,通过计算函数幅度值监测出胎压异常。

这几类间接式 TPMS 的最大缺点是准确率较低，系统校准复杂，而且当两个以上轮胎同时出现气压异常的情况或者速度超过 100km/h 时无法进行判断。间接式 TPMS 的优势是造价相对较低，安装四轮 ABS 的汽车只需对软件进行升级即可。

2. 直接式 TPMS

直接式 TPMS（Pressure-Sensor Based TPMS，PSB TPMS）利用安装在每一个轮胎里的压力传感器来直接测量胎压，由无线发射器将压力信息从轮胎内部发送到中央接收器模块上的系统，然后对各胎压数据进行显示。当胎压过低或漏气时，系统会自动报警。直接式 TPMS 可以提供更高级的功能，随时测定每个轮胎内部的实际瞬压，很容易确定故障轮胎。

根据检测模块是否供电的工作方式，直接式 TPMS 可分为主动直接式 TPMS、被动直接式 TPMS 和复合式 TPMS。

1）主动直接式 TPMS

测量胎压是通过安装在轮胎内压力传感器来实现的，传感器测量的压力数据通过无线发射器发射到驾驶室内监控模块并显示，驾驶员可以随时了解各个轮胎的气压状况。当胎压出现异常时，系统就会自动报警以提示驾驶员注意。主动直接式 TPMS 主要由轮胎内的发射模块、驾驶室内的接收模块和显示部分组成。主动直接式 TPMS 轮胎模块需要由电池供电，能耗大，存在电池使用寿命的问题，但是其可靠性高，适用于各种类型的轮胎。

2）被动直接式 TPMS

被动直接式 TPMS 也称为无电池 TPMS，由中央收发器和安装在轮胎中的转发器构成。中央收发器既接收信号也发射信号，转发器接收来自中央收发器的信号，同时使用这个信号的能量来发射一个反馈信号到中央收发器上。被动直接式 TPMS 不用电池供电，需要将转发器整合至轮胎中，产品正逐步进入市场。

直接式 TPMS 可以提供更加高级的功能，随时测定每个轮胎内部的实际瞬压，容易确定故障轮胎，不足之处在于无线信号传输的稳定性和可靠性、传感器的使用寿命以及传感器的耐压性等性能有待提高。

对直接式 TPMS 和间接式 TPMS 的性能进行对比，结果参见表 5.1。

表 5.1　直接式 TPMS 与间接式 TPMS 性能的对比

特　性	直接式 TPMS	间接式 TPMS
准确度	<10kPa	<30%CIP
同时测量多个轮胎的压力	可以	不可以
受轮胎的加速和减速的影响	难	易
受路面倾斜的影响	难	易
车速的范围/（km/h）	0~最高车速	20~110
成　本	高	低
轮胎安装工艺的复杂性	高	低
每个轮胎需要使用电池	硅压阻式不需要电池；声表面波谐振式不需要电池	不需要

3. 复合式 TPMS

复合式 TPMS 兼具上述两个系统的优点，在两个互相成对角的轮胎内安装直接传感器，并安装一个四轮间接系统。与直接式 TPMS 相比,这种复合式 TPMS 可以降低成本,克服间接式 TPMS 不能检测出多个轮胎同时出现气压过低的缺点,但其仍然不能像直接式 TPMS 那样提供所有 4 个轮胎内实际压力的实时数据。

5.7 车道偏离预警系统

车道偏离预警系统使用摄像头监测汽车在车道标线之间的位置,如果未使用变道信号而汽车越过车道标线,该系统就会发出声音信号并向司机报警;在此基础上,如增加自动转向规避碰撞功能,将比车道偏离系统更为先进。该系统利用摄像头和雷达监测汽车本身与对面来车的位置,有助于防止由于司机疏忽造成的正面碰撞。如果汽车进入错误车道,同时系统探测到对面车辆处在碰撞路线上,汽车就会自动转向,回到原车道中的安全位置。

5.7.1 基本组成

车道偏离预警技术主要通过车载传感器判断、分析本车在当前车道线的相对位置关系,在驾驶人无意识(未打转向灯)偏离原车道时,能在车辆偏离车道前发出警报,为驾驶提供更多的反应时间,大大减少因车道偏离引发的碰撞事故。目前,视觉传感器的信息量丰富,常被作为实现车道偏离预警的车载传感器。

基于视觉的车道偏离预警系统主要包括图像采集单元、中央处理单元、车辆状态传感器以及人机交互单元等组成。如图 5.13 所示,当车道偏离系统开启时,系统利用安装在汽车在车身侧面或后视镜位置上的图像采集单元获取车辆前方的道路图像,中央处理单元对图像进行分析处理,从而获得汽车在当前车道中的位置参数,传感器会及时收集车辆数据和驾驶员的操作状态,如转向灯信号等。

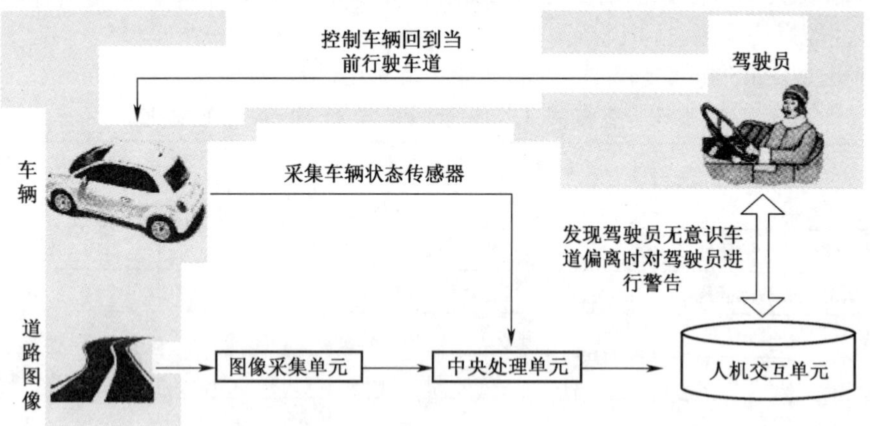

图 5.13　基于视觉的车道偏离预警系统的组成及实现原理

当检测到汽车距离当前车道线过近有可能偏入邻近车道或驶离本车道而且司机并没有打转向灯时,人机交互界面就会发出警告信息,提醒驾驶员注意纠正这种无意识的车道偏离,及时回到当前行驶车道上。而如果驾驶员打开转向灯,正常进行变线行驶,那么车道偏离预警系统不会作出任何提示。基于视觉的车道偏离预警系统工作演示过程如图 5. 14 所示。

图 5. 14　基于视觉的车道偏离预警系统工作演示过程

1. 图像采集单元

为了模拟驾驶员感知车辆前方道路图像及环境信息,基于视觉的车道偏离预警系统需要图像采集单元实时获取视频信号,并且将模拟视频信号转换为处理器能分析处理的数字视频图像,它主要包括工业照相机、镜头和图像采集卡等,如图 5. 15 所示。

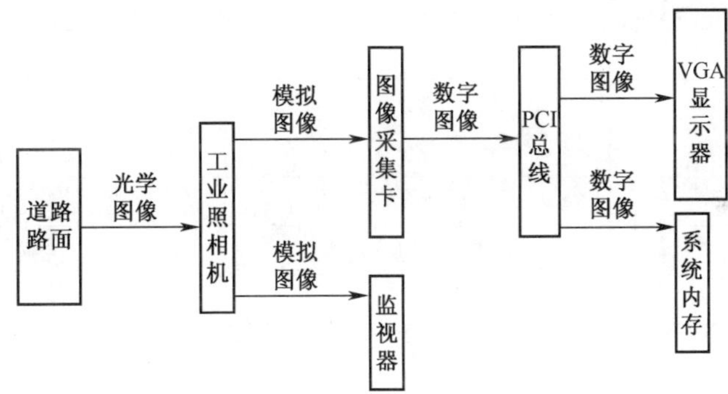

图 5. 15　图像采集单元

1) 工业照相机

根据照相机图像感光芯片的不同,常用的工业照相机主要有两种类型:CCD(Charge Coupled Device)照相机和 CMOS(Complementary Metal Oxide Semiconductor)照相机。

CCD 即电荷耦合器件,是一种新型全固体自扫描摄像器件。其功能是把光学图像转变成电图像,然后以一定的顺序逐个按像素读出电图像,使之转变为电视信号。典型的 CCD 照相机由光学镜头、时序及同步信号发生器、垂直驱动器、模拟/数字信号处理电路组成。

与其他固体摄像机相比,CCD 作为摄像器件的显著特点是:体积小,质量轻,功耗小,工作电压低,抗冲击与振动,性能稳定,寿命长;灵敏度高,噪声低,动态范围大;响应速度快,有自扫描功能,图像畸变小,无残像;可获得很高的尺寸测量精度和定位精度。因此,CCD 摄像器件自 1970 年问世以来,在工业检测、医疗诊断、机器人视觉、精密测量、交通运输、计算机图像处理等民用领域,以及遥感、侦察、夜视、制导等军事领域都获得广泛应用。CCD 从功能上可分为线阵 CCD 和面阵 CCD 两大类。面阵 CCD 的结构要复杂得多,由很多光敏区排列成一个方阵,并以一定的形式连接成一个器件,获取信息量大,能处理复杂的图像。

CMOS 图像传感器是近年来发展起来的新型传感器,CMOS 图像传感器将光敏元阵列、图像信号放大器、信号读取电路、模数转换电路、图像信号处理器及控制器集成在一块芯片上。相比于 CCD 等同体传感器,其具有体积小、质量轻、集成度高、功耗低、成本低、编程方便、局部像素的编程随机访问、易于控制及捕捉速度高等优点。CMOS 图像传感器的开发最早出现在 20 世纪 70 年代初期,90 年代初期随着超大规模集成电路(VLSI)制造工艺技术的发展,CMOS 图像传感器得到迅速发展。特别是近年来,随着亚微米和深亚微米工艺技术的发展和器件结构的不断改进,CMOS 图像传感器的图像质量已接近或达到 CCD 图像传感器的图像质量。

CCD 与 CMOS 的参数对比参见表 5.2。

表 5.2 CCD 与 CMOS 的参数对比

特　点	CCD	CMOS
输出的像素信号	电荷包	电压
芯片输出的信号	电压(模拟)	数据位(数字)
照相机输出的信号	数据位(数字)	数据位(数字)
填充因子	高	中
放大器适配性	不涉及	中
系统噪声	低	从中到高
系统复杂度	高	低
芯片复杂度	低	高
照相机组件	PCB+多芯片+镜头	单芯片+镜头
响应度	中	较高
动态范围	高	中
一致性	高	中
快门一致性	快速,一致	较差
速度	中到高	更高
图像开窗功能	有限	非常好
抗拖影性能	高(可达到无拖影)	高
时钟控制	多时钟	单时钟
工作电压	较高	较低

2) 镜头

镜头是视觉系统中的关键设备,它的质量优劣直接影响照相机的整机指标,因此镜头选择是否恰当关系到系统的性能。镜头相当于人眼的晶状体,如果没有晶状体,人眼看不到任何物体;如果没有镜头,那么照相机所输出的图像就是白茫茫的一片,没有清晰的图像输出。当人眼的肌肉无法将晶状体拉伸至正常位置时,眼前的景物就变得模糊不清;摄像头与镜头的配合也有类似现象,当图像变得不清楚时,可以调整摄像头的后焦点,改变 CCD 芯片与镜头基准面的距离,可以将模糊的图像变得清晰。镜头的分类参见表 5.3。

表 5.3　镜头的分类

按焦距分类	按外形功能分类	按尺寸大小分类	按光圈分类	按变焦类型分类	按焦距长矩分类
短焦距镜头	球面镜头	1 英寸(25mm)	自动光圈	电动变焦	长焦距镜头
中焦距镜头	非球面镜头	1/2 英寸(13mm)	手动光圈	手动变焦	标准镜头
长焦距镜头	针孔镜头	1/3 英寸(8.5mm)	固定光圈	固定焦距	广角镜头
变焦距镜头	鱼眼镜头	2/3 英寸(17mm)	—	—	可变焦距镜头
—	—	—	—	—	变倍镜头

3）图像采集卡

图像采集卡是图像采集部分和图像处理部分的接口,是一种可以获取数字化视频图像信息,并将其存储和播放出来的硬件设备。图像经过采样、量化以后转换为数字图像并输入、存储到帧存储器的过程即为采集。由于图像信号的传输需要很高的传输速度,通用的传输接口不能满足要求,因此需要图像采集卡。图像采集卡还有提供数字 I/O 的功能。

图像采集卡的任务是将 CCD 摄像机输出的模拟信号转化为计算方便使用的数字信号。图像采集卡的工作过程可以描述为:实时采集 CCD 输出的视频信号,将此信号经 A/D 转换后以数字图像的形式存放在图像单元的一个或多个通道中,通过计算机发出指令,将其一帧图像静止在图像存储通道中,即采集或捕获到一帧图像,计算机即可对采集的图像进行各种处理。采集卡上的 D/A 转换电路自动将图像实时显示在图像监视器上。

2. 中央处理单元

中央处理单元可以完成数字图像处理、车辆状态分析以及决策控制等功能。为了获取车道参数,需要对采集的图像进行分析。为了降低噪声,需要事先对采集的图像进行预处理、阈值分割和边缘增强,然后提取车道标志线并进行识别,获取道路中左右车道标志线参数。中央处理单元工作流程如图 5.16 所示。

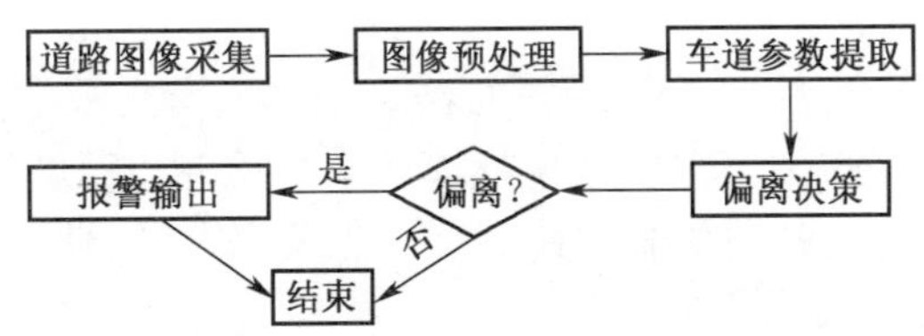

图 5.16　中央处理单元工作流程

总体来说,车道偏离预警系统要具备两大功能,即检测边缘和目标跟踪。前者用来确定行车道的标志线;后者让车辆沿着正常的车道行驶。由于图像传感器都不是理想的,气象条件、环境温度、车辆运动以及电磁干扰都会在图像采集过程中引入噪声,使图像变得模糊。更确切地说,在原始图像中原本处于同一个灰度值的像素,在噪声图像中却处于不相同的灰度值。因此,在进行数字处理之前,首先要平滑滤波。

除了噪声外,还有量化误差的影响,量化误差会使边缘的边界落在多个像素上,同样使边界变得不那么清晰。噪声和量化误差是无法控制的,因此要对输入视频流进行滤波和平滑,否则要想发现清晰的道路标志是十分困难的。对数字视频流进行平滑和滤波还应考虑到，视频流是按规定速率变化的真实图像序列，图像滤波器的工作速度应足够快，保证能跟上输入图像的连续接收速度。因此，图像滤波器内核对最少可能处理器周期数优化执行是至关重要的。

车道信息来自一辆汽车内多种可能的信息源，这些信息源与测得的相关参数(如速度、加速度等)相结合有助于车道跟踪。根据测量结果，车道系统进行智能判断，即是否发生无意间的车行路线偏离。在更高级系统中，如时间、路况和驾驶员警觉度等其他参数也可以模型化。同时，中央处理单元分析来自车辆状态传感器发送的信号，如车辆转向灯是否开启的信号、本车当前位置 GPS 信号或者转向盘转角信息。当中央处理单元分析车辆将要偏离左侧或者右侧车道线并且没有开启转向灯信号时，判断将要发生车道偏离事故，输出报警信号，如图 5.17 所示。

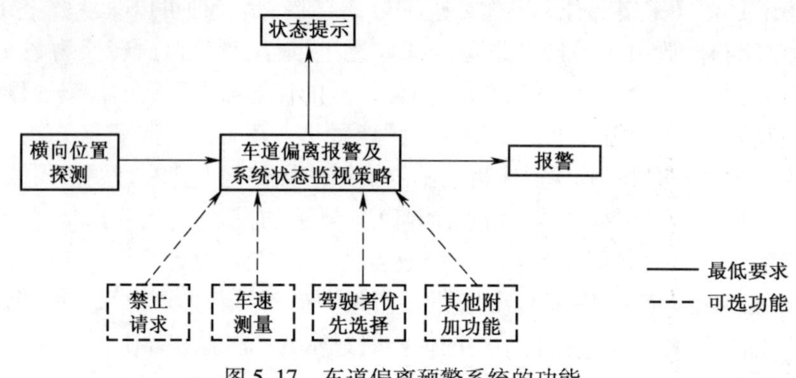

图 5.17　车道偏离预警系统的功能

3. 人机交互单元

人机交互单元通过显示界面向驾驶员提示系统当前的状态，当存在危险情况时，报警装置可以发出声音、光的提示，也存在抖动转向盘或座位的形式。

5.7.2　技术要求

根据《智能运输系统车道偏离报警系统性能要求与检测方法》(GB/T 26773—2011)规定，车道偏离预警系统应该具备的功能。其中禁止请求、车速测量、驾驶员优先选择及其他附加功能可选。

1. 基本要求

车道偏离报警系统至少应具有下列功能：

(1) 监测系统状态包括系统故障、系统失效、系统的开/关状态(如果有开关)；

(2) 向驾驶员提示系统当前的状态；

(3) 探测车辆相对于车道边界的横向位置；

(4) 判断是否满足报警条件；

(5) 发出警告。

2. 操作要求

(1) 当满足报警条件时，系统应自动发出报警提醒驾驶员；

（2）乘用车最迟报警线位于车道边界外侧 0.3m 处，商用车最迟报警线位于车道边界外侧 1m 处；

（3）最早报警线在车道内的位置如图 5.18 所示，具体尺寸参见表 5.4；

（4）当车辆处于报警临界点附近时，系统应持续报警；

（5）尽可能减少虚警的发生；

（6）Ⅰ型系统应在车速大于或等于 20m/s 时正常运行，Ⅱ型应在车速大于或等于 17m/s 时正常运行，系统也可以在更低车速下工作。

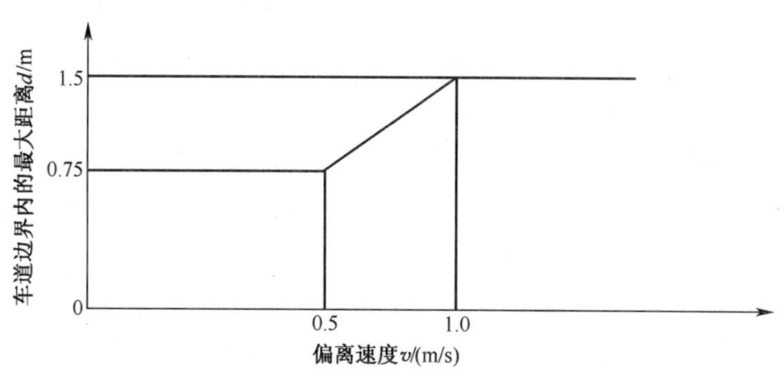

图 5.18　最早报警线在车道内的位置

表 5.4　最早报警线的具体尺寸

序号	偏离速度/(m/s)	至车道边界的距离/m
1	$0<v\leqslant0.5$	0.75
2	$0.5<v\leqslant1.0$	$1.5v$
3	$v>1.0$	1.5

3. 人机交互要求

（1）报警形式。系统将提供一种易被感知的触觉报警或听觉报警。

（2）与其他报警系统的冲突。如车辆同时配备了其他报警系统，例如车辆前方碰撞警告系统（FVCWS），则车道偏离报警系统应通过触觉、听觉、视觉或组合方式为驾驶员提供清晰可辨的报警。

（3）系统状态提示。应通过容易理解的方式为驾驶员提示系统的状态信息。如果系统在启动阶段或运行过程中出现故障，或在工作过程中检测系统失效，应及时通知驾驶员。若用符号对驾驶员进行信息提示，应采用标准符号。例如，若使用符号通知驾驶员系统失效，该符号应是专门用于表达此类信息的标准符号。

（4）在系统用户使用手册中应说明系统正常工作所要求的最低车速以及系统失效的条件与状态。

4. 可选功能

（1）车道偏离预警系统应配备开/关控制装置，以便驾驶员随时进行操作。

（2）系统可以检测抑制请求信号以尽可能减少不必要的报警。例如，当驾驶员正在转向或制动操作，或正在进行避撞操作等其他优先级更高的操作时，系统抑制请求生效。

(3) 当报警被抑制后,系统可通知驾驶员。

(4) 系统可对本车速度进行测量以便为其他功能提供支持,如当本车速度低于一定车速时抑制报警。

(5) 当仅在车道的其中一侧存在可见标线时,系统可以利用默认车道宽度在车道的另一侧建立虚拟标线进行报警,或者直接提醒驾驶员系统失效。

(6) 报警临界线的位置可在报警临界线设置区域内调整。

(7) 弯道行驶过程中,考虑到弯道切入操作行为,系统会将报警临界线位置外移,但决不可越过最迟报警线。

(8) 若系统仅采用触觉或听觉报警方式,则报警可被设计为具有车道偏离方向提示的功能(如可采用声源位置、运动方向等手段)。否则,就需要利用视觉信息以辅助报警。

(9) 系统可以抑制附加的报警,以避免因报警信息过多而烦扰驾驶员。

5.8 汽车夜视系统

汽车夜视系统的用途很广,以前因为价格太高,主要用于军事方面,如坦克和装甲运输车辆、雷达车辆等。近年来,随着科技的进步,其价格越来越低。汽车夜视系统是一个典型的军事装备转化为民用产品的例子。为了提高坦克的夜间机动能力,把具有夜间视觉能力的设备仪器安装在坦克上,可以使坦克在夜间行动自如。全球各大汽车公司纷纷把夜视设备安装在高档汽车上,在夜间及恶劣天气情况下保证驾驶员的安全。目前,国内已经有配备夜视仪的进口国外高档汽车。实践表明,配备了夜视仪的车辆行驶安全性明显增加,汽车夜视系统是汽车工业安全理念的发展趋势。

1. 汽车夜视系统的分类与特点

1) 汽车夜视系统的分类

(1) 按照用途不同,可分为民用、警用和军事汽车夜视系统;

(2) 按照技术不同,可分为近红外(即 CCD 技术)、微光技术(TTI 微光放大)和远红外技术(TIS 热成像)。

2) 汽车夜视系统的特点

(1) 技术特点:CCD 技术成熟,批量性好,但是灵敏度不高,因此只适用于普通民用市场;微光 TTI 放大技术产品目前仍是军用主流;远红外热成像 TIS 技术产品特点突出,可以穿透大雾观察。

(2) 价格特点:使用 CCD 技术的汽车夜视系统价格最低;微光 TTI 放大技术已经使用了近 50 年,但是由于基本理论尚未突破,且寿命仍然较短,所以价格不低;红外热成像技术趋于成熟,现在仍然处于发展阶段,需要在清晰度和灵敏度方面做很多工作,全球市场被极少数厂家垄断,所以价格极高。民用的产品基本上都采用 CCD,如奔驰汽车。

(3) 使用寿命:CCD 的寿命最长,可达到 10000h;TTI 寿命最短,只有 3000h;TIS 在 8000h 左右。

2. 汽车夜视系统的作用和意义

国内各地区的省道、国道、建成或正在大批兴建的高速或准高速公路,由于汽车速度快,汽车本身的照明距离又非常近，这就给夜间行车安全带来隐患。汽车夜视系统能够使黑夜（即使没有任何灯光照明的情况）也能像白天那样清晰准确地观察到路面情况。它通过红外成像技术在黑暗中辨认物体，既可以看到前方道路内人眼难以观察到的危险，也可以看到前大灯照射不到的区域。汽车夜视系统能够观察到比普通汽车前大灯远3~5倍的距离，甚至可以达到10倍以上的距离。尤其是在雾、雨或雪的天气条件下，利用汽车夜视系统，可以非常清楚地观看到前方路面的情况。作为主动安全防护设备，汽车夜视系统将科学技术的最新发展和突破应用于产品中，体现了汽车工业中科学技术以人为本的理念以及对驾驶员、乘员及行人的尊重、服务的精神。

3. 主动夜视系统结构

主动夜视系统是通过增加驾驶员在夜间的视野范围来提高驾驶安全的，因此系统的探测区域比较大（纵向探测距离大于100m），适用性强，能在夜间的任何光照环境下工作，包括本车前照灯使用不当、迎面有强光或红外光照射、穿过无外界灯光的黑暗道路以及前方道路未知等情况。

主动夜视系统包括红外灯、红外相机、中央处理器ECU以及人机接口，如图5.19、图5.20所示。其中，红外相机采用动态范围高且对近红外敏感的CMOS图像传感器。人机接口为基于车载LCD的中央仪表盘，当车辆白天行驶或夜间红外系统关闭时，以圆盘方式显示车速信息，当启动夜视系统时，则显示前方道路图像，车速以速度条的方式显示在图像的下方。这种设计可以缩短驾驶员眼睛离开道路的时间，以提高行驶安全性。

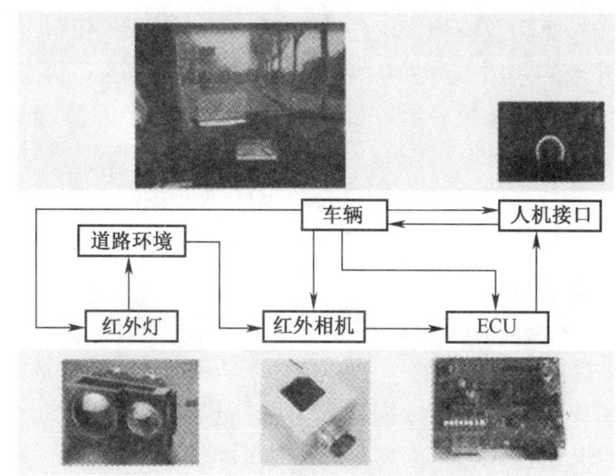

图5.19 主动夜视系统结构

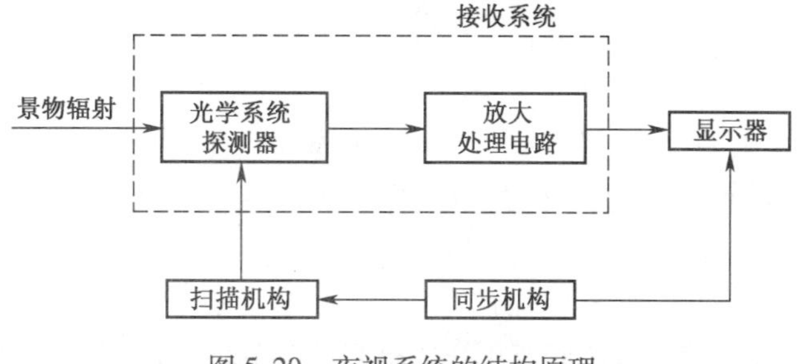

图5.20 夜视系统的结构原理

4. 红外灯

红外灯是夜视系统的关键部分，其好坏直接影响整个系统的性能，目前常用的近红外灯有卤素红外灯和红外发光二极管（LED）两种。卤素红外灯是卤素灯加红外滤光片，吸收可见光，只发出近红外光。汽车照明中最常用的光源是卤素灯，它发出的光线是包含可见光和近红外的连续光谱，并且近红外光的输出量比较大，约占总能量的1/3，可根据需要选用不同波长的红外滤光片得到不同波长和不同带宽的红外线。目前，主动汽车夜视系统中大多数都采用卤素光源作为汽车红外灯光源，它具有照射距离远、辐射均匀、连续波长、体积小等优点，缺点是寿命短，约为8000h。

红外LED是由红外发光二极管矩阵组成的发光体，采用红外辐射效率比较高的材料GaAs制成，产生单色光源，其光谱功率分布为中心波长830~950nm，半峰带宽20nm左右的窄带分布，此波段正是红外敏感传感器可感应的范围，夜视系统常用中心波长是850nm。它的一个显著优点是可以实现脉冲频闪，进而实现LED的辐射脉冲与相机的曝光窗口同步。主动夜视系统存在的一个重要问题是两辆都装有近红外光源的车辆相向行驶时，会使对方产生暂时的盲区，而脉冲式LED红外灯可以与本车相机的曝光窗口同步，这样就不会出现暂时盲区的现象。

5. 成像原理

车载夜视系统是根据红外成像原理工作的。由于白色的太阳光是由多种彩色光混合而成的，各种彩色光除了色彩不同外，其热效应也大不相同。科学实验表明，光的热效应是由紫光到红光逐渐增大的，而热效应最大的位于红光的外面，科学家称之为“红外光”或“不可见光”。当物质遇到外来的刺激或干扰时会改变物质内部的运动状态，其内部不停运动的原子和分子会释放出能量，而能量释放最常见的方式是发射电磁波，把多余的能量以光子的形式带走，这就形成了红外光，即红外辐射。由于自然界的一切景物的温度都高于0K，凡是热力学温度大于0K的物体都会产生红外辐射，并且温度越高，红外线波长越短。同时，红外线是一种电磁波，它的传播不受黑暗、风沙、雨雪雾的阻挡。因此，如果能接收并处理红外辐射，就能“看”清周围的物体。

红外成像技术分为主动式红外成像技术和被动式红外成像技术，而应用于汽车上的车载夜视系统属于被动式红外成像技术。它并不发出任何信号，而是通过一个安装在汽车前格栅后面的，起摄影机作用的传感器来探测前方物体热量。热能被集中到一个可以通过各种红外线波长的探测器，由探测器的众多红外线敏感元件所吸收，而每个敏感元件都是一个与温度有关的电容器，其电容大小随所接收的红外线的多少而变化，电容器将辐射变换为电信号，再将该信号数字化，再通过HUD（Head Up Display）抬头显示装置或车内显示屏为驾驶员显示。其结构原理如图5.21所示。目前，车载夜视系统有黑白显示屏和彩色显示屏两种显示方式，如图5.21、图5.22所示。

一般汽车只能照射100m左右，通过夜视系统至少可看到450m以外的路况信息，而耗电量却只有前照灯的1/4。此外，远红外线系统不会被“眩光”干扰，不会受到对面驶来车辆的大灯、交通信号灯、路灯及交通指示牌这样的强反光表面的影响。而且，具有远红外线系统的车辆不会相互干扰。在这个全新的驾驶辅助系统的帮助下，驾驶员在夜间或弱光线的驾驶过程中将获得更高的预见能力。该系统能够针对潜在危险向驾驶员提供更加全面准确的信息或发出早期警告,使驾驶安全性大为提升。对于潜在危险信息的充分掌握能够使驾驶员在夜间驾驶过程中的心理压力大为缓解,进而使驾驶过程更加舒适放松。

图5.21　宝马夜视系统成像情况

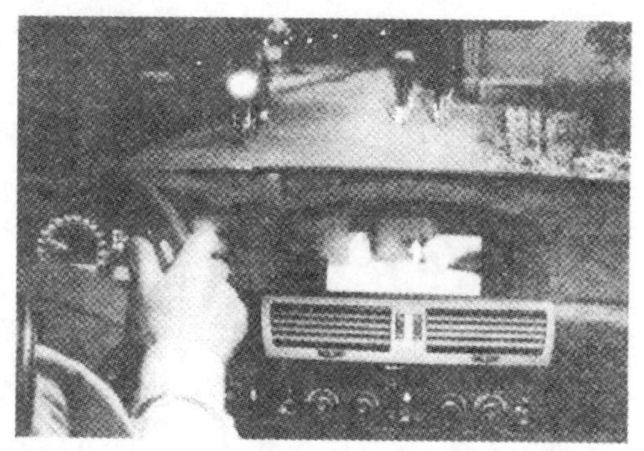

图5.22　某车辆夜视系统成像情况

5.9　变道辅助系统

对事故进行研究的统计结果表明,"心理因素"是事故发生的主要原因。驾驶员的漫不经心经常会导致其对路上其他车辆和行人的疏忽,变道辅助系统可以发现这个现象,在驾驶错误产生后果之前,该系统可以提醒驾驶员。这既能帮助驾驶员,又能让其承担自己应负的责任,从而大大提高了行驶舒适性和安全性。该系统也支持驾驶员完成变道行驶。当驾驶员打开转向灯准备要变道行驶,却没有注意到后面的车辆时,变道辅助系统就会发出警告,提醒驾驶员注意在盲区运动的以及快速接近的车辆,如图5.23所示。

1. 变道辅助系统组成

变道辅助系统主要由传感器、报警装置和电控单元组成,如图5.24所示。

图5.23　变道辅助系统对其后方的整个区域进行监控

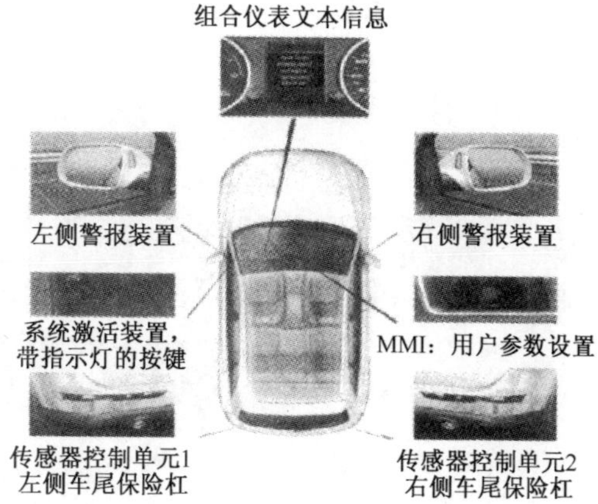

图5.24　变道辅助系统的组成部分

系统的传感器是安装在保险杠上的两个雷达传感器。雷达传感器包括一个高性能计算单元,它可以根据探测到的目标粗略计算出目标对象,从而为向驾驶员报警提供了基础。警示装置是安装在车外后视镜上的可见警示灯,如图5.25所示。

驾驶员要注意后视镜中的图像,因为通常在后视镜中可以看到路上的其他车辆。而与

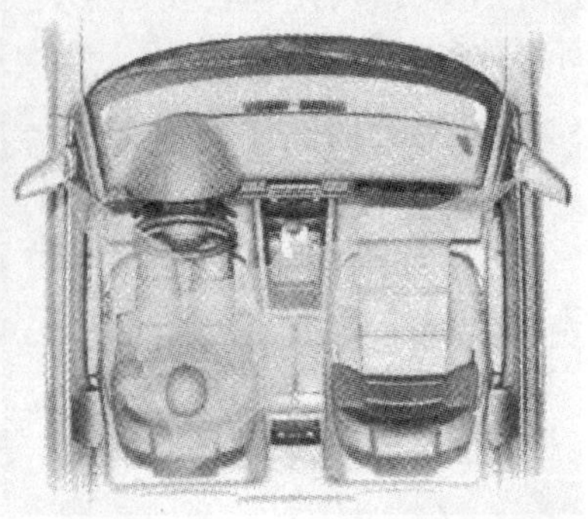

图 5.25　变道辅助系统警示灯的安装位置及其可见区域

报警声相比,这样的一个提示不容易引起副驾驶的注意。这个警示灯设计成只有从驾驶员可能在的位置才能看见。根据周围环境光线情况调节警示灯的亮度,可以确保在任何条件下警示灯都能同样地清晰可见。

为了在背景移动的情况下更加突出警示灯,系统用闪烁信号发出报警。闪烁信号比持续信号更容易被发现,因为闪烁信号在每个信号边沿产生能够被人发现的对比度变换。此外,人眼对周围视野范围内的对比度变换十分敏感,而当驾驶员目光朝着行驶方向时,车外后视镜就在此范围内。为了使驾驶员在目光转向后视镜时不会被后视镜中的图像转移注意力,闪烁信号的持续时间不会超过 1s。此外,当闪烁频率提高时,驾驶员对闪烁信号的关注度几乎没有增加。这一整套系统可以通过驾驶员侧反光镜附近的一个按钮开启和关闭。

2. 变道辅助系统场景模拟

(1) 行驶场景 1——有车缓慢地超过装有变道辅助系统汽车,如图 5.26 所示。

(2) 行驶场景 2——有车快速地超过装有变道辅助系统汽车,如图 5.27 所示。

(3) 行驶场景 3——装有变道辅助系统汽车缓慢超越其他车辆,如图 5.28 所示。

(4) 行驶场景 4——装有变道辅助系统汽车超越其他车辆,如图 5.29 所示。

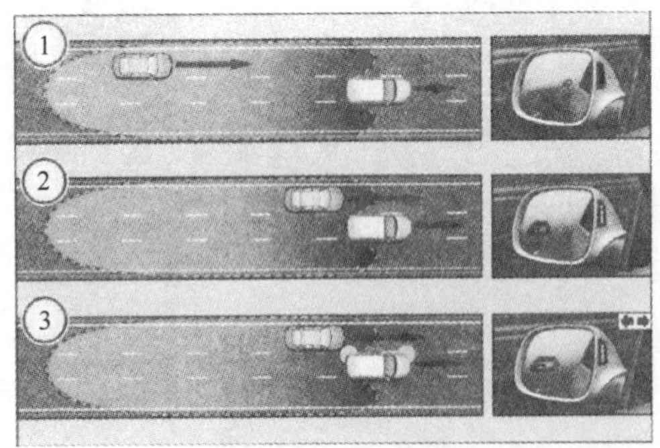

图 5.26　有车缓慢地超过装有变道辅助系统汽车场景

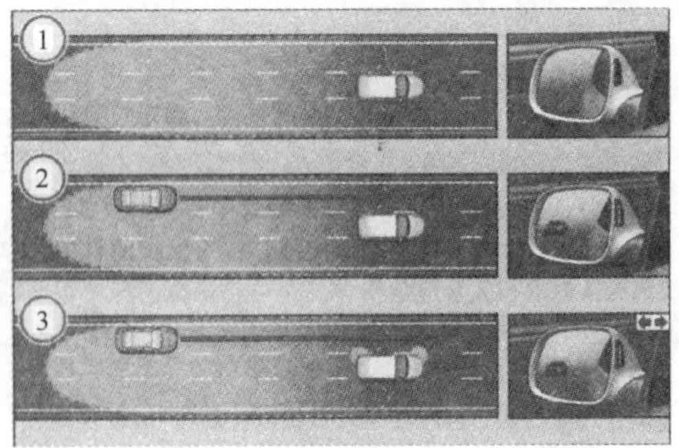

图 5.27　有车快速地超过带有变道辅助系统汽车场景

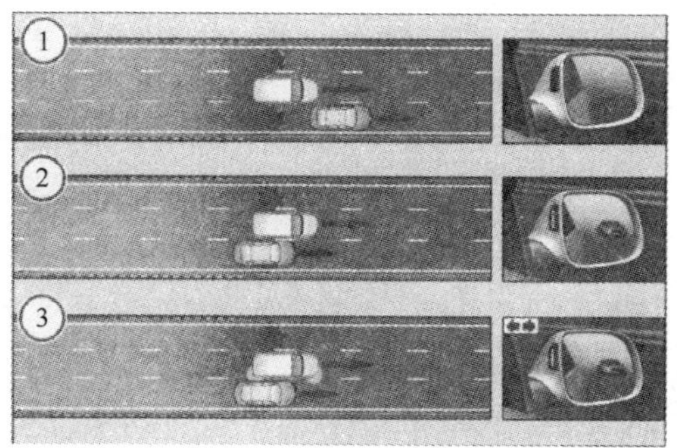

图 5.28　装有变道辅助系统汽车缓慢超越其他车辆场景

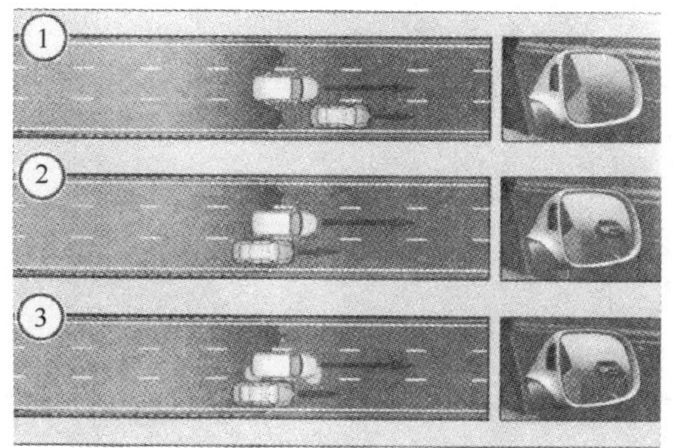

图 5.29　装有变道辅助系统汽车超越其他车辆场景

第6章 汽车被动安全技术

6.1 概　述

随着汽车保有量的日益增加,车辆事故和因车祸伤亡的人数也在不断增加,据统计,全球每年有50万人死于交通事故,而受伤的人数更是高达1500万,因此一辆性能卓越的汽车首先要有过硬的安全性能,其次才是其他功能。虽然公路方面的安全措施不断加强,交通安全法规不断完善,但交通事故并未明显减少,所以人们不得不从汽车本身的安全技术上找问题。

汽车安全的概念分为两个方面:一是主动式安全技术,用于防止事故的发生;二是被动式安全技术,用于事故发生后对驾驶员的保护。目前,汽车安全方面采用的新技术主要有碰撞后易救助技术、减少乘员损伤技术、事故避免技术和事故预防技术四种。

1. *碰撞后易救助技术*

碰撞后易救助技术是指车辆发生碰撞后便于救助乘员的技术。比如门锁紧急施放系统,该系统在车辆发生碰撞事故后,为使乘员迅速被救出,车门应能容易打开。丰田公司和三菱公司研制了感受碰撞的自动门锁施放系统。其特点是:当碰撞传感器确认已发生碰撞,系统立即施放门锁。

2. *减少乘员损伤技术*

减少乘员损伤技术主要是为了在车辆发生碰撞后能减轻乘员的损伤程度。从初期的驾驶座安全气囊,到副驾驶座安全气囊,又发展到乘客座椅安全气囊,并且安全气囊的容积也从30~45L增大到60~80L,防护效果不断改善。高级汽车上已安装了防侧撞气囊,即在车身侧面车门内侧安装有撞击传感器、膨胀器、安全气囊等。雷诺公司与瑞典供应商Autoliv共同开发了一种全新的爆开式安全气囊系统,当车辆的撞击速度为25km/h时,正常的安全带预紧器将在5ms后启动;随着撞击速度的提高,安全气囊的第一充气阶段被激发,此时充气40~50L。当车辆的撞击速度达到50km/h时,气囊的第二充气阶段点火,它紧紧挡住乘员,使之不会从座位上滑倒,速度再高时,就会使气囊在撞击后15ms内完全充满气体。

3. *事故避免技术*

事故避免技术是为避免事故发生而开发的预警系统。比如车距保持警报系统,该系统利用传感器测定跟踪车辆到前车的距离信号，当两车的距离小于设定距离时，就令系统报警，同时跟踪车辆自动制动，使前后车辆距离保持不变，避免发生“追尾”事故。日本大发公司利用激光雷达作为传感器，还利用挡风玻璃显示器和蜂鸣器提醒驾驶员注意。再比如刹车警示系统，该系统可在发生事故过程中的不同阶段以多种方式被激活，当汽车接近一个静止的或者运动的障碍物而司机并未作出反应时，警示灯就会闪亮并反射在前窗玻璃上，同时激活一个蜂鸣器。

4. 事故预防技术

事故预防技术是一种最为人性化和最主动的安全技术。行驶中驾驶员打瞌睡或精力不集中，轮胎气压不够也是事故高发的原因。比如戴姆勒—克莱斯勒公司为客车和载货车设计了一种防困系统，能够识别行车路线上的标记，并通过传感器监视驾驶员的工作状态。比如三菱公司采用的一种斥水玻璃，能使水珠快速结成大水滴流走。沃尔沃公司开发了一种轮胎气压过低警报系统，当轮胎气压低于某一定值时，该系统报警，提醒驾驶人员采取一定措施，确保行车安全。

汽车的被动安全性是乘员生命的最后一道防线。当汽车的主动安全装置都没能使汽车脱离危险时，驾乘人员的安全就只能依靠汽车的被动安全性了。被动安全系统是指在交通事故发生后尽量减小损伤的安全系统，包括对乘员和行人的保护。被动安全系统所采取的措施：设计制造车身吸能变形区；采用乘员约束系统和安全气囊技术。

6.2　乘员约束系统

乘员约束系统的研究目的是尽量避免人体与内饰件发生二次碰撞，内饰件的研究则是使人体与之发生二次碰撞时，对人体造成的伤害最小。安全内饰件主要指碰撞发生时驾驶室内的物品尽量减少与乘员的二次撞击。目前的安全内饰件主要有可溃缩式方向盘和脚踏板。它们的作用都是当撞击力达到一定程度时自动缩进或折断，避免伤及驾驶员。安全带是乘员保护系统中最早采用的装备，其设计宗旨是在车辆发生前撞及翻滚时约束人体相对车辆的运动，对保护乘员能起到显著效果。安全气囊是另一种常见的乘员保护设备，它与安全带的合理匹配使用可对乘员进行有效的保护。安全座椅、吸能式方向盘、软化的内饰件等对于缓冲二次碰撞以减少对人体的冲击具有重要作用。

6.2.1　安全座椅与头枕

安全座椅增加防潜滑保护系统，把驾驶员或乘员限制在座椅上并且产生下沉的力量而不会向前滑动，这样可以降低由于人体向前滑动所造成脚部撞击仪表板或是头部胸部撞击方向盘所造成的更大伤害。

还有一种叫头部支撑系统，通称为头枕，车辆中座椅所配备的头枕，其实不只是为了舒适，更重要的是为了安全。车辆如果遇到紧急状况刹车时，车身会有强烈的前后摆动，由于惯性原理乘员身体必然跟着摆动，尤其是颈部容易受到伤害。

6.2.2 安全带

安全带是最基本的乘员保护装置,它的作用在于能够在正面碰撞、后面碰撞、有角度碰撞以及翻车事故发生时防止乘员从座位上甩出,帮助乘员减少受伤的风险。

现在,在安全带的设计过程中引入了许多先进技术,从而使工程技术人员能够根据车辆的构型对安全带进行设计。安全带收缩装置总成是安全带系统的重要部分,其可以根据车辆的设计而有不同的变形。安全带收缩装置的首要目的是在发生碰撞或强烈制动的过程中将安全带锁紧在恰当的位置,在不使用安全带时储存安全带;还可以增加一些附加的功能,以增强性能或提高便利性。例如紧急锁紧装置,在正常的驾驶过程中,膝/肩部安全带的紧急锁紧式伸缩装置允许安全带随着乘员一起移动,从而使安全带的使用能够紧贴合身而且舒适。当车辆快速减速时,伸缩卷筒锁止,从而使卷绕在卷筒上的安全带也锁止。还有一些车辆的伸缩装置采用“抓钳”装置来抓住安全带。

安全带主要的功能在于当事故发生时,限制驾驶员或乘员的位置,避免发生人员与车体其他部位的碰撞伤害。现在出现了一种新型的安全带,叫作预紧式安全带。它的特点是当汽车发生碰撞事故的一瞬间,乘员尚未向前移动时它会首先拉紧织带,立即将乘员紧紧地绑在座椅上,然后锁止织带防止乘员身体前倾,有效保护乘员的安全。预紧式安全带中起主要作用的卷收器与普通安全带不同,除了普通卷收器的收放织带功能外,还具有当车速发生急剧变化时,能够在0.1s左右加强对乘员的约束力,因此它还有控制装置和预拉紧装置。

控制装置分有两种,一种是电子式控制装置,由电子控制单元(ECU)检测到汽车加速度的不正常变化,经过计算机处理将信号发至卷收器的控制装置,激发预拉紧装置工作,这种预紧式安全带通常与辅助安全气囊组合使用。另一种是机械式控制装置,由传感器检测到汽车加速度的不正常变化,控制装置激发预拉紧装置工作,这种预紧式安全带可以单独使用。

预拉紧装置有多种形式。常见的一种是爆燃式的装置。装置由气体引发剂、气体发生剂、导管、活塞、绳索和驱动轮组成,活塞安装在导管内,绳索一端与活塞连接,另一端与驱动轮连接。当汽车受到碰撞时预拉紧装置受到激发后,密封导管内底部的气体引发剂立即自燃,引爆同一密封导管内的气体发生剂,气体发生剂立即产生大量气体膨胀,迫使活塞向上移动拉动绳索,绳索带动驱动轮旋转,驱动轮使卷收器卷筒转动,织带被卷在卷筒上,从而使织带被回拉。最后卷收器会紧急锁止织带,以固定乘员身体。

6.2.3 安全气囊

1. 概述

汽车安全气囊系统(Supplemental Restraint System,SRS)是一种辅助保护系统,它包括传感器总成、充气器、折叠气囊、点火器、固态氮、警告灯等。一般来说,驾驶员处的安全气囊是存放在方向盘衬垫内。因此,方向盘上标有“SRS”或“Airbag”字样的车上装有安全气囊。气囊示意图如图6.1所示。

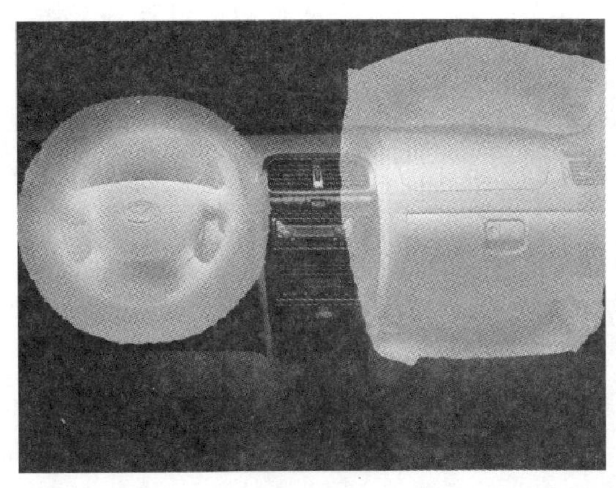
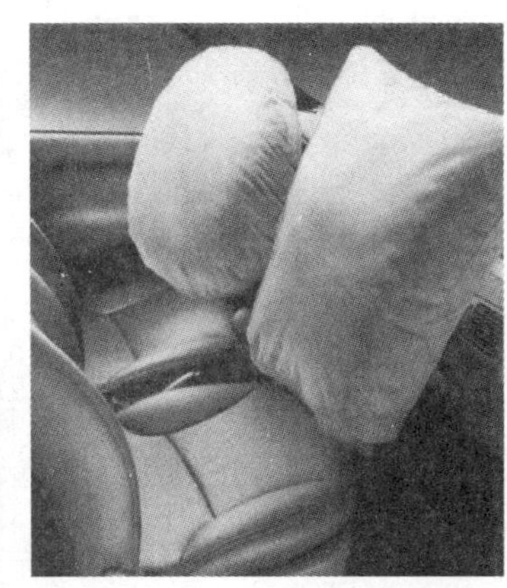

图 6.1　气囊示意图

安全气囊由美国人约翰·赫特里特(John Hotrich)发明。他是一位自学成才的宾夕法尼亚州工程师。在遭遇一次事故后,他萌发了设计撞车安全装置的想法。在这次事故中,约翰为躲避一个障碍物而猛打方向盘进行制动,他和妻子都用手臂本能地保护坐在前座中间位置上的女儿。这次交通事故之后他绘好了设计图纸交给了代理人,这份图纸确定了今天安全气囊的雏形,他获得了"汽车缓冲安全装置"的美国专利。

随着高速公路的发展和汽车性能的提高,汽车的行驶速度越来越快,特别是由于汽车拥有量的迅速增加,交通越来越拥挤,使得事故更为频繁,所以汽车的安全性就变得尤为重要。当汽车发生事故时,对乘员的伤害是在瞬间发生的。例如,以车速 50km/h 进行正面撞车时,其发生时间只有 0.1s 左右。为了在这样短暂的时间中防止对乘员的伤害,必须设置安全装备,目前主要有安全带、防撞式车身和安全气囊防护系统等。

如今,这个在当年颇具创意性的发明已转为千百万个产品,种类也发展为正面气囊、侧面气囊、安全气帘等。各国生产的中高级轿车,大多数都装有安全气囊,有些轿车已将安全气囊列入必装件。在国内,随着碰撞安全法规 CMVDR294 的开始实施,国内消费者对汽车被动安全性能的要求也越来越高,但目前除了极少数高级车装备了侧面气囊之外,大部分车型还只是安装了正面气囊。

2. 分类与工作原理

安全气囊有多种分类方式。按控制方式分有机械控制式和电子控制式;按用途分有前座气囊、后座气囊、侧气囊和车窗气囊;按爆开是否分段分有单段式气囊和两段式气囊。机械控制式是早期产品,现已趋于淘汰。

当汽车受到前方一定角度内的高速碰撞时,装在车前端的碰撞传感器和装在汽车中部的安全传感器,就可检测到车速突然减速,并将这一信号在 0.01s 之内迅速传递给安全气囊系统的控制计算机。计算机在经过分析确认之后,立即引爆安全气囊包内的电热点火器(即电雷管),使其发生爆炸,这一过程一般只需 0.05s 左右。点火器引爆之后,固态氮粒迅速汽化,大量氮气立即吹涨气囊,并在强大的冲击力之下,气囊冲开方向盘上的盖而完全展开。这样就在驾乘人员前形成一个"气垫",在驾乘人员撞击到气囊上时,内部的氮气就会因受压而从气囊上的小孔排出,从而减缓撞击力,不致伤害驾乘人员。

安全气囊的全部动作完全是由计算机程序控制的，按照人们事先设计的工作内容与步骤逐条执行，图6.2所示为安全气囊引爆时序。

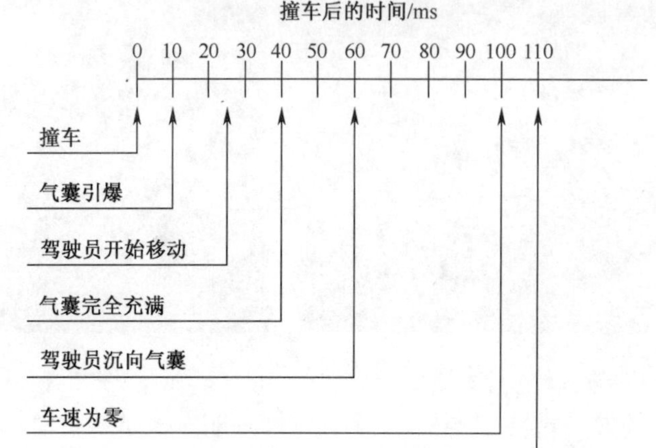

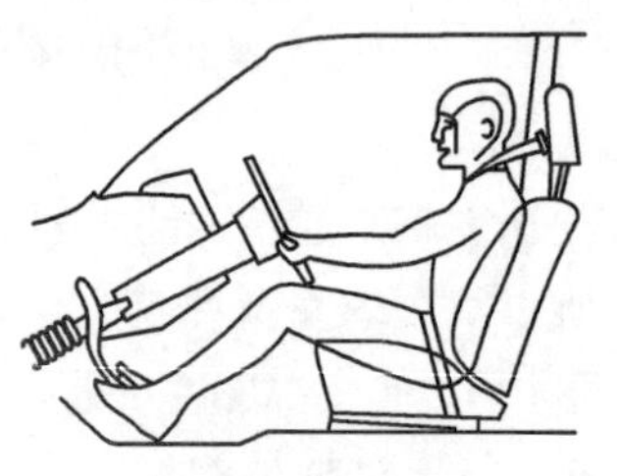

（a）气囊引爆（10ms之后）

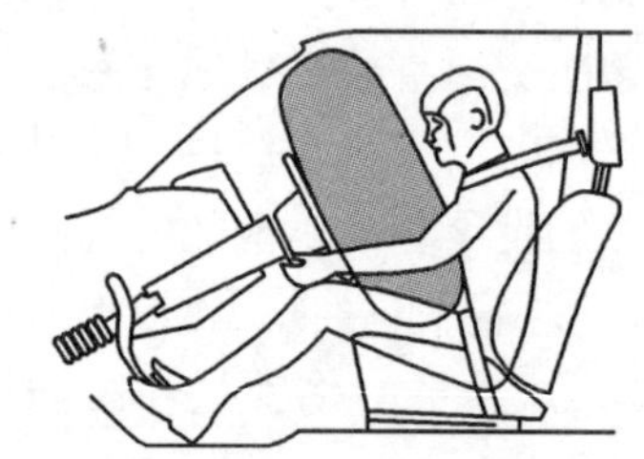

（b）驾驶员开始移动、气囊完全充满（40ms之后）

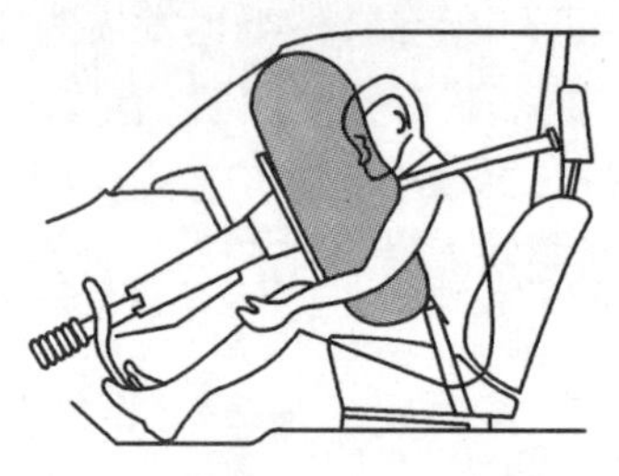

（c）驾驶员沉向气囊（60ms之后）

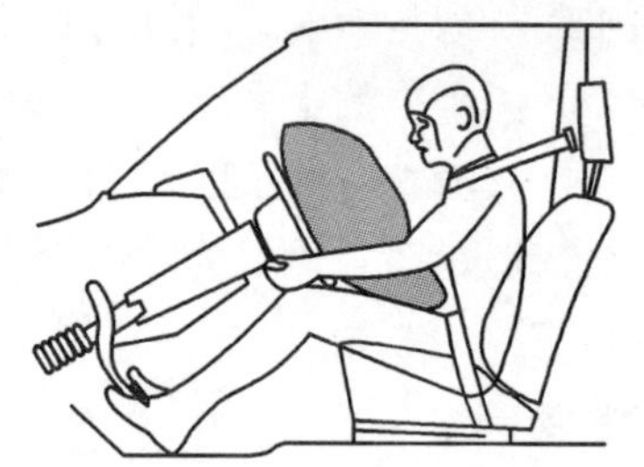

（d）气囊泄气（110ms之后）

图6.2　安全气囊引爆时序

不同车型，气囊工作时条件是不同的。一般来说，在与车前方成30°角，以70km/h速度发生碰撞时，安全气囊工作。在汽车翻转、侧面碰撞或后面碰撞时，气囊均不充气。因为此时气囊即使充气，对驾乘人员也无帮助。对于撞击速度而言，安全气囊系统测定的是撞击后车辆的减速度。因此，在做安全碰撞试验时，一般都是让车笔直地撞在不能移动且不能变形的墙上，此时减速度比较大。据计算，正规的安全气囊必须在发生汽车碰撞后的0.01s内微处理器开始工作，0.03s内点火装置启动，0.05s内高压气体进入气囊，0.08s内气囊向外膨胀，0.11s内气囊完全胀大，此刻之后，驾车者才会撞上气囊。

3. 设计模拟

大多数气囊系统都在车辆的前端附近装备一个或更多的传感器，在乘坐仓附近安装“安全”传感器。前端传感器和安全传感器必须同步对引发安全气囊的碰撞进行检测，这样，就能防止由于轻微碰撞引发不必要的安全气囊爆发。在传感器的内侧，有一个镀金的钢球被磁性物质吸附在一个短管尾端的适当位置。在前面碰撞中，钢球挣脱磁性束缚并沿着管路向两个电触点移动。如果碰撞达到足够的强度，给钢球以足够的能量达到触点，则构成引发回路，气囊引发。安全气囊在汽车上的安装位置如图 6.3 所示。

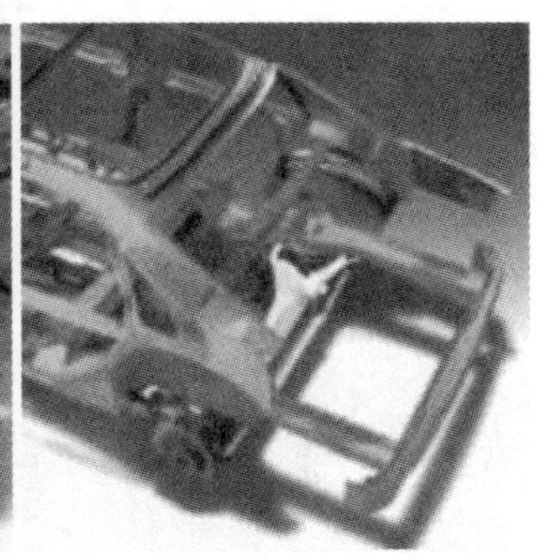

图 6.3　安全气囊在汽车上的安装位置

为了提高汽车侧面的防护能力，除了车身、车门的结构加强外，高级汽车上还安装了防侧撞气囊。它是在车身侧面车门内侧安装有撞击传感器、膨胀器、安全气囊等。当侧面受到强烈撞击时，气囊膨胀，以保护乘客的安全。头和胸部安全气囊、帘式安全气囊分别如图 6.4、图 6.5 所示。

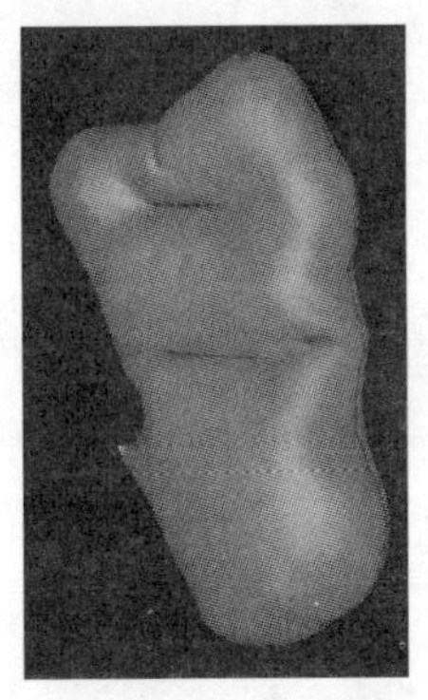

图 6.4　头和胸部安全气囊

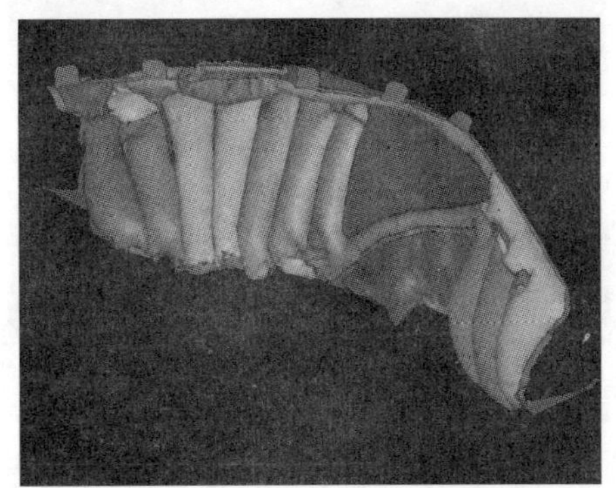

图 6.5　帘式安全气囊

发动机罩气囊在保险杠上方紧靠保险杠处开始展开。碰撞前由一个碰撞预警传感器激发，50~75μs 内完成充气，保持充气状态时间可达数秒钟。充气后的安全气囊在前照灯之间的部位展开，由保险杠顶面向上伸展到发动机罩表面以上。气囊的折叠模式和断面设计保证了气囊展开时能与汽车前端的轮廓相合，以保证儿童头部和成人腿部的安全。

前围气囊系统的作用则是提供二次碰撞保护，防止道路上的行人被甩到发动机罩上后部被前窗底部碰伤。该系统包括两个气囊，各由汽车中心线向一侧的立柱延伸，气囊由传感器探测到行人与保险杠发生初始碰撞后触发。在道路上的行人翻到发动机罩上滚向前窗这段时间内,气囊完成充气,两个气囊沿前窗底部将左右立柱之间的汽车整个宽度完全覆盖,不仅能盖住前窗玻璃底部,还可盖住刮水器摆轴与发动机罩支座等致命的“硬点”。不过,气囊不会完全封住驾驶员的视线。座椅约束条件测试模拟动画如图 6.6 所示,驾驶员安全气囊配置动画如图 6.7 所示,侧安全气囊及儿童假人交互动画如图 6.8 所示,头部碰撞动画如图 6.9 所示。

图 6.6　座椅约束条件测试模拟动画

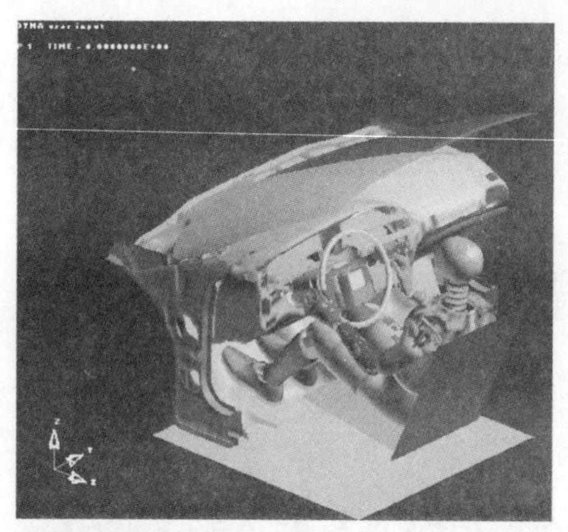

图 6.7　驾驶员安全气囊配置动画

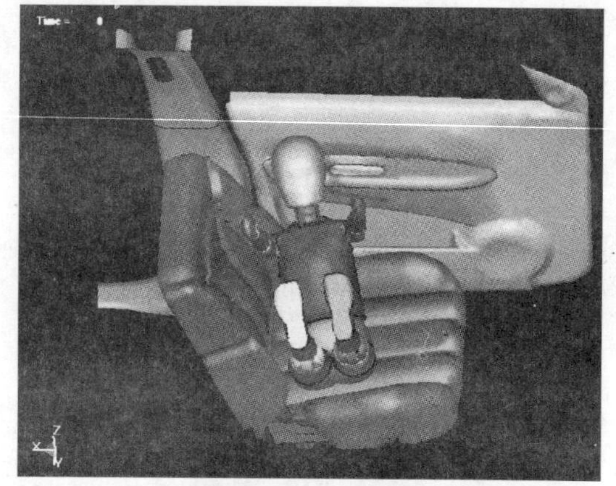

图 6.8　侧安全气囊及儿童假人交互动画

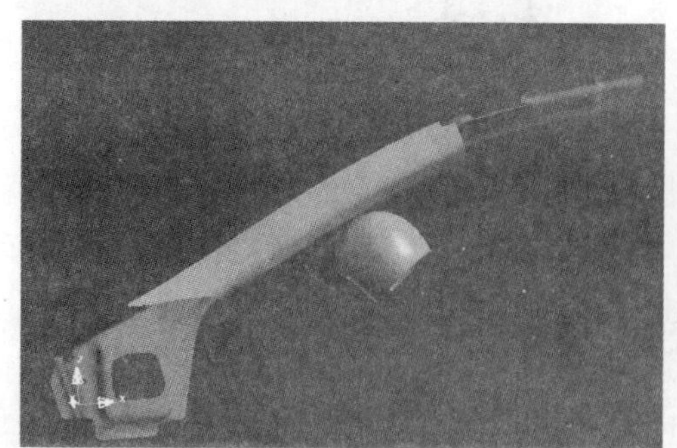

(a) 侧视图

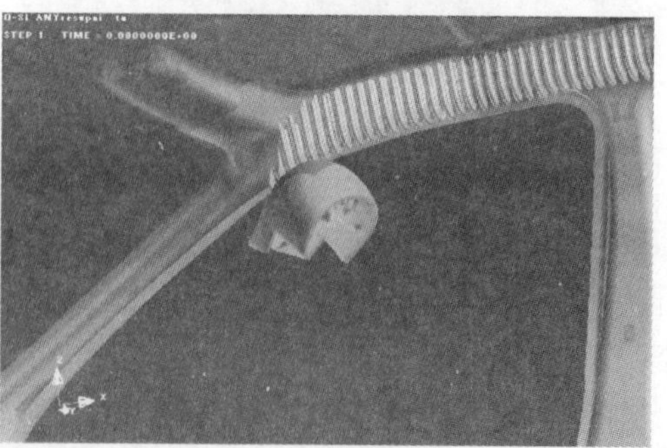

(b) 内部视图

图 6.9　头部碰撞动画

4. 正确使用

有些人认为,车内配备安全气囊,就没必要系安全带了。其实,单纯依靠安全气囊也是十分危险的。因为气囊的爆发力非常大,如果没有安全带的牵引缓冲而直接撞到正在爆发的气囊上,对身体也会有严重的损伤。

安全气囊要与安全带配合使用才能起到其“安全”作用。根据有关资料统计,在所有可能致命的车祸中,如果正确使用安全带,可以挽救约45%的生命,如果同时使用安全气囊,这一比例将上升到60%,仅使用安全气囊这一比例下降到18%左右。

从安全气囊的工作原理来看,安全气囊也并非完美无缺,若使用不当,很可能对驾乘人员造成伤害。据计算,若汽车以60km的时速行驶,突然的撞击会使车辆在0.2s之内停下,而气囊则会以大约300km/h的速度弹出,这个弹出产生的撞击力约有1800N。头部、颈部等人体较脆弱的部位是很难承受这么大的冲击力的。因此,安全气囊若要真正起到安全的作用,还与驾乘人员的坐姿、身高以及撞击瞬间的反应有关。此外,安全气囊弹出的角度、力度都要经过精确计算,稍有差错,就有可能酿出一场“悲剧”。近年来,由于安全气囊问题而导致驾乘人员灼伤、骨折、窒息的案例时有发生,尤其是儿童。

对于驾乘人员来说,要想确保生命安全,发挥安全气囊的功效,就要养成良好的驾乘习惯,其中最主要的就是要系好安全带。因为安全气囊仅是辅助性安全系统,在其设计时考虑的就是保护驾乘人员已系好安全带时的情况。许多国家明令要求驾乘人员必须系好安全带,如发生在美国的“5岁男孩在气囊张开情况下折断头颈”的案例中,在经过死者家属与汽车厂家的几年官司后,最终因死者当时没有系安全带而厂家胜诉。

气囊在碰撞引爆后,就不再具有保护能力,每个气囊只能使用一次,在引爆后须回厂家重新换一个新的气囊。在美国,重新安装一套新气囊、感应系统和整组计算机控制器,一般需要3000美元左右。由于气囊会在紧急状况下引爆,所以不要在气囊的前方、上方或近处放置物品,防止引爆时被气囊抛射出去,从而伤害乘员。

6.2.4　乘坐仓

环绕乘员周围的车体结构设计的目的是在车辆发生碰撞时限制车体的变形,减少乘员受伤的风险,车体设计的一系列特征都以实现这一功能为目的,如“防撞压损区”、车门防护梁以及车顶加固物、汽车门锁等。

乘坐仓的设计首先要考虑对碰撞能量的吸收。在车体结构中设计防撞压损区就属于此种设计。当防撞压损区发生挤压变形时,它可吸收能量并帮助减少乘坐仓的变形。这样,就通过减少作用于乘员的作用力大大增加了乘员避免一系列严重受伤风险。另外,还可在防撞压损区内设置触发点,用于在发生前/后碰撞时提供一个渐进的和可控的压皱区。现在,防撞压损区的设计都是在计算机的帮助下进行的。因此,可以获得各种变形的防撞压损区。甚至在车体结构中人为加入一些孔洞,从而使压皱在预先设计的点开始。

其次,乘坐仓的设计还要考虑碰撞发生时保持乘坐仓的完整性,避免乘员受到挤压和冲击。汽车侧面、地板以及侧车门的加强设计即用于抵抗侧面碰撞时车体的变形。此外,车门内还安装有钢制防护梁和吸收能量的泡沫状物,它们与坚固的门铰链和门闩一起进一步分解抵消侧面碰撞的碰撞力。汽车门锁的设计用于发生事故时保持车门处于关闭状态，以保持乘员待在车内，防止乘员弹出。

通常，在发生正面碰撞时，驾驶者最易受到伤害，因为他可能遭受发动机和转向柱后移造成的冲击。为此，现代有些汽车上将转向柱设计成缩进式，即当转向柱的两端受到撞击力，碰撞过程中发动机的移动撞击方向盘底部或乘员向前俯冲撞击方向盘时它能够折叠起来。这样，就通过限制转向柱冲出撞击驾驶员和减少驾驶员与方向盘接触产生的作用力，从而为驾驶员提供了额外的保护功能。

6.3 汽车碰撞技术

6.3.1 汽车碰撞事故分类及特征

汽车碰撞事故可分为单车事故和多车事故，其中单车事故又可细分为翻车事故和与障碍物碰撞事故。碰撞的类型包括正面碰撞（包括偏置碰撞）、侧面碰撞、追尾碰撞和翻滚。翻车事故一般是驶离路面或高速转弯造成的，其严重程度主要与事故车辆的车速和翻车路况有关，既可能是人车均无大恙的局面，也可能造成车毁人亡的严重后果。

多车事故为两辆以上的汽车在同一事故中发生碰撞，多车事故示意图如图6.10所示。尽管在多车事故中，可能有两辆以上的汽车同时相撞，但讨论其特征时可只考虑两辆车相撞的情形，两车相撞的几种典型状况如图6.11所示。图6.11(a)所示的正面相撞和图6.11(c)所示的侧面相撞都是具有极大危险性的典型事故状态，且占事故的70%以上。追尾事故在市内交通中发生时，一般相对碰撞速度较低。但由于追尾可造成被撞车辆中乘员颈部的严重损伤和致残，其后果仍然十分严重。

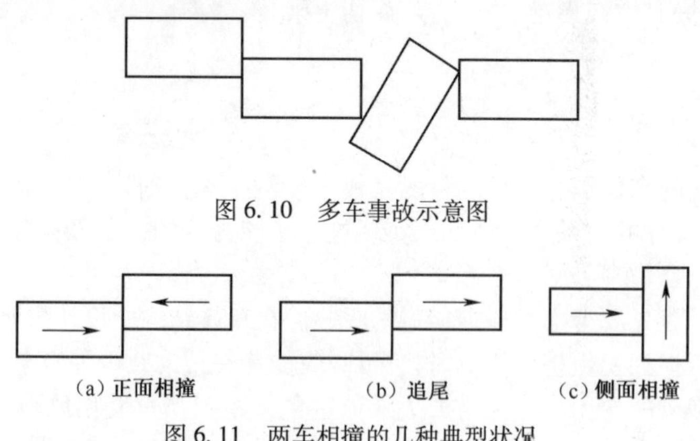

图6.10 多车事故示意图

图6.11 两车相撞的几种典型状况

6.3.2 车身结构耐撞性

车身结构的碰撞性主要研究汽车特别是轿车车身对碰撞能量的吸收特性，寻求改善车身结构抗撞性的方法。在保证乘员安全空间的前提下，如果车身变形的碰撞能量最大，那么传递给车内乘员的碰撞能量最小。目前,车身结构的耐撞性研究通常采用实车碰撞和计算机仿真相结合的方法。

车身结构在设计上应做到“该硬的硬,该软的软”。所谓“该硬的硬”,是指直接与乘坐空间相连的车身结构应有较大的刚度,以使发生碰撞时尽量不变形或少变形,从而保护驾乘空间。这部分的结构主要有车身侧面及车顶。目前比较流行的是 3H 高刚性车身。所谓“该软的软”,是指车头和车尾(尤其是车头)在发生碰撞时要尽可能的以变形来吸收碰撞的能量,从而使乘员舱的变形降至最小。图 6.12 所示为宝马全新 3 系在欧洲 NCAP 测试碰撞中的正面碰撞测试图。从图 6.12 中可以看出,发动机舱变形很大,但乘员舱却基本没有变形。这就是因为发动机舱采用了可溃缩的设计,在碰撞发生时吸收了大部分的能量。而且发动机采用了下沉式设计,撞击时会向后下方移动,不会撞入驾驶舱。

图 6.12　欧洲 NCAP 正面碰撞测试

6.3.3　碰撞生物力学

碰撞生物力学主要研究人体在不同形式的碰撞中的伤害机理、人体各部位的伤害极限、人体各部位对碰撞载荷的机械响应特性以及碰撞试验用人体替代物。

在碰撞试验中,为检测汽车碰撞时结构的吸能性,人生存空间和约束系统对人体的保护能力以及台车碰撞试验中相关安全设备、零部件的反应性能,在有关的动态试验标准中,都规定了人体的头部、胸部和大腿等部位的碰撞响应信号限值。由于碰撞试验是破坏性试验,十分危险,无法用真人进行,所以美国和欧洲先后开发了模拟人的“假人”。随着科学技术的发展,目前制造的假人已经具有很好的生物逼真性,成为动态试验中不可缺少的试验工具。假人剖面图、假人组件及传感器、碰撞后的侧碰假人和假人全家福如图 6.13~图 6.16 所示。

6.3.4　汽车碰撞事故中的人体损伤机理

由汽车碰撞事故造成伤亡的人员有两类,即车内乘员和车外行人。对于车外行人而言,汽车碰撞事故对人体的损伤都是通过汽车对人体的直接碰撞作用造成的。对于车内乘员而言,碰撞造成的人体损伤机理较为复杂。

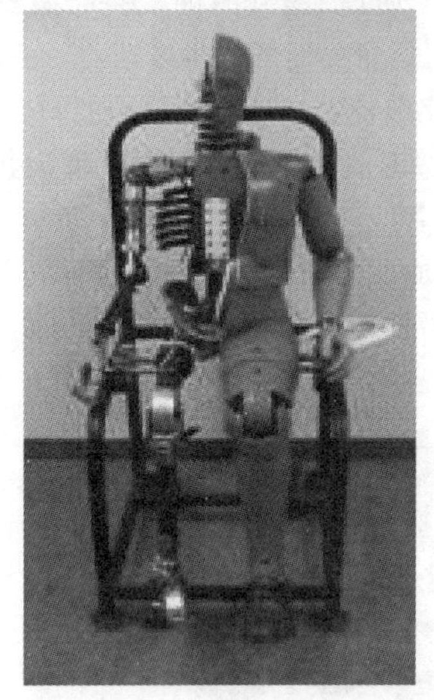

图 6.13　假人剖面图

图 6.14　假人组件及传感器

图 6.15　碰撞后的侧碰假人

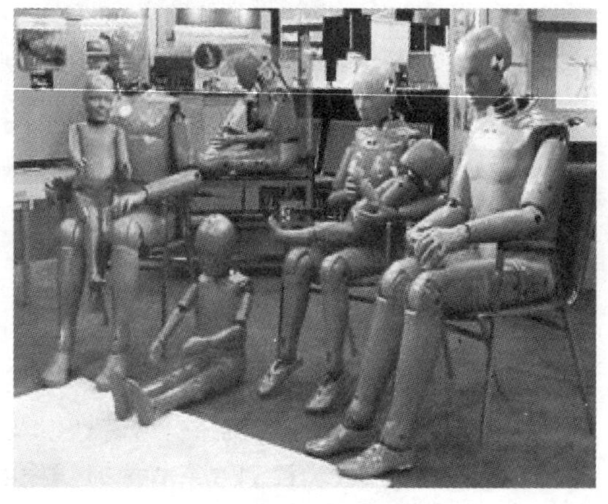

图 6.16　假人全家福

如果没有安全带的有效保护,乘员在正撞中很容易向前翻飞,前排座乘员常撞碎挡风玻璃,飞出车外。若安全带发生作用,乘员一般不会飞离座位,但可能与汽车内饰件发生碰撞,导致不同部位的损伤。即使乘员在安全带的有效作用下不与汽车内饰件发生碰撞,乘员头部和颈部等也可能由于承受过大的加速度而损伤,或者胸部由于承受过大的安全带压力而损伤。当安全气囊发生作用时,乘员一般可免受与内饰件碰撞,但与气囊覆盖件和气囊的接触可能导致外伤或烧伤。

大多数情况下车内乘员伤亡都是由于汽车碰撞导致乘员与车内部件的碰撞造成的。人们常将汽车的碰撞称为“一次碰撞”,而将人体与车内部件的碰撞称为“二次碰撞”。显然“二次碰撞”是由于“一次碰撞”导致人体与汽车快速相对运动而造成的。

汽车碰撞造成的人体损伤可分为机械损伤、生物损伤和心理损伤。机械损伤指人体在外界直接的碰撞载荷作用下产生的内伤和外伤,如骨折和皮肉撕裂等,外载的强度超过了人体骨胳或肌肉组织的承受极限;生物损伤指在碰撞导致的加速度作用下人体某些部位如大脑产生的生物功能损伤,脑组织发生分离而失去知觉等;心理损伤指碰撞过程对人的心理造成的惊慌和恐惧感等。

乘员在碰撞过程中受到损伤的主要原因可归纳为以下四点:①一次碰撞过程过分剧烈,以致传递到乘员身上的加速度值超过了人体的耐受极限,使人体器官受到损伤。②碰撞过程中乘坐仓外部刚硬物体(如发动机)侵入乘坐仓内部,直接将乘员挤压伤亡。③乘员在车内遭受单次或多次"二次碰撞"而受伤。④碰撞过程中,乘坐仓变形太大,以致乘员缺乏生存空间而伤亡。

6.3.5　汽车碰撞安全措施

汽车碰撞安全措施主要可分为两类,即汽车结构缓冲与吸能措施;车内乘员保护措施。

尽管"二次碰撞"是造成人体损伤的直接原因,但"一次碰撞"在很大程度上决定了"二次碰撞"的剧烈程度,因此"一次碰撞"对人体损伤有很大影响。控制好"一次碰撞",对减少人体损伤有重要的意义。合理设计汽车结构的缓冲与吸能特性是控制好"一次碰撞"的关键。为便于汽车碰撞安全性分析,汽车可分为图 6.17 所示的两类区域,即乘员安全区(A 区)和缓冲吸能区(B 区)。

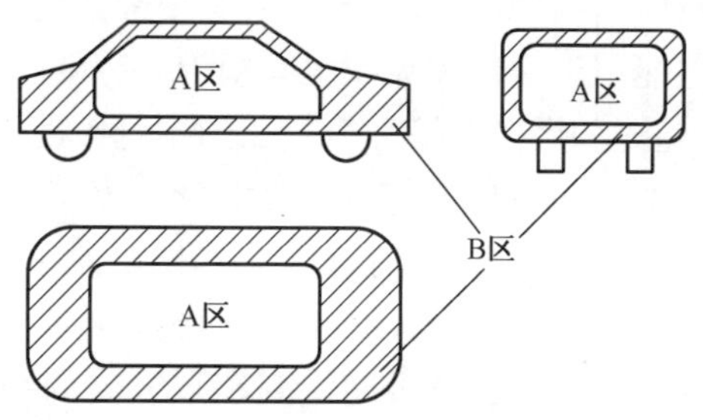

图 6.17　汽车乘员安全区和缓冲吸能区示意图

从乘员不被汽车碰撞变形后产生挤压受伤的角度看,乘员安全区在碰撞中的变形越小越好。要使 A 区变形小,就要求 B 区有较大的总体刚度,但 B 区的刚度过大又会影响汽车的缓冲吸能性能。从缓冲吸能角度看,B 区的刚性应足够小,变形应足够大,这就导致了 A 区变形小与 B 区变形大的矛盾。为解决这一矛盾,B 区必须设计成"外柔内刚"式的结构,即 B 区与 A 区交界处设计成具有较大刚性的结构,而在 B 区外围设计成具有较小刚性和较好缓冲吸能的结构。

由于汽车的结构特点所限,B 区抗侧向和上方的碰撞能力较差,而抗前撞和尾撞的能力相对较强。由于汽车轮胎的作用和受汽车底部结构刚性较大的保护,所有汽车抗击来自下方的冲击能力很强,而且,除非汽车坠崖,来自下方的碰撞冲击力也较小外,一般不考虑针对下方冲击载荷的缓冲与吸能。

针对汽车前撞和尾撞的缓冲吸能机构,一般多采用不同截面形状的金属薄壁吸能管,如

图 6.18 所示。这类薄壁吸能管在经受一定的轴向载荷后，便会产生图 6.19 所示的折叠式塑性变形，从而消耗大量碰撞动能，以达到缓冲的目的。

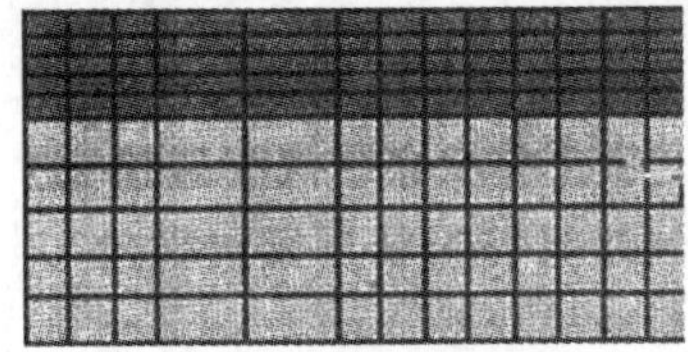

(a) 矩形截面点焊式

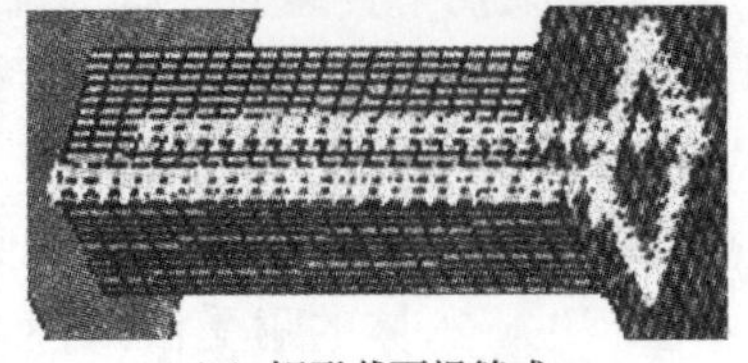

(b) 矩形截面焊缝式

(c) 三角形截面焊缝式

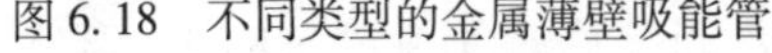

图 6.18　不同类型的金属薄壁吸能管

(a) 矩形截面点焊式

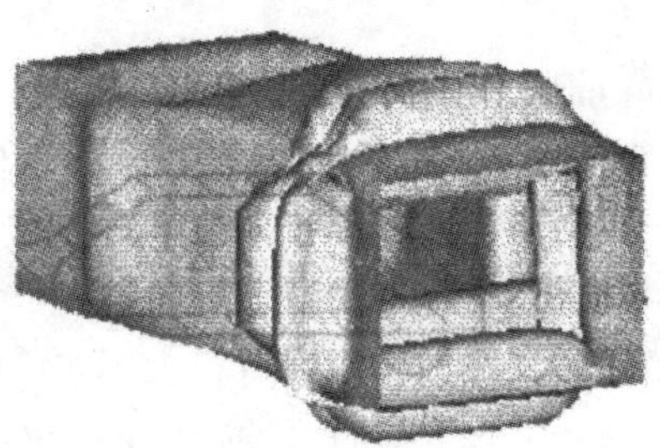

(b) 矩形截面焊缝式

(c) 三角形截面焊缝式

图 6.19　不同类型的金属薄壁管的变形模式

对于侧撞而言，缓冲吸能结构的设计比较复杂，其中最大的问题在于即使有足够好的材料来制作缓冲吸能结构，但能用于缓冲和吸能区间却十分有限。理论上，现有的大多数汽车结构设计都难以提供能与前撞和尾撞耐撞性能相比的耐侧撞性能。常用的改进抗侧撞性能的方法主要包括两个方面，即增加 B 区两侧的厚度和加大 B 区两侧的内部刚度。值得提出的是，如果突破传统的汽车底盘设计思路，有可能从本质上改善汽车的抗侧撞性能，如车轮按菱形布置的汽车就因为车轮能参与抗击侧撞变形而具有特别优良的抗侧撞特性。

如果汽车在碰撞过程中发生翻滚，就可能受到车顶方向的冲击载荷。由于车顶方向的刚度很低，这种载荷很容易造成乘员安全区的大变形。要改善这一方向的刚度特性主要靠加强车辆 A 柱（指前风窗与前门之间的立柱，简称风窗立柱）、B 柱（指前门与后门之间的立柱）和 C 柱（指后门与后窗之间的立柱）的刚度及顶棚的刚度，但由于顶棚的结构厚度受到汽车总体尺寸和总质量的限制，车顶棚的刚度增加是非常有限的。即使发生翻车，作用在顶棚上的冲击载荷一般也比正撞或侧撞时作用在汽车上的冲击载荷小得多，因而车顶棚的可以比其他部位的刚度小很多。合理设计汽车的结构，以使乘员安全区在变形尽可能小的情况下获得优良的缓冲与吸能性能，是汽车碰撞安全性设计与改进的基本目标。图 6.20 所示为马自达 6 的车身结构图，其在侧面和顶部有一层加强筋，在 B 柱和 C 柱之间还有垂直的加强筋，共三个 H 型。这三个 H 型能有效地抵御外界的撞击，防止车身产生大的变形。除此以外，每个车门上还有防撞加强筋。

为了减轻“二次碰撞”给人体造成的伤害，车内乘员碰撞保护措施越来越被重视，且其性能也在不断提高。车内乘员碰撞保护措施主要包括安全带、安全气囊、安全转向系统、安

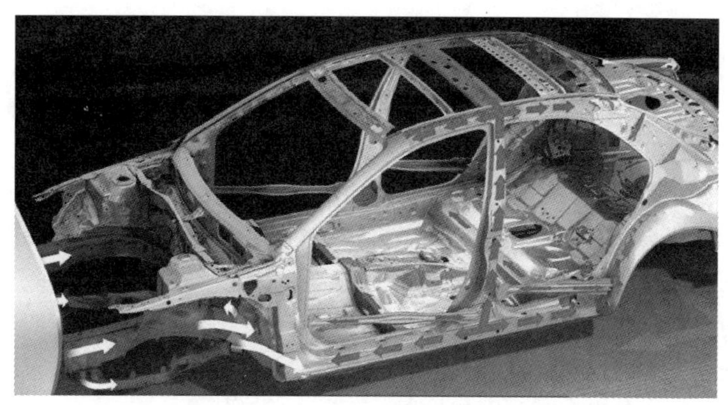

图 6.20　马自达 6 的车身结构图

全座椅等。

6.3.6　汽车碰撞试验

1. 汽车碰撞国家标准及国外相关规定

我国对正面碰撞的试验条件和模拟人测试指标规定:测试假人的头部损伤指标 HQC 等于或小于 1000,胸部变形小于或等于 75mm,腿部轴向力等于或小于 10000N;碰撞时车门不能打开,前门的锁止系统不能自动锁上,前后门至少能打开一个门(不借助工具);燃油不得泄漏,漏油速率小于 30g/min。国外汽车碰撞标准主要有美国法规 FMVSS、欧洲法规 ECE/EEC。

汽车被动安全性研究目前主要采用两种方法,即试验研究与计算机仿真研究。汽车被动安全性研究早期是通过试验来进行的,有关汽车被动安全性的试验有台架冲击试验、台车碰撞模拟试验和实车碰撞试验。台架冲击试验主要用来模拟人体的不同部位与车辆有关部件之间的碰撞,以评价车辆部件本身的安全性能。

汽车碰撞试验就是在实验室里通过牵引,使汽车以一定的时速撞向事先设置的障碍物,测量并记录相关数据,然后根据各种测试数据来判断试验车的安全性。在汽车碰撞试验中,通常使用标准假人(模拟人)代替乘员和行人,以检验它在碰撞前后的变化。

汽车碰撞试验的目的在于减少汽车事故的人员伤亡,它是一种综合检验汽车运行安全性的最重要的试验项目,在发达国家已经作为汽车定型、生产以及进出口必须进行的法规性试验。

2. 台车碰撞模拟试验

台车碰撞模拟试验主要用来对车内乘员约束系统进行性能评价,其原理是利用可调机构使台车获得可重复的、接近于实车碰撞的减速度波形。台车试验是汽车被动安全性开发中的重要手段,一种新车型的开发需要 60~80 次台车试验。控制滑台碰撞波形的装置称为波形控制器,按其结构和控制原理可分为节流控制式、液压伺服控制式和吸能材料式;按其使用方法又可分为制动式和发射式。

3. 实车碰撞试验

实车碰撞试验主要用来对已开发出的成品车型进行按法规要求的试验。实车碰撞试验室造价较昂贵,一般需要牵引装置、高速摄影装置、车载记录仪等设备。实车碰撞试验属破坏性试验,其试验费用是非常昂贵的。

从降低成本,方便对某专项进行重复性试验,人为改变试验环境等需要出发,往往采用模拟实验方法。例如台车、台架试验,就是在试验台上模拟汽车碰撞事故来进行试验的。

实车碰撞试验是用真实汽车整体进行碰撞,这种试验方法能真实反映汽车碰撞的综合指标,是模拟试验不能取代的。它包含以下几种:

(1) 固定壁碰撞试验:将试验用汽车加速到一定的速度,然后用与固定壁(宽不小于3m,高不小于1.5m)垂直的或成一定角度的方向进行碰撞。

(2) 移动壁碰撞试验:在平台车上装载可移动的壁,加速到一定速度后撞击静止状态下的被试验汽车,常用于侧面撞击和尾部撞击。

(3) 两车相撞:两台试验车正面、侧面、后面相撞。

(4) 翻车试验:有下落试验(主要用于检验车顶、车身的强度)和平台翻车试验。

4. 实车碰撞试验法规

实车碰撞试验法规主要有美国的FMVSS和欧洲的ECE两大体系,其他国家的技术法规大多是参照上述两个法规体系制定的。正面碰撞法规为FMVSS208、ECER94,侧面碰撞法规为FMVSS214、ECER95。我国的CMVDR294是以ECER94为蓝本制定的,但是碰撞方式改为90°垂直碰撞方式。

侧面碰撞位居正面碰撞之后,是第二种最常见的碰撞形式。然而美国和欧洲的侧面碰撞法规从碰撞试验方法、碰撞试验假人、假人的伤害指标、代表"平均车"的移动壁障的质量、吸能块的外形、尺寸及刚度都不相同。欧、美关于汽车侧面碰撞法规的差异,给汽车厂商的产品开发造成了很大障碍,统一侧面碰撞法规是目前的主要工作之一。侧面碰撞假人的统一是迫切的工作。不同标准假人可能会导致对侧面碰撞保护措施效能的评价结论的不同,所以统一侧面碰撞假人是当务之急。我国目前也正在着手制定侧面碰撞法规,将以ECER95为蓝本制定CMVDR295。EuroNCAP前部碰撞试验如图6.21所示,这里汽车是以64km/h的时速撞向障碍物,并且障碍物要和汽车车头的重叠长度是40%车宽(不包括后视镜)。侧面碰撞试验如图6.22所示,碰撞滑车以50km/h撞向被测试车,其中点应对着汽车

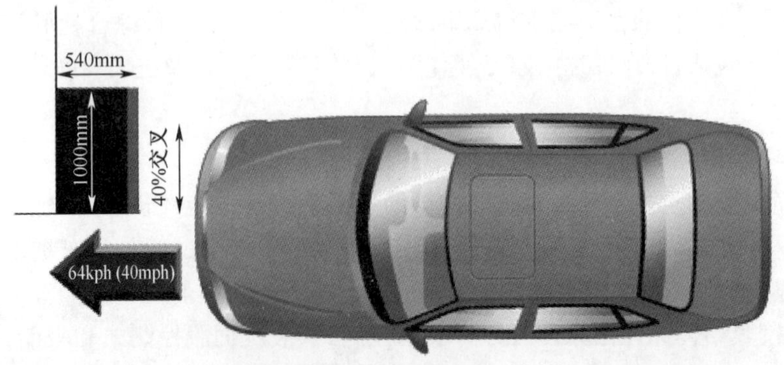

图6.21 EuroNCAP前部碰撞试验

侧面 95%最凸出处(图中的 R 点)。对行人的碰撞试验如图 6.23 所示,图中从箭头所指的部位从下到上分别是人的小腿、大腿、儿童头部、成人头部的撞击部位。柱碰撞试验如图 6.24 所示,与侧面碰撞类似,但是汽车放在滑车上以 29km/h 撞向一根直径是 254mm 的圆柱。

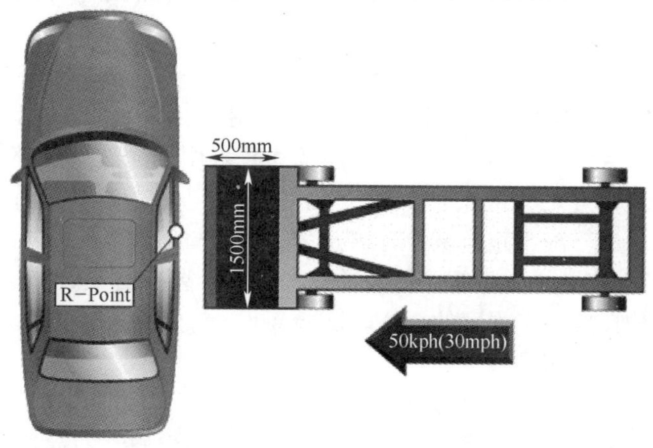

图 6.22　侧面碰撞试验

图 6.23　对行人的碰撞试验

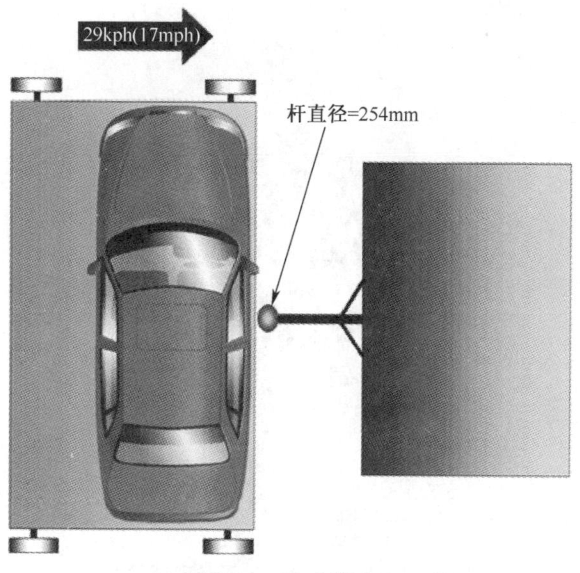

图 6.24　柱碰撞试验

5. 碰撞试验室的系统构成

以清华大学汽车碰撞国家重点试验室为例，它包括了 7 个系统：

（1）加速轨道。加速轨道总长 53m，使用重轨经过精密加工而成。既保证了试验精度要求，又节省了费用。

（2）弹射系统。弹射系统采用橡皮绳作为储能动力，主要设备包括橡皮绳、牵引小滑车、卷扬机以及液压缓冲器。整个加载和释放过程完全实现了自动化过程，可以方便地进行控制。

（3）固定壁。固定壁宽 3.4m、高 1.8m、厚 2.5m，采用钢筋混凝土整体浇筑而成，重量 100t，表面覆盖了 30mm 厚的钢板，完全满足试验要求。

（4）导向系统。进行汽车碰撞试验时，为了保证被试验车辆能够以预定的方向撞上固定障碍壁，需要在车上安装导向系统。传统的导向方法需要在被试验车辆上焊接导向系统，这样会对汽车的结构造成一定程度的影响。试验新设计的系统利用汽车的车轮进行导向，完全不需要在车上安装任何设备。

（5）照明系统。为了满足试验摄像的需要，新的试验室内设计了全新的照明系统，总功率为 80kW，可以达到的最大照度为 1.0×10^5lx。可以满足高速摄像、高速摄影等各种拍摄需要，并可以根据拍摄要求调节灯光亮度、照射角度以及照射高度。

（6）电测量系统。电测量采用清华大学汽车碰撞试验室开发的专门用于碰撞试验的数据采集以及数据处理系统，可以同时进行 24 个通道的数据测量，可测量汽车碰撞过程中的各种参数，包括加速度、速度、位移、力等。另外，试验室还具有国际通用的 Hybrid Ⅲ型试验假人，可以对碰撞过程中人体的各种伤害指标进行测量和分析。

（7）图像测量系统。试验室具有国际先进的高速摄像和图像分析设备，可以对试验车辆进行全方位的摄像和运动分析；特别要说明，为了记录碰撞过程中试验车辆底盘的变形，试验室在国内率先设置了地下摄像地坑，可以从地下拍摄汽车底部的变形情况，为改善汽车的碰撞安全性提供重要的研究数据。

6. 汽车碰撞的人模

汽车碰撞试验用人模如图 6.25 所示。测试用假人，身体各个部位装有受力传感器，以

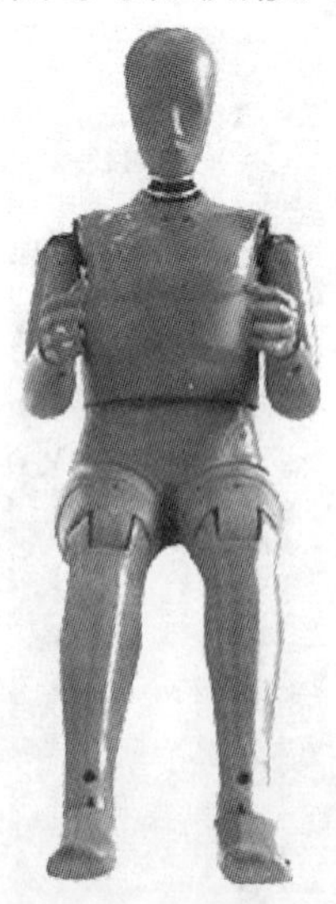

图 6.25　汽车碰撞试验用人模

测量碰撞时身体各部位承受的撞击力。

三种用于汽车碰撞的人模(Hydrid):50%人模,代表平均身高 1.77m 和体重 86kg;95%人模,代表 95%的人的身高 1.88m 和体重 108kg;5%人模,代表 5%的矮小身材 1.48m 和体重 56kg。

儿童人模包括:6 月人模,身高 67cm,体重 10kg;12 月人模,身高 76cm,体重 13kg;18 月人模,身高 83cm,体重 16kg;3 岁人模,身高 97cm,体重 20kg;6 岁人模,身高 130cm,体重 30kg;10 岁人模,身高 138cm,体重 36kg。

人模大部分是由金属与塑料制作的,其胸腔是钢制的,肩胛骨是铝制的,盆骨是塑料的。人模身上大约装有 60 个传感器。

7. 汽车碰撞试验评价指标(表 6.1)

表 6.1　汽车碰撞试验评价指标

头部减速度/(m/s^2)		HIC(头部受伤指标)		颈部拉伸力/kN	
< 72	优	< 650	优	< 2.7	优
72~77	良	650~767	良	2.7~2.9	良
77~83	及格	767~883	及格	2.9~3.1	及格
83~88	差	883~1000	差	3.1~3.3	差
> 88	不合格	> 1000	不合格	> 3.3	不合格
颈部剪切力/kN		颈部弯曲力矩/(N·m)		胸部压缩距离/mm	
< 1.9	优	< 42	优	< 22	优
1.9~2.3	良	42~47	良	22~31	良
2.3~2.7	及格	47~52	及格	31~41	及格
2.7~3.1	差	52~57	差	41~50	差
> 3.1	不合格	> 57	不合格	> 50	不合格
阻尼指标/(m/s)		大腿受力/kN		膝盖位移/mm	
< 0.5	优	< 3.8	优	< 6	优
0.5~0.67	良	3.8~5.6	良	6~9	良
0.67~0.83	及格	5.6~7.3	及格	9~12	及格
0.83~1	差	7.3~9	差	12~15	差
> 1	不合格	> 9	不合格	> 15	不合格
小腿受力/kN		Tibia 指数(小腿负荷)			
< 4	优	< 0.8	优		
4~5	良	0.8~0.95	良		
5~6.5	及格	0.95~1.1	及格		
6.5~8	差	1.1~1.3	差		
> 8	不合格	> 1.3	不合格		

除上述评价指标外,一般还要做下列测量:方向盘水平和垂直位移,仪表板水平和垂直位移,脚踏板水平和垂直位移,左右车门柱位移,左右轮距改变,左右门锁打开力,左车门拉

开力。

8. 汽车碰撞模拟试验与实车试验

刚性 15°碰撞模拟如图 6.26 所示，中心柱碰撞模拟如图 6.27 所示，侧面碰撞模拟如图 6.28 所示，车尾碰撞模拟如图 6.29 所示，高速侧翻模拟如图 6.30 所示，高速防护栏碰撞模拟如图 6.31 所示。

图 6.26 刚性 15°碰撞模拟

图 6.27 中心柱碰撞模拟

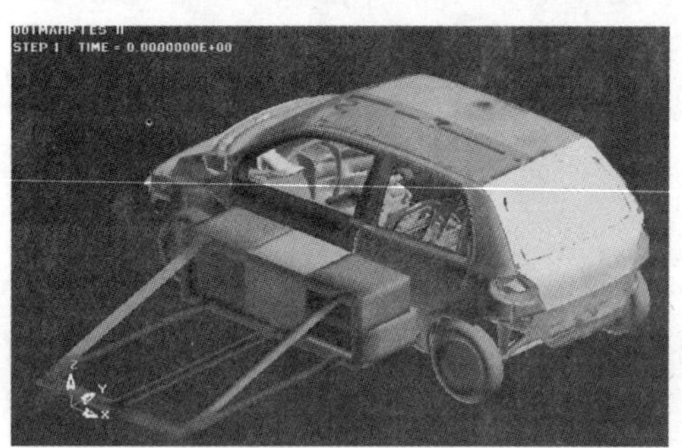

图 6.28 侧面碰撞模拟

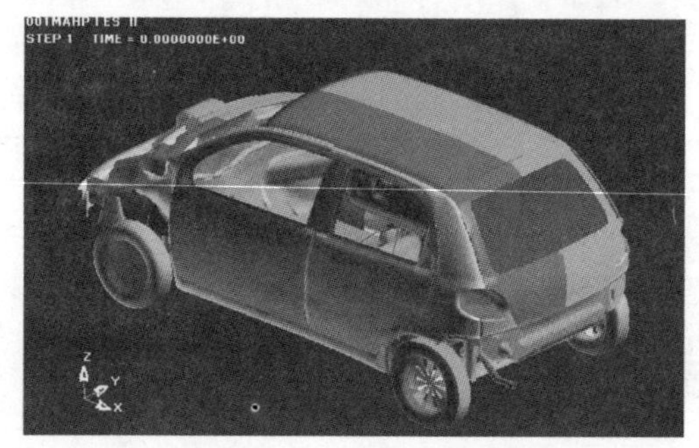

图 6.29 车尾碰撞模拟

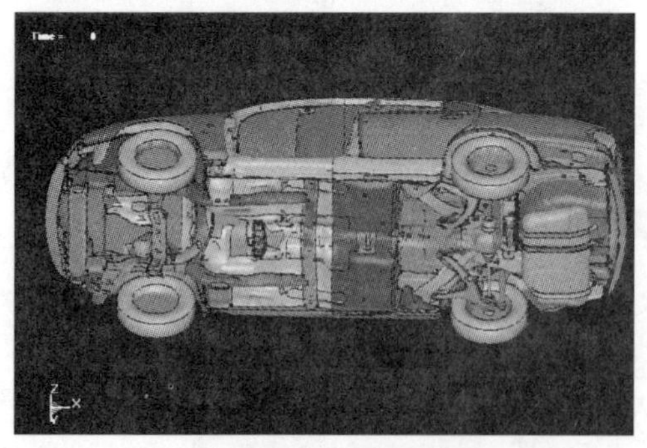

图 6.30 高速侧翻模拟

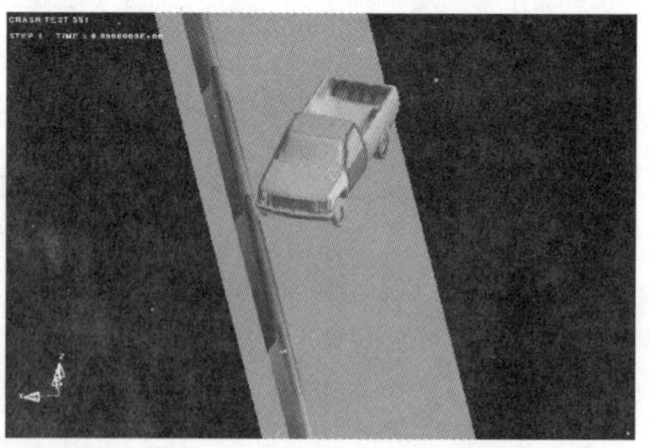

图 6.31 高速防护栏碰撞模拟

汽车碰撞实车试验如图 6.32 所示。

图 6.32　汽车碰撞实车试验

智能网联汽车

7.1 智能网联汽车概述

随着科技的进步和社会的发展,人们对汽车在安全、耗能、驾驶、舒适和娱乐等方面的要求越来越高,汽车的研究设计开发面临新的突破。新一代汽车研究与开发将集中表现在信息技术、微电子技术、计算机技术、智能自动化技术、人工智能技术、网络技术、通信技术在汽车上的应用。在这种背景下,智能网联汽车应运而生。《中国制造 2025》规划中将智能网联汽车列为重点发展方向之一。

中国汽车工业协会对智能网联汽车(Intelligent Connected Vehicle, ICV)的定义:搭载先进的车载传感器、控制器、执行器等装置,并融合现代通信与网络技术,实现车与人、车、路、后台等智能信息交换共享,具备复杂的环境感知、智能决策、协同控制和执行等功能,可实现安全、舒适、节能、高效行驶,并最终可替代人来操作的新一代汽车。

对于智能网联汽车的分级,中国汽车工业协会提出(五阶段):第一级是驾驶资源辅助阶段(DA),第二级是部分自动化阶段(PA),第三级是有条件自动化阶段(CA),第四阶段是高度自动化阶段(HA),最后阶段就是完全的自动化阶段 (FA)。

智能网联汽车是一个多元素协调共存的系统,它以汽车为主体,搭载智能终端,由信息服务平台通过无线通信网络等手段为用户提供多样化信息服务,再辅以车载检测系统以及短程通信系统实现多车辆有序、安全行驶的目的。图 7.1 所示为智能网联汽车系统的三 大层次组成: 数据感知层、网络通信层以及应用服务层。

数据感知层的主要功能是通过感知技术、车载信息终端和路边系统设备,实现对车辆自身属性和车辆外在属性(如道路、人和环境等) 静、动态信息的提取,通过轻量级车载交互网关,完成车辆相关信息的收集和处理,同时接收和执行来自上层的智能交通、增值信息服务等交互控制指令。

网络通信层可分为网络接入层和网络传输控制层。网络接入层的主要功能是基于现有移动通信网络和宽带无线城域网络基础设施,实现运行系统(包括车辆信息系统、路网环境、信息采集基站系统和运行管控服务中心系统等) 和运营系统(运营管控平台系统、关键服务子系统等) 之间的数据传输。网络传输控制层主要通过移动无线网络和专用核心网络,实现汽车信息源和数据中心之间的信息传输,提供用户终端连接和对用户终端的管理,作为承载网络提供到外部网络的接口,实现汽车各种服务、管理和服务交互过程的控制等。

应用服务层可分为应用服务支撑层和应用服务开放平台。应用服务支撑层主要由各种应用服务器组成,其主要功能包括对各类信息的汇聚、转换、分析,以及根据不同的业务功能需求进行适配和事件触发。应用服务开放平台的主要功能是运用云计算平台,向政府管理部门、汽车和信息服务运营企业、个人开发者等不同类型用户提供汽车综合服务与管理,从而支持新型的服务形态和商业运营模式。

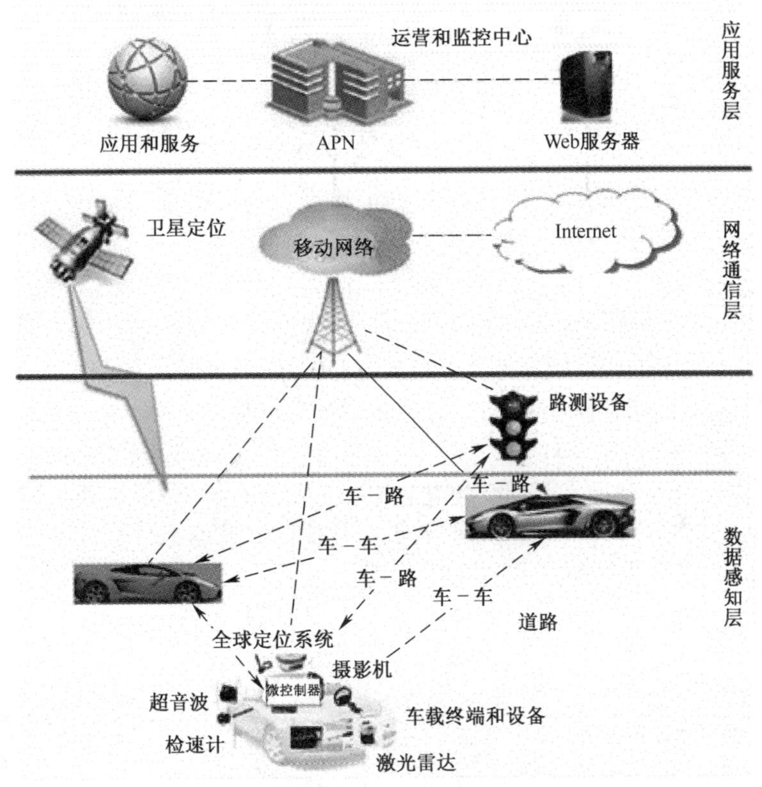

图 7.1　智能网联汽车系统的三大层次组成

智能网联汽车核心技术包含车辆整体感知技术、无线通信技术、车载自组织网络技术(VANET)、安全辅助驾驶技术、信息融合技术以及数据处理技术,其技术体系架构如图 7.2 所示。

智能网联汽车的应用发展是通信手段与智能驾驶技术不断融合、不断深化的过程,其发展过程可划分为初始期、导入期、发展期、推广期、成熟期和深化期 6 个阶段,各阶段的特征如图 7.3 所示。

未来智能网联汽车发展趋势,主要体现在以下三个方面。

(1) 车-车/车-路协同控制和驾驶辅助系统结合愈加紧密,车-车/车-路协同控制和驾驶辅助系统的结合是智能交通和无人驾驶发展的重要突破口。车-车/车-路协同系统基于

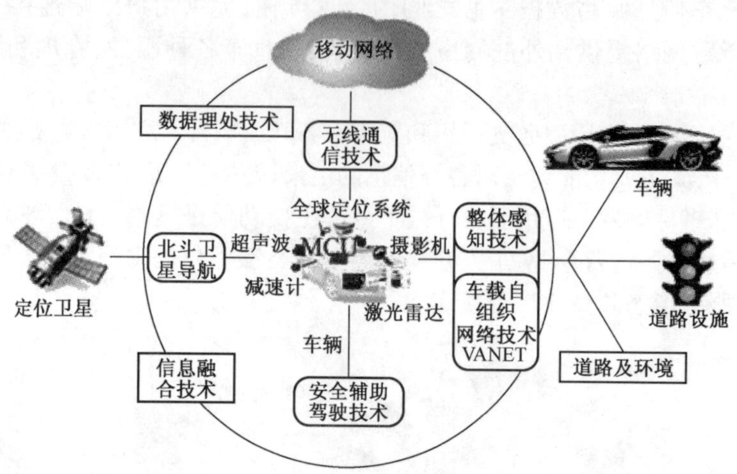

图 7.2　智能网联汽车技术体系架构

专用短程通信(DSRC)等通信技术,能够在一定地理范围内将车、路互联起来,实现信息共享,将车路信息在复杂天气环境中可靠的传输到车载终端,与自动数据采集系统结合共同保证汽车行驶安全。

（2）智能网联汽车感知数据向大数据扩展,随着“工业 4.0”,“中国制造 2025”国家战略的推出,互联网的重要性推到前所未有的高度,互联的数据除车、路、环境、平台之外,逐渐加入制造性数据、生产性服务数据,包括客户数据库与汽车制造商 DMS、4S 店客户关系管理数据库的同步和共享。

（3）智能交通和车载信息产品一体化,为更好地满足车-路信息和车载信息互通的需求,减少信息传输的中间环节和避免重复建设。智能交通和车载信息产品呈现一体化的趋势,对 DSRC、ETC 等智能交通技术进行前期跟踪,开发出将智能交通功能与车载信息集成一体的产品将变得可行。

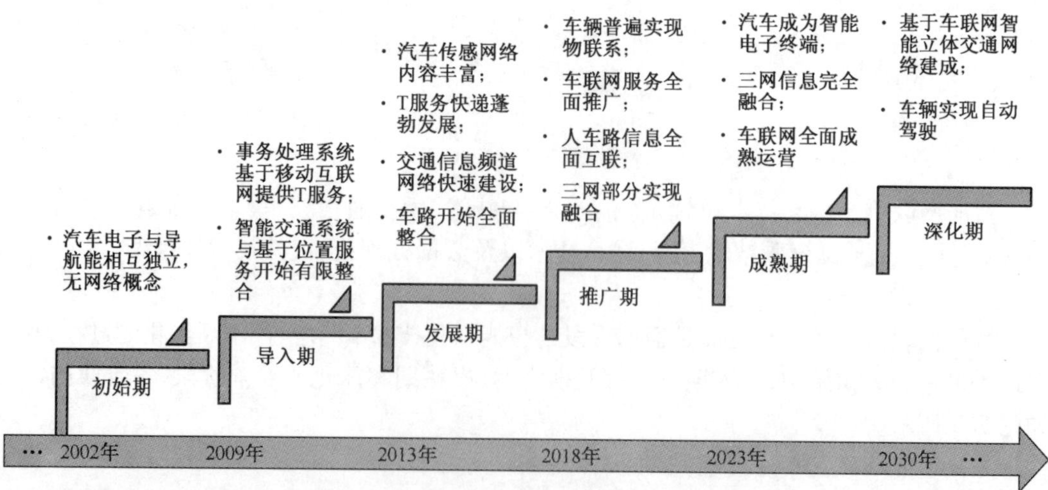

图 7.3　智能网联汽车技术发展阶段及其特征

7.2 车载网络

7.2.1 常用基本术语

局域网是在有限区域内连接的计算机网络,一般这个区域具有特定的职能,通过这个网络实现系统内资源共享和信息通信。

现场总线是在工业过程控制和生产自动化领域发展起来的一种网络体系,是在过程现场安装在控制室先进自动化装置中的一种串行数字通信链路。

车载网络是布置于汽车上的网络,是局域网和现场总线的一种结构。

模块/节点是某一种电子装置,简单的如温度、压力传感器,复杂的如计算机。

7.2.2 车载网络的发展背景

20 世纪 80 年代以来,汽车上的电控装置越来越多。例如,电子燃油喷射装置、防抱死装置、电控自动变速器、安全气囊装置、主动悬架、电动门窗装置等,汽车的电子控制器的数量越来越多,线路也越来越复杂,如果采用常规的布线方式,即电线一端与开关相接,另一端与用电设备相通,将导致汽车上电线数目急剧增加。据统计,一辆采用传统布线方法的高档汽车中,其导线长度可达 2000m,重量达 50kg,电气节点达 1500 个。而且,根据统计,该数字大约每 10 年增长 1 倍,从而加剧了粗大的线束与汽车有限的可用空间之间的矛盾。无论从材料成本还是工作效率看,传统布线方法都不能适应汽车的发展。

为了解决这些问题,车载网络逐步发展起来。1983 年丰田公司在一款车型上采用了应用光缆的车门控制系统,实现了多个节点的连接通信。此系统采用的是集中控制的方法,汽身电控单元对各车门和电动玻璃进行控制。

20 世纪 80 年代初由博世提出的车载局域网的基本协议,这就是控制器局域网(Controller Area Network,CAN)。CAN 总线技术最早被用于飞机、坦克等武器电子系统的通信联络上。现在 CAN 总线技术在汽车上得到了广泛的应用,比如奔驰、宝马、大众、沃尔沃、雷诺等汽车公司都采用了 CAN 作为控制器联网的手段。

7.2.3 汽车 CAN 总线技术

1. 简介

CAN 是目前国际上应用最广泛的现场总线之一,顾名思义 CAN 总线的拓扑结构为总线式,图 7.4 所示为使用 CAN 总线的通信方式。

CAN 是控制单元(ECU)通过网络进行数据交换的。CAN 数据总线可比作公共汽车,公共汽车可以同时运输大量乘客,CAN 数据总线包含大量的数据信息。CAN 总线的组成示意图如图 7.5 所示。

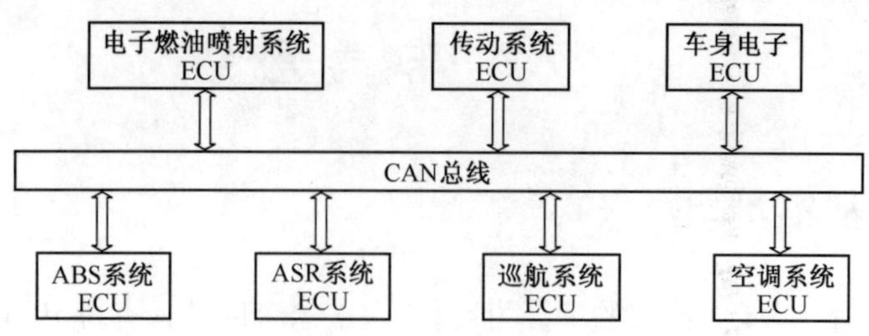

图 7.4 使用 CAN 总线的通信方式

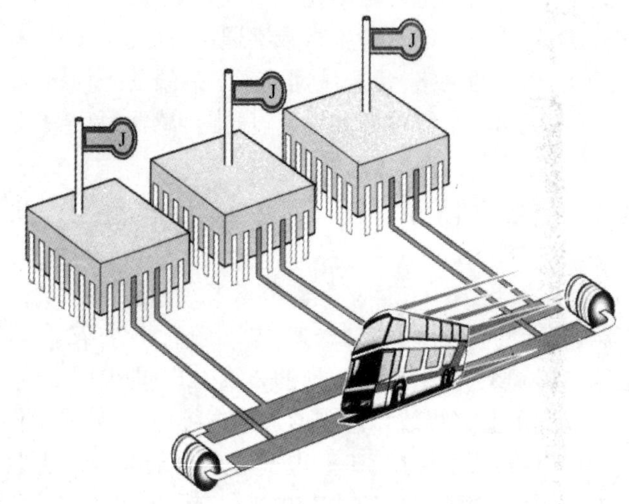

图 7.5 CAN 总线的组成示意图

(1) CAN 节点硬件构架。常选用飞利浦和摩托罗拉公司的 80C51 系列 8 位微处理器。

(2) CAN 接口电路。采用技术成熟应用广泛的 CAN 控制器 SJA1000(完成对通信数据的成帧处理),6N137(光电隔离),CAN 收发器 P82C250(CAN 控制器和物理总线间的接口)组成接口电路。CAN 总线(CANH, CANL)两端务必跨接 120Ω 的终端电阻。SJA1000 中断引脚接 CPU 的外中断 0 引脚。

(3) 晶振和复位电路。外接一块工业级的 12M 振荡芯片作为时钟信号。复位电路采用 X25045 芯片进行智能控制。X25045 芯片将看门狗定时器,电源监控电路功能合二为一。CAN 总线组成电路如图 7.6 所示。

2. CAN 总线在汽车中的应用

现代汽车典型的电控单元主要有主控制器、发动机控制系统、悬架控制系统、制动防抱死控制系统、牵引力控制系统、ASR 控制系统、仪表管理系统、故障诊断系统、中央门锁系统、座椅调节系统、车灯控制系统等。所有这些子控制系统连接起来构成一个实时控制系统指令发出去之后,必须保证在一定时间内得到响应,否则,就有可能发生重大事故。这就要求汽车上的 CAN 通信网络有较高通信速度。另外,汽车在实际运行过程中,众多节点之间需要进行大量的实时数据交换。若整个汽车的所有节点都挂在一个 CAN 网络上,众多节点通过一条 CAN 总线进行通信,就很容易出现总线负荷过大,导致系统实时响应速度下降的

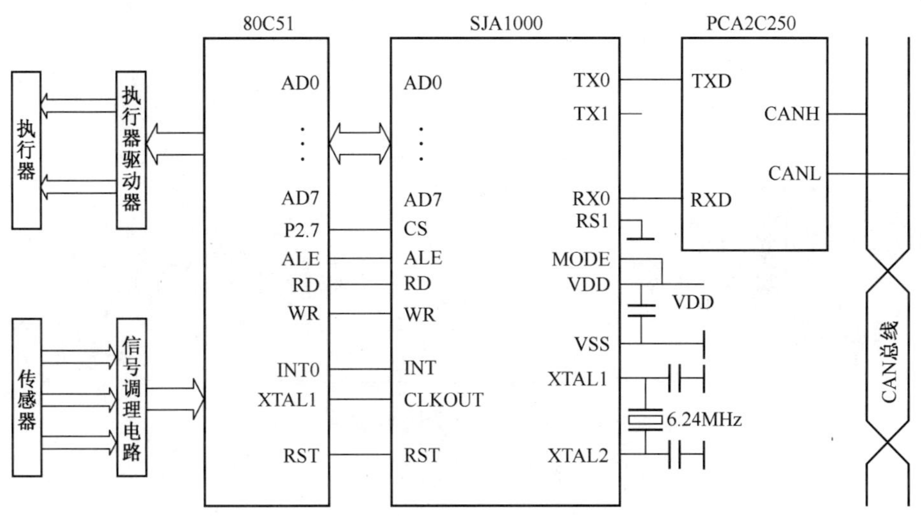

图 7.6　CAN 总线组成电路

情况。因此根据汽车上各节点对实时性的要求，应该设计高、中、低速三个速率不同的 CAN 通信网络，将实时性要求高的节点组成高速 CAN 通信网络，实时性要求不是很高的节点组成中速 CAN 通信网络，实时性要求相对较低的节点组成低速 CAN 通信网络。还应该架设网关将三个通信网络连接起来，实现全部节点之间的数据共享。汽车 CAN 总线拓扑结构如图 7.7 所示。

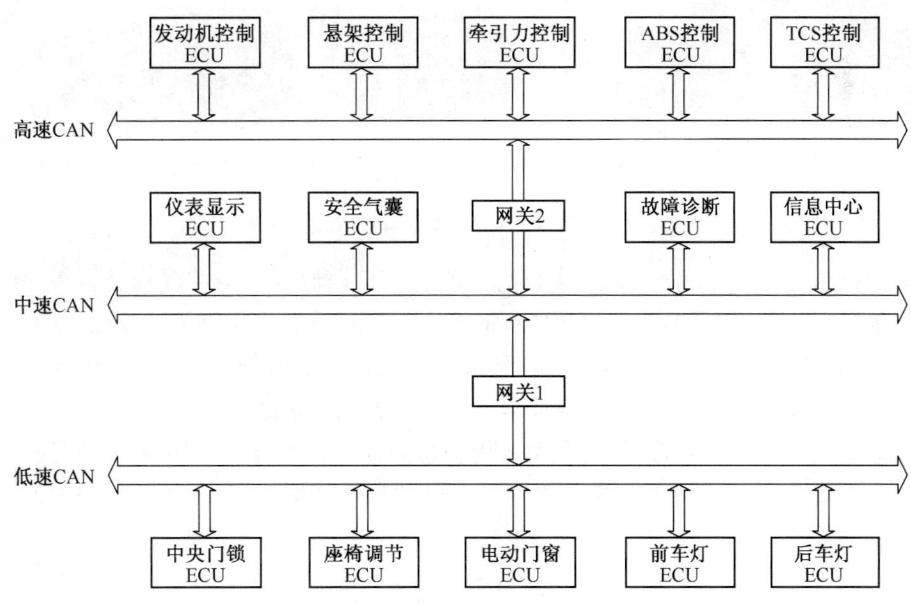

图 7.7　汽车 CAN 总线拓扑结构

3. CAN 总线数据传递形式与数据传输系统

目前，在汽车上应用的数据传输形式有两种。

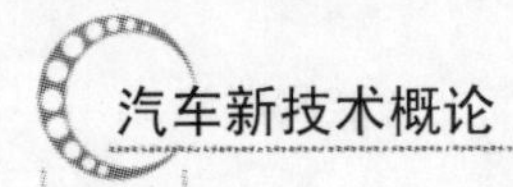

形式 1:每项信息均通过各自独立的数据线进行交换。汽车 CAN 总线独立数据线传递形式如图 7.8 所示。

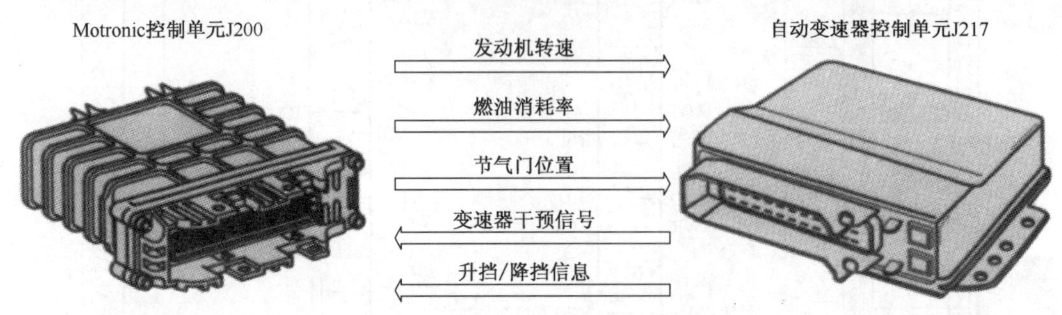

图 7.8　汽车 CAN 总线独立数据线传递形式

在该例中,共需要 5 条数据线进行数据传递,每项信息都需要一个独立的数据线。随着汽车控制系统越来越复杂,所需传输的信息量也越来越大,因此数据线的数量和控制单元的针脚数也会相应增加,所以这种数据传递形式只适用于有限信息量的数据交换和传输。

形式 2:各控制单元之间的所有信息都通过两条数据线进行交换。汽车 CAN 总线双向数据线传递形式如图 7.9 所示。

图 7.9　汽车 CAN 总线双向数据线传递形式

与数据传输形式 1 相比,CAN 数据总线所有信息都通过两条数据线进行传递。相同的数据只须通过 CAN 数据系统中的两条双向数据线进行传递。通过该种数据传递形式,所有的信息,不管控制单元的多少和信息容量的大小,都可以通过这两条数据线进行传递。所以,如果控制单元间进行大量的信息交换,CAN 数据总线也能完全胜任。

一般说来,一个控制单元从整个系统中获得的信息越多,该控制单元协调自身的功能会越好。CAN 数据总线作为控制单元之间的一种数据传递形式,它将各个控制单元连接形成一个完整的系统。

CAN 数据传输系统的优点:①如果需要增加额外信息,只需修改软件即可;②通过控制单元和辅助安全措施对传递信息的持续检查,可以达到最低的故障率;③利用最少的传感器信号线传输多用途的传感信号;④控制单元间实现高速数据传递;⑤控制单元和控制单元插脚最少化应用,从而节省更多有用空间;⑥CAN 数据总线符合国际标准,便于不同的控制单元进行数据交换。

4. CAN 总线的构成与数据传输原理

1）CAN 总线数据传输原理

CAN 数据总线中的数据传递就像一个电话会议。一个电话用户(控制单元)将数据“讲入”网络中,其他用户通过网络“接听”这个数据。对这个数据感兴趣的用户就会利用数据,而其他用户则选择忽略。

2）CAN 总线构成

CAN 数据总线由 1 个控制器、1 个收发器、2 个数据传输终端和 2 条数据传递线构成。CAN 总线构成如图 7.10 所示。

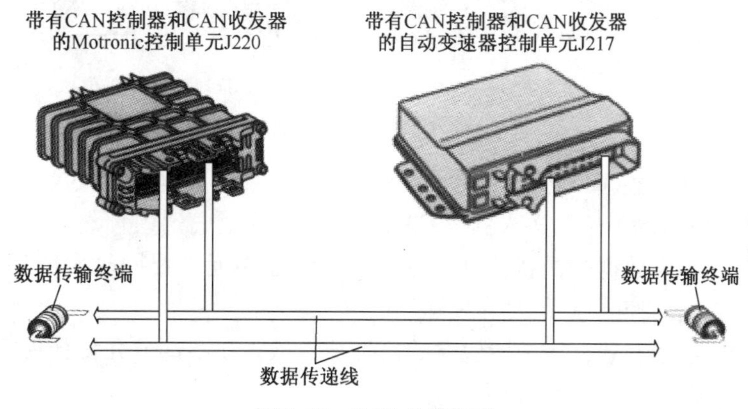

图 7.10　CAN 总线构成

CAN 控制器的功能为接收在控制单元中的微处理器中的数据,处理数据并传送给 CAN 收发器,接受 CAN 收发器的数据,处理并传送给微处理器。CAN 收发器的功能为一个发送器和一个接收器的组合,将 CAN 控制器提供的数据转化为电信号并通过数据线发送出去,接收数据,并将数据传送到 CAN 控制器。用以传输数据的双向数据线分为 CAN 高位数据线(CAN-HIGH)和 CAN 低位数据线(CAN-LOW)。数据总线没有指定接收器,数据通过数据总线发送并由各控制单元接受和计算。CAN 数据总线的数据传递过程如图 7.11 所示。

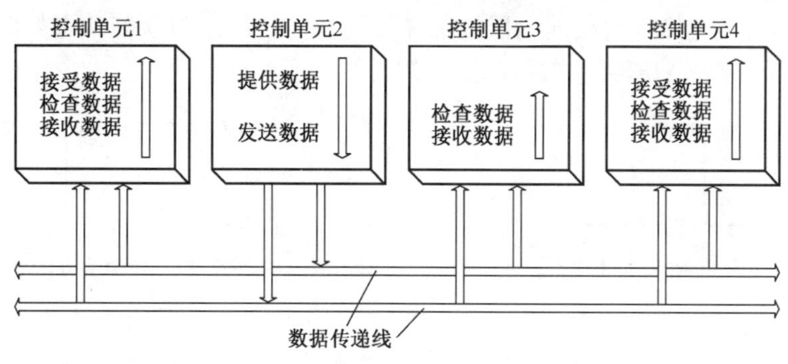

图 7.11　CAN 数据总线的数据传递过程

这里,提供数据控制单元向 CAN 控制器提供需要发送的数据。发送数据 CAN 收发器接收由 CAN 控制器传来的数据,转为电信号并发送。接收数据到 CAN 系统中,所有控制单元转为接收器。检查数据控制单元检查判断所接收的数据是否所需要的数据。接受数据如接收的数据重要,它将被接受并进行处理,否则忽略。

CAN 数据总线在极短的时间里,在各控制单元间传递数据,可将其分为 7 个部分。CAN 数据总线传递的数据由多位构成。在数据中,位数的多少由数据域的大小决定。每个位只有“0”或“1”两个值,也就是只有“是”和“不是”两个状态。CAN 总线数据的形成如图 7.12 所示。

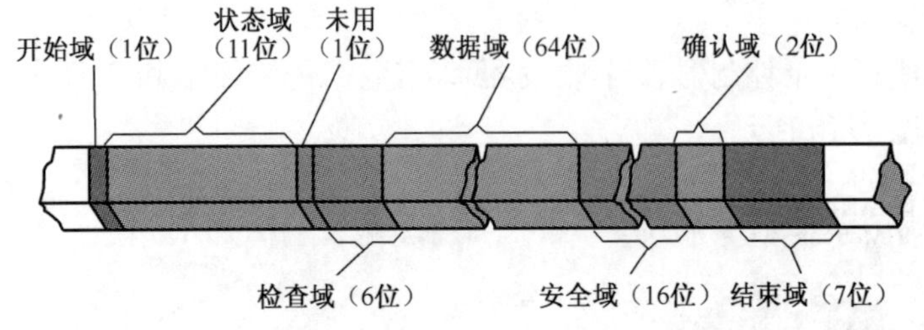

图 7.12　CAN 总线数据的形成

(1) 开始域:标志数据开始。带有大约 5V 电压(由系统决定)的 1 位,被送入高位 CAN 线;带有大约 0V 电压的 1 位被送入低位 CAN 线。

(2) 状态域:判定数据中的优先权。如果两个控制单元都要同时发送各自的数据,那么,具有较高优先权的控制单元,优先发送。

(3) 检查域:显示在数据域中所包含的信息项目数。在本部分允许任何接收器检查是否已经接收到所传递过来的所有信息。

(4) 数据域:在数据域中,信息被传递到其他控制单元。

(5) 安全域:检测传递数据中的错误。

(6) 确认域:在此,接收器信号通知发送器,接收器已经正确收到数据。若检查到错误,接收器立即通知发送器,发送器然后再发送一次数据。

(7) 结束域:标志数据报告结束。在此是显示错误并重复发送数据的最后一次机会。

从原理上讲 CAN 数据总线的功能与开关完全相同,CAN 发送器也能产生 2 个不同位状态。位值为 1 的状态如图 7.13 所示。CAN 发送器打开,在舒适系统中电压为 5V,在动力传动系统中,电压大约为 2.5V,相同电压施加在传递线上。位值为 0 的状态如图 7.14 所示。CAN 发送器关闭,接地;传输线同样接地,大约为 0V。

图 7.13　位值为 1 的状态　　图 7.14　位值为 0 的状态

通过 2 个位,可以产生 4 个变化。每一项信息均可以由每个变化状态表示,并与所有的控制单元相联系。信息通过 2 个连续位进行传递例释。信息变化状态图见表 7.1。

3) CAN 数据总线的数据分配

如果多个控制单元要同时发送各自的数据,那么系统就必须决定哪个控制单元首先进行发送。具有最高优先权的数据,首先发送基于安全考虑,由 ABS/EDL 控制单元提供的数据比自动变速器控制单元提供的数据(驾驶舒适)更重要,因此具有优先权。

表 7.1　信息变化状态图

变化	2 位/V	1 位/V	电压波形	电动窗状态	冷却液温度/℃
1	0	0		运动中	10
2	0	5		未运动	20
3	5	0		在范围内	30
4	5	5		上止位	40

如何确认数据报告的优先权？在状态域中，由 11 位组成的编码，其数据的组合形式决定了数据的优先权。若控制单元同时发送数据，此时在数据传输线上进行一位一位的比较。如果 1 个控制单元发送了 1 个低电位而检测到 1 个高电位，那么该控制单元就停止发送而转为接收器。不同数据报告的优先权如图 7.15 所示。

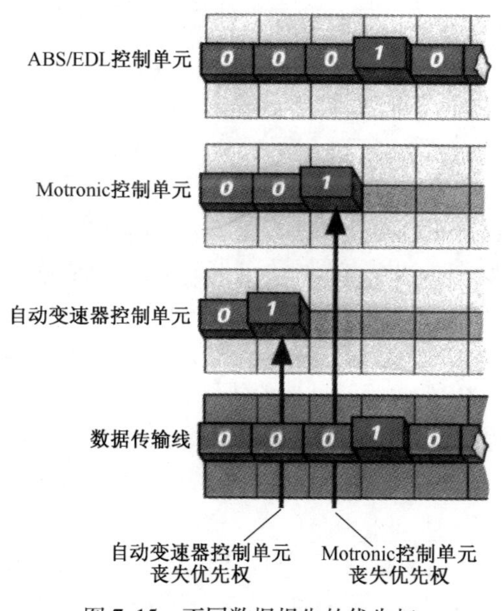

图 7.15　不同数据报告的优先权

图中，位 1：ABS/EDL 控制单元发送了 1 个高电位；Motronic 控制单元也发送了 1 个高电位；自动变速器控制单元发送了 1 个低电位而检测到 1 个高电位，那么它将失去优先权而转为接收器。位 2：ABS/EDL 控制单元发送了 1 个高电位；Motronic 控制单元发送了 1 个低电位并检测到 1 个高电位，那么，它也失去优先权，而转为接收器。位 3：ABS/EDL 控制单元拥有最高优先权并接收分配的数据，该优先权保证其持续发送数据直至发送终了；ABS/EDL 控制单元结束发送数据后，其他控制单元再发送各自的数据。

在图 7.15 中，发动机控制系统、悬架控制系统、制动防抱死控制系统、牵引力控制系统、

ASR 控制系统这 5 个节点是汽车运行的核心部件，对时间响应要求严格，因此将这 5 个节点组成高速 CAN 通信网络，通信波特率设为 500b/s。仪表管理系统、故障诊断系统等相对来说对实时性的要求较低，因此这些节点构成中速 CAN 通信网络、通信波特率设为 128b/s。中央门锁系统、座椅调节系统、车灯控制系统对实时性要求不是很严格，它们构成低速通信网络，通信波特率设为 30b/s。两个网关跨接高、中、低速三条总线，与各节点进行数据交换。网关通过对 CAN 总线间待传数据信息的智能化处理，可以确保只有某类特定的信息才能够在网络间传输。

5. CAN 总线的特点

CAN 总线为多主方式工作，网络上任一节点均可在任意时刻主动地向网络上其他节点发送信息，不分主从，通信方式灵活，且无须站地址等节点信息。利用这一点可方便地构成多机备份系统。

CAN 网络上的节点信息分成不同的优先级，可满足不同的实时要求，高优先级的数据最多可在 134μs 内得到传输。

CAN 采用非破坏性总线性仲裁技术，当多个节点同时向总线发送信息时，优先级较低的节点会主动地退出发送，而最高优先级的节点可不受影响地继续传输数据，从而大大节省了总线冲突仲裁时间。尤其是在网络负载很重的情况下也不会出现网络瘫痪情况（以太网则可能）。

CAN 只需通过帧滤波即可实现点对点、一点对多点及全局广播等几种方式传送接受数据，无须专门的“调度”。

CAN 采用 NRZ 编码，直接通信距离最远可达 10km（速率 5kb/s）；通信速率最高可达 1Mb/s（此时通信距离最长为 40m）。

CAN 上的节点数主要取决于总线驱动电路，目前可达 110 个；标示符可达 2032 种（CAN2.0A），而扩展标准（CAN2.0B）的标示符几乎不受限制。

CAN 采用短帧结构，传输时间短，受干扰概率低，具有极好的检错效果。

CAN 的每帧信息都有 CRC 效验及其他检错措施，保证数据出错率极低。

CAN 的通信介质可为双铰线、同轴电缆或光纤，选择灵活。

CAN 节点在错误严重的情况下具有自动关闭输出功能，以使总线上其他节点的操作不受影响。

CAN 控制芯片可以抗高温和高噪声，并且具有较低的价格，开放的工业标准。

总之，CAN 总线具有实时性强、可靠性高、通信速率快、结构简单、互操作性好、总线协议具有完善的错误处理机制、灵活性高和价格低廉等特点。

6. 国内车载网络的发展

由于我国的车型以欧美车型为主，且欧美车型又以 CAN 总线为主流，目前国内使用总线技术的车型几乎全部使用 CAN 总线，我国的汽车 CAN 总线技术起步较晚，但随着现代汽车电子的不断进步发展，其研究和应用正如火如荼地进行。据报道，中国首辆 CAN 网络系统混合动力轿车已在奇瑞公司试装成功，并进行了初步试运行。在上海大众的帕萨特和 POLO 汽车上也引入了 CAN 总线技术，在长城赛弗 CC6450BY 中也使用了 CAN 总线。但总的来说，目前 CAN 总线技术在我国汽车工业中的应用尚处于试验和起步阶段，绝大部分的汽车还没有采用汽车总线的设计。

7. 车载网络的发展趋势

虽然 CAN 总线具有实时性强、可靠性高、通信速率快等诸多优点。但是,由于车内电子设备越来越多,以及自动驾驶及一些新技术的应用(如线控刹车技术)的发展,CAN 已满足不了需要,一些大的汽车企业共同开发了一种新的 FlexRay 网。和 CAN 总线相比 FlexRay 网的特点更加突出。

FlexRay 是定时触发网络系统,此系统中任何网络活动都安排在指定的时间片内,在安排好以后,就不能改变,这对需要持续的高速性能的应用(如线控刹车、线控驾驶)来说非常重要。

FlexRay 在每个通道中提供 10Mb/s 的总数据速率,能够满足未来应用的带宽要求。由于通道单独运行,总数据速率可以达到 20Mb/s,是当前 CAN 标准速率(1Mb/s)的 20 倍。

FlexRay 具备容错功能,即使系统的不同部分出现故障,系统仍将按照设计继续运行。更重要的是,小故障不会造成系统功能的丧失。

FlexRay 网的结构可以有四种形式,即总线式、星形网、星形总线混合式及多个星形串接式,而且 FlexRay 网还可以采用同步数据传输。

支持高吞吐量、确定性、容错特性的 FlexRay 网,可为高级电子控制的安全应用带来大量优势。FlexRay 结合了这三大属性,是其他车内联网的理想替代产品。

装备 FlexRay 网的汽车已在市场上出现。FlexRay 的性能远远超过 CAN,它的数据传输率高达 10Mb/s,支持同步传输和异步传输,按事先安排好的时间片传输数据,不需要仲裁,有多种拓扑结构,在节点间灵活分配带宽,还有可选的网络监视器使网络工作更有效。最重要的是它具有故障耐受能力,提供确定的通信方式。这两点对未来的自动驾驶中的安全十分重要。当然要使 FlexRay 能够成功地被广泛采用,还需要有效的开发工具和高质量的集成电路。

7.3 智能汽车

7.3.1 智能汽车的研究意义

智能汽车(Intelligent Vehicle,IV)是指一辆汽车具有规划自己的行车路线,感知周围环境,针对实时交通情况作出合理决策,并辅助甚至代替驾驶员进行车辆驾驶的能力,从而减小驾驶员的劳动强度,使车辆行驶过程变得更加安全、舒适、高效。

21 世纪的汽车概念将发生根本性的变化。现在的“汽车”是带有一些电子控制的机械装置,将来的“汽车”将转变为带有一些辅助机械的机电一体化装置,汽车的主要部分不再仅仅是个机械装置,它正向消费类电子产品转移。同时,智能汽车在传统汽车上配备了远程信息处理器、传感器和接收器,通过无线网络获取前方交通状况信息,引导汽车加速或减速。这样,汽车就能更为平稳地行驶,避免不断刹车、启动的动作,以降低油耗。随着汽车电子控制技术的发展,我国的汽车工业将面临着巨大的发展机遇和挑战,开展智能汽车技术的研究与开发具有重要意义。

英国和美国的科学家研究分析表明,每个交通事故均不同程度地涉及驾驶员、汽车和道路环境因素。英国的研究得出道路交通事故肇事发生的唯一原因是由驾驶员因素引起的占65%(美国为57%),而与驾驶员因素有关(驾驶员-汽车因素、驾驶员-道路环境因素、驾驶员-汽车-道路环境因素和驾驶员因素)的百分率占到近95%(美国占94%)。我国道路交通事故的统计也表明,主要由于驾驶员造成的事故占90%左右。总之,驾驶员失误作为肇事发生交通事故的主要原因已被世界各国所公认。

如果要从根本上解决这一问题,就需要将"人"从交通控制系统中"拨离"出来。由于无人驾驶电动车不需要司机,系统效率也随着提高。这种新型车辆控制方法的核心,就是实现车辆的无人自动驾驶。而车辆安全是无人驾驶车成败的关键。

美国的科学家很早就开始这方面的探索,例如美国加州大学的PATH项目组,从20世纪90年代初就开始了自动公路和智能汽车的研究,叫作智能车路系统。1992年美国国会通过了地面运输效率法案(ISTEA),要求在1998年前实现一条试验自动公路。经过5年的努力,1997年8月在南加州7.6英里长的试验路段上对自动公路进行了成功的试验。当安装有自动驾驶系统的汽车驶入埋有导向磁性标线的道路时,汽车就进入自动驾驶状态,驾驶员完全放开手脚,可以聊天,可以看报纸,遇到弯道汽车会转弯,遇到情况会采取刹车等措施。

在日本,众多的汽车厂商也在进行类似的开发工作,日本政府也制订了完整的开发和实施计划,提出了智能道路的概念。2000年11月在日本的筑波,来自日本各大汽车厂家和美国的试验车辆完成了实证试验,这些试验车辆不但可以在路段上自动驾驶,而且在路口可以探测其他方向的车辆和过街的行人,并采取相应的措施。2001年以后,日本开始在各地进行实证试验,并在第二东名、名神公路等先行引进使用,2015年前后拟在全国主要干线道路实现智能道路。

7.3.2 智能汽车国内外研究现状

智能车辆技术的研究,可以追溯到20世纪50年代初美国Barrette Electronics公司研制的世界上第一台自动引导车辆(Automated Guided Vehicle,AGV),它实际上是低速智能车辆研究领域的一台移动机器人。而在高速智能车辆研究领域,早在1939—1940年纽约世界博览会上,美国通用汽车公司展示的Futurama概念车就提出汽车自动驾驶的概念。

从20世纪50年代后期到60年代中期,美国、德国、英国、日本等国家都开展了高速车辆自动驾驶的研究,其自动驾驶系统普遍采用在行车线埋设引导电缆来实现车辆转向控制。1974年,瑞典的Volvo Kalmar轿车装配工厂与Schiinder-Digitron公司合作,研制出一种可装载轿车车体的AGVS,并由多台该种AGVS组成了汽车装配线,从而取消了传统应用的拖车及叉车等运输工具。由于Kalmar工厂采用AGVS获得了明显的经济效益,许多欧洲国家纷纷效仿Volvo公司,并逐步使AGVS在装配作业中成为一种流行的运输手段。日本于1977年首先开发出了机器视觉导航自动驾驶汽车的样车,20世纪80年代前期,美国开发出了军用自动驾驶越野车。从20世纪80年代后期开始,为解决日益突出的交通事故、交通堵塞、交通环境污染、能源消耗等问题，各发达国家开始投入了大量的人力、物力研究实施智能交通系统。

智能车辆研究项目多包含在美国的IVHS、欧洲的Prometheus、日本的ITS等总体项目中，智能车辆相关技术也相继取得了突破性的发展，如德国的VaMoRs-P车辆系统、美国的NavLab系统、意大利的ARGO系统等。

美国谷歌公司研发的50辆智能车，采用智能软件和感应设备，包括摄像机、激光雷达、超声雷达以及GPS设备等，使用谷歌网络导航操控系统，在公共道路上成功无人驾驶22万多千米，现在已经在美国加州正式上路行驶。美国卡内基梅隆大学机器人研究所在智能车辆研究领域也开展了深入的研究，研制开发了NavLab系列试验车。其中最具代表性的是根据运动跑车(Pontiac Trans Sport，PTS)改装而成的NavLab-5试验车，由美国著名的Delco Electronics公司捐资赞助。该试验车进行了横穿美国大陆的长途自主驾驶试验，其中车辆纵向控制由驾驶员完成，而车辆的横向导航控制则完全实现了自动控制。

在欧洲开展了EUREKA研究项目。该项目中颇具代表性的是戴姆勒-奔驰公司研制的VITA Ⅱ试验车，于1994年10月在巴黎附近的一号高速公路上进行了车辆导航试验，在长达几千千米的普通三车道路段中采用了驾驶员辅助驾驶和车辆自主驾驶相结合的导航方法。

德国慕尼黑联邦国防军大学从20世纪80年代初期就开始进行智能车辆自主导航的研究，其合作伙伴是德国戴姆勒—奔驰汽车公司。其中最具代表性的是由一辆豪华型奔驰500SEL改装而成的VaMoRs-P试验车。VaMoRs-P试验车在高速公路和普通标准公路上进行了大量试验，试验内容包括跟踪车道线，躲避障碍以及自动超车等。另外，德国研究与技术部门与德国大众汽车公司合作研制了Caravelle试验车，车体采用大众公司的Caravell旅行车改装而成，开展隔离试验道路上计算机视觉与其他传感器信息融合的完全自主驾驶试验研究。

意大利帕尔马大学信息工程系在智能车辆领域进行了大量研究，研制的ARGO试验车，其显著特点是采用了商用低成本计算机系统和传感器系统。ARGO试验车由GOLD系统驾驶进行了2000km的道路试验，在试验中其自动驾驶里程达到总行程的94%。

法国帕斯卡大学自动化与电子材料实验室和法国雪铁龙技术中心合作，联合研制出一功能简单却颇具特色的辅助导航Peugeot试验车。该试验车的一个突出特点是硬件配置轻型化，整个系统的运算处理部分都已集成在一块数字信号处理卡上，因此对试验车几乎无须作任何改装。Peugeot试验车已经在高速公路上进行了几百千米不同路况的行车试验，其系统具有良好的适应性。

在亚洲，日本丰田公司也研制出由丰田轿车改造而成的智能试验车，并进行了相关的导航试验。另外，日本专利局(JPO-MITI)与日产汽车公司、富士通公司合作开展PVS(Personal Vehicle System)研究项目，其自动驾驶汽车系统在夜间和雨天环境下也能实现自动驾驶。

随着我国改革开放的不断发展和科技水平的日益提高，从“八五”期间也开始了智能车辆方面的研究。但由于起步较晚，以及经济条件的制约，我国在智能车辆研究领域与发达国家仍有较大的差距，目前开展这方面研究工作的单位主要有国防科技大学、清华大学、吉林大学、北京理工大学、中科院沈阳自动化研究所等。

国防科技大学机电工程与自动化学院自20世纪80年代起开始进行无人驾驶智能车辆技术研究，先后研制出数代无人驾驶汽车。第四代自主无人驾驶汽车于2000年6月在长沙市环城高速公路上进行了试验。从1993年开始，由南京理工大学、北京理工大学、浙江大学、国防科技大学、清华大学等多所院校联合研制开发“地面军用智能机器人”项目，选用国产跃进客货车改制而成的智能车上集成了二维彩色摄像机、三维激光雷达、陀螺惯导定位、超声等传感器。其体系结构以水平式结构为主，采用传统的“感知—建模—规划—执行”算法，其直线跟踪速度达到20km/h，避障速度达到5~10km/h。

清华大学计算机系智能技术与系统国家重点试验室自1988年开始研制THMR(Tsinghua Mobile Robot)系列移动机器人系统。清华大学计算机系目前正在研制新一代智能移动机器人，兼有面向高速公路和一般道路的功能。车体采用道奇7座厢式车改装，装备有彩色摄像机、GPS、磁罗盘光码盘定位系统、激光测距仪LMS220等。它的体系结构以垂直式为主，采用多层次“感知—动作”行为控制及基于模糊控制的局部路径规划及导航控制。该智能车设计车速为80km/h，一般道路为20km/h。

吉林大学智能车辆课题组自1992年以来，对车辆的自主导航机理及关键技术的开发与应用进行了较为系统的研究，研究领域涉及物流自动化、柔性生产组织、智能车辆自主导航、车辆安全辅助驾驶等领域。目前，该课题组正与一汽大众合作开展新一轮视觉导航物流运输装备AGV的研制工作。1997年，吉林大学智能车辆课题组研制开发出JLUIV-Ⅱ智能模型车。2001年，吉林大学智能车辆课题组研制开发了JLUIV-Ⅲ试验车，它是课题组在低速智能车辆研究领域面向柔性生产组织和户内外物流自动化运输开发的实用型自动引导车辆。2002年，吉林大学智能车辆课题组研制开发了新一代高速视觉导航智能车辆JLUIV-Ⅳ，该试验车由日本三菱轿车改装而成。与智能车辆课题组前三代视觉导航智能试验车相比，JLUIV-Ⅳ试验车系统更加复杂，功能更加完善。

从2009年开始，每年举行一次“中国智能车未来挑战赛”，整个大赛测试内容包括交通标识识别、曲线行驶、定点泊车A、定点泊车B以及综合测试等。

7.3.3 智能汽车的研究内容

1. 初期智能车辆导航

用地下埋电缆的方式，通过电磁感应进行智能车辆导航。由于可测量的电磁感应的范围太小(分米级)，不能提供车辆需要的方位信息及障碍物信息，目前基本已经被抛弃。

2. 道路中间铺设磁块导航

采用在道路中间铺设磁块的方式来进行导航实验，由于造价过于高昂，缺乏推广应用价值。

3. 计算机视觉导航系统

计算机视觉用在行车道路检测、车辆跟随、障碍物检测等方面。当驾车时，“驾驶员”所接收的信息几乎全部来自视觉，即交通信号、交通标志、道路标识等均可以看作是环境对“驾驶员”的视觉通信语言。将其转换为光电图像信息，通过计算机对其进行处理，快速在复杂环境中的提取有用信息，进而产生合理的行为规划与决策。

计算机视觉应具备的特性有：①实时性。系统的数据处理必须与车辆的高速行驶同步进行；②鲁棒性。车辆对不同的道路环境，如高速公路、市区标准公路、普通公路等，复杂的路面环境，如路面及车道线的宽度、颜色、动态随机障碍与车流等，以及变化的气候条件，如日照及景物阴影、黄昏与夜晚、阴天与雨雪等均具有良好的适应性。③实用性。实用性指要求智能车辆在体积与成本等方面能够为普通汽车用户所接受。

4. 多传感器数据融合系统

多传感器数据融合是智能车辆系统正确运行的前提，通过各种传感器准确地捕捉环境信息然后加以分析处理，研究如何将通过传感器得到的信息加以有效处理、分析，并准确无误地了解环境。任何一种传感器很难保证在任何时刻都提供完全可靠的信息，但采用多传感器融合技术，即将多个传感器采集的信息进行合成，形成对环境特征的综合描述的方法，能够充分利用多传感器数据间的冗余和互补特性，获得需要的信息。除视觉传感外，常用的有雷达、激光、GPS 等传感器。通过雷达系统可以得到计算机视觉技术比较难以解决的检测对象的距离信息，能准确发现车辆行驶环境中存在的物体。此外雷达传感不受雨、雪、雾等自然条件的影响，在恶劣环境条件下具有独特的优势。通过激光系统可以得到车辆的瞬时速度信息及精确的车距信息，激光系统被广泛地应用于避障、超车、防碰撞系统中。

7.3.4　智能汽车的研究方向

1. 驾驶员行为分析

研究驾驶员的行为方式、精神状态与车辆行驶之间的内在联系。目的是建立各种辅助驾驶模型，为智能车辆安全辅助驾驶或自动驾驶提供必要的数据，如对驾驶员面部表情的归类分析能够判定驾驶员是否处于疲劳状态，是否困倦瞌睡等。

2. 环境感知

主要是运用传感器融合等技术，来获得车辆行驶环境的有用信息，如车流信息、车道状况信息、周边车辆的速度信息、行车标志信息等。

3. 极端情况下的自主驾驶

主要研究在某些极端情况下，如驾驶员的反应极限、车辆失控等情况下的车辆自主驾驶。

4. 规范环境下的自主导航

主要研究在某些规范条件下，如有人为设置的路标或道路环境条件较好，智能车辆根据环境感知所获得的环境数据，结合车辆的控制模型，在无人干预下，自主地完成车辆的驾驶行为。

5. 车辆运动控制系统

研究车辆控制的运动学、动力学建模、车体控制等问题。

6. 主动安全系统

主要是以预防为主，如研究各种情况下的避障、防撞安全保障系统等。

7. 交通监控、车辆导航及协作

主要研究交通流诱导等问题。

8. 车辆交互通信

研究车辆之间有效的信息交流,主要是各种车辆间的无线通信问题。

9. 军事应用

研究智能车辆系统在军事上的应用。

10. 系统结构

研究智能车辆系统的结构组织问题。

11. 先进的安全车辆

研究更安全、具有更高智能化特征的车辆系统。

7.3.5 智能汽车关键技术研究

智能汽车的关键技术总体设计框图如图 7.16 所示。

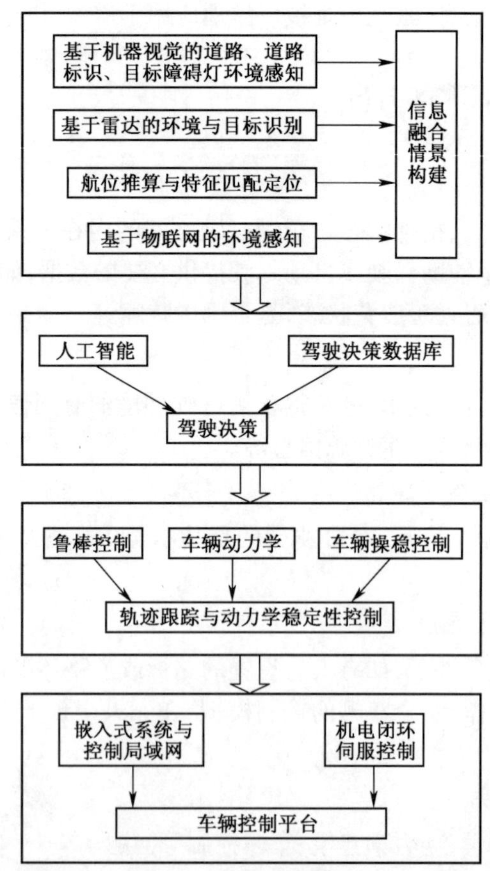

图 7.16 智能汽车的关键技术总体设计框图

智能汽车设计的关键技术研究内容如下:

1. 智能汽车的体系结构

智能汽车的体系结构的设计必须包含实现用户功能的全部子系统的设计。智能汽车的体系结构应该阐述这种车辆的结构体系,列出用户服务功能,定义实现用户服务功能的各个子系统,研究各个子系统之间的通信方式和组织方式。

2. 智能汽车的信息采集、处理及传输

信息是智能汽车的灵魂,智能汽车将用实时的、全面的、有效的信息流来驱动汽车系统的运动。因此,研究智能汽车系统的信息环境模型、信息处理方法与技术、高效的信息传输技术就显得尤其重要。

3. 智能汽车的自动控制系统

交通系统的诸多问题的根源就出在驾驶员身上,解决问题的出路在于汽车驾驶的自动化,即用自动控制器取代驾驶员。由于交通环境信息的复杂化和多变性、交通任务的多样性等原因,汽车控制策略必须基于智能控制理论来设计。

4. 智能汽车的通信系统

在智能汽车与智能汽车之间、智能汽车与交通监控中心之间、智能汽车与道路附属设施之间,都存在着大量信息的实时交换。通信子系统是智能汽车系统获取和传递信息的神经中枢,必须研究适合于智能汽车信息交换的通信系统结构形式、软件技术、传输介质、编码纠错技术等。

5. 智能汽车的导航定位技术

智能汽车导航定位系统的任务是对行驶中的智能汽车进行实时导航定位,如在车辆内显示目的地的地图,确定车辆的位置,选择合适的行车路径等。同时,车辆同交通监控中心可以通信,使用一个数据库记录车辆及途经道路的历史状况信息。该子系统研究涉及 GPS 定位技术、电子地图技术、数据库技术、显示技术以及接口技术和应用软件技术等。

6. 智能汽车的电源系统

当前,最有可能被成功应用于汽车的替代动力能源就是电能,电能具有效率高、清洁、易于变换、易于输送等特点,应用于智能汽车系统,前景广阔,是必然的选择。但是,电能的大容量储存比较困难,因而将电能应用于移动的智能汽车系统,还有很多理论和技术工作有待深入研究。

7.3.6 智能汽车技术应用现状

1. 汽车 GPS 技术的应用

全球导航系统也称全球卫星定位系统(Global Positioning System,GPS)。它是依靠地球周围的 24 颗定位卫星,不断地对地面发射三维位置、三维速度的电子信息,然后通过地球上安装的相应的接收设备接收到这些信息,并用中转帧继续设备进行分析,从而判定发射提供信息的物体所处方位的一种定位系统。

GPS 的主要功能大致有以下几个方面:

（1）实时显示汽车在预先制定的电子地图中的位置、行驶速度，以及与目的地之间的距离。

（2）随时可查询沿途的酒店、商店、加油站、修理厂、车站、码头等，为用户提供资讯服务。

（3）可在汽车遭遇抢劫后，在指定范围内停止发动机的运行，并把汽车所处的位置报告警察。

2. 汽车智能避撞系统

汽车避撞技术首先解决的问题是汽车之间的安全距离。汽车与汽车之间超过了这个安全距离，就应该能自动报警，并采取制动措施。

目前测定汽车之间安全距离的方法有三种：超声波测距、微波雷达测距和激光测距。超声波测距就是利用其反射特性。超声波发生器发射出超声波遇到障碍物后产生反射波，超声波接收器接收到发射波信号，并将其转换成电信号。微波雷达测距就是利用目标对电磁波反射来发现目标并测定其位置。激光测距的工作原理与微波雷达测距相似具体的测距方式有连继波和脉冲波两种。

超声波汽车倒车避撞报警器是利用超声波回声测距的原理，测量车后一定距离内的物体，这种新型避撞报警器可以及时显示车后障碍物的距离和方位，显示范围为 0.5~9.9m，当距离大于 2m 时显示车后障碍物的位置；当距离小于 2m 时，除了显示其方位外，还可按照三段距离分别给出三种报警信号，以警示司机三种不同程度的紧急状态，使司机据此采取相应措施。

汽车避撞雷达是通过对电磁波发射后遇到障碍物反射的回波进行不断检测和计算，经过分析判断，对构成危险的目标按程度不同进行报警，控制车辆自动减速，直到自动刹车。

汽车避撞雷达的主要功能有：测速测距；对前方 100m 内危险目标提供声光报警；兼备汽车黑匣子功能；自动巡航系统；紧急情况下自动刹车。装有避撞雷达的汽车进入高速公路以后，驾驶员就可以启动车上的避撞雷达。雷达选定好跟随的汽车以后，被跟随的汽车就成了后面汽车的“目标车”，无论是加速、减退，还是停车、启动，后面的汽车都能在瞬间之内予以模仿。如果前面的汽车在行驶一段时间之后，不再适合于自己的“目标车”，驾驶员可以重新选择另一辆“目标车”。

激光雷达避撞装置是防追尾碰撞激光报警装置，该装置包括发光部、受光部、计算车间距离的激光雷达、信号处理电路、显示装置、车速传感器等。激光镜头使脉冲的红外激光束向前方照射，并利用汽车后部分反光镜的反射光通过受光装置检测其距离，使用汽车反光镜，检测距离约为 100m，最大检测宽度 3.5m 以上。控制部分计算机进行下列运算：本车车速、前方行驶车辆车速和车间距离、根据车间距离和安全车间距离的比较发出警报声与报警灯闪烁，显示装置可在仪表盘上进行距离显示。

最早的前方用激光雷达都是发出多股激光光束，并依靠前行车反光镜的反射时间来测定其距离。但是由于要对前方车辆进行辨别，因此开始采用扫描式激光雷达，这样不但可测出前方车的距离，而且其横向位置也可以检测出来。随着此项技术的进一步发展，可使扫描角度达到 360°。如果在车辆四角设置类似的扫描式激光雷达，那么车辆四周的障碍物都可以测出。

3. 汽车智能“黑匣子”

汽车智能“黑匣子”能客观地记录机动车辆发生车祸前驾驶员的操作过程，有效地提供驾驶员在事故发生前做出的种种反应。据称，交通事故处理部门安装这种系统后，可随时对穿行在各条公路上的所有汽车进行实时监控，一旦发生车祸，离事故发生地点最近的交通事故处理中心可以在几秒钟之内获取撞车时的驾驶速度、车内乘客伤亡情况等信息。这种黑匣子与普遍烟盒差不多大，构件包括可以存储、收集和传输数据的蜂窝电话装置与外部的保险装置。车祸发生后，黑匣子会自动打开，利用传感器记录下汽车的行驶速度以及出车祸时汽车的撞击位置，然后将这些信息传输给中央通信系统。黑匣子内部嵌有 GPS，该系统负责数据处理与传输功能。

4. 汽车智能驾驶系统

汽车智能驾驶系统相当于机器人，能代替人驾驶汽车。它主要通过安装在前后保险杠及两侧的红外线摄像机，对汽车前后左右的一定区域进行不停的扫描和监视，车内计算机、电子地图、光化学传感器等对红外线摄像机传来的信号进行分析计算，并根据道路交通信息管理系统传来的交通信息，代替人的大脑发出指令，指挥执行系统操作汽车。

5. 汽车智能轮胎

汽车智能轮胎是在轮胎内装有计算机芯片或将芯片与轮胎相连接。计算机芯片能自动监控并调节轮胎的行驶温度和气压，使轮胎在不同条件下都能保持最佳的运行状况，既提高了安全性能又节省了开支。更先进的智能轮胎还能在探测出结冰的路面后变软，使牵引力更好；在探测出路面的潮湿程度后，还能自动改变轮胎的花纹，以防打滑。

6. 汽车智能悬架

汽车智能悬架系统由电子装置控制，可根据路面情况，调节悬架弹性元件的刚度和减振器的阻力，使振动和冲击迅速消除。此外，汽车智能悬架还可以自动调节车身的离地高度，即使汽车在崎岖的路面上行驶也不会出现路面障碍，从而使乘客倍感平稳和舒适。

7. 汽车智能钥匙

汽车智能钥匙能发射出红外线信号，既可打开车门、行车箱和燃油加注孔盖，也可以操纵汽车的车窗和天窗。更先进的智能钥匙则像一张信用卡，当司机触到车门把手时，中央锁控制系统便开始工作，并发射一种无线查询信号，智能钥匙做出正确反应后，车锁会自动打开。同时，只有当控制系统检测到钥匙卡在汽车内时，发动机才会启动。

8. 汽车智能安全气囊

汽车智能安全气囊是在普遍安全气囊的基础上增设传感器和与之相配套的计算机软件而成。其重量传感器能根据重量感知是成人还是儿童；其红外线传感器能根据热量探测座椅上是人还是物体；其超声波传感器能探明乘员的存在和位置等。计算机的软件则能根据乘员的身体、体重、所处的位置和是否系安全带以及汽车碰撞速度及碰撞程度等及时调整气囊的膨胀时机、膨胀速度、膨胀程度，使安全气囊对乘员提供最合理和最有效的保护。

9. 汽车智能空调

汽车智能空调系统能根据外界气候条件，按照预先设定好的指标对车内的温度、湿度、空气清洁度进行分析、判断，及时自动打开制冷、加热、去湿及空气净化装置并调节出适宜的车内空气环境。

10. 汽车夜视系统

英国牛津大学科研人员发明了汽车夜行器，本系统利用红外线技术能将黑暗变得如同白昼,使驾驶员在黑夜中看得更远更清楚。夜视系统的结构由两部分组成:一部分是红外摄像机,另一部分是挡风玻璃上的光显示系统。装上这种夜行器后,驾驶员通过光显示系统可像白天一样看清路况。当两车交会时,它可以大大降低前方汽车前灯强光对驾驶员视觉的不良刺激,还可以提高驾驶员在雾中行车的辨别能力。为看清车后的情况,科研人员又研制出一种新型后视镜,当后方车的大灯照在前方车的后视镜上时,自动感应装置可随之使液晶玻璃反光镜表面反光柔,以使驾驶员不炫目。

11. 驾驶员分神监视系统

澳大利亚一家公司研制出一种装在汽车仪表盘上的监视系统。它能利用目光跟踪技术判断驾驶员是否在注意路况,在驾驶员打磕睡时及时发出提醒。这种监视系统采用两个摄像机,可持续不断地观察驾驶员的面部,包括耳朵、鼻子和下巴的方位,据此来计算眼睛所处的位置,追踪其眼白和虹膜的状态,将当前虹膜的形状与模型对比,分析驾驶员的视线方向。

12. 美国智能汽车 SmarTruck Ⅲ

SmarTruck Ⅲ外部和内部图如图 7.17 所示。

（a）外部　　（b）内部

图 7.17　SmarTruck Ⅲ外部和内部图

（1）能够利用光电信息技术探测出化学和生物武器的威胁,避免车上人员受到伤害。还能在完全黑暗的环境下锁定目标。

（2）车上装有各种拦截和干扰无线电通信的电子设备以及高速上网装置和 DVD 系统。在出现紧急情况时,能够在 1h 之内变成指挥中心、野战炊事车、净水车或战地发电车。

（3）配备了导弹发射架,发射的导弹能摧毁吉普车、卡车和轻型装甲车。

（4）可搭载遥控无人驾驶侦察机。

（5）装有红外线敌我识别系统,以防止友军火力造成误伤。

7.3.7　无人驾驶汽车的发展趋势

1. 高速公路环境下的无人驾驶系统

这类系统将使用在环境限定为具有良好标志的结构化高速公路上,主要完成道路标志线跟踪、车辆识别等功能。

2. 城市环境下的无人驾驶系统

与高速环境研究相比，城市环境下的无人驾驶由于速度较慢，因此更安全可靠，应用前景更好。但是城市环境也更为复杂，对感知和控制算法提出了更高的要求。

3. 特殊环境下的无人驾驶系统

无人驾驶汽车研究走在前列的国家，一直都很重视其在军事和其他一些特殊条件下的应用。但其关键技术和基于高速公路与城市环境的车辆是一致的，只是在性能要求上的侧重点不一样。

7.4 车 联 网

车联网是指装载在车辆上的电子标签通过无线射频等识别技术，实现在信息网络平台上对所有车辆的属性信息和静动态信息进行提取与有效利用，并根据不同的功能需求对所有车辆的运行状态进行有效的监管和提供综合服务。车联网将缓解城市交通堵塞、减少车辆尾气污染以及减小车辆安全隐患。

7.4.1 车联网网络基础

车联网必须以公众网为基础。车联网需要汽车与网络连接，还要求全国一张网，覆盖所有汽车能到的地方，7×24h 在线，通畅快捷的信息上传下行通道，实现语音、图像、数据等多种信息传输，只有公众通信网能够满足这些条件。车辆网网络系统示意图如图 7.18 所示。

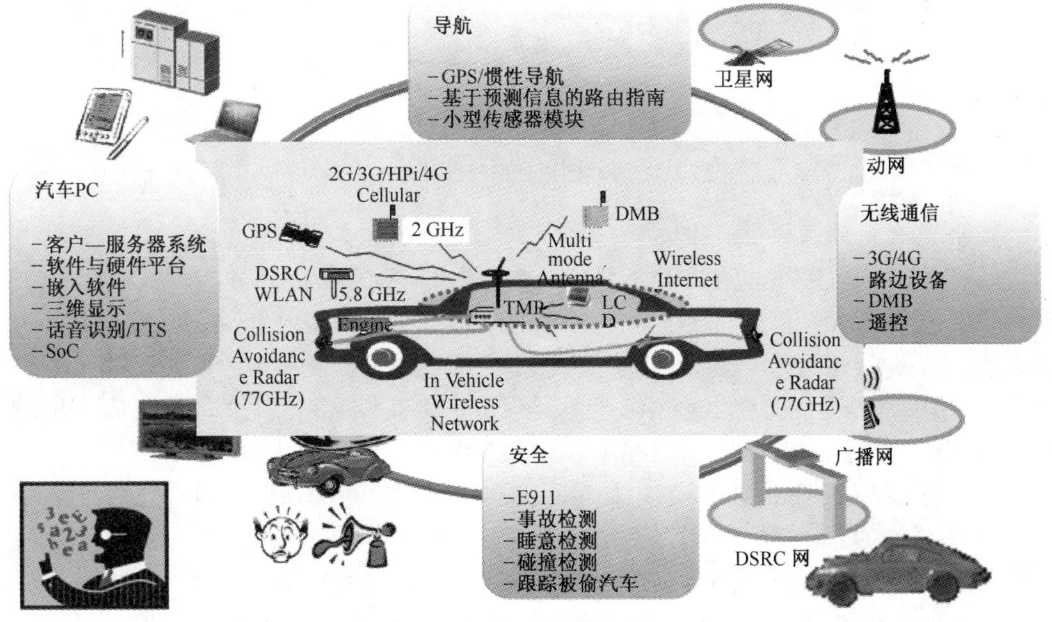

图 7.18 车辆网网络系统示意图

3G 和 4G 网络为车联网提供了完备的网络基础。目前,我国三大运营商都已经建成覆盖全国的基础通信网,网络覆盖广、性能优、可靠性高。移动通信网络高速发展,能够提供宽带化的无线信息传输通道,在全国范围内更好地实现无线漫游,并可以处理图像、视频流等多种媒体形式,这为建设车联网提供了坚实的网络基础。

7.4.2　车联网通信系统设计

车联网的通信系统设计总体方案如图 7.19 所示。

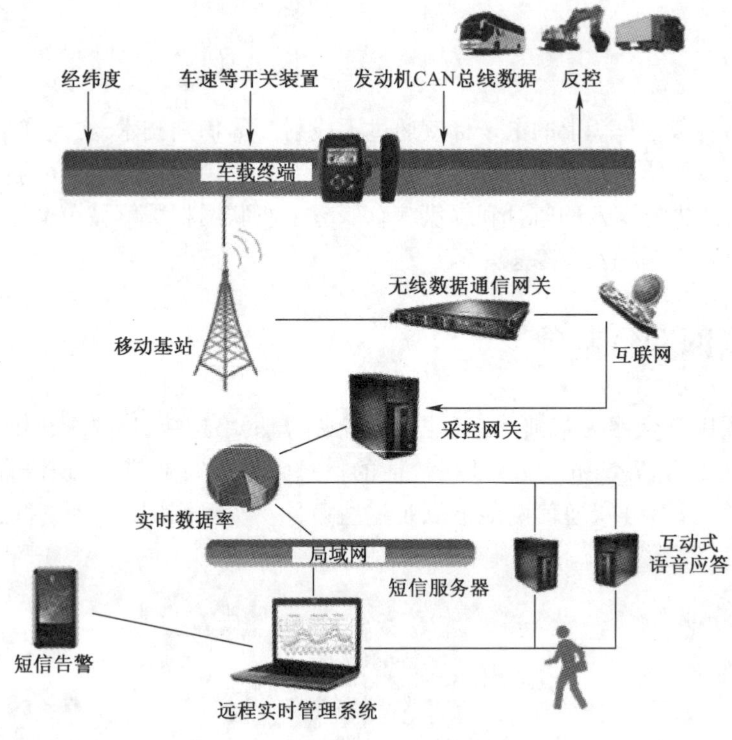

图 7.19　车联网通信系统设计总体方案

1. 信息交换协议模型设计

车辆内部的动态数据包括车辆本身的参数(例如车辆的位置、车速、车距、温度和油费等),引擎的操作参数(例如气缸压力、机械和电控空气、燃料的摄入量、各种工艺参数)和轮胎参数(主要包括轮胎气压、温度等)。而数据库的数据通过车辆中的嵌入式数据库来组织信息。数据库本身是动态变化的,主要目的是保持车辆和主机/站点间的频繁通信。由于数据库内容的不断更新,需要和远处数据库等数据源保持同步。

控制决策单元的命令主要来自电控单元(ECU),因此车辆系统具有简单的状态监测和故障诊断功能。例如,设置警示灯是为了防止车速超过一定限制,避免碰撞系统可以防止汽车之间的因距离过小而造成汽车碰撞。这些功能的实现不会对车辆驾驶员造成冲突,驾驶员和系统数据的交换可以绕开数据库。车辆信息交换/传输模型如图 7.20 所示。

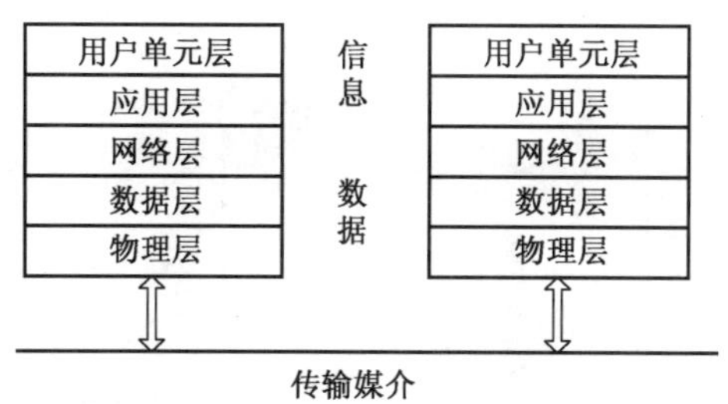

图7.20　车辆信息交换/传输模型

2. 网络系统设计

为实现总线网络中数据流畅通,需解决如下几个问题:

(1) 实现满足CAN2.0B协议的CAN总线物理层与数据链路层。

(2) 编写CAN总线驱动程序,实现CAN节点微处理器操作CAN控制器完成数据收发、波特率设置功能。

(3) 设计网络层协议和统一的数据包格式。

(4) 编写应用层相关协议代码,解析各节点收到数据的含义,实现节点命名、节点地址声明、地址声明冲突检测与处理、多包传输协议、数据请求、命令与应答功能。

(5) 用户功能设计,基本功能块设计,实现车辆的检测与智能控制。

7.4.3　车联网技术应用现状

目前,车联网技术已成功应用于停车引导系统、高端用户消费增值系统、交通实时指挥系统、公交线路管理系统、车辆年检核查系统、车辆健康状况追踪系统、车辆追踪与报警系统、手持式抄牌系统、汽车尾气监控系统、停车场车位引导系统、停车场全自动收费系统、电子驾照系统、电子牌照系统、公交优先系统、不停车收费系统等。

7.4.4　车联网与智能交通系统

智能交通系统(Intelligent Traffic System,ITS)就是利用现代计算机、信息、通信、控制技术把车辆、道路、使用者紧密结合起来,以解决汽车交通事故、堵塞、环境污染及能源消耗等问题为目的,基于智能化、信息化的汽车交通系统。智能交通系统的目标就是建立一个高效、便捷、安全、环保、舒适的综合交通运输体系。

当前的交通信息化要以车为节点,建立车联网。当前智能交通的重点在于解决拥堵问题,亟待建立以车为节点的信息系统即车联网。车联网就是要综合现有的电子信息技术,将每一辆汽车作为一个信息源,通过无线通信手段连接到网络中,进而实现对全国范围内车辆的统一管理。汽车车载网络系统如图7.21所示,智能交通系统示意图如图7.22所示。

未来的交通是通信和汽车的完美融合,未来的信息交流将是随时随地、可听可看可闻可感的全方位信息沟通。任何信息交流都不能取代人与人之间真实的会面,而人与人的实际

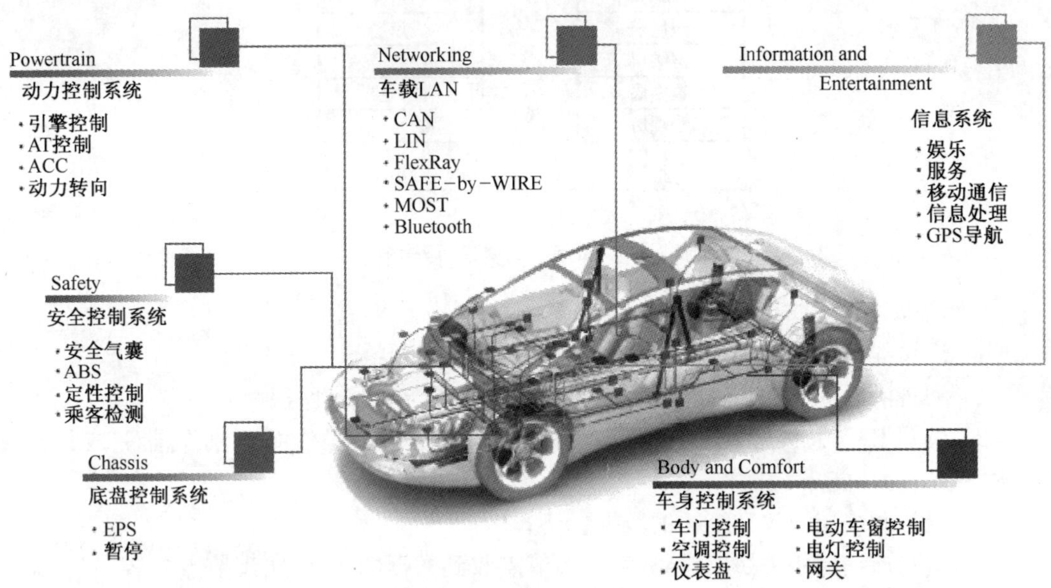

图 7.21 汽车车载网络系统

ACC—自适应电子巡航控制系统；ABS—防抱死制动系统；EPS—电子稳定程序控制系统；
CAN—控制器局域网；LIN—局域互联网；FlexRay—新一代车载网络标准；
SAFE by WIRE—线控安全；MOST—面向媒体的系统传输；Bluetooth—蓝牙。

交往，从根本上是要依靠交通解决。未来的交通恰恰是汽车和通信的融合。当汽车制造与信息技术完美交织在一起，将展现一个“零排放、零交通事故、远离对石油的依赖、远离交通堵塞、实现有趣而又时尚驾驶”的美好城市交通生活。车联网是交通信息化的未来，车联网与智能交通系统的关系如图 7.23 所示。

图 7.22 智能交通系统示意图

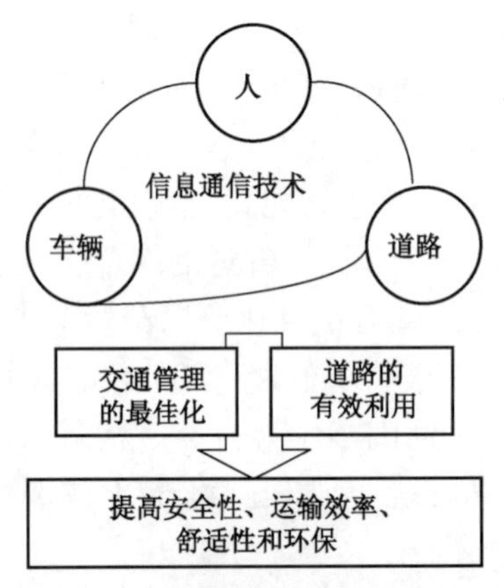

图 7.23 车联网与智能交通系统的关系

7.5　驾驶机器人

7.5.1　驾驶机器人的研究背景

驾驶机器人是指无须对车辆进行改装，可无损安装在驾驶室内，并适应于各种车型，能模拟人在真实驾驶过程中对车辆的各种控制动作，替代驾驶员在危险条件和恶劣环境下进行车辆驾驶的特种机器人，在民用和军用领域都具有广泛的应用价值。

在民用领域，随着谷歌无人驾驶汽车在美国加州试运行，汽车驾驶机器人成为汽车工业发展的一个重要方向。随着汽车工业的发展，人类对汽车的性能要求越来越高，这就需要借助于大量的试验来改进设计。而汽车试验中的许多项目，由于重复性强、持续时间长、危险性大、工作环境恶劣、循环车速频繁变换，必须不断地进行汽车的加速、稳速、减速和换挡，并且速度的变化和行驶的路程存在约束关系，驾驶员注意力必须保持高度集中，劳动强度大，易疲劳，难以完成长时间的汽车试验。另外，试验过程中驾驶员驾驶行为的变化，往往导致试验结果不一致，从而降低了汽车试验数据的有效性，因此更适合由机器人来代替试验人员进行汽车试验。汽车驾驶机器人是在汽车试验中代替人类驾驶员进行驾驶操作的工业机器人，用于在室内底盘测功机上操纵车辆进行各种性能试验和耐久性试验，实现国家标准规定的循环行驶工况的车速跟踪控制。利用驾驶机器人进行汽车试验对于减轻试验人员的劳动强度，降低试验环境对试验人员的伤害，节省试验费用，提高试验效率，增强试验结果的客观性和准确度，消除人为因素的影响，进而加速汽车研发进度都有重要的意义。

另外，不同等级的残疾者和各种不同智力水平的人对外界环境的变化会有不同程度的反应，因此需要研究他们驾车时的各种情况。用驾驶机器人来仿生各种不同等级的残疾者和不同智力水平驾驶员来应付各种模拟的道路及交通情况会比真人方便、容易，由此取得的反馈信息有利于更好地改进车辆的设计及提高车辆对人的适应性。此外，在诸如核电站、重化工、水泥厂等存在严重污染的场合，应用驾驶机器人可显著提高安全性。

在军用领域，利用驾驶机器人作为地面移动武器驾驶员可进行驾驶、侦察、通信以及武器的操控，减少车辆和武器运动平台内的人数，实现零伤亡。

国外驾驶机器人的关键技术还处在保密阶段，自主研究驾驶机器人对缩小我国与发达国家在该领域的差距，提高我国汽车工业的技术水平具有重要的意义，并可为其在无人驾驶救护车、无人驾驶消防车、无人驾驶武器平台、战地侦察车、军事后勤补给车、星球探测漫游车等民用军用领域的应用提供理论基础和技术支撑，具有重要的科学意义和广泛的应用前景。

7.5.2　驾驶机器人的国外研究现状

自 20 世纪 80 年代中期，由于人们对环境保护意识的不断加强和提高，排放法规日益严格，为了提高产品设计研发的效率，缩短汽车试验的时间，国外开始研究汽车驾驶机器人，以提高汽车试验的精度，这其中以美国、日本、德国、英国等国为主。特别是国际间实施排放法规后,加速了此种机器人的研制。国外许多科研院校和公司相继研发了用于汽车试验的驾驶机器人以代替试验人员进行汽车的驾驶,无论在基础理论研究方面,还是在实际应用方面都取得了很大的进展。

在基础理论研究方面,Wolfgang Thiel 等研究了驾驶机器人不同驾驶风格的模拟以及不同驾驶风格对汽车排放性能的影响。Kai Muller 等运用鲁棒控制实现了驾驶机器人的车速控制,能够有效抑制外界不确定扰动和汽车参数不确定性,但控制参数调整复杂,仅停留在理论研究阶段。Joseph Christian Gerdes 等针对汽车发动机、制动器、轮胎等的非线性特性,研究了智能交通系统中汽车速度的鲁棒控制,采用局部线性化的方法,协调控制油门和制动实现汽车速度与加速度的跟踪控制,使系统具有较强的鲁棒性,但没有考虑到执行机构响应时间对控制模型的影响。在车辆特性自学习方面,Akinobu Moriyama 等运用线性查表的方式,通过机器人自学习建立油门开度与发动机转速和发动机扭矩的关系以及制动器位移与制动力的关系,计算结果存储在主控计算机中,具有控制简单、实时性高的优点,但没有考虑到长时间驾驶引起的车辆特性参数的变化以及外界不确定因素的影响。

在实际应用方面,国外驾驶机器人的关键技术还处在保密阶段,相关文献和资料较少,目前只有少数几个发达国家拥有该项技术,主要有德国 SCHENCK(图 7.24)、STÄHLE(图 7.25)、WITT,美国 LBECO,英国 MIRA、Froude Consine(图 7.26),日本的 HORIBA(图 7.27)、Autopilot、AUTOMAX 等。这些机器人在结构上基本相似,主要都由油门机械腿、制动机械腿、离合器机械腿(对于配备自动变速箱的试验车,离合器机械腿可以省去)和换挡机械手组成,驱动方式主要有液压、气动和电动三种。液压驱动方式的缺点在于对油的密封性要求高,机构复杂;气动驱动方式虽然气源获取容易,机构简单,但是由于油门机械腿定位精度要求很高,如果全部采用气压驱动方式的话,那么执行机构和检测控制系统则相对复杂。由于气动执行机构实现轨迹控制和多点准确定位(如换挡)很困难,加上近年来电机伺服控制技术的发展,开发全电动的驾驶机器人已成为发展趋势。为了保证系统驱动方式的一致性以及汽车驾驶机器人应用的通用性,同时出于控制精度以及方便性方面的考虑,驱动方式均采用电动方式。电动驱动方式具有以下优点:

图 7.24 德国 SCHENCK 驾驶机器人

图 7.25 德国 STÄHLE 驾驶机器人

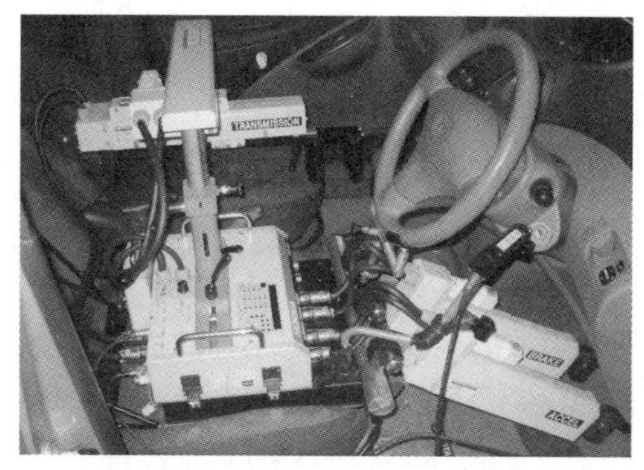

图 7.26　英国 Froude Consine 驾驶机器人

图 7.27　日本 HORIBA 驾驶机器人

(1) 直接使用电瓶作动力源，不需要附加装置，可以免去液压系统复杂的油源装置，且没有污染。

(2) 以一个交流伺服电机代替一个油缸(气缸)和两个电磁阀，大大节约了成本，简化了机构，提高了可靠性。

(3) 整个系统实现电传动，电机启动力矩和制动力矩都较大，启动和制动时间短，响应速度快，定位精确。

(4) 控制简单。

以德国 STÄHLE 的驾驶机器人为例，它主要由执行机构、控制器、计算机以及与底盘测功机的通信接口组成。其中执行机构由换挡机械手和油门、离合、制动执行器组成，驱动方式采用电动驱动，其工作原理为：步进电机转动→拉动钢绳运动→压缩弹簧→执行杆运动→踏板转动，这里弹簧的作用是使油门、离合、制动踏板执行器工作时具有像人肌肉一样的柔韧性；控制器接收各个输入信号(包括步进电机的转角、发动机转速、车速等)，并对各个信号进行处理，输出各个控制信号去控制步进电机的转速、转角等；计算机接收控制命令，并将其传递给控制器，提供人机对话界面，接收控制器传来的数据，并可将其可视化；通信接口提供计算机与底盘测功机之间的数据通信。机器人的工作过程为：安装→示教→学习→工作。近年来，国外一些著名的公司开始研制用于道路试验的室外驾驶机器人，如德国大众(图 7.28)、美国克莱斯勒(图 7.29)，日本丰田、日本尼桑等，它是在室内驾驶机器人的基础上增加用于获取当前车辆位置的传感器、计算机视觉和车辆导航功能，以及操纵汽车方向盘的执行机构。

图 7.28　德国大众室外驾驶机器人

图 7.29　美国克莱斯勒室外驾驶机器人

7.5.3 驾驶机器人的国内研究现状

国内于20世纪90年代中期开始汽车驾驶机器人的研究工作，起步相对较晚，但已经取得很大进展。主要有东南大学与南京汽车研究所联合成功研制的、具有自主知识产权的DNC-1型、DNC-2型和DNC-3型驾驶机器人。其中DNC-1型驾驶机器人为全气动驱动方式，油门位置定位精度较差；DNC-2型驾驶机器人为气电混合驱动方式，油门机械腿改为步进电机驱动，改善了油门的控制精度，但DNC-1型和DNC-2型机器人安装时需要拆卸驾驶员座椅，安装固定不便；DNC-3型驾驶机器人为全电动驱动方式，执行机构定位快速准确，无须拆装座椅，可无损快速安装。图7.30~图7.35所示分别为DNC-1型、DNC-2型和DNC-3型驾驶机器人及其在试验车辆上的安装图。在国家自然科学基金项目的资助下，南京理工大学机械工程学院正和东南大学仪器科学与工程学院进行DNC-4型电磁驱动无人驾驶机器人的研究工作。

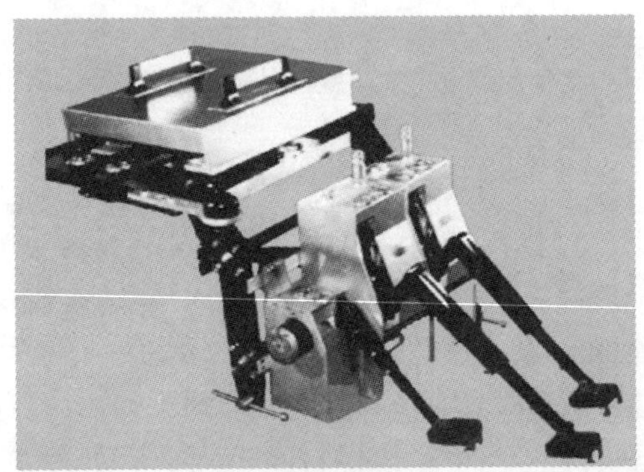
图7.30 DNC-1型驾驶机器人

图7.31 DNC-1型驾驶机器人安装在卡车上

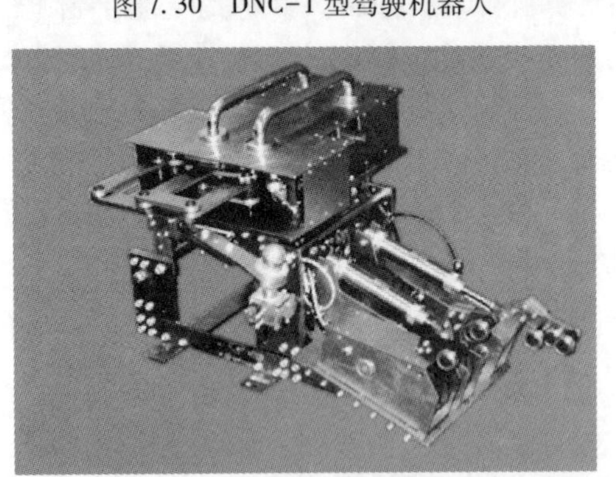
图7.32 DNC-2型驾驶机器人

图7.33 DNC-2型驾驶机器人安装在轿车上

近年来，重庆大学、太原理工大学、哈尔滨工业大学也展开了汽车驾驶机器人的研究，而国内其他高校，如清华大学、浙江大学、吉林大学、国防科技大学、北京理工大学、南京理工大学等在相关领域的研究主要侧重于智能车辆的研究，它将汽车作为一个整体进行考虑，把车辆作为移动机器人进行改装或重新设计，对汽车的操纵机构甚至动力系统等进行了较大的改造或者重新设计，成本高，一旦该车辆某一部分损坏，就无法继续进行作业。而驾驶机器人并非构建在特殊的车辆上，不需要对车辆进行改造，而是可以无损地安装到各种规格的汽车上，一旦车辆损坏，该机器人可以换装到另一台车上使用。智能车辆与基于驾驶机器人的自主车辆之间具有一定的共性，主要体现在导航、环境感知、信息融合、规划决策与控制等方面，在这些方面的研究成果可以相互借鉴与利用。

图 7.34　DNC-3 型驾驶机器人

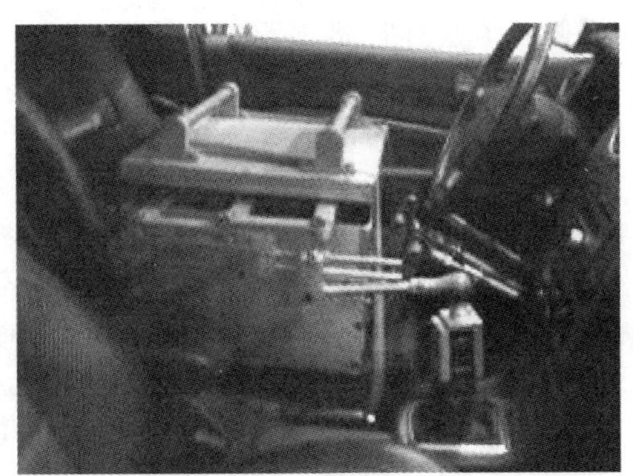

图 7.35　DNC-3 型驾驶机器人安装在轿车上

7.5.4　驾驶机器人的设计要求

汽车驾驶机器人是在汽车试验中代替人类驾驶员进行驾驶操作的工业机器人，用于在室内底盘测功机上操纵车辆进行各种性能试验和耐久性试验。汽车驾驶机器人需要真实模拟驾驶员的驾驶操作，在动作上要具有人肌肉的弹性和柔顺性，在操作配合上具有人的协调性，在控制上要具有自适应性以适合各种不同汽车动力模型的变化，此外执行机构必须小巧灵活，适合不同车型驾驶室内无损快速安装。汽车驾驶机器人能够根据循环行驶工况协调控制油门机械腿、制动机械腿、离合器机械腿和换挡机械手，实现汽车的启动、换挡、加速、稳速、减速和怠速等工况，从而跟踪设定的循环行驶车速。汽车驾驶机器人的基本要求如下：

（1）驾驶机器人执行机构能够轻巧、方便、快速地无损安装于驾驶室的有限空间内，并定位准确，其运动速度精密可调。

（2）驾驶机器人执行机构能够适应各种车型的不同尺寸，重量合适，具有过载保护，以避免损坏油门踏板、变速器等汽车装置。

（3）驾驶机器人能够自动操纵油门机械腿、制动器机械腿、离合器机械腿、换挡机械手，进行多机械腿/手的协调配合，以满足试验标准要求的循环行驶工况的车速跟踪。

（4）驾驶机器人可适应各种型号的汽车，可自学习完成不同车型的结构参数和动力性能，并对长期驾驶带来的离合器磨损和发动机性能恶化进行参数自补偿。

（5）车速的跟踪精度满足±2km/h，超差时间小于 1s。

（6）自动驾驶过程中有故障发生时，车辆能安全停止。

7.5.5　驾驶机器人执行机构及驱动

以下将以具体实例介绍驾驶机器人执行机构及驱动。

汽车驾驶机器人执行机构驱动系统均选用日本安川交流伺服电机，型号为SGMAH02A，该电机的主要性能指标如下：额定功率为200W，额定转速为3000r/min，最高转速为5000r/min，额定转矩为0.637Nm，瞬时最大转矩为1.91Nm。汽车驾驶机器人执行机构实物图和换挡机械手内部图分别如图7.36、图7.37所示。汽车驾驶机器人执行机构俯视及侧视图如图7.38所示。

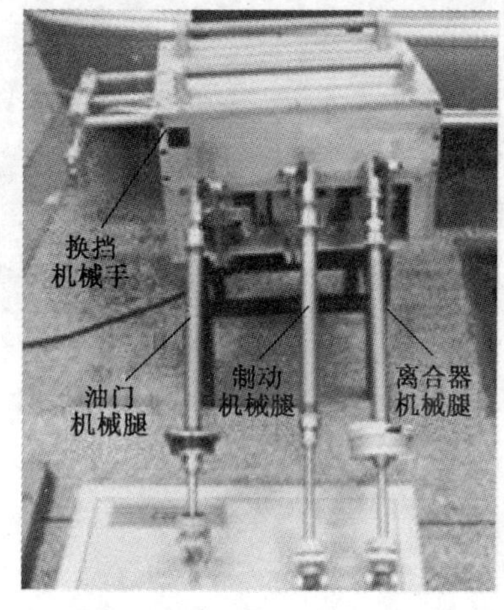

图7.36　驾驶机器人执行机构内部图

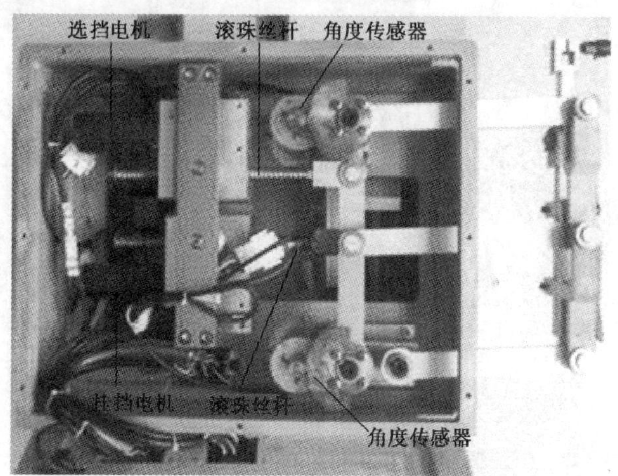

图7.37　驾驶机器人换挡机械手内部图

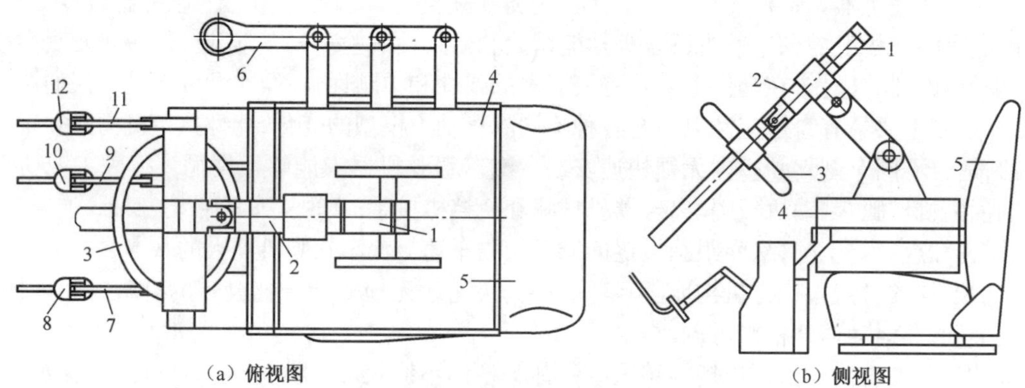

图7.38　汽车驾驶机器人执行机构俯视及侧视图

1—伺服电机；2—减速机；3—方向盘；4—底座；5—座椅；6—换挡机械手；7—离合器机械腿；8—离合器踏板；9—制动机械腿；10—制动踏板；11—油门机械腿；12—油门踏板。

汽车驾驶机器人对油门机械腿的基本要求为：

（1）结构简单，能够安装在汽车驾驶室的狭小空间内。

（2）安装的通用性好，对安装初始位置定位要求低。

（3）无须对汽车换挡机构进行改造，可直接安装。

（4）能够适用于不同行程和结构尺寸的油门踏板。

（5）运动控制简单，定位精度高，运动速度灵活可调整。

油门机械腿的驱动方式采用交流伺服电机位置伺服控制，在给定时间内完成从一车速到另一车速的加速、恒速和减速操作。驱动系统选用日本安川交流伺服系统。油门机械腿的主要技术指标为:最大行程为 200mm,最大速度为 0. 45m/s,最大力量为 100N,定位误差不超过±0. 5mm,最小可调行程不超过 2mm,自由度为 1。

汽车驾驶机器人对制动器机械腿的基本要求为:

(1) 结构简单,能够安装在汽车驾驶室的狭小空间内。

(2) 无须对汽车换挡机构进行改造,可直接安装。

(3) 安装的通用性好,对安装初始位置定位要求低。

(4) 能够适用于不同行程和结构尺寸的制动器踏板。

(5) 能够方便地调节制动的力量。

制动器机械腿的驱动方式采用交流伺服电机力矩伺服控制,在给定的时间内完成从一车速到另一车速的减速操作。驱动系统选用日本安川交流伺服系统。制动器机械腿的主要技术指标为:最大行程为 200mm,最大速度为 0. 30m/s,最大力量为 400N,定位误差不超过±3mm,自由度为 1。

汽车驾驶机器人对离合器机械腿的基本要求为:

(1) 结构简单,能够安装在汽车驾驶室的狭小空间内。

(2) 无须对汽车换挡机构进行改造,可直接安装。

(3) 安装的通用性好,对安装初始位置定位要求低。

(4) 能够适用于不同行程和结构尺寸的离合器踏板。

(5) 具有运动速度快,以快速分离汽车离合器,同时能够调节回收的速度,以满足汽车起步和换挡过程中对离合器回收快慢动作的要求。

离合器机械腿的驱动方式采用交流伺服电机速度伺服控制,实现快速分离和平稳接合,在汽车起步时基本模拟离合器的实际接合过渡状态。驱动系统选用日本安川交流伺服系统。离合器机械腿的主要技术指标为:最大行程为 200mm,分离最大速度为 0. 50m/s,接合最大速度为 0. 35m/s,最大力量为 200N,定位误差不超过±3mm,自由度为 1。

汽车驾驶机器人对换挡机械手的基本要求为:

(1) 结构简单,能够快速地安装。

(2) 结构紧凑,重量轻,体积小,能够在安装在车内比较狭小的空间内。

(3) 形状扁平,体积小,便于在驾驶室中快速装卸而不需拆除座椅。

(4) 安装的通用性好,对安装初始位置定位要求低,普通的操作人员经过简单的培训就能够自主进行安装;无须对汽车换挡机构进行改造,可直接安装。

(5) 能够实现选挡、挂摘挡两个方向运动互不干涉,而且运动线性度高,机械解耦,方便控制。

(6) 换挡速度、换挡力量可调整。

(7) 能够适用于各种不同型号变速器的换挡行程以及不同的挡位分布。

据统计,80000km 的排放耐久性试验中,不包括减速阶段的换挡的话,需要进行 2.12×10^5 次的换挡,如果减速阶段也需要换挡的话,累计需要 3.52692×10^5 次的换挡操作,这要求换挡机构定位准确,动作应具有人肌肉的弹性和柔顺性,从而降低变速器的磨损。换挡机械手要模拟驾驶员的换挡特性以真实复现换挡的实际工况,这就要求在换挡过程中,不仅要能实现快速准确的换挡定位,而且应具有适度的柔性。汽车驾驶机器人换挡机械手控制变速杆在“王”字形导槽中运动，换挡区域示意图如图 7.39 所示。

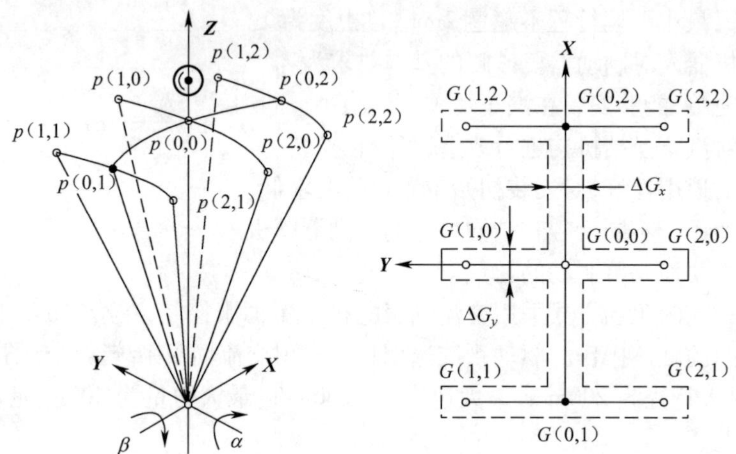

图 7.39　换挡区域示意图

图 7.39 中，α 为挂、摘挡轨迹所在平面和平面夹角；β 为变速杆所在直线与选挡平面夹角；$G(i,j)$ 为各挡位置，$G(0,0)$ 为空挡，$G(1,j)$、$G(2,j)$ 为可能的挡位，$\overline{G(0,1)G(0,0)G(0,2)}$ 为选挡轨迹；$P(i,j)$ 为换挡驱动力作用点，对应于 $G(i,j)$，一般 P 点靠近变速杆顶端，$G(i,j)$ 或 $P(i,j)$ 由 α、β 确定，有 $G(i,j)=f_G(\alpha,\beta)$，$G_x=\alpha$，$G_y=\beta$。这里，$i,j=0,1,2$。根据变速杆的运动轨迹，可确定换挡机械手的操作技术要求为：

（1）设 ΔG_x、ΔG_y 分别为选挡，挂、摘挡轨迹允许的偏差 $\Delta G_x,\Delta G_y \leqslant \Delta G = 1\sim 2\text{mm}$，相应 ΔP_x、$\Delta P_y \leqslant \Delta P = 4\sim 6\text{mm}$。

（2）不同的车型，$G(i,j)$ 表示的挡位不同；同一型号，$G(i,j)$ 相应的 G_x、G_y 也不同，需要实际测量得到。

（3）换挡机械手运动范围，通常 $\left|\overline{p(1,j)p(2,j)}\right|$、$\left|\overline{p(0,1)p(0,2)}\right| \leqslant 200\text{mm}$，即变速杆 P 点的运动范围（称为换挡区域）为 $L_g \times L_g = 200\text{mm} \times 200\text{mm}$。

换挡机械手的驱动方式采用交流伺服电机力矩、位置综合控制，通过示教可适用于地板式或仪表盘式左手/右手、自动挡/手动挡换挡，根据指令自动选择挡位并平稳换挡。驱动系统选用日本安川交流伺服系统。换挡机械手的主要技术指标为：能输出两个垂直方向的换挡力，自由度为 2，选挡最大行程为 250mm，挂挡最大行程为 250mm，选挡最大速度为 0.60m/s，挂挡最大速度为 0.60m/s，选挡最大力量为 250N，挂挡最大力量为 250N，执行端挡位定位误差和换挡轨迹误差不超过±2mm。

换挡机械手是汽车驾驶机器人整体机构中的关键组成部分，采用七连杆、两自由度的机械机构，该机械结构设计精巧，程序控制起来十分方便。该换挡机械手具有以下特点：①机械解耦，控制方便；②精度较高，能满足换挡要求；③行程大，能适用于多种车型；④结构紧凑，重量轻；⑤形状扁平，便于在驾驶室中快速装卸，安装性和通用性好，成本低，易于推广。而汽车驾驶机器人油门、制动器、离合器机械腿采用电机驱动滚珠丝杠进行传动，机构简单，控制精度高。汽车驾驶机器人油门、制动器、离合器机械腿和换挡机械手的主要技术指标见表 7.2。

表 7.2　汽车驾驶机器人执行机构主要技术指标

驾驶机器人执行机构	最大输出端行程/mm	最大输出力量/N	最大运动速度/(m/s)
油门机械腿	200	100	0.45
制动器机械腿	200	400	0.30
离合器机械腿	200	200	0.35
选挡机械手	250	250	0.60
挂挡机械手	250	250	0.60

7.5.6　驾驶机器人控制系统硬件设计

驾驶机器人由换挡机械手、油门机械腿、制动机械腿、离合器机械腿、计算机控制系统、电动驱动系统等组成，采用纯电动驱动的方式，使机器人的操作能够具有人类试验人员肌肉的快速性和柔顺性，满足了汽车驾驶动作快速（如换挡、制动）、快慢接合（如离合器）、慢速（如油门）等运动要求。汽车驾驶机器人的系统结构如图 7.40 所示。

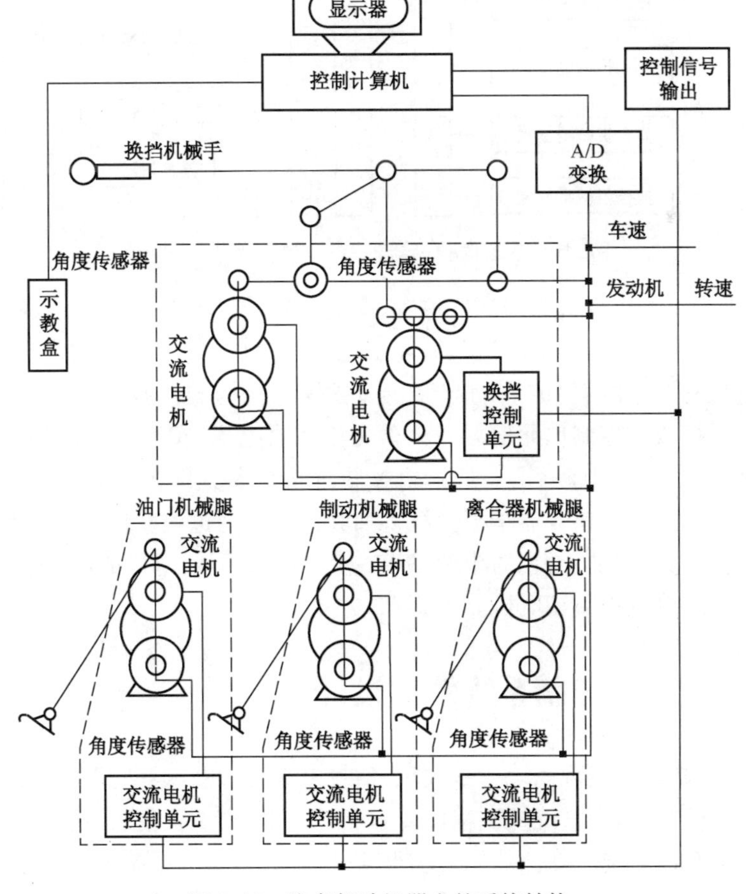

图 7.40　汽车驾驶机器人的系统结构

油门机械腿采用交流电机伺服控制方式，以实现油门的高精度定位；制动机械腿采用交流伺服电机驱动，通过自调节制动力大小实现对制动减速度的控制；离合器机械腿采用交流伺服电机驱动，实现离合器机械腿回收速度的调节，满足起步和换挡过程中离合器动作的快慢要求；换挡机械手是驾驶机器人系统的关键执行部件，它采用七连杆两自由度闭链机构，采用两个关节角位移传感器反馈移动信息，根据角位移确定机械手的空间位移坐标，在不需要对汽车换挡机构进行改造的前提下，实现选挡和挂摘挡两个方向运动的机械解耦，最终实现对驾驶机器人机械手的精确控制。驾驶机器人控制计算机完成对信号的测量、诊断以及对执行机构的运动控制，同时与底盘测功机控制计算机、现场服务器进行通信，协调完成汽车试验。汽车驾驶机器人系统对试验车辆参数进行实时采集、处理、存储和监控，对数据采集通道超过极限值进行声光报警，同时传感器安装方便可靠，适应长时间连续工作。

汽车驾驶机器人检测控制系统主要完成有关传感器的信号采集、处理与执行机构的输出控制。汽车驾驶机器人检测控制系统原理框图如图 7.41 所示。

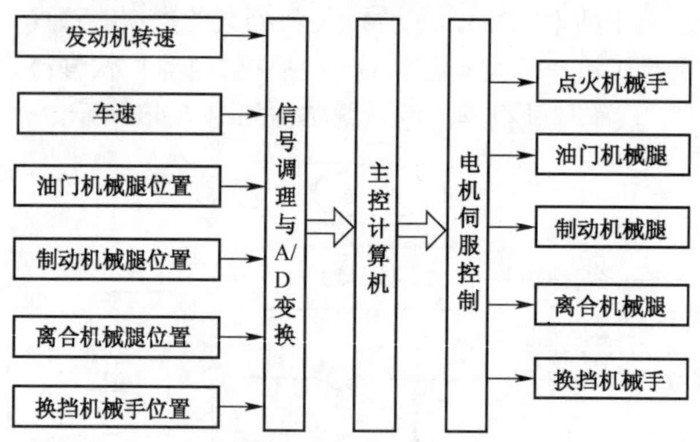

图 7.41　汽车驾驶机器人检测控制系统原理框图

主控计算机接收各执行机构的当前位置、车速与发动机转速等信息，然后根据所得到的输入数据与预先输入至存储器中的试验循环工况数据，计算并实时地输出执行机构指令信号。主控计算机还控制发动机的启动与停止。各执行机构的伺服控制采用电动驱动的方式，伺服控制单元接收主控制单元信号后驱动交流伺服电机，实现对交流伺服电机的控制。点火、换挡机械手及油门、制动、离合换挡机械腿等执行器分别操纵点火钥匙、变速器换挡杆、油门踏板、制动器踏板、离合器踏板。汽车驾驶机器人通过改变传送给驱动电路的 PWM（脉宽调制）信号的极性和占空比，控制器改变应用到交流伺服电机的电压。驱动电路放大控制信号，提供饱和电流以驱动电机。

7.5.7　驾驶机器人控制系统软件设计

驾驶机器人控制软件实现系统参数设定、信号测量与诊断、运动控制、车速跟踪、远程通信等功能。由于驾驶机器人系统控制精度要求高，测试控制过程复杂，实时采集的数据量和处理量大，这样除对该系统的硬件性能要求很高外，驾驶机器人系统的软件也必须功能强大且稳定而高效。基于上述考虑，系统软件编写采用面向对象的设计方法，整个编写过程体现模块化、结构化的软件设计思想,整个软件控制系统便于修改和维护。汽车驾驶机器人控制软件结构框图如图 7.42 所示。

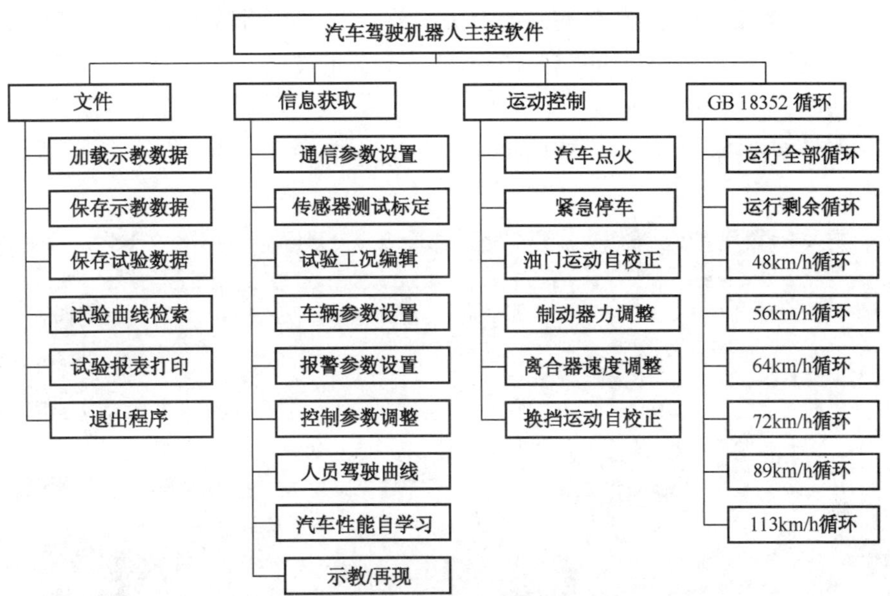

图 7.42　汽车驾驶机器人控制软件结构框图

汽车驾驶机器人软件功能模块主要有:

(1) 试验人员管理模块:试验人员姓名、人员编号、部门、照片、密码等信息的管理。

(2) 试验数据管理模块:保存试验数据,并支持历史试验数据的查询检索与回放。试验报表打印。查询时能够按照时间、试验人员姓名或者编号、试验车名称或者型号等信息进行数据检索。

(3) 传感器信息测试模块:该模块主要完成驾驶机器人安装完成之后的系统测试。包括传感器位置检测:油门位置、制动器位置、制动力量、离合器位置、车速、发动机转速、换挡机械手位置以及其他相关的传感器信号的测试。运动控制测试:油门机械腿(下压、回收、运动速度调节、不同速度下的位置定位)、制动机械腿(下压、回收、位置定位、制动力调整)、离合器机械腿(下压、回收、回收运动速度调节、位置定位)、换挡机械手(摘挡、选挡、挂挡运动)。其他输入输出量的检测:紧急按钮、跑偏、爆胎等故障的检测,报警输出。

(4) 传感器数据拟合模块:针对不同的底盘测功机系统和车型,需要对某些传感器进行重新的拟合和标定。例如发动机转速,发动机的缸数不同,对应关系也有所区别。车轮的有效半径不同,转鼓测得的转速和车速的对应关系也需要重新标定。

(5) 汽车参数设定模块:车辆质量、变速器类型(手动挡或自动挡)、挡位数目、发动机最大输出功率、发动机最大转速、发动机缸数、主减速比、各挡速比、加速换挡点、减速换挡点、换挡规律曲线设定、换挡发动机转速等有关参数。

(6) 示教及自学习模块:该模块主要完成示教及自学习,机械腿位置示教:油门位置、制动器位置、离合器位置、挡位位置的示教和再现。挡位分布参数设定:能够进行挡位位置编辑和设定、分布图设定,在试验过程中动态显示挡位的位置。为了进行控制所需要进行的自学习内容。

(7) 试验工况曲线编辑模块:设定时间-车速对应关系,不断计算出行程。

(8) 控制参数编辑模块:软件控制的有关参数设定、编辑和查看。

(9) 试验参数设定模块:选定试验循环,输入有关的试验参数。

汽车驾驶机器人控制系统运行界面如图 7.43 所示。控制软件采用虚拟仪器面板的方式,以直观醒目的方式显示发动机转速、车速、工况预览、各个机械腿的位置、变速杆挡位等信息。

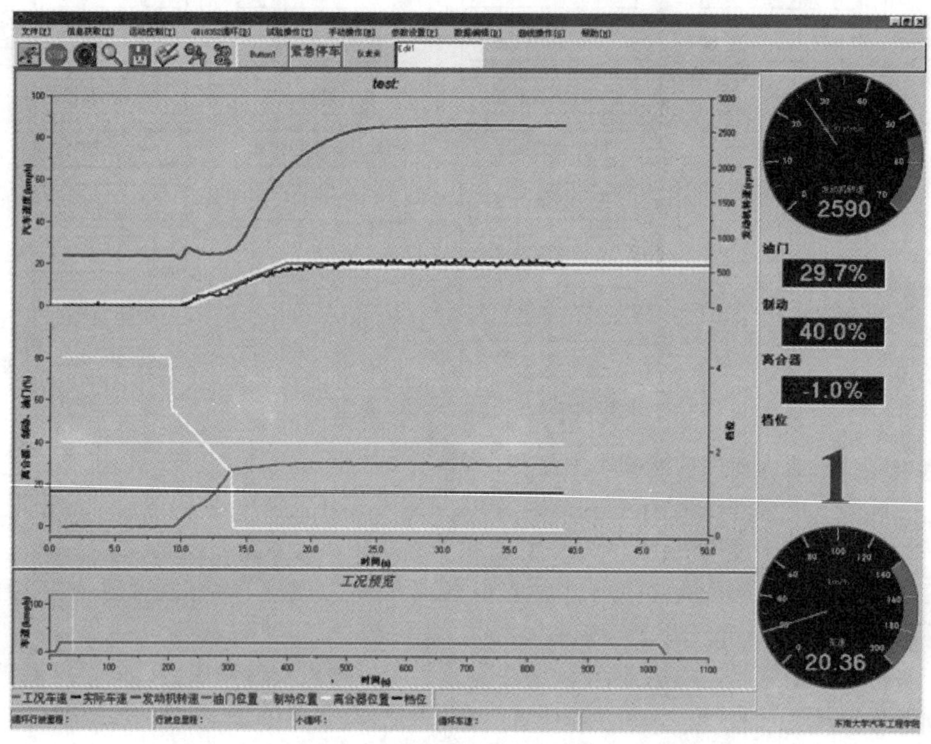

图 7.43　汽车驾驶机器人控制系统运行界面

7.5.8　驾驶机器人抗干扰设计

汽车驾驶机器人的工作环境比较恶劣,存在各种各样的干扰。因此必须采取相应的抗干扰措施,以避免驾驶机器人的误动作。在设计上,可以采取以下方法:

(1) 传感器的选择。输出电压信号幅值为 0~5V,这样的信号相对而言对干扰不敏感。

(2) 信号线的选择。使用屏蔽电缆进行信号传输,从而削弱了现场的各种干扰对信号的影响。

(3) 电源抗干扰设计。现场转鼓系统的干扰源包括:飞轮加载的电磁离合器,用于底盘功率吸收的电涡流装置,模拟路况的变频器控制装置,尾气吸收装置,模拟行驶中风阻力的鼓风机等。这些大功率、强干扰装置的启动、停止会对控制系统的电源产生干扰,因此在检测控制系统的电源线引入端加入电源线路滤波器(主要是共模扼流圈),抑制电源的噪声。

（4）开关量输入/输出通道抗干扰技术。在开关量输入/输出通道上增加光电隔离器以去除现场干扰对控制系统的影响。

（5）模拟量输入通道抗干扰技术。系统采用数据采集卡采集汽车驾驶机器人油门、制动、离合机械腿和换挡机械手的位置以及车速等信息，由于数据采集卡的模拟开关经常会受到干扰而损坏，因此在采集卡输入通道前端增加电压跟随器，以保护采集卡的模拟开关。

（6）软件的处理。采用数字滤波的方式，剔除干扰信号的影响，对于工作环境中存在的工频干扰选定用数字滤波的方式进行处理；同时读取模数转换器的数值时，采用均值滤波的方法。

（7）通信设计。在串行通信的通信协议上，传送的数据中加入了循环冗余校验码，只有当校验正确，才进行响应处理，从而避免了通信过程中的传送错误。

第8章 汽车CAD技术

8.1 CAD 技术概述

CAD 技术是以计算机、外围设备及系统软件为基础，综合计算机科学与工程、计算机几何学、机械设计与制造、人机工程学、控制理论、电子技术、信息技术等学科知识，并以工程应用为对象，在机械制造业实现包括二维绘图设计、三维几何造型设计、工程计算分析与优化设计、数控加工技术、仿真模拟、信息存储与管理等相关功能的实用技术。随着计算机技术的迅速发展，设计和生产的方法都在发生显著的变化。CAD 技术在发展过程中不同的领域有各不相同的定义和解释，这项技术从早期被定义为在制造领域的先进制造加工技术，到 20 世纪 90 年代中期强调用于工程分析的计算机辅助设计分析，再到近年来随着 3D 打印技术的兴起，将 CAD 技术从计算机的设计辅助地位推向个人制造的主导地位。也有人认为这项技术将计算机的虚拟设计与现实的制造更直接地联系到一起，将成为第三次工业革命。计算机辅助设计与辅助制造技术在制造行业中的集成应用水平已成为当前衡量一个国家科技现代化和工业现代化水平的重要标志之一。

8.1.1 CAD 系统的硬件

CAD 系统硬件的组成如图 8.1 所示。硬件是 CAD 系统运行的物质基础，主要由计算机主机、输入设备、输出设备、存储器、生产设备以及计算机网络通信设备等几个部分组成。其中生产设备和计算机网络在特定的 CAD 系统中可能有不同的要求；不同的处理对象，CAD 系统对硬件的配置和选型也各不相同，所选择的支撑软件也各不相同，对系统功能的要求也有所不同，要在众多的软件中选择适合的 CAD 系统需要全面了解系统的组成、功能及其工作过程，然后根据特点以及硬件条件来选择。

8.1.2 CAD 系统的软件

为了充分发挥计算机硬件的作用，CAD 系统必须配备功能齐全的软件，软件配置的档

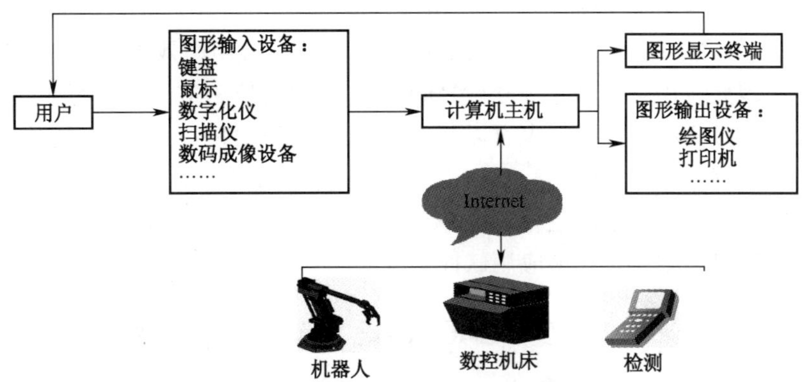

图 8.1　CAD 系统硬件的组成

次和水平是决定系统功能、工作效率及使用方便程度的关键因素。根据执行任务和处理对象的不同，CAD 系统的软件可分系统软件、支撑软件和应用软件三个不同层次，如图 8.2 所示。系统软件与计算机硬件直接关联，起着扩充计算机的功能和合理调度与运用计算机硬件资源的作用。支撑软件运行在系统软件之上，是各种应用软件的工具和基础，包括实现 CAD/CAM 各种功能的通用性应用基础软件。应用软件是在系统软件及支撑软件的支持下，实现某个应用领域内的特定任务的专用软件。

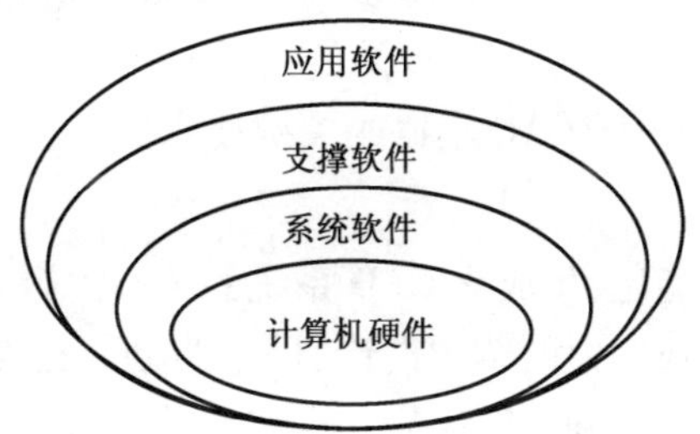

图 8.2　CAD/CAM 软件系统

表 8.1 所示为 CAD/CAM 各相关技术涉及的部分支撑软件，目前比较著名的功能集成型支撑软件主要有 Pro/Engineer（简称 Pro/E，现在开发的新产品为 CORE）、UG（Unigraphics Solutions）、I-DEAS（Structure Dynamics Research Corporation）以及 CATIA 等。

表 8.1　CAD/CAM 各相关技术涉及的部分支撑软件

功能	应用领域	软件名称
绘图	二维绘图	CADAM，AutoCAD，MicroCAD，VersaCAD 等
实体建模	造型、制造	Solid Edge，Solidworks，SolidDesigner，Mechanical Desktop 等
数控编制	数控加工、制造	BravoNCG，Vericut，DUCT，Comand，Mastercam，PowerMILL，RoboCAD，Delmia 等
有限元计算	工程分析	ANSYS，MSC 系列（Nastran、Marc、Dytran、Patran、Fatigue 等），LS_Dyna，Abaqus 等
模拟仿真	运动学、动力学分析	ADAMS，DADS，SIMPACK，RecurDyn 等
数字计算	仿真控制	MATLAB，EASY5 等
虚拟现实	虚拟制造，视景仿真	VRML，OPENGL，Vege，3DMAX，Creator 等
集成系统	多领域应用	Pro/Engineer，Unigraphics，CATIA，I-DEAS，I/EMS 等

目前,集成的支撑软件均提供了二次开发工具,如 AutoCAD 的 Auto lisp、UG 的 GRIP 等。由于支撑软件在应用过程中,根据行业的需求不断地将使用效果良好的应用软件添加到支撑软件中,因此应用软件和支撑软件之间并没有本质的区别,当某一行业的应用软件逐步商品化并形成通用软件产品时,也可以称之为一种支撑软件。由此,支撑软件中的功能模块化趋势在发展,这种模块化的结构不仅可以方便进行调试和管理,而且可以提高软件的柔性、可靠性和经济性。按照系统运行时设计人员的介入的程度以及系统工作方式,应用软件可以分为交互型、自动型和智能型应用软件系统。

8.2 CAD/CAE 系统集成技术

CAD 系统集成技术是各计算机辅助单元技术发展的必然结果。自 20 世纪 70 年代中期以来,出现了很多计算机辅助的分散系统,如 CAD、CAE、CAPP、CAM 等,分别在产品设计自动化、工艺过程设计自动化和数控编程自动化等方面起到了重要作用。但是这些各自独立的系统不能实现系统之间信息的自动交换和传递。例如,CAD 系统的设计结果不能直接为 CAPP 系统所接受,若进行工艺过程设计,仍需要设计者将 CAD 输出的图样文档转换成 CAPP 系统所需要的输入信息。所以,随着计算机辅助技术日益广泛的应用,人们很快认识到,只有当 CAD 系统一次性输入的信息能为后续环节(如 CAE、CAPP、CAM)继续应用时才能获得最大的经济效益。为此,提出了 CAD 到 CAM 集成的概念,并首先致力于 CAD、CAE、CAPP 和 CAM 系统之间数据自动传递与转换的研究,以便将已存在和使用的 CAD、CAE、CAPP、CAM 系统集成起来。CAD/CAE 集成的关键技术如下:

1. 参数化建模技术

参数化设计是新一代智能化、集成化 CAD 系统的核心内容,也是当前 CAD 技术的研究热点。参数化设计技术以其强有力的草图设计、尺寸驱动修改图形的功能,成为初始设计、产品建模及修改、系列化设计、多种方案比较和动态设计的有效手段。利用参数化设计可以极大地提高产品的设计效率。参数化建模方法大致可分为三种形式,即基于几何约束的变量几何法、基于几何推理的人工智能法和基于生成历程的过程构造法。

2. 特征建模技术

特征是 20 世纪 80 年代中、后期为了表达产品的完整信息而提出的一个新概念。特征是一组具有特定属性相互关联的几何形体,是零件形状、工艺和功能等特征信息集的综合描述。它能携带和传送有关设计与制造所需要的工程信息。对于机械制造领域,非几何信息包括尺寸与公差、表面粗糙度、材料与热处理、刀具、夹具和机床等信息。其中,形状特征是携带某些特征信息的主要载体。

3. 产品数据管理(Product Data Management,PDM)技术

PDM 技术是在数据库基础上发展起来的一门新的数据管理技术,致力于 PDM 技术和计算机集成技术研究的 CIMdata 公司总裁给出了 PDM 的定义:“PDM 是一门用来管理所有与产品相关信息(包括零件、配置、文档、CAD 文件、结构、权限信息等)和所有与产品相关过程(包括过程定义和管理)的技术。”PDM 是以软件为基础的技术,它将所有与产品有关的信息和所有与产品有关的过程集成在一起。与产品有关的信息包括属于产品的所有数据,

如 CAD/CAE/CAM 的文件、材料清单(BOM)、产品配置、事务文件、产品订单、电子表格、生产成本、供应商状况等。与产品有关的过程包括有关的加工工序、加工指南、有关批准和使用权、安全、工作标准和方法、工作流程、机构关系等所有过程处理程序。PDM 能有效地将产品整个生命周期内各阶段的相关数据,如概念设计、计算分析、详细设计、工艺流程设计、制造和销售维护等,按照一定的数学模式加以定义、组织和管理,使产品数据在其整个生命周期内保持一致、最新、共享及安全。PDM 包括了产品生命周期的各个方面,它能把最新的数据提供给全部有关的用户,包括工程设计人员、数控机床操作人员、财会人员及销售人员等使用,并都能按照要求,方便地存取使用有关数据。将 CAD/CAM 系统集成产品设计制造过程与传统产品开发过程相比较(图 8.3),其优势显而易见,节省人力的同时也大幅度提高了效率。

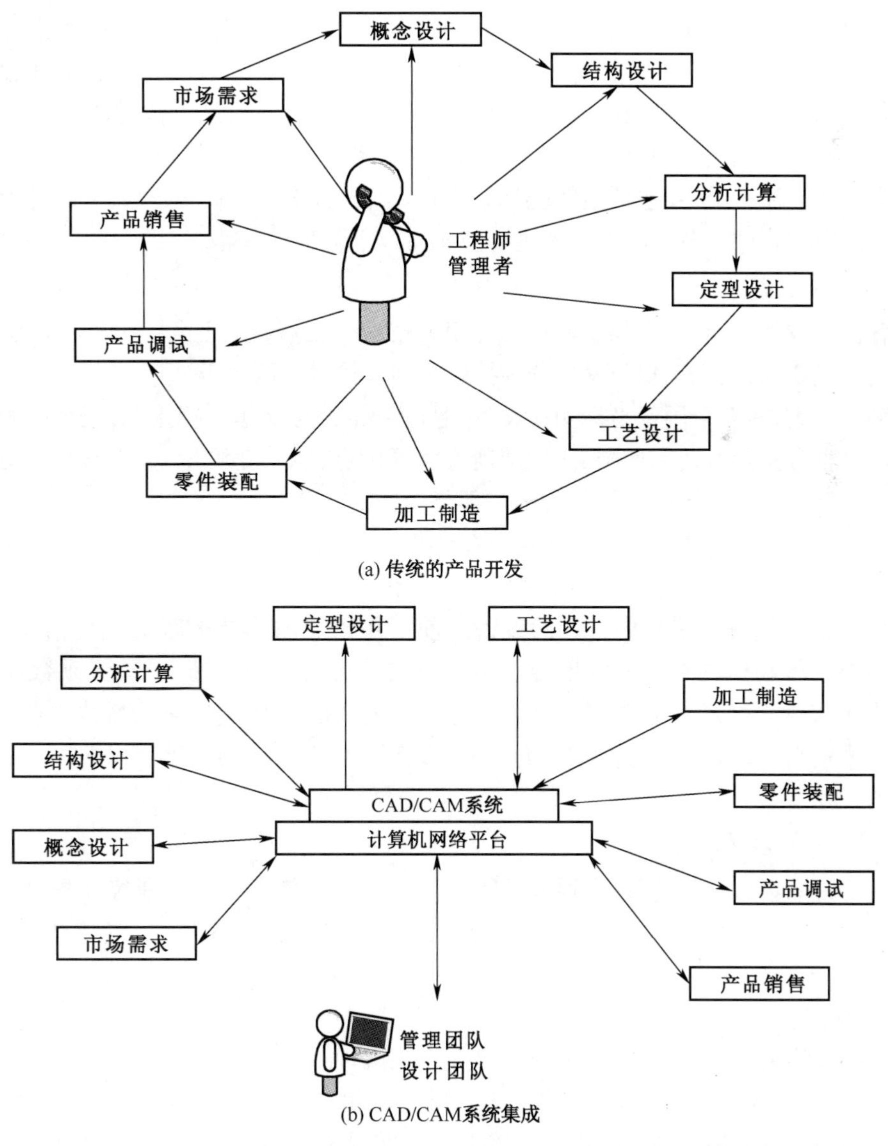

图 8.3 产品生命周期过程中的 CAD/CAM 技术应用范畴

8.3 汽车逆向设计

8.3.1 逆向工程基本理论

正向设计是从产品功能描述开始,经概念设计、总体设计、详细设计、制定工艺、工装设计与制造、零部件加工及装配、产品检验与性能测试等过程完成的。正向设计出的产品更具原创性。逆向工程则以实物为基础,通过了解标杆产品的设计意图,经三维重构后再经历再设计的过程完成的。

现在的产品设计过程中,正向设计与逆向设计是相互交汇在一起的。正向设计的过程中有时也要用到逆向的技术方法,作为验证、促进正向设计的有益补充。逆向设计的过程也不能单纯地依赖实物的特征,常常要以正向的思维来指导设计。以汽车设计为例,如要开发一款全新的无标杆车的车型,在遵循正向设计过程,完成概念设计、总体设计及详细设计后,制作出的样车需要运用逆向方法检测车身 A 级面是否合格。

逆向工程的流程,主要包括实物坐标数据(即点云数据)采集、点云数据处理及产品模型重构。逆向过程中。各环节涉及的主要技术有以下几项:

1. 数据采集技术

随着传感技术、控制技术和制造技术等相关技术的发展,出现了多种数据采集的方法。根据采集方式不同,数据采集技术可分为接触式和非接触式两大类。

接触式采集,一般采用三坐标测量设备,通过采样头与物体直接接触,获得接触点的坐标数据。这种方法具有通用性强、测量精确可靠等优点,也存在测量空间受限、对测量环境要求高等问题。它适用于产品样件的检测环节。

非接触式采集,利用某种与物体表面发生相互作用的物理现象来获取物体表面的三维坐标信息。根据原理不同,又有光学仪、声学仪和电磁仪等几类。其中光学扫描仪和断层扫描仪是非接触式采集中常用的设备。前者用于获取物体的表面几何信息,而后者多用于需要了解物体内部特征的场合。非接触式采集具有采集速度快、无须数据补偿处理并适用于较软易变形材质测量的优点,但其测量精度受环境光影响较大、对零件颜色及表面反光度等要求较高、对曲率变化大的细节位置信息采集不够等,限制了其在高精度场合的使用。

2. 数据处理技术

经简单的采集后获得的数据,通常不能直接用于构建产品模型,而是需要先进行多种方式的处理。数据处理的内容主要包括拼接点云、对齐坐标、删除噪点、简化数据、补缺点云等。

1) 拼接点云

对于一般的采集对象(即实物样件),无论采用哪种采集方法,通常都不能一次将所有数据采集完,而需要从不同视角多次采集样件数据,为了获得完整的数据信息和模型,因此需要将不同视角下采集到的数据进行拼接。

2）对齐坐标

采集系统的坐标系（由采集环境、设备和方法等决定）和模型构建系统的坐标系（CAD软件）一般是不一致的。在重建模型的点、线、面之前，需要根据模型特点，将点云的坐标系与建模软件的系统坐标系进行对齐，以方便后期模型几何元素的重构。

在有些技术参考书中，会将拼接点云与对齐坐标系的过程统一为对点云进行多视拼合的处理过程。

3）删除噪点

在数据采集过程中，受环境和人为等多种因素影响，采集到的点云中难免存在不需要的或坐标信息错误的噪点数据。这些噪点数据的存在可能会影响到曲面拟合的精度，因此，有必要删除这些噪点数据。明显的噪点数据一般通过框选、删除的方式来去除。大片点云中的噪点则是借助软件命令在一定的滤波运算后来删除的。

4）简化数据

一般来说，利用光学原理采集到的数据会有几十万、上百万之多，甚至更多。数据量大可能更真实地反映被测物体的信息，也可能带来更多干扰并造成数据冗余，给后续的建模运算带来负担，影响建模的效率。因此，需要根据被测物体的特点，降低测量数据的密度，减少点云数据量。数据的简化可以在扫描软件中完成，也可以在逆向建模之初的导入数据时完成，还可以在数据导入后根据实际情况来处理。

5）补缺点云

采集数据时，为了分辨被测物体特征、以便数据拼合，常常会在物体表面贴上便于识别的标志点。贴有标志点的位置，将无法采集到数据信息。另外，由于被测物体本身的几何特点，有时无法将物体数据信息采集完全，存在缺损的情况。因此，在逆向建模过程中，需要将重要位置的数据信息，通过数据运算的方式获得并补全。

3. 模型重建技术

模型重建是将实物零件由点云数据到产生CAD模型的过程，是逆向工程中最关键、烦琐、复杂的一环。重建过程在相应CAD软件的辅助下完成，根据软件的不同，具体的操作命令会有所差异，但一般需经过以下几个步骤：

（1）离散点的三角网格化。

（2）提取特征。

（3）分割点云。

（4）拟合曲面片。

（5）编辑曲面片。

（6）曲面片间的过渡、相交、裁剪、倒圆等处理。

（7）最终接合成整体，并将曲面实体化，得到CAD模型。

8.3.2　逆向设计案例

在CATIA中进行逆向设计，需在数字化外形编辑器（Digital Shape Editor，DSE）、快速曲面重构（Quick Surface Reconstruction，QSD）、创成式曲面设计（Generative Shape Design，

GSD)、自由曲面造型设计(Free Style,FSS)等多个工作台中切换,各工作台在逆向设计中各有其主要功能和作用。在DSE工作台中,主要完成点云的处理,包括点云导入、点云补洞、点云选取、特征线提取等。在QSR工作台中,可根据所选取的点云快速生成特征曲面,如平面、圆柱面、球面、圆锥面或自由曲面等,其拟合后的面与点云贴合度高,但曲面质量未必很好。在GSD工作台中,可根据提取到的点云特征线,运用曲面正向建模的方法构造曲面。在FSS工作台中,同样能完成曲面的构造还可对曲面质量进行分析,并检查曲面与点云的贴合情况。另外,针对汽车曲面要求,还可用汽车白车身结合设计(Automotive BiW Fastening,ABF)和汽车A级面(Automotive Class A,ACA)进行高级曲面编辑。

汽车发动机进气道(点云数据如图8.4所示)是发动机部分的一个结构件,对曲面质量没有特别高的要求,但是气道走向对发动机的布置、进气气流等有一定的影响。因此,主要是在DSE、GSD完成逆向设计。

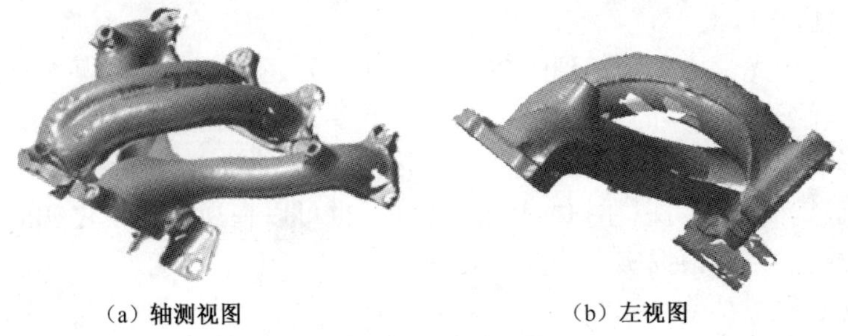

(a) 轴测视图　　(b) 左视图

图8.4　发动机进气道点云

设计重点在于点云的对齐、气道中心线的逆向和曲面的连接处理。其逆向设计过程如下:

1. 点云对齐

由其左视图可看出,点云在系统坐标中的位置不利于其两端面的构造。因此,需首先将点云坐标与系统坐标对齐。具体操作是:在大面上用3D曲面勾出一些点,画几条直线,尽量分布广一点。然后利用平均通过点,构建一个平面(图8.5)。利用这个平面,并结合一条直线,建立另外两个正交平面,从而建立一个坐标系(图8.6)。依据此坐标系,与默认坐标系进行轴变换,得到想要的位置,如图8.7所示。

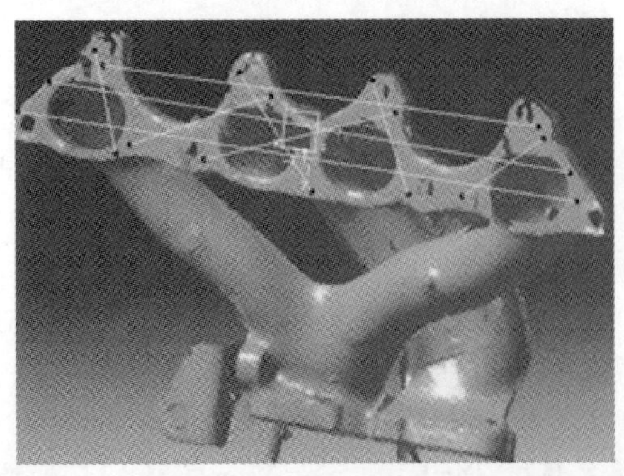

图8.5　平面重构

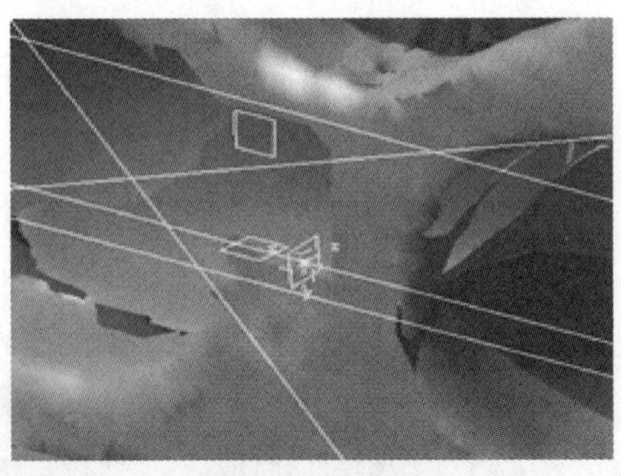

图8.6　坐标构建

2. 在已建立平面上的草绘

(1) 选新建平面进行草绘,对照点云轮廓勾出进气管两端的外形轮廓。其中一端的轮廓如图 8.8 所示。

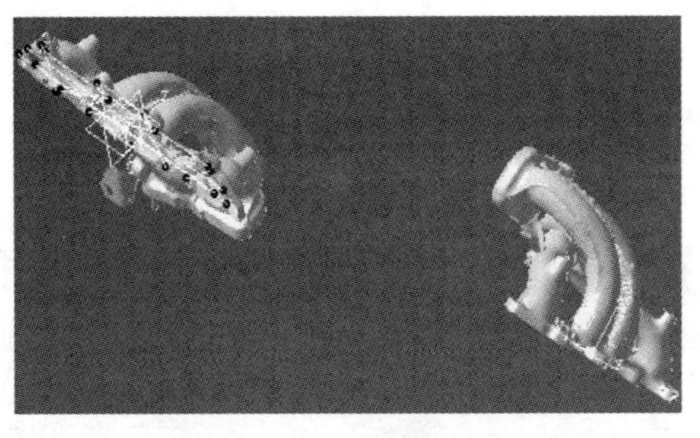

图 8.7　坐标系统变换

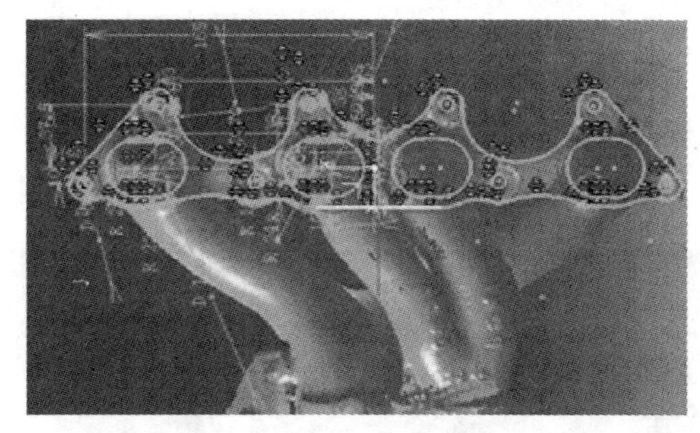

图 8.8　端面轮廓草绘

(2) 用 GSD 的草绘工具绘制出一管中心线的俯视图形状和左视图形状(图 8.9)。用同样的方法,勾出所有其他管的形状(图 8.10)所示。

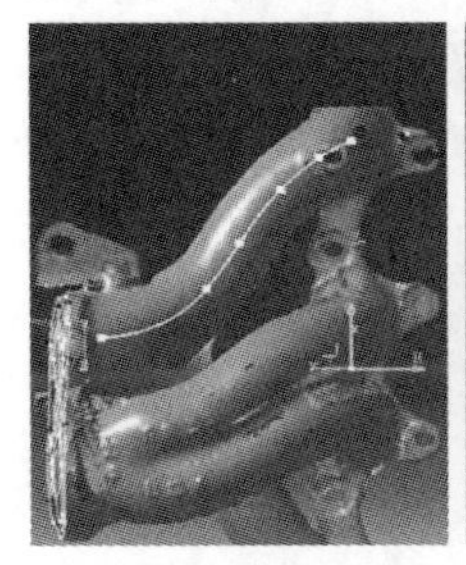

(a) 俯视图

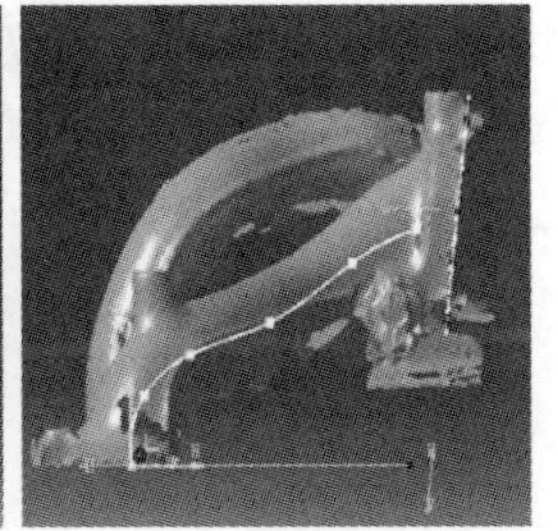

(b) 左视图

图 8.9　一管中心线草图

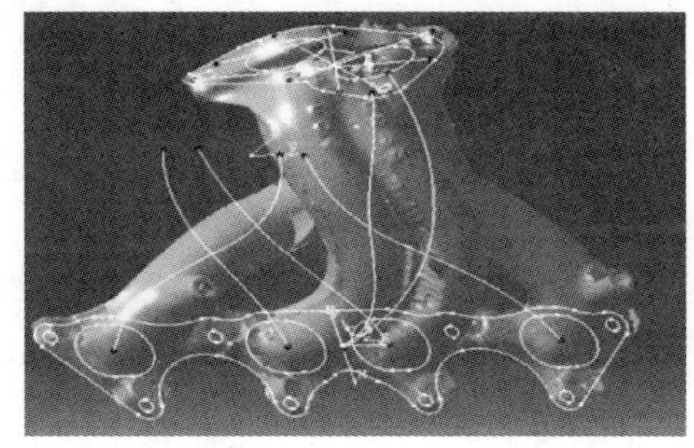

图 8.10　所有管形状

(3) 利用混合曲线,将两两曲线混合,得到各管的中心线(图 8.11)。

(4) 用 5 个点均分一管中心线,并建立各点法向平面。用同样方法,均分其余各管中心线。曲面的线架、轮廓完成(图 8.12)。

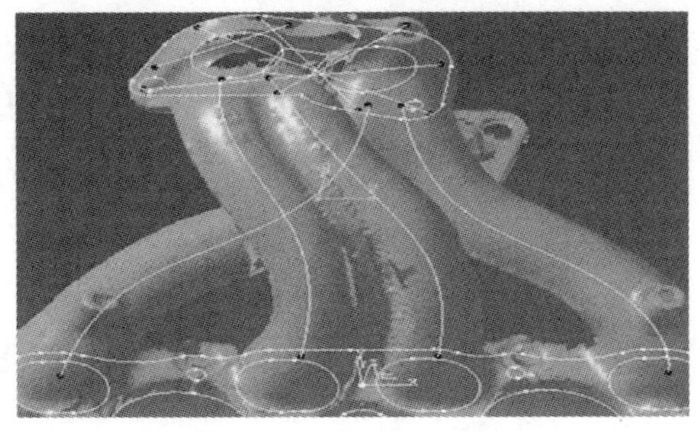

图 8.11　一管中心线草图

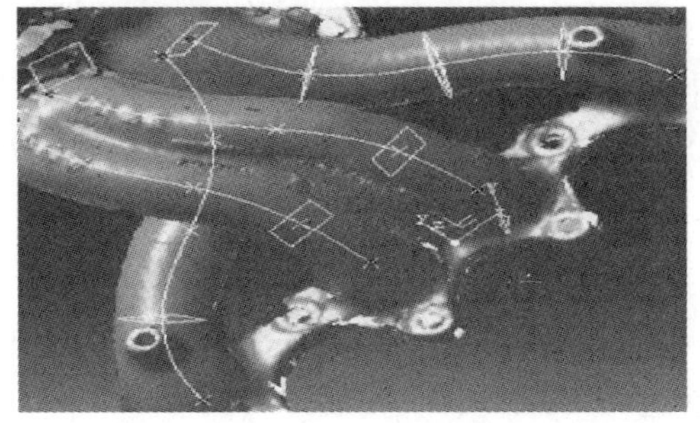

图 8.12　其余各管建立法相平面

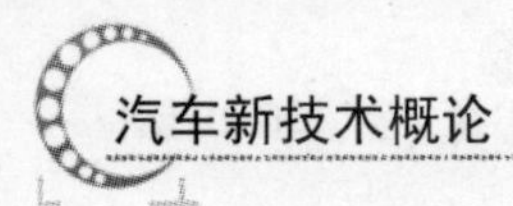

3. 构建各部分曲面

运用 GSD 中的拉伸、扫掠等工具绘制各部分曲面,并运用桥接工具处理曲面连接部分。结果如图 1.13 所示。

4. 检查曲面

运用 FSS 的距离检查工具,检查各曲面与点云间的距离偏差(图 8.14)。

5. 完成实体

对零件的结构细节进一步完善,得到图 8.15 所示规则几何体。

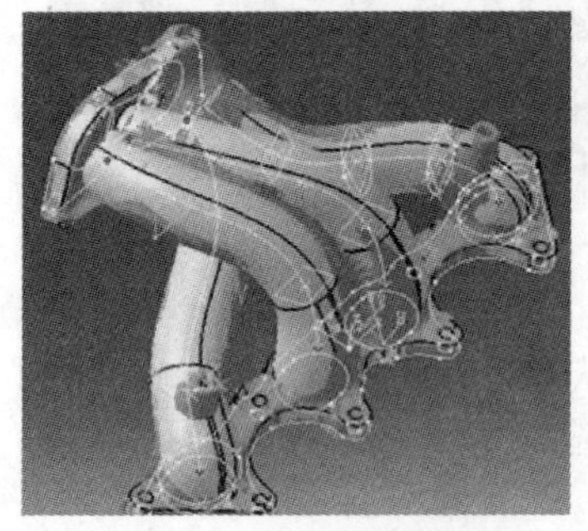

图 8.13　曲面逆向完成

图 8.14　曲面逆向完成

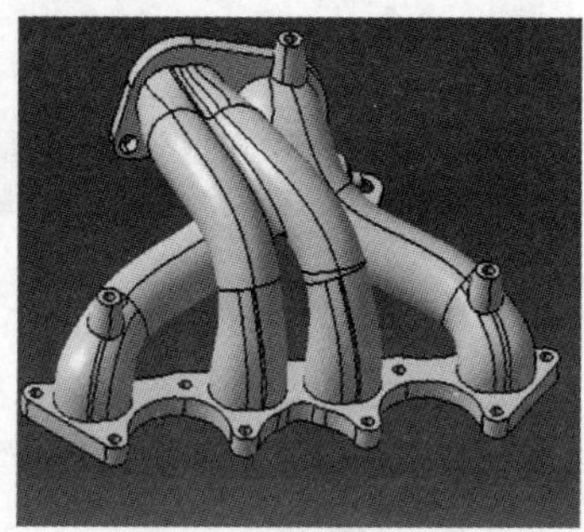

图 8.15　曲面逆向完成

8.4　汽车部件静态与模态分析

8.4.1　发动机连杆静态分析

汽车发动机连杆受力和约束模式较为复杂,本例根据四缸发动机的参数,对模型做了相应的简化处理,目的在于说明 CATIA 中静力分析的过程和基本操作。

1. 分析工况

发动机连杆上连活塞销,下连曲轴;工作时,曲轴高速转动,活塞高速直线运动,其主要承受两轴周期性变化的外力作用:一是由活塞顶传来的燃气爆发力,对连杆起压缩作用;二是连杆高速运动产生的惯性力,对连杆起拉伸作用,这两种力都在上止点附近发生。连杆失效主要是拉压疲劳断裂所致,所以通常分析连杆仅受最大拉力以及最大压力两种危险工况下的应力和应变情况。具体分析时,最大拉力取决于惯性力,所以用最大转速工况下对应的离心力加载;最大压力则根据燃气压力和惯性离心力的作用取标定工况或者最大转矩工况。

2. 对模型进行前处理

选择 CATIA 中的(Generative Structural Analysis)工作台,选择(Static Analysis)做静态分析,打开连杆模型(图 8.16),选择目录树中的(Nodes and Element)打开对话框修改网格参数,以达到合适计算精度。

(1) 分析最大拉力工况。假定发动机最大转速 5000r/min,认为连杆整体绕曲轴中心旋转,设置 Rotation Force 来添加作用力;添加连杆大头处的约束,选择 Clamp(夹紧)约束;操作界面如图 8.17 所示。

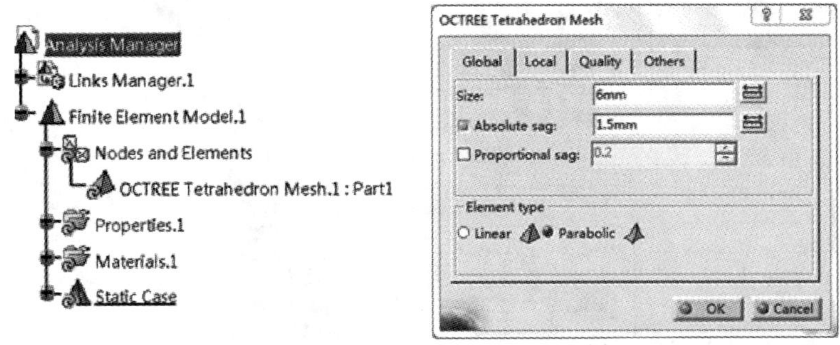

图 8.16 网格划分参数调整

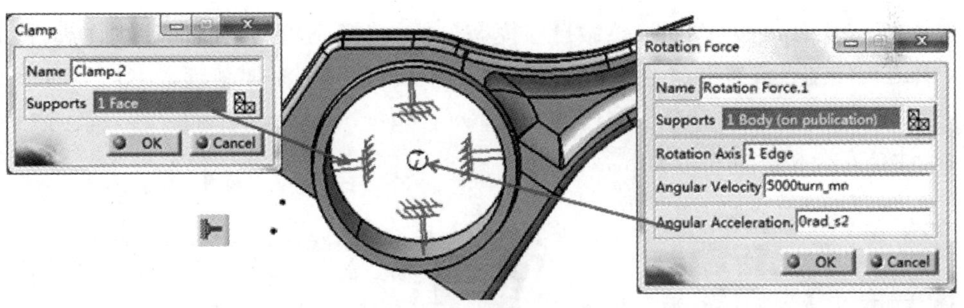

图 8.17 添加旋转载荷和约束

(2) 添加气体作用力。在连杆小头内孔添加柔性虚拟支撑,根据理论计算 $p = m \cdot R \cdot w^2(1+\lambda)$(其中 m 为活塞组质量,1.56kg;R 取曲轴的曲柄半径,0.06m;ω 为角速度,取 523.6;λ 为连杆比,即连杆大小端之间的中心距),计算得到离心力 $p = 32992\text{N}$。将获得的离心力施加在连杆小端的 X 方向,如图 8.18(a)所示。

3. 有限元分析

至此完成有限元分析的前处理。选择计算按钮开始计算,计算完成之后可以通过激活目录树中的计算结果方式查看米塞斯应力图、位移图等计算结果,如图 8.18(b)所示。根据计算结果进一步分析。

有限元分析过程中,需要调整模型与实际工况结合加以分析,不断地调整参数或边界条件,使得计算的最终结果能够与试验结果趋向一致,才是良好的计算模型。否则有限元计算仅仅是一种直观的参考,并不能有效地指导设计。

8.4.2 曲轴模态分析

本例利用汽车发动机曲轴模型进行自有模态分析和约束模态分析。自有模态分析是通过刚性虚件添加两个代表前后附件的质量,约束附件则是分析时加以一定的约束同时附加

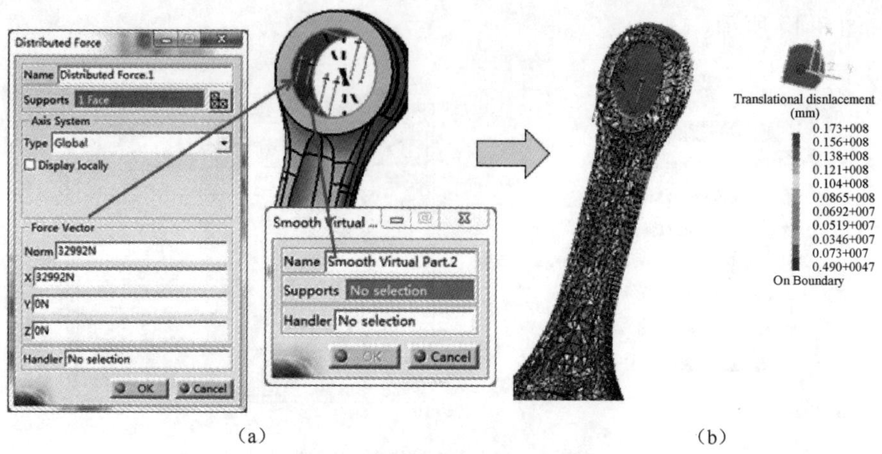

(a)　　　　　　　　　　　　　　　　(b)

图 8.18　添加压力之后求解结果

活塞组质量。

选择(Free Frequency Analysis)做自由模态分析,选择飞轮法兰断面为刚性虚件(Rigid Virtual Part),控制点设置在法兰端和右侧铣平的轴端,并分别添加制造 2.46kg 和 1.8kg,完成前处理,如图 8.19 所示。在模型树的 Frequency Case Solution.1 中调整参数,包括要求解的模态、计算方法和参数开始求解。

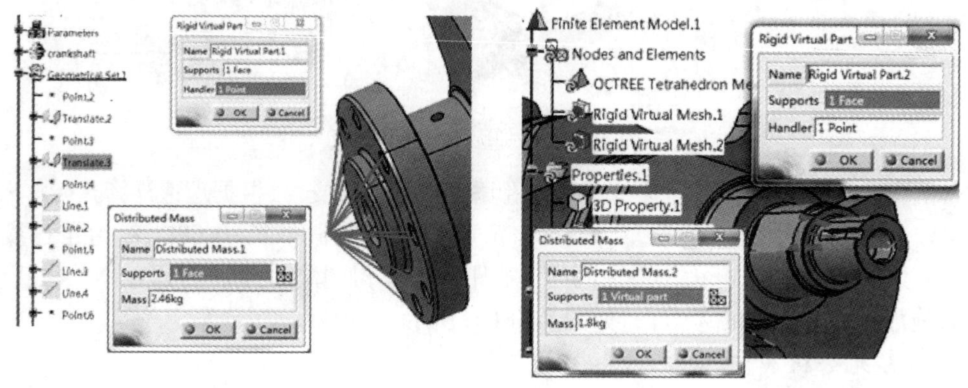

图 8.19　曲轴自由模态前处理

计算完成后进行后处理,选择目录树上的 Translational Displacement Vector 调整显示模式和感兴趣的模态,可以调整显示的模态。曲轴在自有模态下直至 3 阶都呈现刚性,随着结束的增高,位移才逐渐增加。

接下来依次对主轴颈处施加约束,约束类型为圆锥铰约束,并依次添加刚性虚件至主轴颈的 4 个轴段。实际工作过程中,曲轴还有活塞作为柔性虚件的存在,因此在此基础上还可以添加活塞的作用,进一步计算曲轴的模态,提交计算可以得到(图 8.20)计算结果。模态的计算目的是得到工件的动态特性,最终希望通过计算和试验验证零件的可靠性。

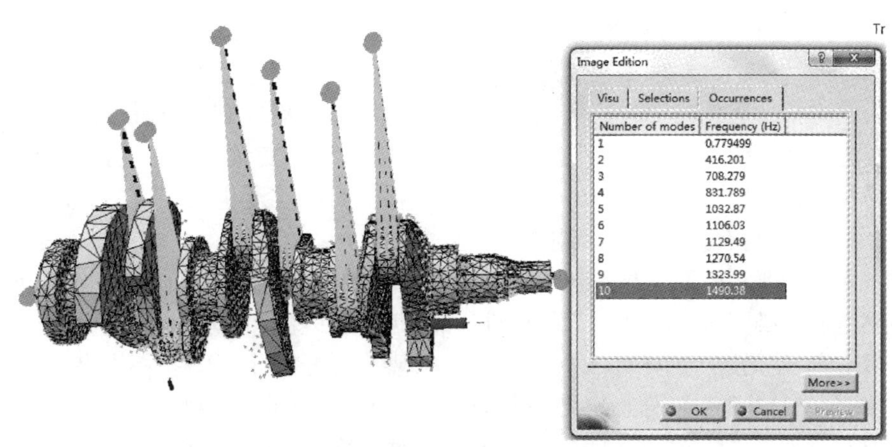

图 8.20 曲轴模态计算结果

8.5 汽车产品优化设计

8.5.1 优化设计基本思想

人们做任何事情,都希望以最小的付出取得最满意的结果,这就是最优化思想。工程设计中,设计者力求选择一个最佳的方案和一组合理的设计参数,以使在满足设计要求的前提下,获得最佳的经济效果,这便是工程优化问题。

工程优化技术的核心部分是优化问题的建模和优化问题的求解。所谓优化建模,就是将 一个实际设计问题抽象成优化设计问题,并建立起相应的优化数学模型。这不仅要求熟悉和掌握优化设计的理论和方法,更需要该设计领域的丰富设计知识和经验。优化问题的求解就是对已建立的优化数学模型进行求解。目前,虽然已有很多成熟的优化方法和优化程序可供选择,但由于工程优化问题通常是非线性的,迄今还没有一种优化方法和程序能求解全部非线性规划问题。因此,选择适当的优化方法和程序就成为优化问题求解的关键。

结构优化设计大致可分为三类:尺寸优化、形状优化和拓扑优化。它们分别对应产品的详细设计阶段、基本设计阶段和概念设计阶段。尺寸优化是在给定结构的类型、拓扑、形状的基础上,对构件的尺寸进行优化,其设计变量可能是杆的横截面积、惯性矩、板的厚度等;形状优化是在给定结构的类型、拓扑的基础上,对结构的边界形状进行优化,属于可动边界问题,对于连续体结构通常是用一组参数可变的几何曲线(如直线、圆弧、样条等)描述结构的边界,调整这些参数就改变了边界的形状。对于衍架结构则往往以节点坐标为设计变量。拓扑优化主要是在规定的设计区域内,在给定的外载荷和边界条件下,改变结构的拓扑以满足有关平衡、应力、位移等约束条件,使结构的某种性能指标达到最优。对于骨架类结构(包括桁架和框架)来说,应关注结构中单元的数量和节点连接方式;对于连续体结构来说,应关注结构的外边界形状和内部有元孔洞及孔洞分布状况等特性。

目前,尺寸优化和形状优化理论已经发展得相当成熟,并且在生产实践中得到广泛应用,一些商用有限元软件中已拥有了一些经典的优化算法,如 NASTRAN、1- DEAS、ANSYS

等。结构拓扑优化在工程结构设计的初始阶段可以提供一个概念性设计,帮助设计者对复杂结构与部件能够灵活地、理性地优选方案,寻找结构最佳的传力路径。与尺寸优化和形状优化相比,结构拓扑优化确定的参数更多,产生的经济效益更大,对工程设计人员更有吸引力,已经成为当今结构优化设计研究的一个热点。由于设计变量不再是具体的尺寸或节点坐标,而是具有独立层次的子区域的有元问题,拓扑优化的难度也是较大的,被公认为当前结构优化领域内最具有挑战性的课题之一。

拓扑优化通俗地讲就是根据一定的准则,在满足各种约束条件和使用功能的情况下,在给定设计空间内去除不必要的材料,找出最佳材料分布,使结构在规定范围内达到最优化。通过这项技术的应用,可以使用最少的材料、最简单的工艺实现结构的最佳性能。拓扑优化是一个迭代的过程,从预先定义的某种材料分布开始(如均匀分布),在多次迭代后,材料分布趋于稳定,优化即结束。拓扑优化理论最早应用在离散结构,如桁架,对这类简单的问题给予了比较好的解决,但是对连续体结构拓扑优化问题的解决效果不能令人满意,经过广大科研人员的艰苦努力和不断探索,提出了解决连续体结构拓扑优化的新方法,如变厚度法、均匀化方法、变密度法等。

汽车工业的拓扑优化问题所覆盖的车辆类型有轿车、公共汽车、卡车等;优化对象包括车身本体构件(如前柱、发动机盖)、白车身总体、底盘和发动机上的连杆、支撑部件以及轴承结构等;优化对象的制造方法现包括钣金加工、铸造和锻造;制造约束包括最小和最大结构尺寸、拔模或锻压的角度和方向、各类对称性条件等;优化目标和约束包括质量、柔顺度、能量吸收、自然频率、应力和最大位移等;所涉及学科包括静力学、多体运动学、塑性力学、振动、噪声、疲劳、优化算法和高性能科学计算等。

8.5.2 某车身结构的拓扑优化

某低碳轻型车辆的车身概念设计初步完成之后,得到图 8.21 所示的车身模型,为了进一步得到合理的车身内部的支撑机构,要求对该车身的碰撞过程进行分析,在分析结果上进一步对车身结构优化。

图 8.21　用于优化分析的车身模型

车身优化设计过程需要考虑的问题主要是存在于两个方面,一方面确保汽车行驶过程中的稳定舒适,即汽车 NVH;另一方面是汽车行驶过程中的碰撞安全。这两方面都与驾驶员息息相关,同时为了确保车辆的稳定和安全,不可避免地要增加汽车制造过程中的材料。但是材料使用量的增加,或者高强度材料的使用使得汽车自身的重量和成本显著增加。于是,车身的优化问题可以归纳为在确保汽车行驶的 NVH 和碰撞安全的前提下,尽可能地减少车身材料。车身与 NVH 和碰撞有关的部分可以参考表 8.2。

表 8.2　NVH 和碰撞安全相关权重

工况	属性	权重
驱动扭矩	NVH	45
垂直载荷弯曲	NVH	5
车轮悬空弯曲	NVH	5
紧急制动承载	NVH	5
正面碰撞	安全	15
侧面碰撞	安全	10
尾部碰撞	安全	10
顶部碰撞	安全	5

从表 8.2 可以看出，对于 NVH 类的工况，其导致的车身变形都是非常小的。所以，在拓扑优化过程中，不需要考虑结构失效问题。而安全工况对车身的影响都是大变形、非线性的，还有接触力存在。考虑到前后纵梁作为非设计空间，可以看作是刚度很大的结构，这样对车身其他部位而言，安全工况的影响将限定在线性范围内。因此，在进行车身拓扑优化的时候，上述工况均作为小变形来处理。

为了更好地反映不同工况对车身结构布置的影响，对以上 8 种工况组合成 4 种研究方案，分别为：①安全工况单独考察；②NVH 工况单独考察；③NVH 和安全工况同时考察；④先安全工况然后 NVH 工况。见表 8.2，8 种工况中，每个工况在不同考察方案中的权重比率一致，比如对第一种方案，5-8 号工况的权重比例为：15∶10∶10∶5，具体权重根据上述比例分配来设定，其余类似处理。通过将上述 NVH 约束条件输入分析软件可以得到车身拓扑优化的模型（图 8.22），考虑到对称约束可以取起一半作为抽取优化线框的基础。

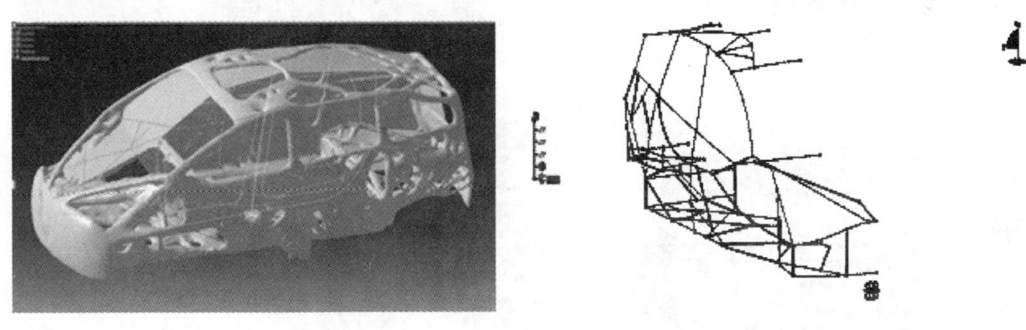

图 8.22　从拓扑优化结果中抽取车身线框

根据线框得到经过 NVH 优化的车身框架结构模型，现在可以用这个线框模型测试车身的碰撞安全，将线框模型导入 Hypermesh 分析不同安全工况下的车架应力应变，为部分区域的车身内板支撑件断面设计提供参考。如图 8.23 和图 8.24 所示，分别对优化的框架模型分析车身正碰、侧碰、追尾和驱动力矩工况下车身框架的有限分析结果。经过安全性和占 NVH 系数较高的传动分析，可以得出车身断面用材要求较高的部位，可以有针对性地设计相关部分的内部结构，从而使设计目标更为明确。

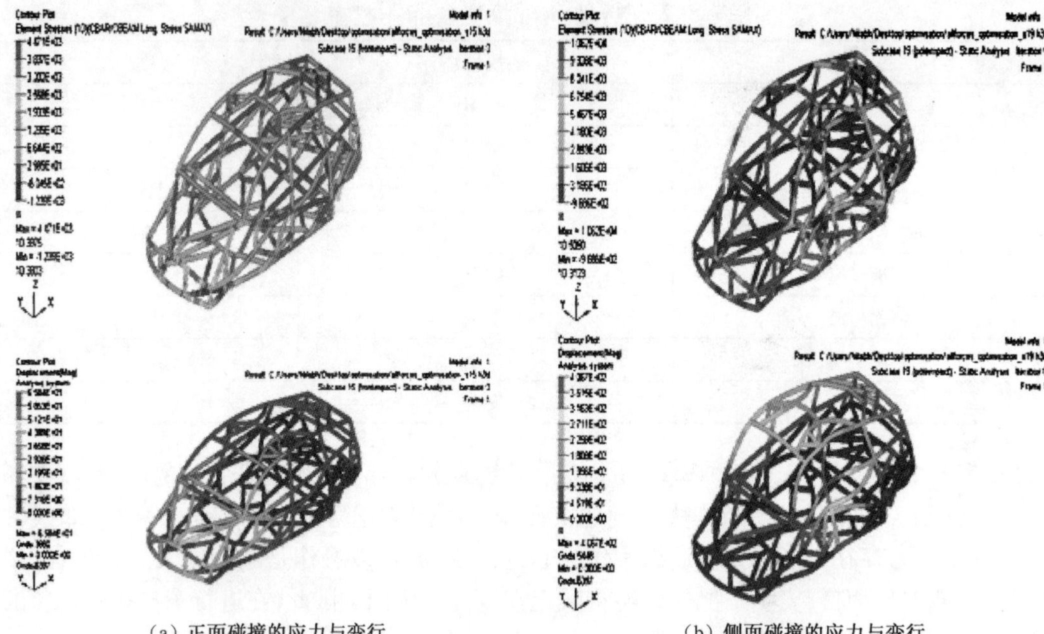

（a）正面碰撞的应力与变行　　　　（b）侧面碰撞的应力与变行

图 8.23　正碰与侧碰的车身框架分析(一)

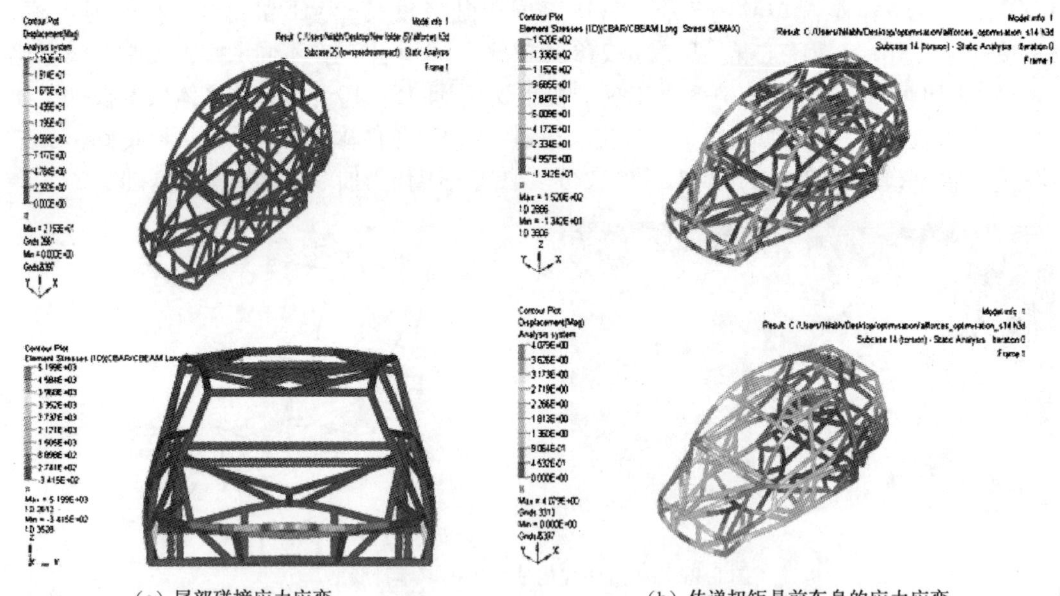

（a）尾部碰撞应力应变　　　　（b）传递扭矩是前车身的应力应变

图 8.24　正碰与侧碰的车身框架分析(二)

第9章 汽车线控技术

9.1 线控技术概述

线控技术,就是由"电线"或者电信号实现传递控制,而不是通过机械连接装置来操作的。传统的操纵汽车的方式是:当驾驶员踩制动、踩油门、换挡、打转向盘时,都是通过机械机构来操纵汽车。而线控技术则是将动作转化为电信号,由电线来传递指令操纵汽车。线控技术是在控制单元和执行器之间用电子装置取代传统的机械连接装置或液压连接装置,由电线取代机械传动部件,取消了机械结构,赋予汽车设计新的空间。线控的工作过程如图9.1所示。

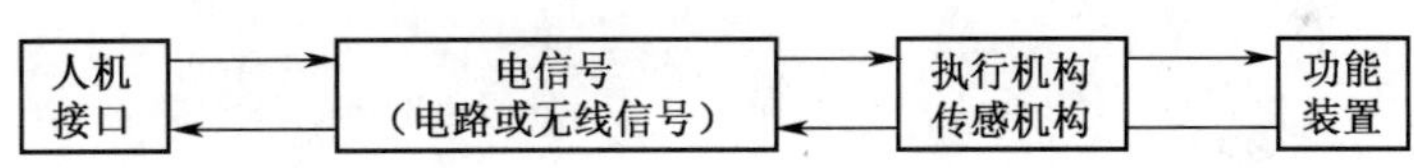

图9.1 线控的工作过程

随着电子科技和网络技术的发展,出现了更加高效、节能的线控技术(X-by-wire)。一些笨重、精确度低的机械系统将被精确、敏感的电子传感器和执行元件所代替,汽车传统的操纵机构、操纵方式、执行机构也将会发生根本性的变革。X-by-wire中的X代表汽车中传统上由机械或液压控制的各个部件,如发动机、悬架、转向器、油门、门锁等。目前所有大型汽车制造商都在开发线控系统产品。美国天合(TRW)开发的线控驾驶系统使得燃油经济性上升5%;DELPHI在汽车线控转系统中做了改进;博世、VALEO公司和其他一些设备制造商已经开发了一系列线控产品;美国通用公司在其研制Hy-wire概念车上采用了氢动力、线控转向和线控制动技术,图9.2所示为通用公司HY-WIRE概念车座舱。日本本田在新一代雅阁V6轿车上采用了线控油门技术。

线控系统需要高性能的控制器,比如由Freescale半导体公司提供的MPC500/5500系列微处理器。还需要有精确高速的通信协议网络、容错技术和分配独立处理功能的模块。线控系统的基本结构原理是:驾驶员的操纵指令通过人机接口转换为电信号传到执行机构,控制执行机构的动作;传感器感知功能装置的状态,通过电信号传给人机接口,反馈给驾驶

图 9.2 通用公司 HY-WRE 概念车座舱

员。线控系统在人机接口通信、执行机构和传感机构之间,以及与其他的系统之间要进行大量的信息传输,要求网络的实时性好、可靠性高,而且要求具有冗余的“功能实现”,以保证在出现故障时仍可实现装置的基本功能。

9.2 线控转向系统

线控转向系统取消了传统的机械式转向装置,转向器与转向柱间无机械连接。整个系统主要由转向盘传感器、力反馈机构、转向执行机构、转向 ECU、轮胎角度传感器、环境传感器组成。其结构原理如图 9.3 所示。

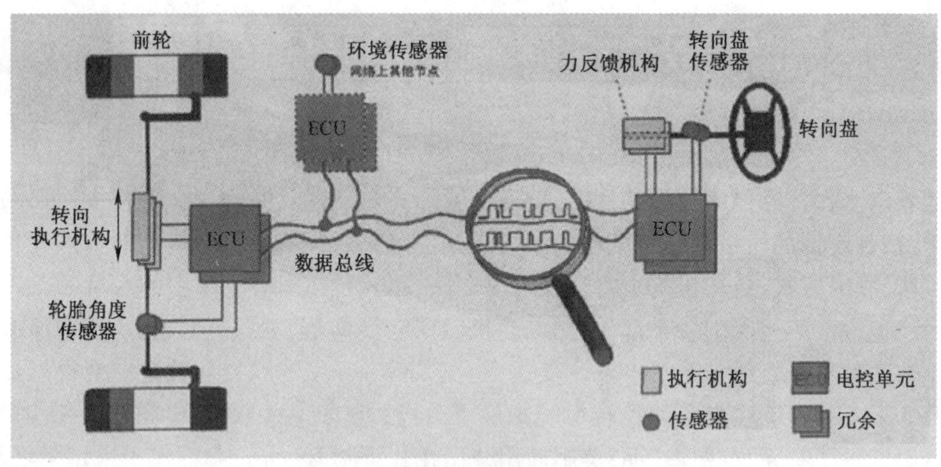

图 9.3 线控转向系统结构原理

9.2.1 线控转向系统组成与工作原理

1. 转向盘模块

转向盘模块包括转向盘组件、转向盘转角传感器、力矩传感器、转向盘回正力矩电动机。

其主要功能是将驾驶员的转向意图(通过测量转向盘转角)转换成数字信号并传递给主控制器,同时主控制器向转向盘回正力矩电动机发送控制信号,产生转向盘回正力矩,以提供给驾驶员相应的路感信息。

2. 前轮转向模块

前轮转向模块包括前轮转角传感器、转向执行电动机、电动机控制器和前轮转向组件等。其功能是将测得的前轮转角信号反馈给主控制器,并接受主控制器的命令,控制转向盘完成所要求的前轮转角,实现驾驶员的转向意图。

3. 主控制器

主控制器对采集的信号进行分析处理,判别汽车的运动状态,向转向盘回正力矩电动机和转向电动机发送命令,控制两个电动机协调工作。主控制器还可以对驾驶员的操作指令进行识别,判定在当前状态下驾驶员的转向操作是否合理。当汽车处于非稳定状态或驾驶员发出错误指令时,前轮线控转向系统将自动进行稳定控制或将驾驶员错误的转向操作屏蔽,以合理的方式自动驾驶车辆,使汽车尽快恢复到稳定状态。

4. 自动防故障系统

自动防故障系统是线控转向系统的重要模块,它包括一系列的监控和实施算法,针对不同的故障形式和故障等级作出相应的处理,以求最大限度地保持汽车的正常行驶。线控转向技术采用严密的故障检测和处理逻辑,以最大程度地提高汽车安全性能。

线控转向的工作过程如图 9.4 所示。来自转向盘传感器和各种车辆当前状态的信息送给电子控制子系统后,计算机对这些信息进行控制运算,然后对车辆转向子系统发出指令,使车辆转向;同时车轮转向子系统中的转向阻力传感器给出的信息也经电子控制子系统,接收控制器送来的力矩信号,传给转向盘子系统中模拟路感的部件,产生方向盘回正力矩,以提供给驾驶员相应的路感信息。

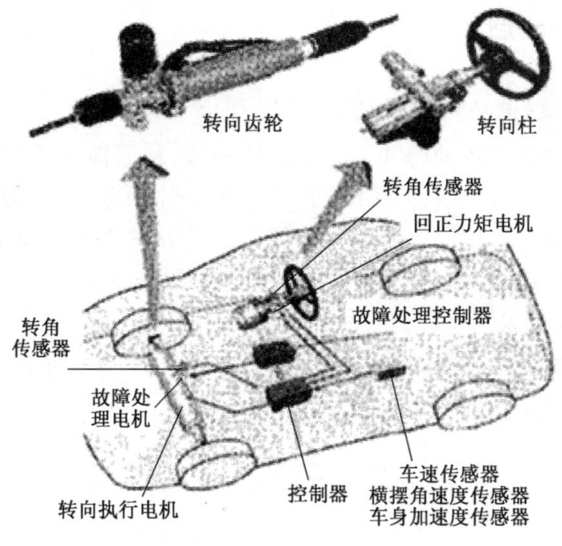

图 9.4　线控转向的工作过程

9.2.2 线控转向的优点

由于线控转向系统中的转向盘和转向轮之间没有机械连接,是断开的,通过总线传输必要的信息,故该系统也称作柔性转向系统。汽车线控转向优势在于:

(1) 提高了整车设计自由度,便于操纵系统布置。例如,没有了机械连接,可以很容易把左舵驾驶换为右舵驾驶。

(2) 转动效率高,响应时间短。控制单元接收各种数据,可以在瞬时转向条件下,立刻提供转向动力,转动车轮。

(3) 改善驾驶特性,增强操纵性。基于车速、牵引力控制以及其他相关参数基础上的转向比率(转向盘转角和车轮转角的比值)不断变化,低速行驶时,转向比率低,可以减少转弯或者紧急躲避障碍物时转向盘转动角度;高速行驶时,转向比率大,能够使驾驶操纵稳定性增强。

(4) 取消转向柱、转向器后,有利于汽车碰撞安全性和整车主动安全性。

(5) 有利于整合底盘技术。采用线控转向系统后有利于整合底盘技术,综合利用主动悬架、ASR、DYC 或 ESP 等系统的传感器,实现数据共享。同时对于控制软件方面,可以综合考虑车辆弯道行驶和车身横向稳定性控制,进一步提高车辆操纵稳定性和安全性。

(6) 降低底盘综合开发成本。采用线控转向系统后,在底盘开发过程中就不必考虑左侧驾驶和右侧驾驶车辆的区别,可降低公司的底盘开发成本。

今后线控转向系统的最终发展趋势是使用操纵杆的 X-by-wire 系统,它取消了转向柱、皮带轮和皮带等部件,给发动机舱节省了空间,方便了底盘总布置的设计。线控转向系统通过修改部分参数就可以应用于其他车型,为新车型的设计开发节省了大量的时间。

9.2.3 线控转向关键技术

1. 线控转向系统理想传动比的确定

为了使汽车的转向特性在各种行驶工况下保持一致,从而能使驾驶员轻松地驾驶汽车沿期望的轨迹行驶,可以针对传统转向系统的不足,并根据驾驶员的实际期望进行方向盘转角与车辆路径行驶角之间的合理设计。现有传动比设计方案中大致集中在随车速变化、随方向盘转角变化以及随车速和方向盘转角同时变化这三种方案。

2. 线控转向的容错技术

线控转向系统除了能向车辆使用者提供良好的性能之外,还必须证明它的安全可靠性。线控转向系统中方向盘与转向轮之间的机械连接不再存在,完全依靠电子和电气元件工作,需要采用容错措施。容错技术的实现主要依靠冗余,即所设计的系统在功能上或者数量上有一定的冗余,当某个零部件出现故障时,其冗余部分就承担起相应的功能。

目前使用的主要容错措施除了系统的故障分析、故障等级划分,以及针对不同等级的故障处理等之外,关于线控转向系统的容错设计,硬件上主要有如下形式:采用液压转向系统作为应急转向系统;采用双套互相监控的线控转向系统;采用机械转向系统作为后备转向系统。

3. 线控转向系统方向盘力感模拟

对于传统的转向系统来说,驾驶员在转向时需要克服的力包括回正力矩和摩擦力矩,其中回正力矩对应了前轮侧向力的信息,使汽车的运动状态(包括车轮与路面的附着状态)与驾驶员手上的力有一种对应关系,也就是所谓的“路感”。因此驾驶员可通过方向盘反馈的路感信息来感知车辆的运动状态。在线控转向系统方向盘的力感设计中可不计系统的干摩擦,常用建立基于经验的汽车转向系统回正力矩算法模型,通过驾驶员主观评价方法确定经验模型中的参数。这种方法简单实用,被大多数线控转向系统所采用,如克莱斯勒公司和博世公司联合开发的线控转向系统原型车。其方向盘反力矩的生成是通过模拟的回正力矩和测量转向轮的实际力矩计算得到。路感和转向轻便性是一对矛盾,合理的路感特性模拟目前仍是一项重要课题。

9.2.4　线控转向的其他相关技术

1. 电动助力转向系统

电动助力转向系统(Electronic Power Steering,EPS),是利用电动机产生的动力协助驾驶员进行动力转向。EPS 的构成,不同的车尽管结构部件不一样,但大体雷同。一般是由转矩(转向)传感器、电控单元、电动机、减速器、机械转向器以及蓄电池所构成。

电动助力转向系统的主要工作原理是:汽车在转向时,转矩(转向)传感器会“感觉”到转向盘的力矩和拟转动的方向,这些信号会通过数据总线发给电控单元,电控单元会根据传动力矩、拟转的方向等数据信号,向电动机控制器发出动作指令,从而电动机就会根据具体的需要输出相应大小的转动力矩,从而产生了助力转向。如果不转向,则本套系统就不工作,处于休眠状态等待调用。由于电动助力转向的工作特性,驾驶员开车时方向感更好,高速时更稳,俗话说“方向不发飘”。又由于它不转向时不工作,所以,也一定程度上节省了能源。一般高档轿车使用这样的助力转向系统的比较多。

2. 电控行驶平稳系统

电控行驶平稳系统(Electronic Stabilty Program,ESP)包含 ABS 及 ASR,是这两种系统功能上的延伸。因此,ESP 称得上是当前汽车防滑装置的最高级形式。ESP 系统由控制单元及转向传感器(监测方向盘的转向角度)、车轮传感器(监测各个车轮的速度转动)、侧滑传感器(监测车体绕垂直轴线转动的状态)、横向加速度传感器(监测汽车转弯时的离心力)等组成。控制单元通过这些传感器的信号对车辆的运行状态进行判断,进而发出控制指令。有 ESP 与只有 ABS 及 ASR 的汽车,它们之间的差别在于 ABS 及 ASR 只能被动地作出反应,而 ESP 则能够探测和分析车况并纠正驾驶错误,防患于未然。ESP 对过度转向或不足转向特别敏感,如汽车在路滑时左拐过度转向(转弯太急)时会产生向右侧甩尾,传感器感觉到滑动就会迅速制动右前轮使其恢复附着力,产生一种相反的转矩而使汽车保持在原来的车道上。当然,任何事物都有一个度的范围,如果驾驶员盲目开快车,现在的任何安全装置都难以保全。现在 EPS 在许多中高档轿车上都有配置, ESP 是安全方面的配置,相比之下更为重要,它是帮助安全行驶的重要法宝。

围绕汽车开发的节能、环保和安全主题,未来汽车的主体将是零排放汽车。混合动力电动汽车、燃料电池电动汽车等新型电动汽车的逐步推广应用将为线控转向系统的应用带来非常广阔的前景。

9.3 线控制动系统

传统轮式车辆制动系统的气体或液体传输管路长,阀类元件多。对于长轴距或多轴车辆以及远距离控制车辆来说,由于管路长、速度慢,易产生制动滞后现象,导致制动距离增加,安全性降低,而且制动系统的成本也较高。线控制动用电线取代部分或全部制动管路,并可省去制动系统的很多阀。此外,在电子控制器中设计相应程序,操纵电控元件来控制制动力的大小及各轴制动力的分配,可完全实现使用传统阀类控制元件所能达到的 ABS 及 ASR 等功能。

线控制动系统目前分为两种类型:一种为电液制动系统(Electro-Hydraulic Brake, EHB),另一种为电子机械制动系统(Electro-Mechanical Brake,EMB)。EHB 电液制动系统是将电子与液压系统相结合所形成多用途、多形式的制动系统。EHB 由电子系统提供柔性控制,液压系统提供动力。而 EMB 则将传统制动系统中的液压油或空气等传力介质完全由电制动取代,是制动控制系统的发展方向。

线控制动系统主要由三部分组成:

(1) 接收单元。包括制动踏板、踏板行程传感器等。

(2) 制动控制器包括接收驻车制动信号、控制驻车制动;接收车轮传感器信号,识别车轮是否抱死、打滑等;控制车轮制动力,实现防抱死和驱动防滑,并兼顾其他系统的控制。

(3) 执行单元。包括点制动器或液压制动器等。

9.3.1 EHB 制动系统

当前车辆对制动性能的要求越来越高,传统制动系统由于结构和原理的限制在提高制动性能方面潜力有限, EHB 系统作为一种新型的制动系统弥补了传统制动系统的不足,可以很大程度地提高车辆制动性能。

随着高等级公路的增多和汽车平均车速的提高,如何能让高速行驶的车辆在尽量短的制动时间和制动距离内,安全、稳定地进行制动减速以及停车,已成为急需解决的问题。制动系统作为汽车行驶安全的保证,经过了几十年的发展,开发出了多种多样的制动系统并投入实车使用,取得了比较满意的效果。但传统制动系统由于结构及原理的限制,即使附加了 ABS 等防抱制动控制系统,也无法实现最大限度的最佳制动力控制。EHB 以电子元件替代了部分机械元件,制动踏板不再与制动轮缸直接相连,驾驶员操作由传感器采集作为控制意图,完全由液压执行器来完成制动操作,弥补了传统制动系统的不足,使制动控制得到最大的自由度,从而充分利用路面附着,提高制动效率。

作为一种新型的制动系统,EHB 系统发展时间较短,但前景广阔,各大汽车厂商和研究机构都在积极地开发这一系统。EHB 系统以电子元件加以替代制动系统中的部分机械元件,制动系统中原有的液压系统不作大的改变。这样可以由液压系统提供动力,电子系统提供柔性控制,是机电液一体化的高新技术产品,有很大的发展潜力。EHB 系统的总体方案如图 9.5 所示。EHB 系统主要包括两个部分:①液压执行机构主要包括高压蓄能器、液压泵、制动液储油杯、进出液电磁阀等。②电子控制单元主要包括传感器信号输入单元、主控单元、执行器驱动单元,以及一系列传感器(包括挡位传感器、方向盘转角传感器、横摆角速度传感器、制动踏板行程传感器、油门踏板行程传感器、离合器行程传感器、轮速传感器和压力传感器、纵向及侧向加速度传感器等)。

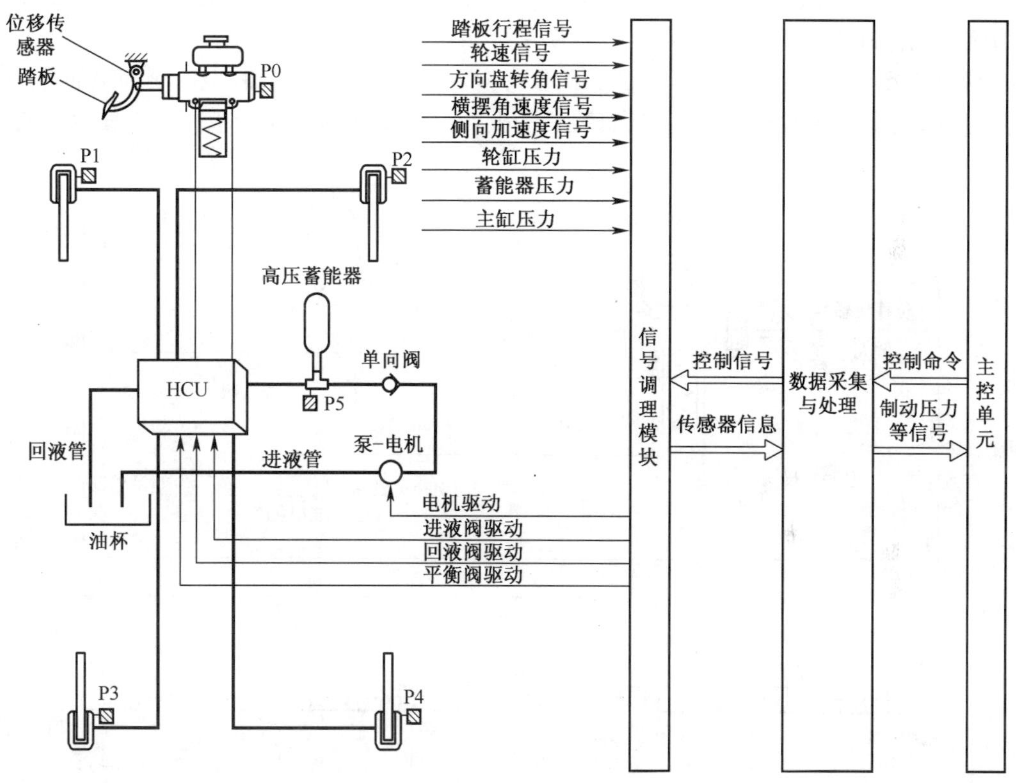

图 9.5 EHB 系统的总体方案

在制动踏板产生位移的过程中,数据采集系统将采集到的踏板行程传感器、各制动器压力传感器等反馈信号输入到电控单元进行分析和判断,对进出液电磁阀分别进行调节,当系统需要增压时,进液阀打开出液阀关闭;当系统需要保压时,进出液阀均关闭;当系统需要减压时,进液阀关闭出液阀打开。通过输入 PWM 控制信号给高速开关阀,从而控制各车轮上的制动压力。通过 CAN 总线技术电控单元还可以接收来自 ABS、ASR、ESP 的汽车动态数据,经过分析和处理,将控制信号发送到相应的控制单元,对汽车进行优化控制。

EHB 系统的执行机构如图 9.6 所示,其中包括液压控制单元、制动踏板单元和制动器。液压控制单元主要包括电动机、液压泵、蓄能器、单向阀、溢流阀及四套结构相同的增压电磁阀、减压电磁阀分别控制各自的制动器。蓄能器一端连同溢流阀的输入端与四路二位二通的常闭增压电磁阀输入端相连。电动液压泵输入端和溢流阀的输出端汇成一路与储油杯的出油口相连。在蓄能器与电动机之间装有防止制动液回流的单向阀。四路二位二通的常闭增压电磁阀的输出端连同四路二位二通的常闭减压电磁阀的输入端汇成一路分别与制动器相连接,每个制动器与各自的增压电磁阀、减压电磁阀回路之间都装有压力传感器。4 个减压电磁阀的输出端汇成一路连接到储油杯的回油端。前轮两个制动器和后轮两个制动器之间分别装有一个平衡控制阀。制动主缸上的一个出油孔与前轮制动器的应急制动管路及连接有踏板行程模拟器的液压管路相连,制动主缸上的另一个出油孔与后轮制动器的应急制动管路相连。模拟器控制管路装有监测主缸压力变化的压力传感器。电机泵与高压蓄能器共同组成 EHB 系统的压力源。电动液压泵为蓄能器提供高压制动液,持续为其蓄能,蓄能器为液压执行机构提供所需的制动压力,使系统能够实现多次连续制动。

制动踏板单元包括制动踏板、主缸、踏板行程模拟器、转角传感器,电磁阀和储油杯。储油杯与制动主缸的两个进油孔相连,安装有踏板行程传感器的制动踏板直接与制动主缸的推杆相连。

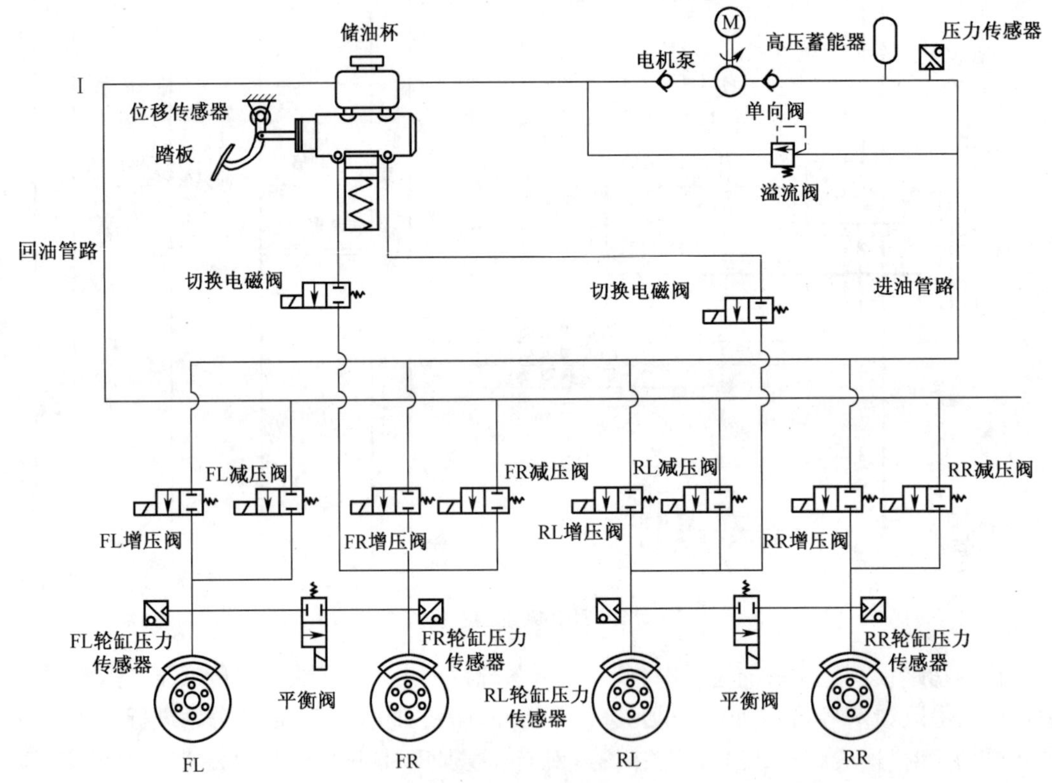

图 9.6　EHB 系统的执行机构

EHB 系统的工作过程主要是对压力供给单元的控制和高速开关阀的控制,首先是对压力供给单元的控制。

压力供给单元包括电动液压泵和高压蓄能器,制动系统开始工作时,电动液压泵开始为高压蓄能器提供高压制动液,监测高压蓄能器的压力的压力传感器实时将测到的信号反馈给电子控制单元,当测得的值高于系统所标定的阀值时,高压蓄能器出液端连接的溢流阀打开,直至等于系统阀值溢流阀关闭。从而高速开关阀的一端得到的是持续且基本稳定的高压制动液;然后对高速开关阀进行控制:高速开关阀是通过 PWM 方式调制控制信号的占空比,使阀口开度改变,控制输出流量。

驾驶员踩下制动踏板,数据采集系统将踏板行程传感器、力传感器的信息汇同车辆的行驶状态(方向盘转角、轮速、车速、横摆角速度等)信息采集到电控单元中进行综合分析和判断。当得知系统需要增压时,电子控制单元输出 PWM 控制信号,对电磁阀进行控制,使进液阀输入流量增大,出液阀输出流量减小,直到达到所需制动压力。当得知系统需要保压控制时,电子控制单元通过对电磁阀进行控制,使增压电磁阀和减压电磁阀输出的流量保持不变。当得知系统需要减压时,电控单元使进液阀输入流量减小,出液阀输出流量增大最终减小到所需的制动压力,当某几个高速开关阀控制回路失效时,电控单元将切换成应急控制模式,制动踏板力的液压管路与应急制动管路连通,踏板力直接通过液压管理加载在制动器上。

EHB 系统取消了真空助力器及一些机械装置,并用电子器件代替。作为系统动力源的高压蓄能器可以持续稳定输出 16MPa 的制动压力,可使系统对驾驶员的制动命令快速响应。另外,在 EHB 系统中,设置有制动备用系统,保留了车轮制动器和制动主缸,主制动系统与辅助制动系统互不干涉。当 EHB 系统失效时,备用系统开始作用,驾驶者的踏板力会按照传统的液压制动方式经制动主缸传递到前轮制动器上,大大提高了行驶安全性。

根据 EHB 系统的基本原理,EHB 控制系统的组成结构如图 9.7 所示,主要由三部分功能组件组成:①输入通道:输入通道包括踏板行程传感器、轮速传感器、压力传感器、方向盘转角传感器、横摆角速度传感器、侧向加速度传感器及其信号处理模块等,通过 XPC 系统将传感器信号采集到电控单元 ECU 上,ECU 经分析判断输出控制信号。②输出通道:输出通道部分包括踏板模拟器上的电磁阀驱动模块,制动钳液压通路上的电磁阀驱动模块,故障容错通路上的电磁阀驱动模块以及液压泵电动机驱动模块等。③电控单元(ECU)。ECU 是 EHB 系统的核心部分,其主要功能是完成对外来传感器信号的采集、处理,对各种数据进行逻辑分析,识别驾驶员制动意图,计算出车轮的参考速度、参考滑移率和车轮的加减速度,并通过相应的控制算法得出结论,作出正确的判断,最后发出控制信号给执行机构,实现制动功能。执行机构接收 ECU 发过来的控制信号,执行相应的动作。这里包括各个通路上的电磁阀和液压泵电动机,以满足不同工况制动的要求。

EHB 系统针对传统制动系统中制动主缸与制动轮缸通过制动管路相连,制动压力直接由人力通过制动踏板输入,而真空助力器作为辅助动力源也要受到发动机真空度的限制,从而限制了制动压力建立、各轮制动力的分配以及与其他系统的集成控制等,进一步提高制动效果方面潜力有限的缺点。EHB 系统由于改变了压力建立方式,踏板力不再影响制动力,弥补了传统制动系统设计和原理所导致的不足,具有许多传统制动系统无法比拟的优越性:

(1) 在传统制动系统中,在紧急制动或长时间制动后,系统部件特性可能发生变化,进而影响制动性能;而采用 EHB 系统,部件机械特性的变化可由控制算法进行补偿,使制动压力等级和踏板行程始终保持一致。

(2) 由于蓄能器压力等级很高,高压制动液通过高速开关阀的控制进入制动轮缸,制动过程平顺柔和。在紧急制动工况下,制动压力上升梯度大,能达到的制动压力也更高。制动

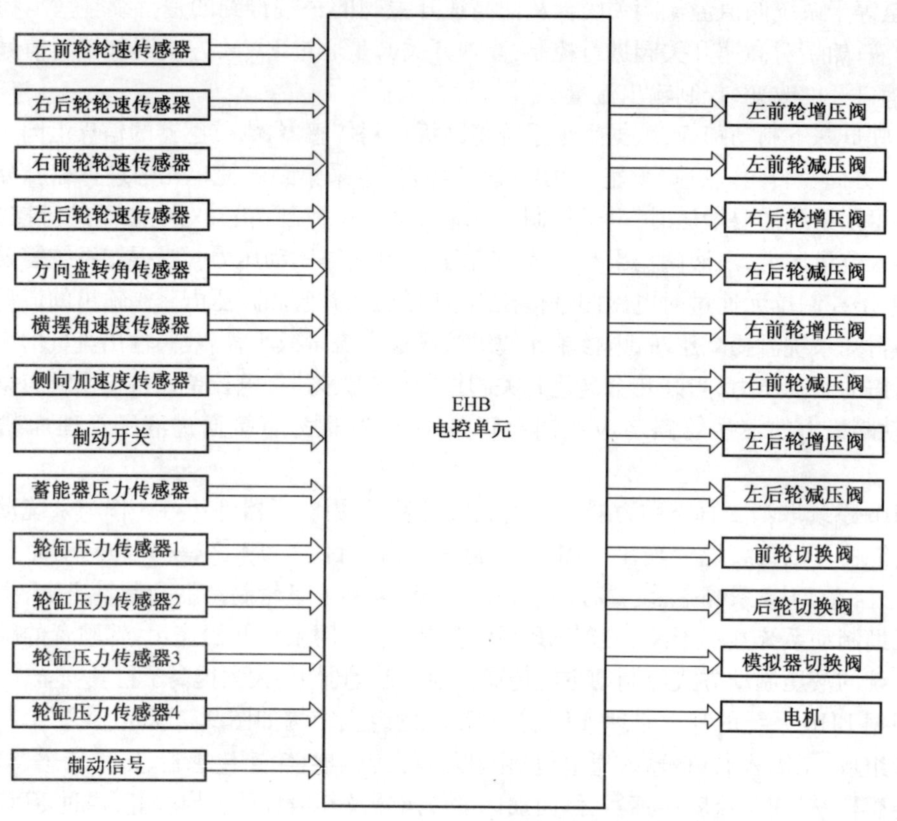

图 9.7　EHB 控制系统的组成结构

蹄(钳)对制动鼓(盘)的制动压力通过轮缸压力传感器的反馈进行精确调节,消除制动噪声。

(3) 传统制动系统的制动特性无法随意改变,而 EHB 系统通过分析驾驶员意图,判断不同的制动行为,并提供最合理的压力变化特性。

(4) 传统制动系统只能在一定程度上实现前后制动压力的分配,而 EHB 系统在四轮压力分配方面有很大的自由度,这在左右附着系数不同的路面上制动时效果显著。

(5) 传统的采用真空助力器的制动系统助力能力受发动机转速和负荷的影响,而 EHB 系统的制动能力不受发动机真空度影响。

(6) 由于制动传感器探测的是踏板的运动速度和踏板的行程,电控单元据此进行制动压力调节,制造商可以根据不同的车型以及对驾驶员驾驶习惯的统计,仅仅通过更改控制算法和踏板感觉模拟器提供给驾驶员不同的踏板感觉,使 EHB 具有很好的可移植性。

(7) 传统制动系统在进行 ABS 工作时,制动管路内的压力波动,使制动踏板出现振动现象,缺少经验的驾驶员往往会因此而不自觉地减少踏板力,从而影响制动效果。EHB 系统由于踏板与制动管路不直接相连而彻底解决了这一问题,不但可以保证各个车轮不会抱死,而且解除制动迅速,制动过程安全、高效,对动力损失影响极小。除了能够实现传统制动系统所能实现的基本制动、ABS 等基本功能外,EHB 还能实现其他更为优秀的辅助功能。

（8）当车辆在雨天或湿滑路面上行驶时，根据风窗玻璃刮水器的动作，EHB 系统可以在固定间隔时间发出微弱的制动脉冲，清干制动摩擦片上的水膜，以消除制动器的水衰退现象，保证可靠地制动。

（9）大部分驾驶员在遇到紧急情况时，在施加制动力时会出现犹豫、施加踏板力不足，导致危险情况的发生。EHB 系统通过正确识别驾驶员意图，对制动力（由踏板行程以及踏板加速度来辨别计算）加以调整，以避免制动力不足。

（10）在需要保持驻车状态时，可以使系统对车轮施加一定的制动力，即使驾驶员松开制动踏板依然能对车轮产生一定的制动压力，减轻驾驶员的负担，提高驾驶舒适性，实现电子驻车控制（Electric Parking Brake，EPB）。

（11）在发生交通拥挤的情况下，系统与加速踏板单元传感器相互配合，通过电控单元的分析计算作出判断，驾驶员只需控制油门踏板，一旦把脚从油门踏板上挪开，EHB 系统会自动施加一定的制动力以减速停车，这样，驾驶员就不需要在油门踏板和制动踏板之间频繁地转换。

9.3.2　EMB 制动系统

EMB 系统与常规的液压制动系统截然不同，EMB 系统以电能为能量来源，通过电机驱动制动垫块，由电线传递能量，数据线传递信号。整个系统中没有连接制动管路，结构简单，体积小，信号通过电传播，反应灵敏，减小制动距离，工作稳定，维护简单，没有液压油管路，通过 ECU 直接控制，易于实现 ABS、TCS、ESP、ACC 等功能。

EMB 电子机械制动系统结构简图如图 9.8 所示，它有四套制动执行机构，每个车轮都有一个独立的电控制器及其控制器。当驾驶员踏动踏板时，通过踏板力模拟机构将信号传送到中心控制模块，中心控制模块根据车速、轮速等多种传感器来获得整个车的运行状态，综合处理后发出各种制动信号给 4 个控制器，控制器得到信号后将控制 4 台电机分别对 4 个车轮独立进行控制制动。再通过各个传感器将每个制动器的实际制动力矩等信息反馈给中心控制单元，以保证最佳制动效果。中心控制单元控制制动时间和电控制动器制动力。所以安装了 EMB 系统后，只需要把 ABS 等功能的程序编入中心控制单元，就可以集中实现各种制动安全控制的功能。同时由图 9.8 可以看出 EMB 系统分为前轴和后轴两套制动回路 A、B，每套回路都有自己的控制模快和动力源，每个回路都有蓄电池。两个中心控制模块相对独立工作，同时双向的信号线互相通信，当其中一套制动线路失灵或出现故障时，另一套线路可以照常工作，以保证制动的安全性。

新一代的 EMB 系统由操纵模块（电子制动踏板）、信号模块（传感器）、中央控制模块（控制器）、执行模块（电动机械制动器和机械盘式制动器）等构成，其中电动机械制动器是关键环节。EMB 系统控制原理如图 9.9 所示。

EMB 系统针对不同车型制动力要求不同的特点，通常将轿车车轮的电动机械制动器对摩擦盘的推力从 12~16kN 提高到 20kN，从而保证与目前液压制动车型中广泛使用的车轮制动推力相同。工作过程中电动机械制动器工作行程为 0.3~0.5mm，电动机械制动器推压摩擦片移动至制动位置的响应快，制动时间要求小于 0.3~0.5s。执行电动机通常采用无刷

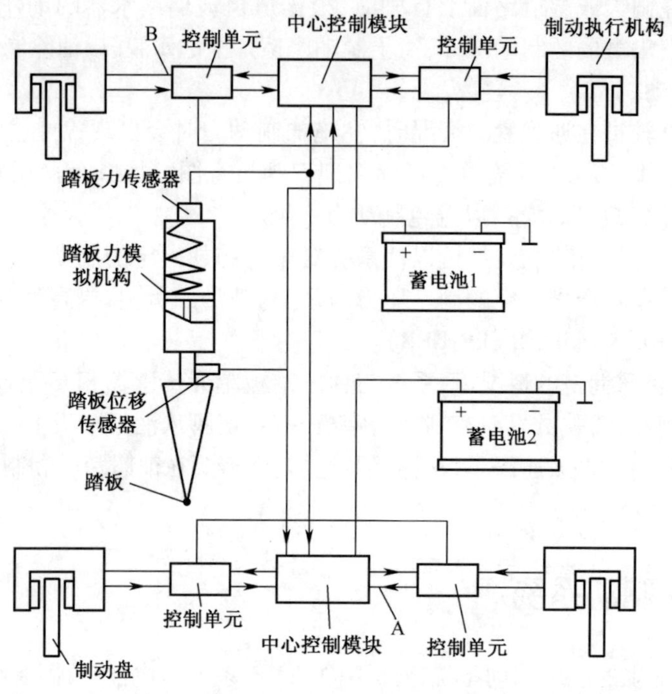

图 9.8　EMB 电子机械制动系统结构简图

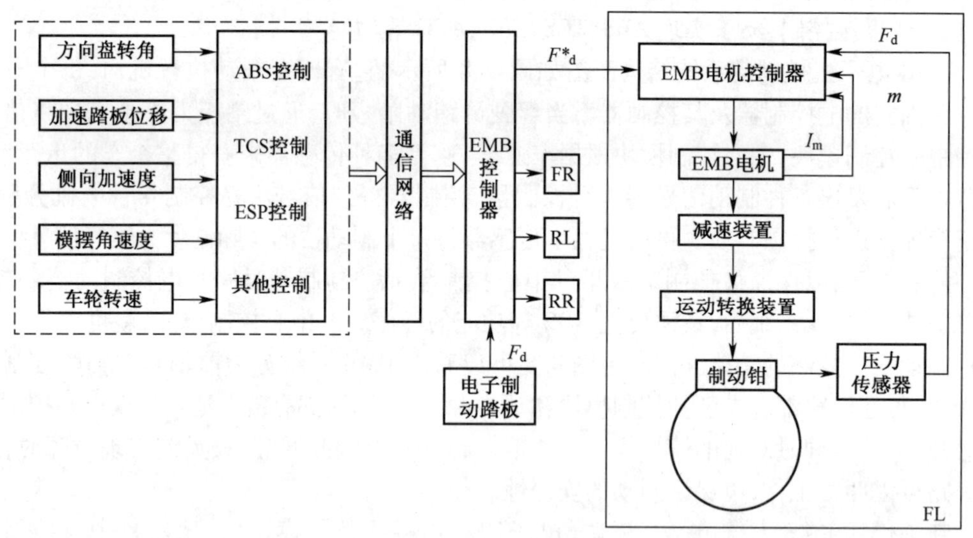

图 9.9　EMB 系统控制原理

电动机，通过编码器实现反馈控制，由软件识别制动盘中的位置，避免测量摩擦盘位置，这种设计有利于在制动时通过嵌入软件实现 EBD、ABS、ESP 等功能，并且能够在新能源车辆中通过闭环控制实现制动能源回收。

采用 EMB 系统能提供平稳减速功能，使制动过程平顺柔和；电子制动踏板代替原有机械制动踏板反映驾驶员的主动制动要求,同时独立调节每个车轮的制动压力,提高制动的稳定性和舒适性;EMB 系统提供了 ESP、EBF 和 ABS 等相互配合的控制平台,显著缩短制动距离。采用 EMB 制动系统,由电动机械制动器取代了原有制动总泵和真空助力器等制动能量供给装置,EMB 电控制动器是制动系统的制动执行机构,也是其核心部件,它的性能的好坏直接影响了制动的效果。它一般有 4 个基本组成部分:电源、电动机、运动转换装置和制动钳,如图 9.10 所示。

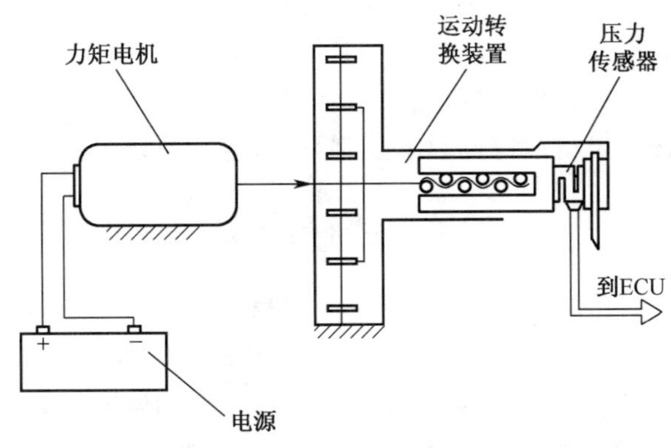

图 9.10　EMB 执行机构简图

在 EMB 中,电机经减速装置减速增扭,再由运动转换装置将旋转运动转换为直线运动,驱动制动钳对制动盘进行制动,电机的运动由 EMB 控制器控制。

对 EMB 的结构和性能有以下几点要求:①电机既要小巧而又能提供足够大的力矩;②传动装置能减速增扭,还要将旋转运动转换为直线运动;③整个机构要工作迅速,反应灵敏;④能自动补偿制动间隙,并能实现驻车制动;⑤有良好的散热性;⑥整个执行器结构紧凑、体积小、质量轻,便于安装;⑦有足够的强度和寿命,以保证安全可靠。目前国外比较成熟的设计样品有博世、西门子和 Continental Teves 三家公司的试验品,它们的一些研究成果已申请了专利。

EMB 制动系统是以电能作为能量来源,由中心控制模块控制,由电机经过传动装置产生促动动力驱动制动钳,实现制动功能的全新制动系统,与传统制动系统相比,它具有以下优点:

(1) EMB 制动系统用电线传递能量、数据线传递信号,完全摒弃了原有的液压管路等部件,而且无真空助力器,结构简洁、质量轻、体积小,便于发动机舱其他部件的布置,也有利于减轻整车质量和整车结构的设计与布置。

(2) EMB 系统采用了电控,易于并入 CAN 总线,并且可以同时实现 ABS、TCS、ESP、ACC 等多种功能,这些电子装备的传感器、控制单元等部件可以与 EMB 系统共用,而无须增加其他的附加装置,避免了像传统制动系统那样,在制动系统线路上安装大量的电磁阀和传感器,使得制动系统结构更加复杂,也增加了液压回路泄漏的隐患。

(3) 在传统的制动系统中,踏板至制动主缸的机械结构以及气压液压系统的固有特性,使得制动反应时间长、动态响应速度慢。制动力由零增长到最大需要 0.2~0.9s,而且当需要较小的制动力时,动态相应更慢。而 EMB 系统就不存在这样的问题,EMB 以踏板模拟器代替了传统的机械踏板传力装置,中心控制单元接受踏板模拟器传来的电信号,判断驾驶员的意图,产生相应的控制命令。

(4) 传动效率高、安全可靠,而且节能。

(5) 无须制动液,降低了对环境的污染。

总之,现代汽车发展的方向是模块化、集成化、机电一体化,最终实现整个车辆的线控,而 EMB 正是这发展方向的体现。目前 EMB 系统的技术还不成熟,需要解决的技术问题还很多。虽然目前尚未有比较完善的、量产的产品,但在国内外各汽车厂商和高校的大力研发之下,它必然会在不久的将来代替传统的制动系统。国外把对电控机械制动系统的研究重点集中在力矩电机设计,机电执行机构,高灵敏度、性价比高的传感器,耐高温电子元器件,高可靠性的电线和元器件,可自适应调节的控制算法,以及系统容错控制等方面。

9.4 线控悬架系统

汽车悬架系统对汽车行驶的安全性和舒适性有着非常重要的影响。理想的悬架系统在不同的行驶条件下应有不同的性能表现,如汽车直线行驶且车速稳定时,汽车应具有良好的平顺性;在转向或制动时,汽车应具有高的操纵稳定性。平顺性要求悬架“柔软”,稳定性要求悬架“坚硬”,但在传统式悬架设计中,这两种性能相互排斥,只能寻找一个最佳的折中方案来选择设计参数。悬架参数一旦确定,也就确定了悬架的性能,因而汽车行驶的平顺性和操纵稳定性不能随行驶条件和运行状况的变化而变化。

线控悬架系统主要由模式选择开关、传感器、悬架 ECU、可调阻尼减振器、高度控制阀、弹性元件等部件组成。

线控悬架可以克服传统悬架的不足。线控悬架除了传统悬架的功能以外,还可以根据不同的路面条件、不同的载质量、不同的行车速度等行驶状况来调节减振器阻尼力的大小,控制弹性元件的刚度、车身高度和姿势。

线控悬架的优点在于:①由于刚度可调,可以改善汽车转弯时出现的侧倾以及制动和加速等引起车身点头和后坐等问题。②汽车载荷发生变化时,能自动维持车身高度不变。③碰到障碍物时,能瞬时提高车轮,越过障碍,使汽车的通过性得到提高。④可以抑制制动时的点头,充分利用车轮与地面的附着条件,加速制动过程,缩短制动距离。⑤使车轮与地面保持良好的接触,提高车轮与地面的附着力,增加汽车抵抗侧滑的能力。

第10章 其他汽车新技术

10.1 汽车产品开发技术

10.1.1 汽车产品开发

1. 选型

开发汽车新产品的首要问题是要考虑选择什么车型作为开发的对象。轿车在性能、设计、制造品质、各种法规要求等方面是各种汽车中要求最高、最严的。通常按汽车的某些参数，如发动机的排量、轴矩、总长及自重等对汽车进行分级。一般用普及型轿车价格与人均国民收入之比预测轿车何时能进入家庭。

2. 发动机及其布置

以国外多用途车（Multi-Purpose Vehicles，MPV）为例，多数采用排量为 2～3L 的电控汽油喷射、水冷发动机，少数亦可选用柴油机。若干 MPV 发动机布置方案则有所不同。

3. 底盘

MPV 的前悬架普遍采用麦克弗逊（Macpherson）滑柱式独立悬挂及横向稳定器，这种结构设计可以吸收路面的冲击，改善行驶平顺性，降低车身底板和汽车重心的高度，并预防轮摆振的发生。MPV 的后悬挂有独立式和非独立式两种，而不同车型又采用不同的独立悬挂，如螺旋弹簧式、拖臂式和横置板簧式等，这些悬挂能够使 MPV 在不同路面上的行驶平顺性都较好。大部分非独立悬挂采用刚性管状后桥、带减振器的纵置板簧及稳定杆等。MPV 的转向系统几乎全部采用齿轮齿条式动力转向器，传动效率高、转向轻便。MPV 既有采用五挡手动变速的，也有采用三挡或四挡自动变速的。

4. 安全措施

各大汽车公司都很注意 MPV 的安全措施，并将它作为提高汽车竞争力的重要手段之一。普遍在前排座安装安全气囊，侧门设计有防撞保护梁，后轮或四轮安装防抱死制动系统。为儿童提供专用的安全座椅及安全带，车尾有高置的制动灯，提高雾中及夜间行车的安全性,并设有车门开启警告装置。在 MPV 中有关安全的电子产品越来越多。

5. 内外装饰

MPV 的内外装饰设计比轿车考虑得更周全,更能满足人们的需求。内部装饰显得宽敞、豪华及方便。座椅具有皮质或毛绒织物的外套。车厢内安装有:前后座椅分开控制的空调系统、高保真的立体声音响、电视机、电话机以及多功能现代化仪表等。为了使用及控制方便,采用电动外视镜、电动升降玻璃、车门开启遥控及前后窗除霜装置等。有些 MPV 具有可活动的车顶窗,可以倾斜或滑动,这样可使车内更加明亮,观赏外部风景时更方便。

6. 使用方便性

当前汽车开发不仅广泛采用现代技术,充分提高整车的动力性、经济性、行驶的平顺性、安全性及轻便性,而且努力降低有害排放物,并提高使用的方便性及舒适性。

7. 造型

车型更换周期各国有所不同,随着经济发展情况的不同,换型的间隔期会有所变化,在经济发展期间,消费者要求新车型的愿望增加,则会缩短换型周期;在经济不景气、市场需求萎缩、需要压缩开支、降低成本时,则会延长换型周期。

在造型中突出环保意识,追求车型符合空气动力学要求,降低油耗,导致造型趋向一致,差异变小;另外从注意主动及被动安全技术出发,强化防碰撞、防伤害行人的局部结构及细节的设计;外形还要适应日益拥挤甚至显得缺乏停车场的都市状况。造型的另一重要倾向是增大车厢内部可利用的空间,提高舒适性、多功能性以及满足时代潮流及个性的需求。轿车的造型设计过程如下:

1) 加长轴矩

在总长不变的情况下加长轴矩,即减小前后悬突出部分。

2) 减少发动机机舱空间

现代汽车要求设计师能提供更紧凑的发动机,即功率及转矩要大而外形尺寸要小,以便压缩机舱空间使整个挡风玻璃及驾驶室前移,增加车厢有效利用空间。

3) 轿车外型的设计

轿车外型经历了马车型→箱型→甲壳虫型→船型→鱼型→楔型等的演变,各个曲面及线条更圆滑地组合,形成流线型。目前大部分轿车仍是以楔形为主,曲面及线条的组合时有变化。一种趋势是并不追求全部是圆形形状,而是在并不明显影响空气动力特性的情况下,使圆滑过渡与有棱有角的几何线条合理地结合起来,使造型不致过分单调,看起来强劲、有动感,富有个性和时代气息。

4) 前后端部的处理

前后端的处理可使轿车灵活多变,并且创造特色和个性。前后灯的型式及位置,散热器通风及保险杠的设计,汽车商标的显示等可以是多种多样的。车窗玻璃总面积的确定既要使车厢内明亮,乘员有良好的视野,又要考虑阳光射入不宜过多,以致影响车内温度,同时玻璃面积过大,会使乘员感到安全感不足。前后保险杠、后柱的设计及布置,要使顾客增加安全感。后灯也趋向于布置得高一些,让后面车辆的驾驶员容易看到。有的轿车在后面挡风玻璃上也布置制动灯。尽量省略多余的零件,以便降低汽车质量及成本。

5）内饰的现代化、居室化

采用较多的吸音、隔音及隔振的材料，以降低振动及噪声；增加功能更全，品质更好的收放音、电视及通信设施；将采用多功能中央处理器和显示屏幕、通过按钮或选择杆，从显示屏幕上获得所需要的各种信息，或者通过它们调整和控制音响、空调、风窗上的刮水器、消雾器等。内饰的居室化将体现在根据需要调整座椅的姿势、方向及位置等。有的车型将根据需要作更大的变化，如方便会谈、办公以及休息时能躺着、卧着等；车内加上一些装饰品、艺术品及绿色花卉、水果等，使感到如同居室一样温馨、舒适。

8. 车身

整车为外形圆滑流畅的单厢式，充分考虑空气动力学、降低风阻系数的需要，吸收航天飞行器及高速列车的设计经验，挡风玻璃倾斜度大，车头短、呈楔形。现代汽车车身的设计要求是创造尽可能大的内部空间，外表美观，质量轻，符合空气动力学的要求，良好的安全性及舒适性。载货车与轿车对车身的要求的侧重点有所不同。轿车的行驶速度高，车身外形应尽可能符合空气动力学要求，降低正面迎风阻力系数及燃油消耗，保持良好的行驶稳定性。车身轻型化设计也是提高燃油经济性的需要，但又要保证碰撞时足够的强度、刚度及吸收能量的要求。对于中级轿车如果气动阻力减少30%，油耗将降低约10%。

在行驶中的车辆，既遇到正面迎风阻力的作用，又会遭到影响稳定性的升力及侧力的作用。为了提高稳定性，要求同时降低气动阻力、升力及侧力。在降低空气阻力系数 C_D 值时，还应考虑对汽车侧面作用力的影响。该力可能使汽车绕着汽车垂直线扭摆，用摆矩系数 C_{YM} 表示这一转矩的大小。C_{YM} 除了受迎风角影响外，还受挡风玻璃两侧的车辆正面边缘，即所谓A型支柱的半径大小的影响。A型支柱的半径对阻力系数及摆矩的影响如图10.1所示。

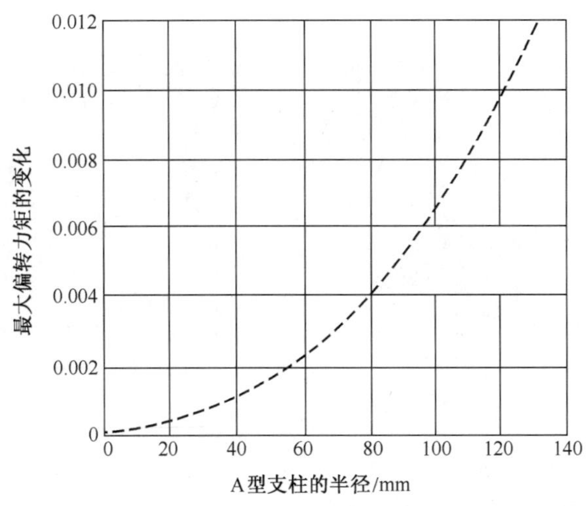

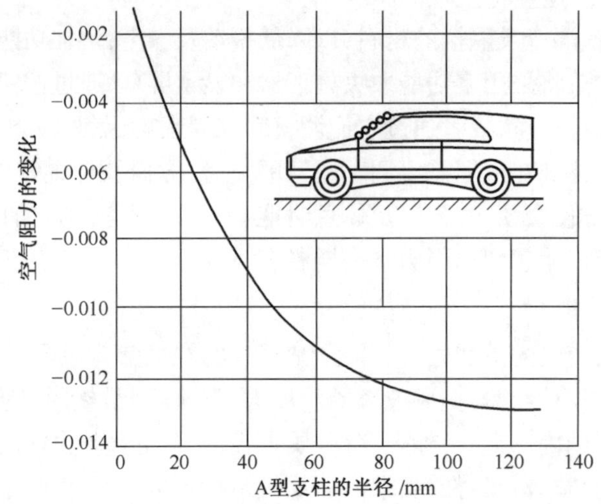

图 10.1 A 型支柱的半径对阻力系数及摆矩的影响

产生风声噪声的主要原因是在汽车行驶时,迎面吹来的气流在汽车 A 型支柱附近产生涡流以及后视镜后方气流的冲击。这种风声噪声通过车门与车身之间橡皮密封圈的缝隙传入车内。降低这种风声噪声的途径就是一方面通过空气动力学的研究,减少 A 型支柱附近的涡流及后视镜后方气流的冲击;另一方面通过橡皮密封圈的改善,减少风声噪声向车内的传递。减少风声噪声除了要妥善设计后视镜的外形及支撑,减少气流冲击外,就是要减少 A 型支柱处形成的涡流,妥善设计 A 型支柱,挡风玻璃及侧窗,处理好它们与汽车其他性能之间的关系。汽车行驶时车身外侧形成不同气流的示意图如图 10.2 所示。

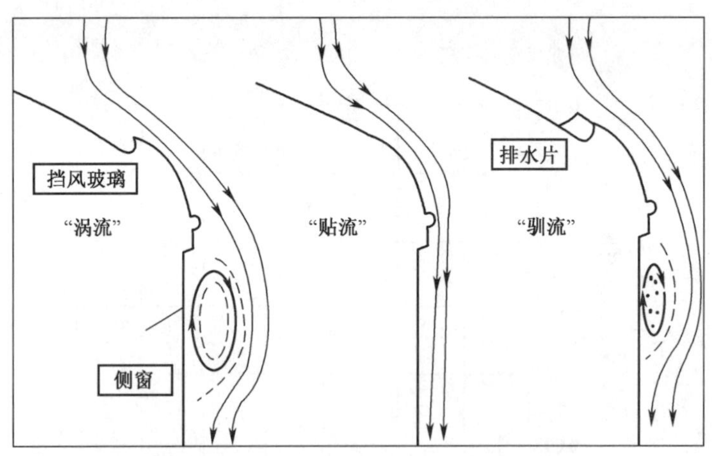

图 10.2 汽车行驶时车身外侧形成不同气流的示意图

10.1.2 汽车设计过程

所谓汽车设计,简单的理解是根据一款车型的多方面要求来设计汽车的外观及内饰,使其在充分发挥性能的基础上艺术化。

但是，汽车设计是一件复杂的事情，并不像其他设计师在香槟和音乐的陪伴下寻找灵感那么纯粹。汽车不是单纯的艺术品，当然它要有漂亮的外表和吸引人的个性特征；同时它还得能安全可靠的行驶，这就需要整个设计过程融入各种相关的知识：车身结构、制造工艺、空气动力学、人机工程学、工程材料学、机械制图学、声学和光学知识，当然更少不了诸如绘画、雕塑、色彩感等基本艺术功底。由此不难理解为什么能称得上汽车设计师的人少之又少。

从脑子里的一个灵感，到最后得以实现，最简单的估算也要十几个步骤，最后无非是要得到市场的认可，性能优良的内“芯”，再加上一袭新衣包装，才是新车待嫁时。下面看看如何为一款新车设计“嫁衣”吧。

1. 从脑到手：草图

首先要坐下来好好想想如何表达。虽然计算机已经非常普及，不过对于设计师来说，最直接的方式还是拿支铅笔把脑子里的想法表现出来，这非常方便。在从脑到手的初级阶段，没必要画得很精致，简洁的线条足以记录脑海中一个个一闪而过的构思。又或者在随手勾画中得到新的灵感。汽车设计构思过程如图 10.3 所示。

图 10.3　汽车设计构思过程

2. 初步定稿：草图和说明

当思路比较明确以后可以绘画一张草图，这时候汽车的主体线条和大方向上的细节设计，应该都有所表现，在适当的地方加以简单说明，为下一环节做准备。汽车设计草图绘制如图 10.4 所示。

3. 理念表达：效果图

当我们看到一些汽车手稿，基本上是处在汽车效果图的阶段，这主要是为了把设计师的思路和理念用更细腻的手法表现出来，加入细节描绘和色彩，通过精致的绘画表达这款车的直观感受和立体效果。这是汽车设计的重要环节之一，就好像时装设计效果图一样，将是决定模型制作的关键。有些效果图是手绘的，马克笔、色粉或者喷枪都会采用，也有设计师利用计算机绘画。效果图和最后的整车的细节未必完全相同，但是表现出来的气质却是一脉相承。汽车外观效果如图 10.5 所示。

图 10.4　汽车设计草图绘制

图 10.5　汽车外观效果

4. 内部设计:内饰效果图

与汽车外观效果图同时绘制出来的应该是内饰效果图,详细描绘车内的各种细节和布局,加上必要的说明,这是未来制作模型的基础。汽车内饰效果如图 10.6 所示。

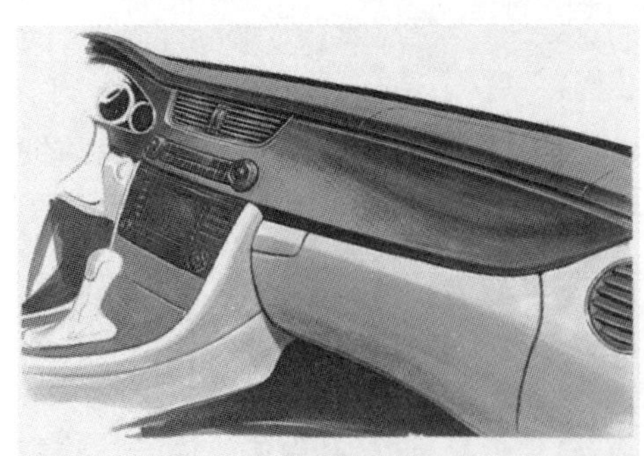

图 10.6　汽车内饰效果

5. 观感评估:1/5 油泥模型

虽然历经数十年,制作油泥模型依然是汽车设计生产中的必要环节,这是一种类似橡皮泥的黏土，但是更加坚硬，成型后的细节需要用刀刮削才能完成。一般先要制作比例小的油泥模型作为提案，通常由设计师亲自操刀，两三个月才能最后完工。汽车 1/5 油泥模型如图 10.7 所示。

图 10.7　汽车 1/5 油泥模型

6. 改进阶段：1∶1 油泥模型

经过对提案模型的评估，决策层会选择一个或几个设计方案制作 1∶1 的油泥模型，因为对尺寸、细节等方面要求非常严谨，这种全尺寸模型会有专业的模型师来制作。经过不断的讨论和修改之后，就进入定案阶段。汽车 1∶1 油泥模型如图 10.8 所示。

图 10.8　汽车 1∶1 油泥模型

7. 测量阶段：三维坐标测量

将模型放在测量台上，使用三维坐标测量仪测出它表面上足够多点的空间三维坐标，用这些数据就可以在计算机中建立三维模型。汽车三坐标测量如图 10.9 所示。

8. 计算机设计

把测量出的数据输入计算机，就可以开始进行三维模型的制作，未来这些数据将用于控制数控机床。三维汽车模型计算机设计如图 10.10 所示。

9. 样车制造及风洞试验

制造出样车之后，样车被拉到风洞进行试验。汽车样车制造及风洞试验如图 10.11 所示。

图 10.9　汽车三坐标测量

图 10.10　三维汽车模型计算机设计

图 10.11　汽车样车制造及风洞试验

10. 汽车撞击试验模拟

汽车撞击试验模拟如图 10.12 所示。

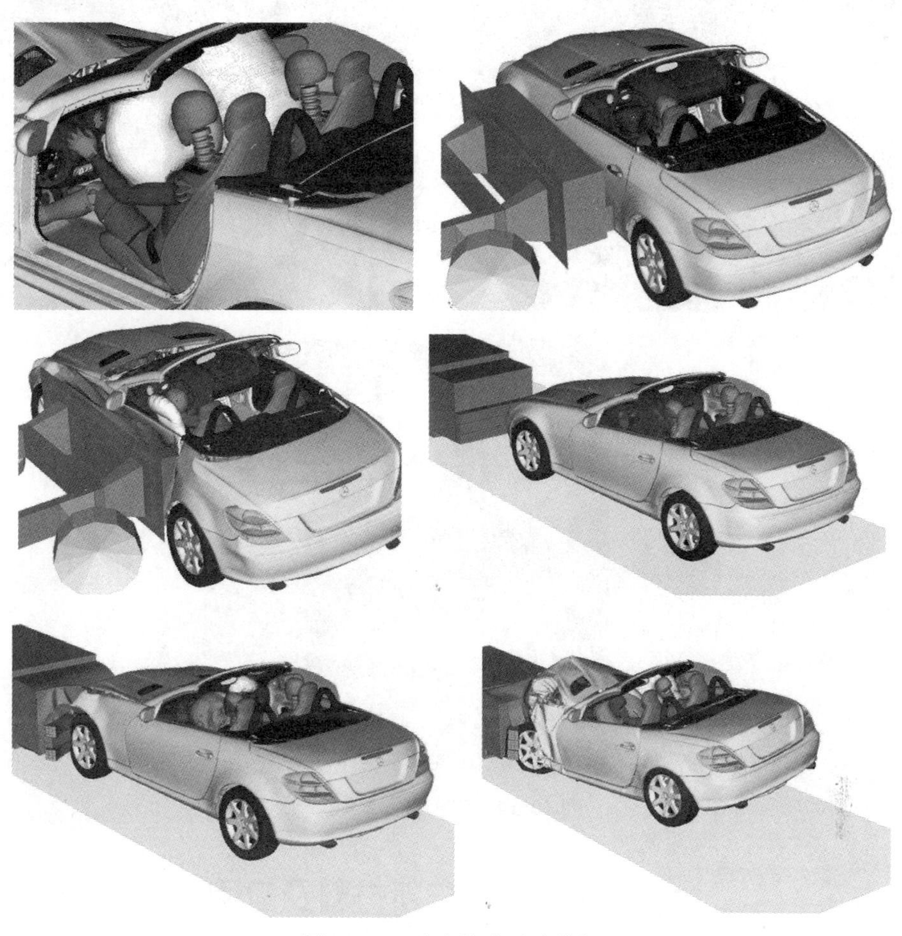

图 10.12　汽车撞击试验模拟

11. 汽车道路试验和碰撞测试

在进行样车风洞试验和碰撞模拟试验之后，严格的路试将等待着新车，将新车放到各种路况和恶劣的条件下进行测试。汽车道路试验如图 10.13 所示。

图 10.13　汽车道路试验

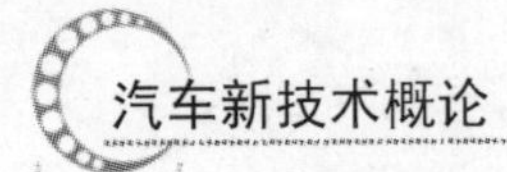

路试之后，还要对实车进行严格的碰撞测试。汽车碰撞测试如图 10.14 所示。

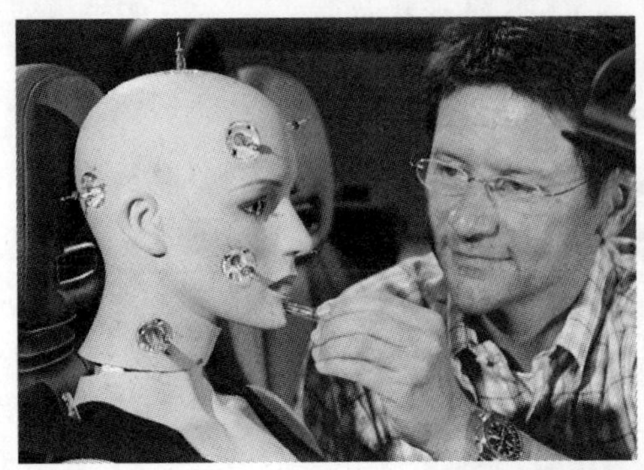

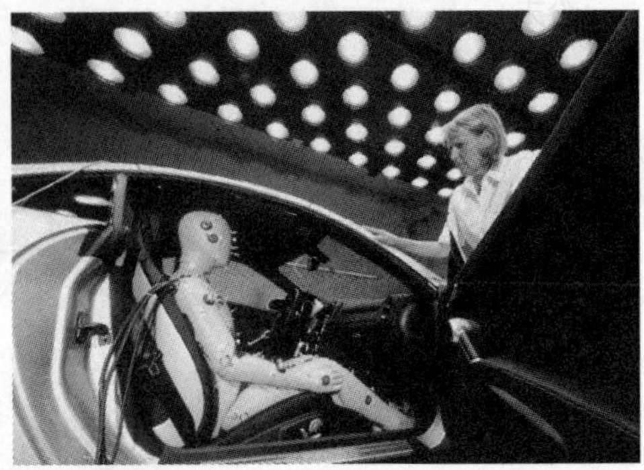

图 10.14　汽车碰撞测试

10.2　汽车新材料及应用

10.2.1　汽车材料

提高汽车性能，降低汽车质量的重要途径之一是采用强度高、质量轻、性能更优的新材料。在汽车工业中应用日益增多的材料有铝、镁等轻金属，塑料，纤维增强塑料，泡沫金属，环氧树脂材料等；此外，蜂窝夹心复合板及橡胶等也有新的应用。

节能、环保及安全是汽车工业追求的目标。采用轻质材料、降低汽车质量是提高其性能指标的重要方面，同时也可以改善汽车的噪声、振动和冲击的性能。

1. 黑色金属及粉末冶金

钢、铸铁等黑色金属加工机械性能优良，价格低，生产厂家经验众多。世界上一些厂商联合起来进行研究如何更好地利用它们。例如，使用优化的薄钢板结构，使钢板覆盖件的质量降低 20%~30%。

采用薄壁铸造、蜡模、金属模紧密铸造，负荷大的重载货车的曲轴采用锻钢铸造等，这样可以进一步优化结构设计,充分利用材料性能,减少外形尺寸及质量。

使用粉末金属铸造或锻造发动机零件,可以获得精确的形状及尺寸,省去许多机械加工及费用。它们具有较高的强度及耐疲劳等性能,在汽车工业中获得日益广泛的应用。

2. 铝镁合金

多年以来,铝就以其质量轻、易于回收利用等优点而被广泛用于汽车(尤其是轿车)的制造,如车轮和发动机部件等。其中,后者不仅有活塞、散热器、油底壳和缸体采用铝合金材料,而且缸盖、曲轴箱也使用这种材料。随着高强度优质铝合金材料的开发成功,近年以冲压、锻造工艺生产的这一类部件也越来越多。可淬火铸造铝合金也逐渐地用来制造这一类零部件。

目前,不但轿车越来越多地使用铝,而且商用汽车也是如此。在商用汽车上,铝活塞、铝散热器等已十分普遍,如空压机、各类控制阀等制动系统部件也是用铝制造的。

铝车轮已在轿车上普及,大客车也越来越多地使用铝车轮,这对减轻此类汽车的自身质量将发挥很大作用。

在汽车轻量化的发展过程中,铝材料也遇到其他轻质材料的竞争和挑战,如镁、塑料和复合材料。前面已提及,油底壳、缸盖罩和变速器壳体不仅用铝制造,而且也越来越多地使用比铝更轻的镁来生产,在发动机进气管、缸盖罩用材方面,铝不单面临镁的竞争,而且还面临比镁更轻、价格更低的塑料的挑战。据介绍,碳纤维增强的镁活塞要比铝质的轻30%。由于镁的密度(1.74g/cm^3)比铝的(2.7g/cm^3)低得多,因此用于制造某些汽车部件比铝更合适。

大众公司的帕萨特轿车变速器壳体、奥迪公司的奥迪 A8 仪表盘外壳、奔驰公司的 SLK 系列燃油箱盖和保时捷公司的高速轿车车轮都改用镁制造。大众公司的路波(3L)车尾箱盖,其内板材为高纯度镁合金,外板材为铝合金。采用真空压力铸造法制造的镁合金薄壁铸件,其壁厚可以比铝质的更薄,质量更轻,不过,因为镁的弹性模数比铝小,因此有时镁部件需要辅加更多的加强筋结构。宝马新 3 系采用铝合金的发动机如图 10.15 所示,福特汽车的铝合金轮毂如图 10.16 所示,大众 GOL 的铝合金轮毂如图 10.17 所示。

图 10.15　宝马新 3 系采用铝合金的发动机

图 10.16　福特汽车的铝合金轮毂

3. 塑料

当代汽车视车型不同,其应用的塑料零部件,35%~50%为 PP,处于主导地位,六大类塑料(PP、PUR、PVC、ABS、PA、PE)占汽车用塑料的 90%左右。塑料用于制造一些汽车零部

图 10.17　大众 GOL 的铝合金轮毂

件,最突出的优点是质量轻、易于成型加工和价格低廉。此外,塑料作为某些汽车零部件的外覆(包)和绝缘(隔音)材料还可吸收撞击能量,从而可提高行车的舒适性。随着塑料性能的进一步改善和种类的扩大,其在汽车上的应用范围还将扩展,如在发动机领域,欧宝公司的 Corsa 轿车的进气管已由金属改为塑料件。此外,塑料气门室罩也早已为发动机制造厂家所接受。

推动塑料普及的原因不仅仅在于它可减轻汽车部件约 40%的自身质量,而且还能降低 40%左右的采购成本;同时,在许多情况下,还可扩大零部件的功能,如塑料气门室罩,除了能简化设计、具有减振功能外,对于曲轴箱排气机构和直接点火线圈还可起到油分离器的作用。将来,轿车行驶系统的部件也将更多地使用塑料制造,如欧宝 Astra 牌轿车就安装了玻璃纤维增强的塑料稳定杆—铰接杆机构。若置身于汽车内,则举目可见各式各样的塑料零部件,目不能及的也不少,如暖风和空调的气孔、油门和离合器踏板等也是用塑料制造的。1995 年,欧宝 Vectra 率先使用塑料安全气囊壳体,由于其质量较传统材料的减轻 45%和成本更低的优越性,因此其后在其他车型上也陆续装用。车身覆盖件、外饰件、内饰件和保险杠等是塑料应用的重要领域,后视镜外壳也用塑料制造。附件,诸如罩、盖之类在一些大批量生产的汽车上也已广泛应用。奔驰 Smart 车身用了具有本色的可随时更换的塑料覆盖件,倍受市场关注。雷诺 Espace 和莲花 Elise 也是塑料车身。

4. 碳纤维材料

碳纤维材料现在已成为汽车制造商青睐的材料,在汽车的内外装饰中开始大量采用碳纤维替代金属材料。碳纤维作为汽车材料,最大的优点是质量轻,强度大,质量仅相当于钢材的 20%~30%,强度却是钢材的 10 倍以上。所以汽车制造采用碳纤维材料可以使汽车的轻量化取得突破性进展,并节省能源。

复合材料车身外覆件得到大量的应用和推广,如发动机罩、翼子板、车门、车顶板、导流罩、车厢后挡板等,甚至出现了全复合材料的卡车驾驶室和轿车车身。据统计,在欧美等国汽车复合材料的用量约占本国复合材料总产量的 33%,并继续呈增长态势,复合材料作为汽车车身的外覆件来说,无论从设计还是生产制造、应用都已成熟,并已从车身外覆件向汽车的内饰件和结构件方向发展。

据悉,福特和保时捷生产的 GT 型赛车的发动机机罩已全部采用碳纤维材料;奔驰 57S

原来的内装饰全部是木质材料，现在则以碳纤维替代；通用的雪佛莱轿车底盘的内装饰材料也采用碳纤维；宝马的 M6 的顶篷全部采用碳纤维，并进行技术处理，使其保持金属材料的光泽。图 10.18 所示为法国 SORA 公司为雷诺汽车公司开发的全复合材料轿车车身和重型卡车驾驶室。

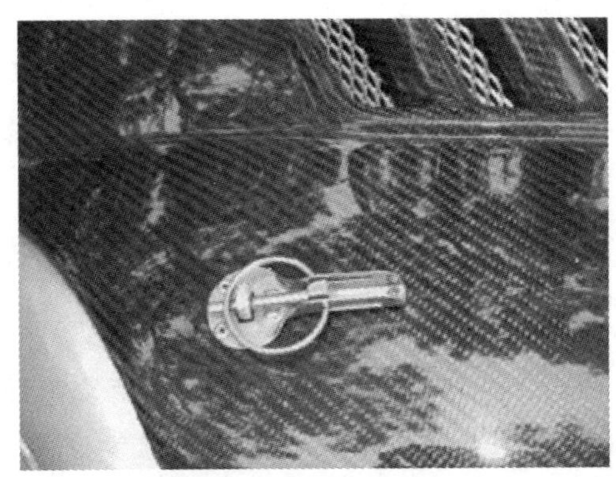

图 10.18　碳纤维车前盖

5. 泡沫金属

现在，欧洲“马赛克”计划是开发新概念汽车的最佳材料——泡沫金属的计划。经过多年努力，已研制成一种新型钢质结构，它比普通钢结构轻 10%。科研人员是靠粘接钢质零件和采用减振材料新结构做到这一点的。而且现在已有研发人员正在考虑“泡沫零件”结构，零件外表用薄钢皮制成，而其中心用泡沫金属填满。

德国不来梅科学家用铝粉和钛氢化物粉末相混合，混合物被填放到钢皮制作的模型中，该模型与汽车部件大小一致，然后把这充满混合物的模型加热到铝的熔点，这时氢气会从钛氢化物中逸出，从而使熔化的铝产生泡沫。

当此钢皮模型完全冷却之后，便形成固体泡沫铝，具有整块结构、重量均匀的泡沫铝在强度上比铝更高，钢皮模型也增强了部件的强度。600～700℃的熔点温度能使泡沫铝和钢皮模型实现可靠黏接。

6. 环氧树脂材料

国外汽车制造工业中应用环氧树脂的部位极多，如环氧树脂制的黏接剂、玻璃钢、涂料等，大量应用在汽车结构件的粘接，车架及车身涂料，国外对汽车使用的材料进行了很多的研究，寻找出经济实用的非金属结构材料。如以粘接剂代替焊接，用玻璃钢板、工程塑料代替金属材料，用电泳漆、粉末涂料取代传统的漆料，而这些都是环氧树脂“擅长”作为材料的领域，因而环氧树脂在汽车制造工业中的应用越来越广。

以糊状粘接剂代替焊接的经验，已经在汽车制造工业中非常流行，该技术特别在顶盖、行李箱等部位外板和内板的粘接，以及车门、车身、车身折边的密封都能发挥很好的作用。业界为此研究出一种汽车专用的具有起始强度高的环氧粘接剂。汽车内、外板折边粘接及密封用的环氧树脂粘接剂也不断有新品问世。

为了减轻车身重量，汽车中大量使用多功能板形增强材料，该材料不仅重量轻，而且有抗振性、绝热性。它是由 PVC 和环氧树脂混合而成的，其中加入发泡剂及其他的添加剂，烘烤发泡及固化。它能使汽车造价降低40%、重量减轻60%。采用该材料的部位为车门板、车背板。车体用金属板复合增强材料也使用了环氧树脂。

代表汽车高科技的赛车,更是大量使用环氧树脂,顶级的"F1"赛车的底盘就是用环氧树脂材料制成的,其轴承则是用环氧—石墨作材料的。另外,由环氧树脂制备减振器阻尼材料及减振涂料已获成功。

我国车用涂料的开发情况相对较好,其中环氧树脂电泳漆、粉末涂料占了很大比例。但其使用的环氧树脂原料不少是进口的,国内环氧树脂厂商仍有相当商机。

随着车中装备的不断高档化,如配备CD、音响、电视机、监视器、空调、冰箱等,车用绝缘材料的量也随之增加,而这些绝缘材料大部分由环氧树脂组成。

7. 蜂窝夹芯复合板

蜂窝夹芯复合板是两层薄面板中间夹一层厚而极轻的蜂窝组成。根据夹芯材料的不同,可分为纸蜂窝、玻璃布蜂窝、玻璃纤维增强树脂蜂窝、铝蜂窝等;面板可以采用玻璃钢、塑料、铝板和钢板等材料。由于蜂窝夹芯复合板具有轻质、比强度和比刚度高、抗振、隔热、隔音和阻燃等特点,故在汽车车身上获得较广应用,如车身外板、车门、车架、保险杠、座椅框架等。英国发明了一种以聚丙烯作芯,钢板为面板的薄夹层板用以替代钢制车身外板,使零件质量减轻了50%~60%,且易于冲压成型。

10.2.2 车身新材料的应用现状

目前,国内外车身轻量化的研究方向是开发具有较高强度的轻质高性能新材料及设计新的轻量化结构。通过多年的探索,已取得了新的进展。

TDI所有车身部件都是轻质金属制成的,包括前挡泥板、车门、发动机罩和尾门,其中尾门的金属外层是铝质,内板是镁制成的。汽车的内部设备许多也是轻质金属制成的,如座椅的框架由铝制成,方向盘的内骨架由镁制成。乘客舱和发动机室之间组合隔板是铝质的。支撑结构通常也是由高强度的薄板金属制成的。

为解决新材料的防腐蚀保护和连接,大众采用创新的冲孔铆接法、叠边压接、激光钎焊等技术。路波TDI的自重为830kg,包括417kg(50.5%)的钢、136kg轻质金属(16.4%,包括3.7kg的镁)、116kg塑料(14%)。在保证车身抗扭刚度、使用寿命和安全性的前提下,车身的重量减轻了50kg,汽车的总重减轻了154kg。由于汽车自重大幅度减轻,使得百千米油耗降至2.99L,总能量消耗只是传统汽车的一半。这意味着CO_2的排放量也将减少一半,CH_x的排放量降到1/4,它是典型的环保型轿车,也是世界上批量生产的最经济轿车之一。

10.2.3 新材料应用的发展趋势

1. 减少材料的品种

未来汽车在工程塑料类型的选择上将会发生巨大的变化。目前汽车使用的塑料由几十种高分子材料组成,当前世界各大汽车公司致力于减少车用塑料的种类,并尽量使其通用化。这将有利于材料的回收再生和生态环境的保护。

2. 降低成本

制约汽车车身新材料应用的重要因素是价格。作为主要新材料的高强度钢、玻璃纤维增强材料、铝和石墨增强材料,其成本分别为普通碳钢的1.1倍、3倍、4倍和20倍。所以只有大幅度降低这些新材料的制造成本,才可能使诸多新材料进入批量生产。例如,玻璃纤维增强材料将在成本上成为钢材的有力竞争者,虽然它的质量减轻有限,但价格却能为用户所接受。石墨合成材料尽管性能良好,但因其成本居高不下,目前它在汽车工业上很难有所作为。

3. 先进的制造工艺的研发

采用新材料与先进的制造工艺是相辅相成的,汽车工业正在努力开发新的制造方法,对传统的工艺进行更新。例如,适用于轻量化设计的连接工艺有所发展,如德国某汽车公司在大批生产的轿车上采用 CO_2激光束焊接,与传统的焊接工艺相比,焊接成的高强度钢板车身的强度提高了50%。又如,一些复合材料的SMC壳体的材料较厚,为2.5~3mm,限制了轻量化的幅度。法国雷诺公司采用新的A级表面精度的SMC模压技术和低密度填料,减薄了零件厚度,使轿车壳体质量比普通SMC工艺下降了30%。

4. 车身设计方法的革命

据欧洲汽车界人士预测,在今后十年中,轿车自身质量还将减轻20%,除了大量采用复合材料和轻质合金外,车身设计方法也将发生重大变化。由于大量采用新型材料,传统的车身结构及其设计方法可能不再适用,取而代之的是一种基于生物学增长规律的形状优化设计法,这种设计方法既能减少零件质量,又能延长零件的使用寿命。此外,采用新的设计方法还能使车身零件数大幅度减少。例如,某车型的零件数已由400个减少到75个,质量减轻30%。美国克莱斯勒汽车公司某概念车由于采用了创新的优化设计法,使整车自重降至544kg。这说明轻量化设计具有极大的潜力。

10.3 四轮转向系统

10.3.1 概述

所谓四轮转向,就是指后轮也和前轮相似,具有一定的转向功能,不仅可以与前轮同方向转向,也可以与前轮反方向转向。

四轮转向技术并非全新的概念,本田Prelude轿车、马自达602轿车及GM Blazer XT-1概念车都曾经采用过。不过,对于这些原本灵巧的紧凑车型而言,四轮转向技术在改善转向性能方面的效果并不显著。所以,从提高车辆的操纵性能、越野性能及减少转向半径的角度来说,四轮转向技术的主要适用车型并非紧凑型轿车,而是卡车、SUV等大型车辆及多功能运动型车。

从大体上说,国外对4WS的研究,一般均把汽车模型看作线性二自由度“自行车”模型,只研究向心加速度和绕汽车纵轴的旋转,控制形式主要有以下两种:

(1) 车速感应型:当车速小于某一数值时(一般为45~55 km/h)时,前后轮转向相反;

而当车速高于该数值时,前后轮转向相同。

(2) 转角感应型:当转角小于某一角度(如本田 4WS 为 24°)时,前后轮转向相同;当大于该角度时,转向相反。

随着人们对四轮转向这一领域研究的不断进展,各公司在提高汽车稳定性方面所持的侧重点也各不相同。在 4WS 客车的研究和开发方面主要是探索由于后轮参与转向而带来的车辆响应变化,以及采用各种转向控制策略而产生的差异。但到目前为止,4WS 还是一种新兴技术,人们对它的研究途径很多,这些将会使 4WS 系统更加完善。

10.3.2 二轮转向与四轮转向

当汽车低速转弯时,后轮进行逆相转向(即与前轮转向方向相反),可缩小转弯半径,同时内轮差也减少、提高小转弯性能。例如,在乘用车上,当后轮以 5°角逆相转向时,内轮差约减少 10cm。低速转弯时车辆行驶轨迹如图 10.19 所示。

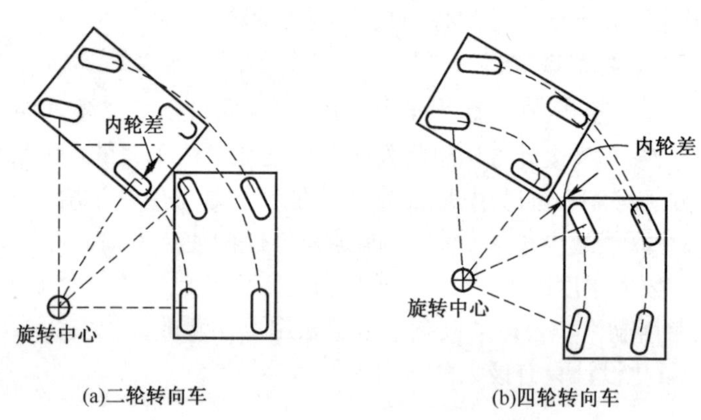

图 10.19 低速转弯时车辆行驶轨迹

在中高速转弯时,后轮与前轮进行同相转向,与前轮的转弯力保持平衡,使得车身方向与前进方向保持一致,因此增大了转向的操纵稳定性。高速转弯时车辆转弯特性如图 10.20 所示。

四轮转向汽车在变换车道行驶过程中,前轮转向时,后轮也相应同向转过一个较小的转角,致使汽车在变换车道行驶过程中车身既有平移又有转动,减小轮胎的侧滑角,从而提高了后轮运动轨迹与前轮运动轨迹的重合度,减少汽车在换道行驶过程中的甩尾现象,提高了操纵稳定性。

四轮转向的优点为:

(1) 转向能力强。车在高速行驶时以及在湿滑路面上的转向特性更加稳定和可控。

(2) 转向响应迅速。在整个车速变化范围内,车辆对转向输入的响应更迅速,更准确。

(3) 行驶稳定性提高。在高速工况下车辆的直线行驶稳定性提高,路面不平度和侧风对车辆行驶稳定性的不利影响减小,车辆高速行驶换车道的稳定性提高,弯道高速行驶变得更容易,转急弯和转大弯时车辆不易绕自身重心回转。

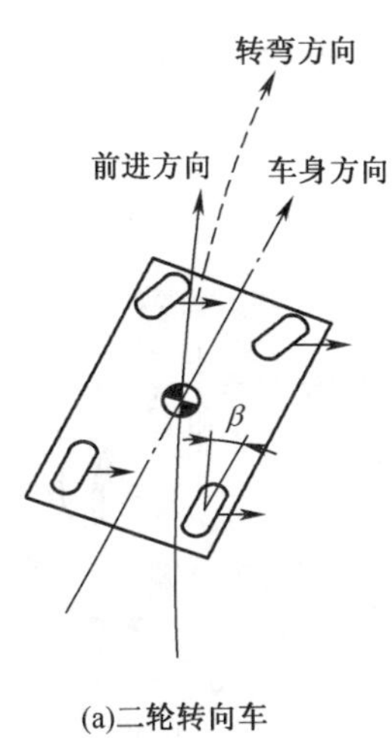

(a)二轮转向车

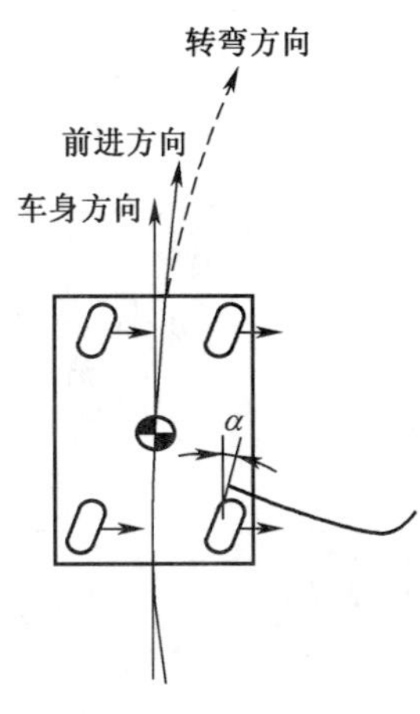

(b)四轮转向车

图 10.20 高速转弯时车辆转弯特性

(4) 低速机动性好。低速时,后轮朝前轮偏转方向的反向偏转,车辆的转弯半径将大大减小,因而在道路狭窄及停放车辆时更容易操纵车辆。

10.3.3 四轮转向系统分类与工作原理

1. 四轮转向系统分类

四轮转向系统按其结构可分为机械式、液压式、电动式、复合式4类。

四轮转向系统按其控制方式可分为7类:

(1) 定前后轮转向比四轮转向系统。

(2) 前后轮转向比是前轮转角函数的四轮转向系统。

(3) 前后轮转向比是车速函数的四轮转向系统。

(4) 具有一阶滞后的四轮转向系统。

(5) 具有反向特性的四轮转向系统。

(6) 具有最优控制特性的四轮转向系统。

(7) 具有自学习、自适应能力的四轮转向系统。

2. 四轮转向系统工作原理

1) 机械传动电子控制式4WS

前后轮的转向机构是机械传动,如图10.21所示。方向盘的转动传到前轮的转向器(齿轮齿条式),齿条使前转向横拉杆做左右运动,以控制前轮的转向,同时输出小齿轮旋转,通过连接轴传到后轮转向器。

2) 液压传动电子控制式4WS

液压传动电子控制式4WS如图10.22所示。液压传动电子控制式4WS主要是由储液罐、转向助力泵、分流阀总成、后轮控制阀、动力缸、车速传感器、轮速传感器、方向盘转角传

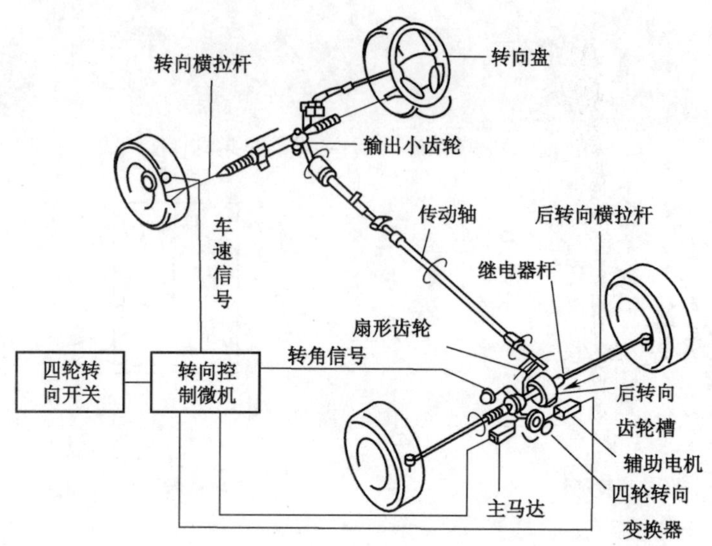

图 10.21　机械传动电子控制式 4WS

感器、油压传感器以及 4WS-ECU 等组成。其中，储液罐、转向助力泵、车速传感器、轮速传感器、方向盘转角传感器、油压传感器的结构与普通 2WS 车相同。

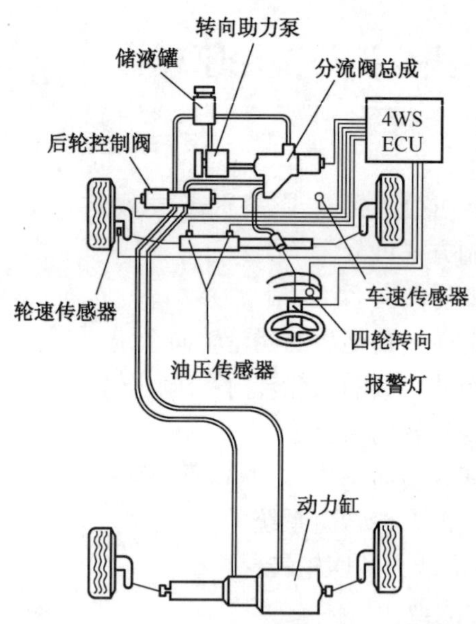

图 10.22　液压传动电子控制式 4WS

液压传动电子控制式 4WS 工作原理如图 10.23 所示。当不需后轮转向时，从转向助力泵输出的油经 E 孔进入分流阀总成，根据 4WS-ECU 输出的电流的大小使轴向滑阀移动，决定从 F 孔流经后轮控制阀的油量大小。4WS-ECU 不向后轮控制阀两端的电磁线圈输入电流，滑阀在左右两端弹簧作用下保持在中间位置，因此从 A 孔进入控制阀的油通过 B 孔流回储油罐，整个动力转向系统处于常流状态，动力缸内两侧无压力，处于平衡状态，此时后轮处于直线行驶状态。

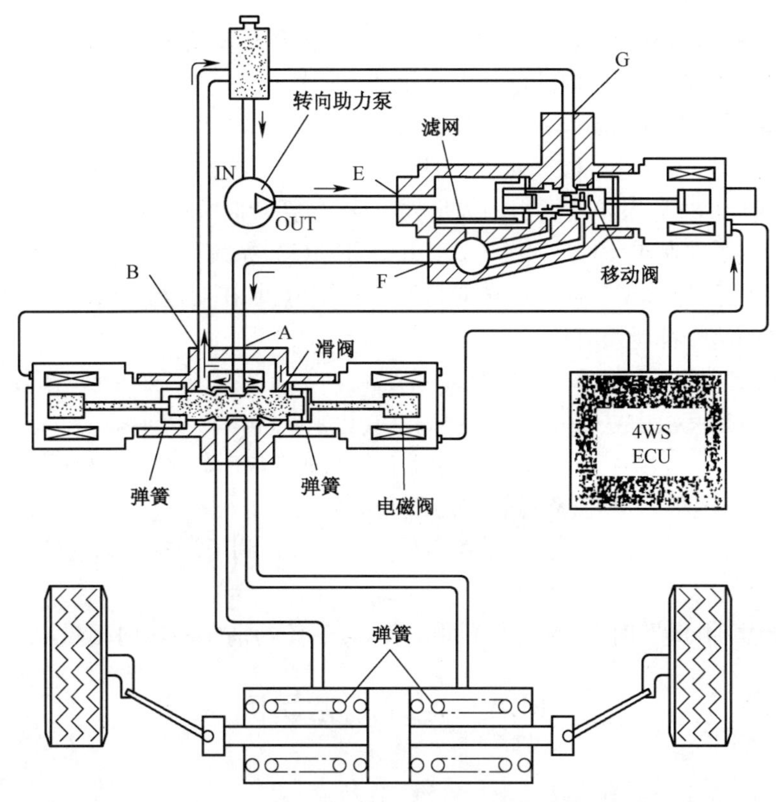

图 10.23　液压传动电子控制式 4WS 工作原理

需要后轮转向(如左转向)时,从 4WS-ECU 输出的控制电流进入后轮控制阀右侧的电磁线圈,使滑阀向左移动。从 A 孔进入 B 孔的油路被切断,油进入动力缸,动力缸左室油压升高,推动活塞向右移动,后轮被操纵向左偏转、动力缸右室的油流入后轮控制阀,经 B 孔回到储油罐。

10.3.4　典型四轮转向系统

1. 日产风雅四轮转向系统

日产"风雅"(350GT Sports Package)除采用 19 英寸铝合金车轮外,还采用了四轮转向系统(Rear Active Steer)。可根据车速和舵角控制后轮,既实现了中低速区的灵敏度,又兼顾了高速区的行驶稳定性。

当开始打方向盘时,可以与前轮相反的方向操纵后轮来提高转向性能,然后再以与前轮相同的方向操纵后轮来抑制偏航速度,以确保行驶稳定性。无须与检测偏航速度及侧翻速度的传感器及侧滑防止装置 VDC(车辆动力控制)等联动,便可根据车速及方向舵角来决定后轮舵角。

2. 德尔福四轮转向系统

由美国通用汽车公司与德尔福公司(DELPHI)联合开发的 QUADRASTEERTM 四轮转向系统,通过安装在后轴壳体内的电控电机驱动执行器(类似转向齿条)来控制后轮的转向动作,其控制指令的生成源自传感器与复杂的电控单元(ECU)。QUADRASTEERTM 系统的后轮转向应用了汽车线控技术(Steer By Wire,SBW),与机械式拉杆操纵方式并不相同。

QUADRASTEERTM 系统主要由四大部件组成,包括转向角度传感器、可转向后轴、电控电机驱动执行器及控制单元(ECU)。QUADRASTEERTM 系统配备了两个传感器,其中一个安装在转向柱上,用以检测转向盘的转向角度;另一个安装在变速器上,用于提供车速信号。这两个传感器的信号都能及时传递至 ECU。

根据不同的车速,QUADRASTEERTM 系统转向后轮具有三种转向动作:异相(Out of Phase/Negative Phase)、中立(Neutral)和同相(In Phase/Positive Phase)。

当车速低于 64km/h 时,系统进行异相动作,即前轮与后轮的转向相反,异相角度最大可达 12°。随着车速不断提高,后轮转向的角度逐渐减少。

当车速达到 64km/h 时,后轮转向角度为 0,即系统达到了后轮转向的转换点(Crossover Point)。

当车速超过 64km/h 时,系统进行同相动作,即后轮与前轮的转向相同。

10.4 电动助力转向系统

10.4.1 工作原理

电动助力转向系统是由电子控制器控制助力驱动装置来实现助力的转向系统,助力驱动装置是电动机。

图 10.24 显示了电动助力转向最基本的工作原理:驾驶员的转向力矩通过转向齿轮和转向拉杆传到汽车的转向轮上。与此同时,驾驶员的转向力矩和车速通过传感器被送到助力转向系统的电控单元,电控单元再根据目前的工况和一定的设计要求计算出所需要的转向助力。所需的转向助力是通过控制输入到电动机的电流来实现的。转向轮上最终得到的转向力矩是驾驶员转向力矩和转向助力的总和。

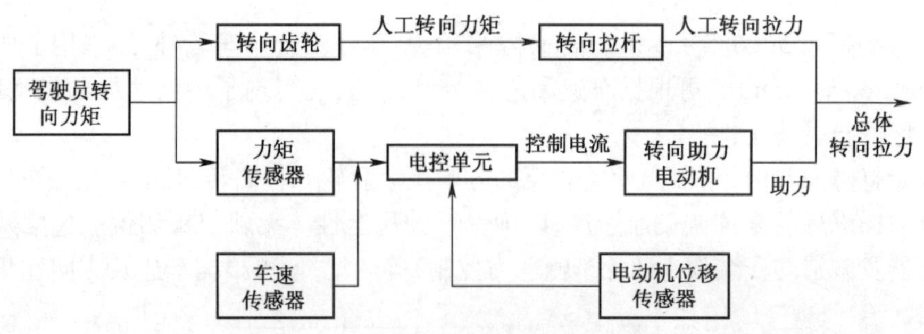

图 10.24 电动助力转向最基本的工作原理

10.4.2 系统分类

目前电动助力转向系统有两种基本形式：电动液压转向系统(Electrically Powered Hydraulic Steering,EPHS),电动助力转向系统(Electric Power Steering,EPS)。

将来的趋势是电线转向，在方向盘和转向轮之间没有机械连接，当然这种系统已不是纯粹的助力转向系统了。

1. 电动液压转向系统(EPHS)

电动液压转向系统油泵从发动机分开，用小电动机驱动油泵，自动控制，只在需要时开动。这样，系统就大大地减少了自身的功率损耗，可以省下传统液压转向系统能耗的85%，相当于节省整车油耗的3%~4%。其次，系统也省掉了传统液压转向系统中所需的皮带、皮带轮和其他与发动机的连接零部件，更易于安装。

2. 电动助力转向系统(EPS)

电动助力转向系统不需油泵，而是由电动机直接驱动得到自动控制，也是在需要时才开动，因此可省下液压系统和液压油。EPS可以节省传统液压转向系统能耗的90%，比电动液压系统多节省整车油耗的0.5%。

根据不同的安装位置，EPS还分三种不同的类型：转向轴驱动(Column Drive)、转向齿轮驱动(Pinion Drive)、转向拉杆齿条驱动(Rack Drive)。

1) 转向拉杆齿条驱动式电动助力转向系统

转向拉杆齿条驱动式电动助力转向系统的特点包括：助力直接作用在转向拉杆上，效率高，响应快；最大功率可达500W；在转向拉杆上产生的最大拉力达7700N；对于中型以上的轿车，相对具有一定的市场渗透能力；可应用的汽车范围广泛；助力性能比较好；但相对成本较高。

2) 转向轴驱动式电动助力转向系统

转向轴驱动式电动助力转向系统的特点包括：动力单元(电动机)的位置使之相对其他两种系统来说最容易放置。由于电机位置与驾驶室相邻，所以对工作环境温度不需特殊的要求；在发动机下面不需安装空间；最大输出功率一般在250~400W；最大输出力矩达65Nm(在拉杆相当于7700N的拉力)；对于低成本的微小型轿车，相对具有较高的市场渗透能力；适用于小型和中型轿车。

3) 转向齿轮驱动式电动助力转向系统

转向齿轮驱动式电动助力转向系统的特点包括：对发动机下面的安装空间要求极小，同时也消除了对仪表板前面的空间要求；最大输出功率一般在250~400W；最大输出力矩达65Nm(在拉杆相当于7700N的拉力)；对于小型轿车，相对会具有中等的市场渗透能力；适用于微型和中型轿车。

电动助力转向系统技术在中低档汽车的应用发展迅速，越来越多大批量生产的小型汽车开始采用电动助力转向。在电动助力转向系统的开发和生产，目前TRW汽车公司在世界上居于领先地位。例如Fiat Punto和Stilo、Renault Megane、Volkswagen Lupo，以及新的Mini、Honda S2000、Acura NSX、Honda Civic Si、Toyota Prius Hybrid等。在北美市场，Ford

Range 已经配备有电动助力转向。在电动助力转向技术和产品上,主要的开发和生产厂家还有德尔福(DELPHI)汽车公司,德国的 ZF 公司和博世公司,以及德国的西门子(Siemens VDO)汽车公司、大陆(Continental AG)公司、日本的 Koyo Seiko 公司。

10.5 主动式转向系统

10.5.1 传统转向系统的缺陷

在汽车的转向系统中,转向盘和转向轮均有一个转向传动比,而且这个比值是固定不变的。也就是说,当驾驶员将转向盘转过一个角度,那转向轮必然就会偏转一个固定的角度。驾驶员在转弯过程中,需要根据路面弯度变化、车速变化等因素,不断通过转动转向盘来调整转向轮的角度,以维持驾驶员希望达到的转向轨迹。

传统的转向系统有它自身的优点,如转向可靠、故障率低等;同时也存在一定的弊病,那就是转向传动比如果较大,则车辆在低速下转向比较轻便,但在高速状态下转向则显得过于灵敏,转向稳定性变差。相反,如果转向传动比较小,车辆在高速时转向会显得稳重,但在低速状态下,转向会比较吃力。

当然,在传统的转向系统上装配 EPS(电子助力转向系统)后,上述问题就好转了许多。车辆在 EPS 的帮助下,在低速下可以获得较大的助力,以使转向轻便;而在高速行驶中,转向助力减小,从而增加车辆的转向稳定性。不过,由于车速、路面状况的影响,往往会使车辆在转弯中产生转向不足或者转向过度的问题,从而造成很大的危险。对于有经验的驾驶员来说,可以通过修正转向角度来避免危险,而对于一般的驾驶员而言,则有些力不从心了。

10.5.2 主动转向系统的优势

宝马在其 530i 上装配了主动式转向系统(Active Front Steering,AFS)。这也是全球独创的一门新技术,尤其是中、低速时这种主动式转向系统的动态转向特性将为驾驶员带来更多的驾驶乐趣。

主动式转向并不是需要汽车转向时它会自动转向,它只是对驾驶员的转向动作起一种辅助性作用,以便更安全、准确、轻松地按驾驶员的意图实现转向。它根据车速变化而不断改变转向系统中主动齿轮与被动齿条的传动比,使驾驶员在低速行驶时可以转方向盘较小的幅度而实现较大的转向,而在高速行驶时相反。让驾驶员在低速转向时感觉轻松,而在高速转向时感觉更加安全。因此,主动转向既可称为舒适性配置,也可称为安全配置。

为什么要采用主动式转向? 当今,公路上的急弯随处可见,盘山公路更是蜿蜒崎岖,而高速公路上也不乏弯路,在这些驾驶员每天都会遇到的情形下,汽车的一项品质至关重要:这就是正确的转向响应。

在上述情况下,一辆汽车必须满足一系列不同需求:比如,中速行驶时,前轮应该尽可能更直接地响应驾驶员的指令。随着速度的提高,转向传动应该变得不那么直接。

在传统的转向系统中,由于方向盘和前轮的转向传动比是严格固定的,驾驶员的指令总是以相同的方式传递。如果转向很直接,那么在低速状态下非常理想,但不适合高速状态,因为在高速时,由于物理原因转向灵敏性会增加,这时需要转向反应更为间接。同样的原理也适用于相反的情况,就是转向间接会适合高速,但在低速时,转向变得很费力,驾驶员要花更大的力气转动方向盘。因此,传统的转向系统通常是对两种极端情况进行妥协的结果。

现在,宝马通过引入了主动式转向系统,不折不扣地成功满足了这些相互矛盾的要求,这是全球范围内动态操控领域内的革新。宝马解决了传统转向技术无法避免的根本矛盾,提供了灵活性、稳定性和舒适性的完美结合。

由于能不断调校转向传动比,主动式转向系统提高了转向的舒适性:未配备此设备的车辆,需要转动方向盘三圈才能把车轮从一个锁死位置打到另一端;而主动式转向系统通过在中、低速下减小方向盘传动角度,将这个操作过程减少到两圈。因此,在市区驾驶会感到较为轻松省力。

有了主动式转向系统后,在崎岖的山路上行驶时,驾驶员就不用再交叉双臂转动方向盘了。当驾驶员在传统的转向系统下不得不交叉双臂驾驶时,驾驶装备主动式转向的宝马车只需要把手臂保持原有恰当的位置就可以了。它能够保证不受限制、顺利和轻易地操作方向盘上的多功能按钮,这自然提高了行驶安全性。

通常一般轿车的转向传动比在 16∶1 和 18∶1 之间,而宝马的主动转向系统的传动比可以在 10∶1 至 20∶1 之间不断变化。在低速时,例如 50km/h 时,转动方向盘 10°,前轮即可转动 1°,而普通轿车需要转动 16°~18°才能让前轮转动 1°。反之,在高速时,例如 200km/h 时,转动方向盘 20°才能让前轮转动 1°,以增强其稳定性。

10.5.3　主动转向系统工作原理

从技术角度看,主动式转向是基于叠加转向角度的原理:在方向盘和转向传动之间装有一个电子控制的机械调控器,为驾驶员发出的转向角根据不同的需求叠加一个转向角度。

宝马革新性的主动式转向的核心提供叠加/减转向效果,这种效果来自一个行星齿轮,这个齿轮包括两个输入轴和一个固定在转向柱上的输出轴。其中一个驱动轴连接到方向盘,另一个由电动机通过一个自锁式蜗轮蜗杆驱动机构,从而达到降低转向传动比的目的。最终从输出轴传出的整体转向角度由驾驶员输入的方向盘角度叠加上电动机附加的角度叠加而成。

此外,主动式转向系统的其他组成部件还包括判定当前驾驶条件和驾驶员指令的独立控制单元和多个传感器。另外,主动式转向系统始终通过车载网络与 DSC(动态稳定控制)单元联网。主动转向系统工作原理图如图 10.25 所示。

主动转向系统最大的特点,就是依据驾驶条件,自动调节车辆转向传动比,从而增加或减小前轮的转向角度。在低速时,电动机的作用与驾驶员转动转向盘的方向一致,转向传动比增大,可以减少驾驶员对转向力的需求。在高速时,电动机的运转方向与驾驶员转动转向盘方向相反,减少了前轮的转向角度,转向传动比减小,转向稳定性提高。

除了更舒适、更灵活之外,主动转向系统还有很重要的一点就是更安全,这一点主要体现在车辆高速行驶中的突然转向。例如,在公路上高速行驶时突然变线以超越另一辆车然

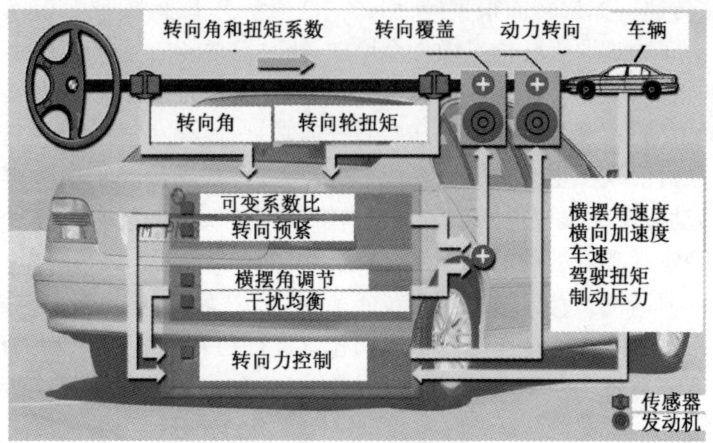

图 10.25　主动转向系统工作原理图

后回到车道时,或者高速行驶中突然发现前方有障碍物需要急转弯时,很容易出现转向不足或者转向过度,车辆将偏离自己预定的方向,可能失去控制。在这种情况下,通常宝马车系的 DSC 系统通过干预制动过程控制车辆的稳定,行车速度将大幅度降低,增加能量的损耗。而主动式转向系统从转向一开始就会判断转向后出现的情况,通过电子控制的机械调控器自动修正转向角度,干预降低偏航情况的发生。不过,当主动转向系统无法完成对车辆的控制时,DSC 系统将参与到工作中来。因此,主动转向系统需要与 DSC 系统配合使用。

10.5.4　主动转向机械传动

转向系统所接受的指令时时变化,最重要的是驾驶员通过转向系统必须收到真实的路面反馈信息。主动式转向系统彻底改变了传统的转向过程,克服了过去无法解决的冲突,使前车轮的转向角度可以完全按照驾驶员的意愿进行。在此过程中,主动式转向系统兼具了电子导线转向技术以及机械转向系统各自的优点。在电子导线转向系统中,方向盘和前轮之间没有任何机械连接(纯电子信号传动),而机械转向系统能够提供真正的转向反馈。因此,主动式转向系统为车辆行驶的灵活性、舒适性和安全性设定了新标准。

10.6　电控悬架系统

10.6.1　悬架的发展史

自从汽车发明以来,工程师们就一直在研究如何将汽车的悬架系统设计得更好。最初的汽车悬架系统是使用马车的弹性钢板,效果当然不会很好。螺旋弹簧开始用于轿车时就曾经有两种截然不同的意见。第一种意见主张安装刚性较大的螺旋弹簧,以使车轮保持与路面接触的倾向,以提高轮胎的抓地能力。但是这样的弊端是乘坐汽车时有较强烈的颠簸感。另一种意见认为应该采用较软的螺旋弹簧,以适应崎岖不平的路面,以提高乘坐汽车时的平稳性及舒适性。但是这样的汽车操纵性较差。减振器也由早期的摩擦式发展为液力式。这些改进无疑提高了悬架的性能,但无论怎样改良,此时的悬架仍然属于被动式悬架,在很多方面均有局限性。

由于被动悬架设计的出发点是在满足汽车平顺性和操纵稳定性之间进行折中,所以,对于不同的使用要求,只能是在满足主要性能要求的基础上牺牲次要性能,无法适应广泛的性能需求和道路条件。尽管被动悬架在设计上以不断改进被动元件而实现了低成本、高可靠性的目标,但始终无法彻底解决同时满足平顺性和操纵稳定性的要求。为此,出现了主动悬架的概念,并且随着现代控制理论和电子技术的发展及其在汽车上的广泛应用,为从根本上解决平顺性和操纵稳定性之间相矛盾的要求展示出了新的途径。

主动悬架能够根据悬架质量的加速度,利用电控液压部件主动地控制汽车的振动。在各大汽车制造公司均不遗余力地开展这方面的研究。典型的例子,早期有雪铁龙公司研发的液压—空气悬架系统,可以使汽车具有较好的行驶性能和舒适性,但是它的制造工序太复杂,最终难以普及。Lotus 制造了第一辆装有主动悬架的样车。其系统的响应可达 30Hz,它可使乘坐舒适性和转弯及制动时的车身姿态控制提高约 35%。日产公司在英菲尼迪 Q45 轿车上应用了新式主动悬架,进一步提高了轿车适应崎岖路面的能力。还有一些主动悬架实施的例子,如 Lotus Turbo Esprit、Damlar Benz 的试验样机系统等。然而,由于这些主动悬架系统具有的高成本、高能耗、增加的质量及复杂程度,使主动悬架仅限于样车及一些赛车等有限的应用上。

10.6.2 电子控制悬架系统

电子控制悬架系统(Electronic Control Suspension System,ECS),又称为电子调节悬架系统(Electronic Modulated Suspension System,EMS)。

电子控制悬架系统的功用是:在汽车行驶路面、行驶速度和载荷变化时,自动调节车身高度、悬架刚度和减振器阻尼的大小,从而改善汽车的行驶平顺性。

在装备电子控制悬架系统的汽车上,当汽车急转弯、急加速或紧急制动时,乘员能够感到悬架较为坚硬,而在正常行驶时能够感到悬架比较柔软;电控悬架还能平衡地面反力,使其对车身的影响减小到最低限度。

电子控制汽车悬架的基本目的是通过控制调节悬架的刚度和减振器阻尼,突破被动悬架的局限区域,使汽车的悬架特性与行驶的道路状况相适应,保证平顺性和操纵稳定性两个相互排斥的性能要求都能得到满足。

电子控制悬架系统由传感器、控制开关、电控单元(EMS ECU)和执行器组成。传感器和控制开关向 EMS ECU 输入信号,EMS ECU 接受传感器和控制开关输入的电信号,并向执行元件发出控制指令,执行元件产生一定的机械动作,从而改变车身高度、空气弹簧的刚度或减振器的阻尼。

在电控悬架系统中,输入信号主要有车身高度和车速,驾驶员是加速还是制动,或驾驶员在仪表盘上的选择并操作的某种悬架控制功能开关的位置等。

目前,采用电子控制的悬架主要有主动和半主动悬架两种,电子控制的半主动悬架已经达到了商品化的程度,而主动悬架目前还处在以理论研究和样机研制为主的阶段。

10.6.3 主动悬架系统

主动悬架是用一个有自身能源的力发生器来代替被动悬架中的弹簧和减振器。根据作动器响应带宽的不同,主动悬架又分为宽带主动悬架和有限带宽主动悬架,也被叫作全主动悬架和慢主动悬架。

1. 主动悬架组成

主动悬架采用电液执行机构取代了被动悬架的弹簧和减振器。主动悬架既无固定的刚度又无固定的阻尼系数,可以随着道路条件的变化和行驶需要的不同要求,而自动地改变弹簧刚度和减振器阻尼系数。能够实现对每个车轮进行单独控制,是悬架控制的最终目标。

主动悬架一般包括决策和执行两大部分,决策部分由 ECU 和传感器等组成闭环控制系统,通过监测道路条件、汽车的运行状态和驾驶员的需求,按照所设定的控制规律向执行机构适时地发出控制命令;执行部分包含装在每个车轮上的电液执行机构、动力源等。目前液压伺服机构是主动悬架较为理想的执行机构。结构布置上,一种方法是采用液压伺服缸与普通弹簧并联,优点是用被动弹簧来承受车体重量,可以使所需的外界能源大大减少,但执行机构需要有较高的频响特性;另一种方法是采用液压伺服缸与普通被动弹簧串联,优点是执行机构仅需具有较低的频响特性即可,但所需要的外界空间和外界能源相对较大。

2. 主动悬架控制

在理论和实践研究中,所选择的主动悬架控制方法主要有反馈控制、预测控制和决策控制三种。

1) 反馈控制

图 10.26 所示为进行主动悬架研究通常采用的 1/4 汽车模型和反馈控制框图。主动悬架反馈控制方法实现了执行机构实时连续调节,对控制系统的稳定性、精确性和反应速度要求较高,需测量的信息和计算量较大。通常是采用最优控制算法和自适应控制算法,将“悬架控制”处理成为跟踪问题或随机干扰滤波器问题。最优控制算法是应用状态空间方法,采用状态变量表达加权的二次性能指标,通过求解优化问题获得控制执行机构的最优控制规律。这种控制规律在某种意义上是一定的性能指标(通常是车体加速度均方值)达到最小;自适应控制算法是通过对车体和悬架系统的状态监测,在线积累与控制作用有关的信息,并修正控制系统的结构参数和控制规律,使给定的性能指标尽可能达到最优并保持最优。

2) 预测控制

主动悬架预测控制如图 10.27 所示,预测控制是在反馈控制的基础上,由附加的预测时间的遥测传感器及有关的电子系统构成。这样的系统中发出有关控制指令所需的未来信息可预先测量到,而不是当“干扰”经历车轮时再“响应”,就能使执行机构的动作与实际要求相同步,从而不仅可以减少动力需求,同时也能改善行驶性能。研究解决有关控制指令所需的信息如何得到,又如何以更有效的方法应用到悬架控制中的问题称为“预测控制”。预测控制系统的控制规律中包含了状态变量线性函数的反馈和未来干扰积分函数的前馈部分。

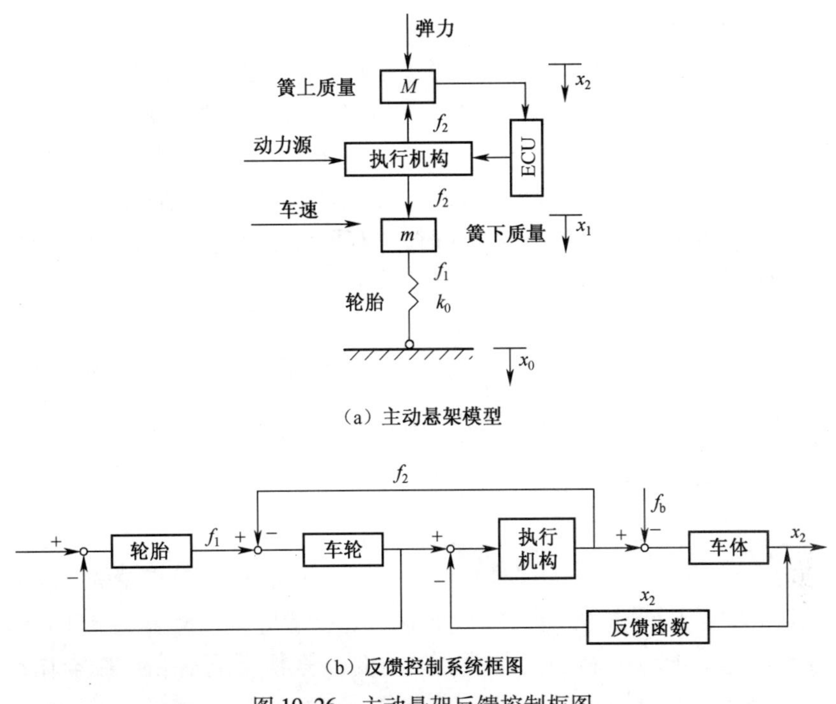

（a）主动悬架模型

（b）反馈控制系统框图

图 10.26　主动悬架反馈控制框图

其中前馈部分用于校正执行机构的惯性，这对车轮意味着有较好的路面形状跟踪性能，对车体则意味着有较平缓的瞬态响应。因此，预测控制是降低路面干扰对车轮和车体冲击的有效方法。其中，如果在前馈部分中对未来干扰积分函数进行计算，称为无限预测；如果未来干扰是由确定性或白噪声输入已知成型滤波器产生的，仅仅需要计算附加的预测时间范围内的积分，则称为有限预测。

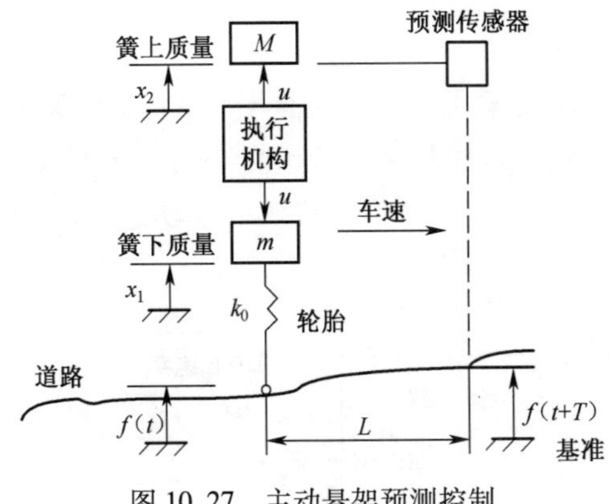

图 10.27　主动悬架预测控制

3）决策控制

这种控制方法是预先测量汽车在不同路面和工况下行驶的振动响应，并通过优化计算得到所需的最佳悬架刚度和阻尼系数，存入主动悬架控制系统 ECU 的 ROM 中。实际应用中，ECU 不断地检测汽车行驶过程中的振动响应，即刻查出对应工况下应选的最优或次优悬架刚度和减振器阻尼系数，控制执行机构作出响应。

主动悬架同时改善了汽车的平顺性和操纵稳定性，为悬架的理论和实践研究带来了重大变革。但是，尽管其优点是显而易见的，而且在发达工业国家中已经出现了装有主动悬架的样车，但将主动悬架推上汽车生产线仍然是一个审慎而缓慢的过程。首先，因为主动悬架的控制系统需要复杂的传感器和电子控制设备，执行机构不仅要选用高精度的液压伺服装置，而且要有较大的外部动力来驱动，导致成本高、结构复杂、可靠性低，只有主动悬架所需的硬件，特别是执行机构变得更为经济可靠时，才有可能使之进入决定性的市场发展阶段；其次，主动悬架研究的基本经验和教训是“现行的主动悬架”摆脱了众所周知的“平顺性和操纵稳定性”之间的矛盾，但却引起了新的“性能与执行机构功率”之间的矛盾，即主动悬架驱动执行机构所需的功率相当可观。为此，就产生了介于主动悬架与被动悬架之间的折中方案，即半主动悬架。

10.6.4 全主动悬架系统

全主动悬架系统所采用的作动器具有较宽的响应频带，以便对车轮的高频共振也加以控制。作动器多采用电液或液气伺服系统，控制带宽一般应至少覆盖0~15Hz，有的作动器响应带宽甚至高达100Hz。从减少能量消耗的角度来考虑，也可保留一个与作动器并联的传统弹簧，以用来支持车身静载。

主动悬架的一个重要特点就是，它要求作动器所产生的力能够很好地跟踪任何力控制信号。因此，它为控制律的选择提供了一个广泛的设计空间，即如何确定控制律以使系统能够让车辆达到最佳的总体性能。近20年来，有大量关于主动悬架的文献发表。研究结果表明，主动悬架能够在不同路面情况及行驶条件下显著地提高车辆性能。

10.6.5 有限带宽主动悬架

在结构上，有限带宽主动悬架通常由作动器与一个普通弹簧串联后，再与一个被动阻尼器并联构成，如图10.28所示。这种系统在低频时(一般小于6Hz)采用主动控制，而高于这个频率时，控制阀不再响应，系统特性相当于传统的被动悬架，而被动悬架在高频时的效果也比较好。

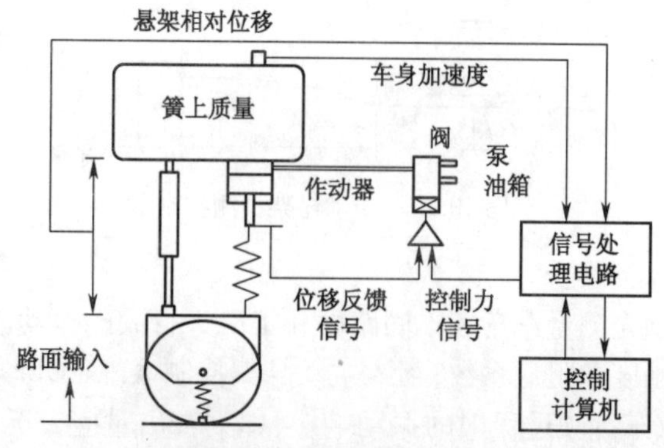

图10.28 有限带宽主动悬架结构

由于有限带宽主动悬架作动器仅需在一窄带频率范围内工作，所以它降低了系统的成本及复杂程度，比全主动悬架便宜得多。尽管如此，它的主动控制仍然覆盖了主要的车身振动，包括纵向、俯仰、侧倾以及转向控制等要求的频率范围，改善了车身共振频率附近的行驶性能，提高了对车身姿态的控制，性能可达到与全主动系统很接近的程度。

就实用性及商业竞争力而言，有限带宽主动悬架的应用前景较好。专家普遍认为采用气液控制慢主动系统在商用领域最有发展前途，但若想在今后有重大的发展，还得要求在电液阀技术方面有大的突破来降低成本。两个有限带宽主动悬架系统实施方案如图 10.29 所示。

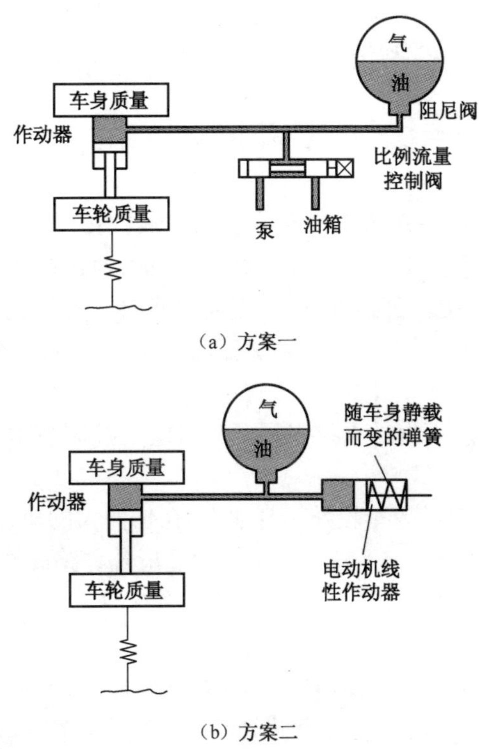

(a) 方案一

(b) 方案二

图 10.29　有限带宽主动悬架系统实施方案

限制主动悬架在商用领域发展的因素，按其重要程度可排列为：造价、能量消耗、增加的重量、安全性和可靠性。另外，一些功能稍差但造价低得多的可控子系统将继续得到工业界的关注。这些子系统有连续可变阻尼器、侧倾控制和车高控制系统。其实，如果这三个子系统能够被运用并且结合得比较好的话，它们能够共同完成一个有限频带宽度系统所能提供的大部分功能，而造价和能量消耗却可能低很多。

10.6.6　半主动悬架

半主动悬架通常是指悬架元件中弹簧刚度和减振器阻尼系数之一可以根据需要进行调节控制的悬架。为了减少执行机构所需的功率，半主动悬架研究主要集中在调节减振器的阻尼系数方面。阻尼可以根据需要进行调节的减振器也称为可调阻尼减振器或主动减振器，在概念上类似普通减振器，但其工作油液的通流面积可以通过控制阀来进行调节。完成这一工作仅需要提供调节控制阀、控制器和反馈调节器等所消耗的较小功率，能够达到半波近似主动悬架的控制规律，因而代表了主动悬架与被动悬架之间的折中。

采用电子控制的半主动悬架可以进行悬架刚度与减振器阻尼系数的有级调节和车高的自动调节控制，它主要用在高级轿车和面包车上，且应用范围正在扩大。丰田汽车公司生产的具有车高调节、悬架刚度和减振器阻尼“软/中/硬”有级转换控制的半主动悬架系统结构，可以对四个车轮进行单独控制。在不同汽车上所采用的控制系统 ECU 结构和输入输出信号大同小异，ECU 主要由输入电路、微处理器、输出电路和电源电路等四部分组成。

10.6.7 奔驰主动悬架系统

奔驰公司研发的主动式车身控制（Active Body Control，ABC）系统，可算是相对先进的主动悬架系统代表。

ABC 系统的设计人员从一开始就没有将注意力放在传统的思路上，而是另辟蹊径，集中研究车身在行驶时的跳动。他们认为，从稳定性考虑，通过抑制车身在行驶时的起伏、倾斜及跳动，可以最大限度地提高舒适性，而且更简单直接。对驾驶而言，采用刚性较大的螺旋弹簧，可以使汽车优越的操纵驾驶性得到保证。早在多年前，研究人员已经进行过这方面的验证。随着近年来电子技术及计算机控制在轿车上大量应用，这种新型主动悬架变为现实的条件越来越成熟。最新面世的系统采用了大量电子控制技术，奔驰公司称之为主动式车身控制系统，简称 ABC。

ABC 系统通过感应最轻微的车轮及车身动作，在任何大的车身振动之前及时对悬架系统作出调整，保持车身的平衡。该系统能够很好地适应各种路面情况，即使在异常崎岖不平的地方，轿车也能保持优越的操纵性、舒适性及方向稳定性。

为了达到理想的效果，ABC 系统在各条悬架滑柱内装有一套新型的液力调节伺服器，可动态调整的液压缸根据不同的路面情况自动调节螺旋弹簧座的位置，这一点很重要。当车轮遇到障碍物时，ABC 系统通过传感器感知，自动调节弹簧座，并在弹簧座上施加压力，使之能最大限度地抵消传递给车身的跳动能量。同样的方法，ABC 系统还能够避免轿车在制动、加速及转弯时产生的车身倾斜。当汽车制动或拐弯时的惯性引起弹簧变形，悬架传感器会检测出车身的倾斜度和横向加速度。计算机根据传感器的信息，与预先设定的数值进行比较计算，并立即确定在什么位置上将多大的负载加到悬架上，使车身的倾斜减到最小。几乎可以说，车身在任何状态下都能保持水平位置。

ABC 系统的控制感应装置由两个微型处理器及 13 个传感器组成，每 10μs 对悬架系统作一次扫描和调整。各传感器分别向微处理器传送车速、车轮制动压力、踏动油门踏板的速度、车身垂直方向的振幅及频率、转向盘角度及转向速度等数据。计算机不断接收这些数据并与预先设定的临界值进行比较。同时，计算机能独立控制每一个车轮上的执行元件，从而能在任何时候、任何车轮上产生符合要求的悬架运动以适应汽车的每一种行驶状况。

ABC 系统使汽车对侧倾、俯仰、横摆、跳动和车身高度的控制都能更加迅速、精确，即使在路况较差的路面上，汽车的跳动也很小。而且汽车高速行驶和转弯的稳定性大大提高。

车身的侧倾小,车轮外倾角度变化也小,轮胎就能较好地保持与地面垂直接触,使轮胎对地面的附着力提高,以充分发挥轮胎的驱动制动作用。此外汽车的承载质量无论如何变化,汽车始终能保持一定的车身高度,所以悬架的几何关系也可以确保不变。

目前,这种主动式车身控制系统已经应用在奔驰最新的C系列轿车上,虽然价格不菲,但也赢得极佳的口碑,被誉为是动力性能和乘坐舒适性改进的一个里程碑。

10.6.8 悬架技术发展趋势

被动悬架在一定的时间内仍将是应用最广泛的悬架系统,通过进一步优化悬架结构和参数可以继续提升悬架性能。主动悬架性能优越,出于成本原因还只能成为高级轿车和赛车的装备。它的研究重点在于高性能的作动器和基于神经网络的控制策略方面。半主动悬架性能优于被动悬架,成本比主动悬架低得多,应该是今后悬架系统的主要发展方向。研究性能可以提高,调节方便的可调阻尼减震器和算法简单有效的控制策略将是半主动悬架走向大众的必经之路。

汽车悬架今后需要解决的技术有:①油气悬挂技术:由油气部件和弹簧系统共同支撑车体,根据汽车变化的承载质量,由油气部件调节悬架的水平位置,使弹簧保持正常的使用位置。②阻尼可调节减振器:由传感器感知汽车行驶时的状况,包括载荷的大小、路面是否平整、是否转弯、是否加速或制动等,经电控单元分析判断,通过电磁阀液压系统,调节减震器的阻尼。③全主动悬架技术:通过电液系统不仅调节阻尼而且调节弹力、水平位置等。

针对悬架系统的非线性特点,研究适宜的悬架系统电控技术是汽车悬架系统振动性能改进的方向。悬架位于车身与轮胎之间,对车辆的运动性能、乘坐舒适性有重大的影响。按照路面行驶工况最优控制,悬架性能以确保车辆行驶性能与乘坐舒适性,电子控制悬架将进一步向高性能方向发展。作为实现这种对悬架的优化控制的方式之一,是利用"预测传感器"进行预测控制。目前已提出了多种方案,并期待着这种新式传感器的出现。另外,从地球环境来考虑,为进一步节约能源,悬架控制向高压力化、高电压化、小型轻量化发展。在控制理论方面正在致力于模糊逻辑控制、神经网络控制等应用于悬架方面的研究。

从外表上看似简单的悬架,包含着多种力的合作,决定着轿车的稳定性、舒适性和安全性,是现代轿车十分关键的部件之一。随着汽车结构和功能的不断改进和完善,研究汽车振动,设计新型悬架电控系统,将振动控制到最低水平是提高现代汽车品质的重要措施。目前,汽车悬架系统已进入到利用电子控制器进行控制的时代。运用较优的控制方法,得到高性能的减振效果,且使能耗尽可能的低,是汽车悬架系统发展的主要方向。

10.7 自动变速器

汽车采用自动变速器可以改善性能,特别是可提高安全性和降低油耗。

自动变速器的特点是:

(1) 没有离合器踏板、采用自动起步的离合器。一般是使用液力耦合器或液力变矩器。

(2) 转矩倍增。在牵引力不间断时,液力变矩器可使传动比无级变化。后面的齿轮式辅助变速器可以有级地改变速比,也可以用伺服控制的锥形、多片、单片离合器和可以吸油液力耦合器或变矩器,或者用制动带、多片板、锥形制动器、单相离合器等来实现换挡。

(3) 自动换挡控制。根据车速和发动机负荷或节气门位置进行控制。自动换挡也能由驾驶员用挡位选择杆或通过加速踏板用自动离合装置来控制。

10.7.1 分类组成与工作原理

1. 分类

自动变速器按照汽车驱动方式的不同,可分为后驱动自动变速器和前驱动自动变速器两类;自动变速器按前进挡的挡位数的不同,可分为5个前进挡、3个前进挡、4个前进挡三种;自动变速器按其齿轮变速器的类型不同,可分为普通齿轮式、行星齿轮式和带式传动三种;自动变速器按控制方式不同,可分为传统液力控制自动变速器(液控液力)和电子液压控制(电控液力)自动变速器两种。

2. 组成

电控液力自动变速器由液力变矩器(起步时增扭)、齿轮变速系统(含换挡执行器)、液压自动操作系统、电子控制系统和冷却附加装置等5部分所组成。行星齿轮变速器由离合器、制动器、自由轮和行星齿轮排等组成。自动变速器的结构示意图如图10.30所示,自动变速器的结构组成框图如图10.31所示。

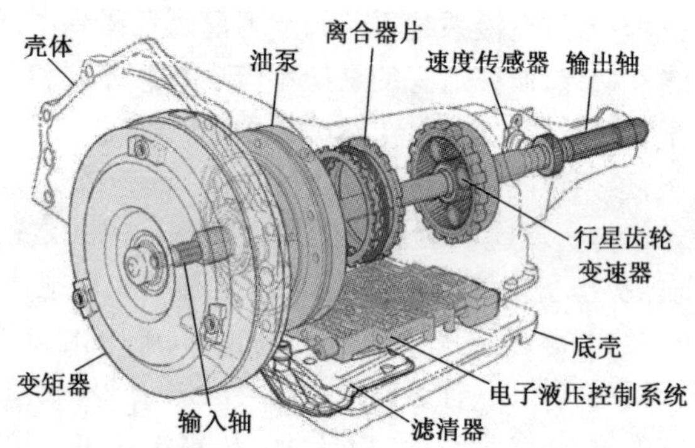

图10.30 自动变速器的结构示意图

电控自动变速器由液力变矩器、行星齿轮机构、液压控制系统、电子控制系统组成。其中,变矩器由泵轮、涡轮和定轮(导轮)组成。泵轮把机械能转换成工作液的动能,涡轮又把工作液的动能转换成机械能。根据速度差,导轮通过改变角动量而改变工作液体的流动方向,使来自涡轮的转矩大于发动机提供给泵轮的转矩。附加的锁止离合器可防上泵轮和涡轮之间产生滑动。

工作时来自发动机的动力通过变矩器和输入轴传递给行星齿轮变速器。行星齿轮变速器根据加速踏板的位置、车速以及变速杆的位置选择正确的速比,再由输出轴把转矩传给分动器。

变速器充满油泵提供的自动变速器液压油,泵轮与变矩器壳体连成一体,内部径向装有许多弯曲的叶片,而叶片内缘则装有让变速器液压油平滑流过的导环,变矩器壳体经出驱动

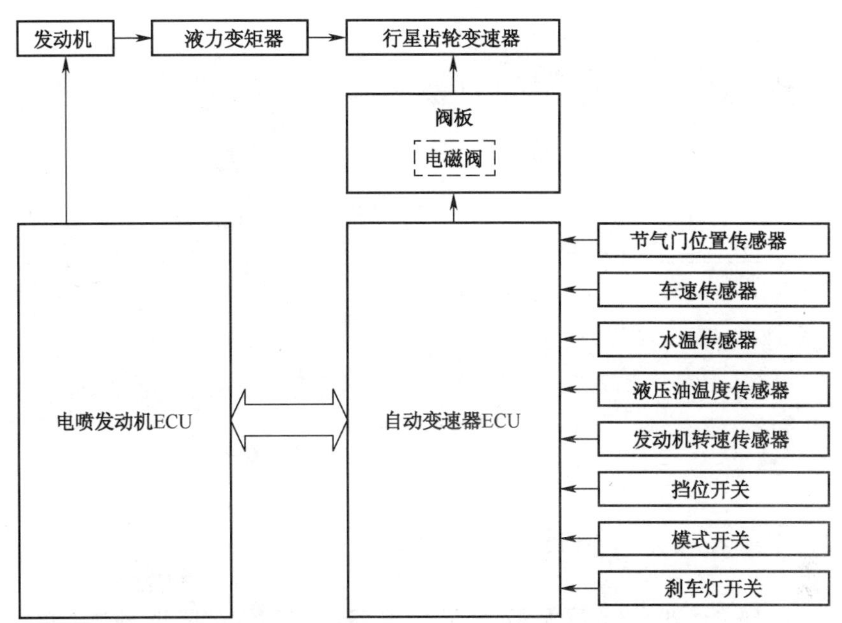

图 10.31　自动变速器的结构组成框图

盘与曲轴相连，涡轮内有许多叶片，叶片与泵轮叶片相对放置中间有一很小的间隙，涡轮叶片的弯曲方向与泵轮叶的弯曲方向相反，涡轮与变速器输入轴相连。

当变速器置于“D(前进挡)”“2”“L(低速挡)”或“R(倒挡)”挡域，车辆行驶时，涡轮就与变速器的输入轴一起转动；在变速器置于“D”“2”“L”或“R”挡域，而车辆停驶时，涡轮不能转动；在变速器置于“P(驻车挡)”或“N(空挡)”挡域时，则与泵轮一起自由转动。

导(定)轮位于泵轮与涡轮之间，安装在导轮轴上，导轮轴则经由单向离合器固定在变速器壳体上。导轮的作用为定轮叶片截住离开涡轮的变速器液压油，改变方向使其冲击泵轮的叶片背部，给泵轮一个额外的助推力。

变矩器输出扭矩增大原理为：当液体离开泵轮冲击涡轮时，把液体能量传递给涡轮并使其转动，与此同时流经涡轮的液体从中间流出，撞击导轮叶片的正面(此时单向离合器锁止)，液体受到导轮正面叶片的阻挡而产生液体折射，具有方向性的液体返回到泵轮叶片上，而这种具有方向性的液体起到了帮助发动机转动泵轮的作用。流动的液体对导轮产生的作用力矩，可以使变矩器的输出扭矩提高。自动变速器工作原理图如图 10.32 所示。

工作时，控制装置接受到各种必要的参数信息，以便选择所需要的挡位。为了使控制装置能够接通所需挡位，驾驶员有必要选定“特定的”速度。这种“特定的”输入信号由变速杆 13、程序开关 14、节气门电控计 2 和低速挡开关 16 进行传递。控制装置比较车轮速度传感器 15 传来的“实际”情况，并触动电磁阀。在换挡过程中，控制装置影响发动机转动状况；空调和巡航控制系统，使换挡摆动降低到最低程度。汽车在三挡和四挡高速行驶时，通过电磁阀向变矩器离合器提供机油压力，使离合器接合，并避免了普通变矩器产生的滑动。用于中央差速器的电磁阀，在前后桥速度不等时工作，锁止住多片离合器，通过防抱死制动系统的车轮速度传感器把速度传递给控制装置。

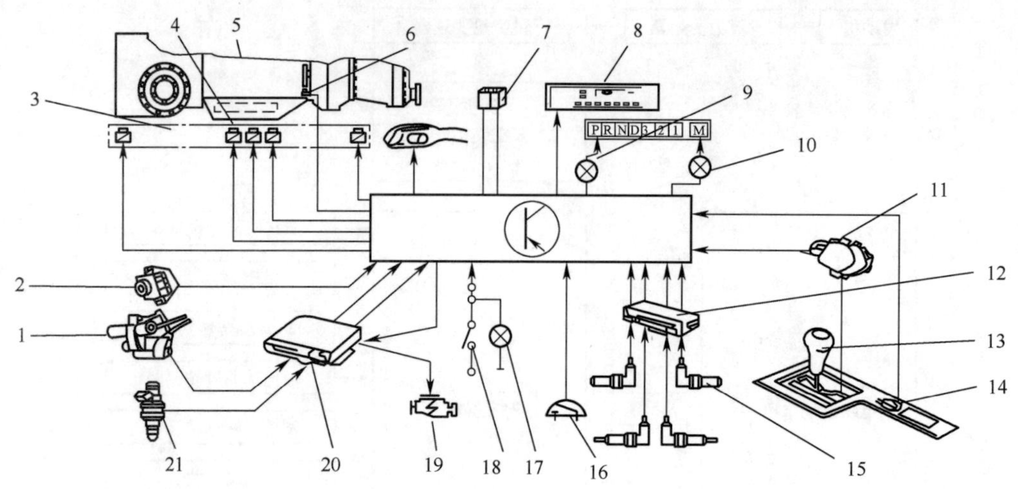

图 10.32　自动变速器工作原理图

1—速度发送器;2—节气门电控计;3—电热阀组;4—电热阀;5—自动变速器;6—速度传感器;7—故障诊断插头;8—空调;9—变速杆位置灯;10—程序显示灯;11—多功能开关;12—防抱系统控制器;13—变速杆;14—程序开关;15—车轮速度传感器;16—低速挡开关;17—制动灯;18—制动灯开关;19—发动机点火;20—燃油喷射控制器;21—喷油器。

当短时间停车(如遇交通信号红灯)和踩下制动踏板时,变速器控制开关自动挂入第三挡,以降低蠕动移行趋势。松开制动踏板后,汽车自动回到第一挡行驶。

发生故障时,汽车始终挂入四挡,变速杆位置指示灯闪亮。如果关闭发动机后又启动,汽车将按照编好的程序在三挡继续行驶。

10.7.2　挡位动力传递流程

自动变速器的机械部分向各挡位提供动力。由控制装置操纵的电磁阀,沿通道把机油压力传给相应的离合器或制动器,通过锁上或松开各油或齿轮来选择挡位。自由轮起锁止作用,并只允许沿一个方向旋转。

1. 自动变速器一挡动力传递

自动变速器一挡的动力传递示意图如图 10.33 所示。自动变速器处于一挡位置时,离合器 A 和 E 接合,行星齿轮排 3 的前行星齿轮架由自由轮控制不动,超速行驶时该行星架被松开,行星齿轮排 4 锁止并一同转动。变速杆在输入位置时,在一挡时制动器 D 也处于接合状态,从而维持发动机制动功能。

动力由发动机而来,经变矩器 2、离合器 A、行星齿轮排 3、行星齿轮排 4、离合器 E、自由轮 K 向外输出。

2. 自动变速器二挡动力传递

自动变速器二挡的动力传递示意图如图 10.34 所示。自动变速器处于二挡位置时,离合器 A、E 和制动器 C′、C 接合,自由轮 I 自由转动。行星齿轮排的空心轴连同太阳轮保持不动,行星齿轮排 4 锁止并一同转动。

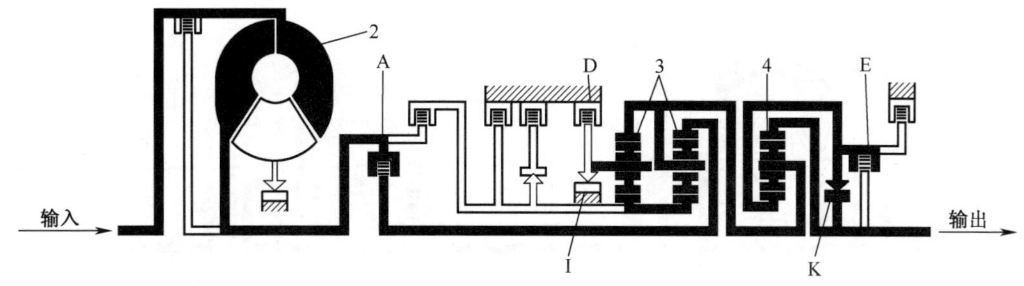

图 10.33 自动变速器一挡的动力传递示意图
I—自由轮;K—自由轮;
A—离合器;D—制动器;
3—行星齿轮排;4—行星齿轮排;
E—离合器;
2—变矩器。

动力由发动机而来,经变矩器 2、离合器 A、制动器 C′和 C、行星齿轮排 3 右半部分、行星齿轮排 4、离合器 E、自由轮 K 向外输出。

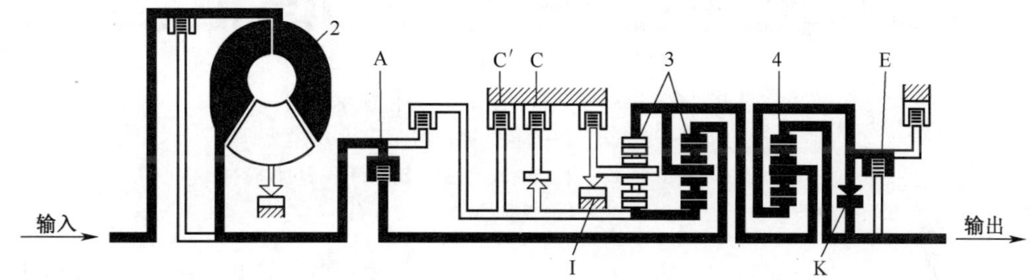

图 10.34 自动变速器二挡的动力传递示意图
I—自由轮;K—自由轮;
A—离合器;C—制动器
3—行星齿轮排;4—行星齿轮排;C′—制动器
E—离合器;
2—变矩器。

3. 自动变速器三挡动力传递

自动变速器三挡的动力传递示意图如图 10.35 所示。自动变速器处于三挡位置时,离合器 A、B、E 和制动器 C 接合;自由轮 I 和 H 自由转动。行星齿轮排 3 和 4 锁止并以 1∶1 的比率一同转动,达到一定的行驶速度时,变矩器被锁止。

动力由发动机而来,经变矩器 2、离合器 1、离合器 A 和 B、制动器 C、行星齿轮排 3 和 4、离合器 E、自由轮 K 向外输出。

4. 自动变速器四挡动力传递

自动变速器四挡的动力传递示意图如图 10.36 所示。自动变速器处于四挡位置时,离合器 A、B 和制动器 C、F 接合,自由轮 K、I 和 H 自由转动。行星齿轮排 3 锁止并一同转动,

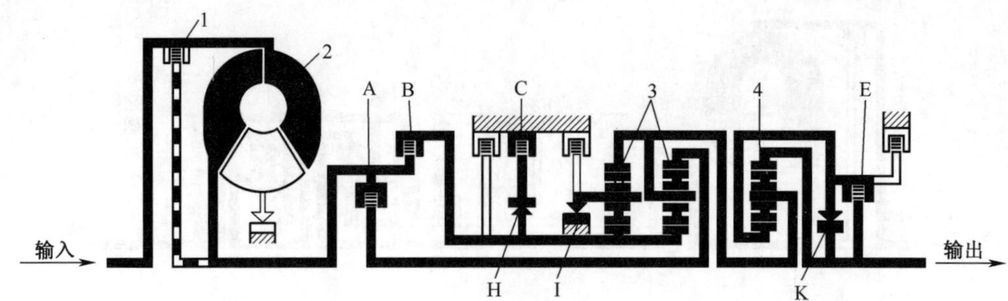

图 10.35　自动变速器三挡的动力传递示意图

1—离合器;2—变矩器;I—自由轮;H—自由轮;A—离合器;B—离合器;
E—离合器;C—制动器;K—自由轮;3—行星齿轮排;4—行星齿轮排。

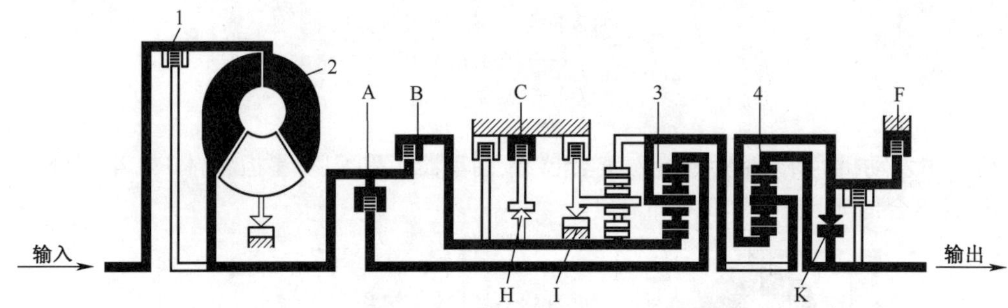

图 10.36　自动变速器四挡的动力传递示意图

1—离合器;2—变矩器;H—自由轮;A—离合器;B—离合器;
C—制动器;I—自由轮;K—自由轮;3—行星齿轮排;4—行星齿轮排;
F—制动器。

行星齿轮排 4 的空心轴连同太阳轮保持不动。达到一定的行驶速度时,离合器 1 锁住液力变矩器。

动力由发动机而来,经变矩器 2、离合器 1、离合器 A 和 B、制动器 C、自由轮 H 和 I、行星齿轮排 3 右侧、行星齿轮排 4、制动器 F、自由轮 K 向外输出。

5. 自动变速器倒挡动力传递

自动变速器倒挡的动力传递示意图如图 10.37 所示。自动变速器处于倒挡位置时,离合器 B、E 和制动器 D 接合,通过锁住行星齿轮排 3 的前行星齿轮架而使输出轴的旋转方向发生变化,而行星齿轮排 4 锁止并一同转动。

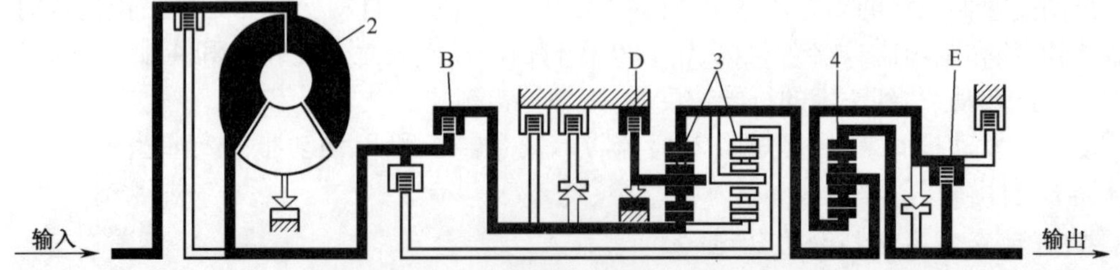

图 10.37　自动变速器倒挡的动力传递示意图

B—离合器;D—制动器;2—变矩器;3—行星齿轮排;4—行星齿轮排;E—离合器。

动力由发动机而来，经变矩器2、离合器B、制动器D、行星齿轮排3左半部分、行星齿轮排4、离合器E及输出轴向外输出。

10.7.3　自动变速器控制装置

自动变速器控制装置通过各种参量接收下列信息：发动机负荷、发动机和变速器转速、变速杆和程序开关位置。根据这些信息，控制装置可以计算出各种情况下所需的挡位，如有必要，则进行换挡操作。

驾驶员利用程序开关可以选择三个不同的程序：E-经济型；S-运动型；M-手动型。

(1) E位置，即使发动机转速较低时，也可以换入下一个高挡、经济程序特别适用于经济和舒适型驾驶。

(2) S位置，只有当发动机转速较高时才能换入下一个高挡，该程序主要用于运动型驾驶。

(3) 采用上述两种驾驶程序时，通过换低挡开关，可以充分利用发动机的全部功率。

M位置，驾驶员可以在一至四挡之间手动选择合适的挡位，该程序显示在仪表板上。这个程序既可以使汽车像装有手动变速器那样行驶，又无须像手动变速器那样必须踩离合器踏板。

电磁变速杆锁止机构保证只有在踩下制动踏板时，才可以把变速杆从N或P位置换入某一挡位。这样就迫使驾驶员在换挡前必须踩下制动踏板。

10.8　车身自动水平调整系统

汽车车身自动水平调整系统是借助安装在后桥上的水平调整系统，使汽车车身后部装到最大载荷时都能够使车身保持在离地基本等高的水平位置上，从而改善汽车的通过性以及行驶的舒适性。其作用有以下几点：

(1) 使汽车的离地间隙不随载荷的增大而减小。当汽车加载后，自动水平调整系统起作用，使后倾车身又回到水平位置，从而保证了汽车最小离地间隙不会被损坏，进而保证了汽车的通过性。

(2) 使汽车大灯保持正常的位置。不会因汽车加载后，后车身下降，前大灯光线抬高，从而影响光照强度和光照面积。

(3) 保证转向和行驶状态不被损害。不会因重心后移使前轮的附着力减小而使转向盘发飘行驶跑偏。

(4) 保持后桥弹簧的全部行程。如果没有此系统，当汽车加载到最大载荷时，会使后桥减振弹簧压缩到最小收缩状态而造成减振作用失效。

(5) 使后桥主悬架柔软，故汽车的行驶舒适性较好。装有自动水平调整系统的汽车，后桥的载荷不仅依靠钢铁减振弹簧支撑，而且还靠两个气囊（弹力储能器）来支撑，这不但消除了车身的振动，而且大大降低了内部的噪声，从而提高了汽车行驶的平顺性和舒适性。

车身自动水平调整系统一般应用在轿车上，可分为两种：电调节和液压调节。液压调节结构较简单，维修方便，故使用较广泛。

图 10.38 所示是应用在轿车上常见的液压调节的车身自动水平调整系统布置图。该系统主要由高压液压泵，油罐，水平调整阀，左、右弹力储能器，左、右弹簧液压缸等组成。

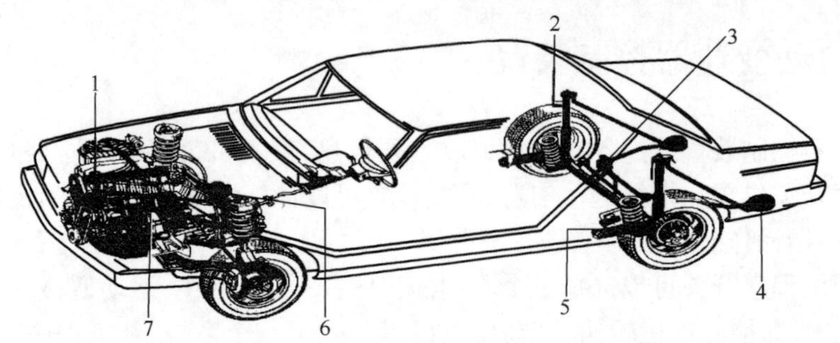

图 10.38 车身自动水平调整系统布置图

1—高压液压泵；2—弹簧液压缸；3—水平调整阀；4—弹力储能器；5—制动力调整器；6—油罐；7—弹性软管。

高压液压泵与发动机装在一起，用 V 带驱动。弹簧液压缸安装在后桥减振器的位置上。水平调整阀固定在车身上，并通过一个杠杆和一个连接杆受后桥控制。弹力储能器里面充入氮气，安装在翼子板附近。油罐固定在车厢前壁上，它用来储存动力油。缓冲软管与高压液压泵连接，并能减少压力噪声。

1. 油路循环路线

油路循环路线示意图如图 10.39 所示。工作时，动力油从高压液压泵 1 流出，经过弹性软管 13 和高压油管 12 至水平调整阀 5；再从水平调整阀经回油管 4 到油罐 3，或者经储能器油管 6 进入弹簧液压缸 10。

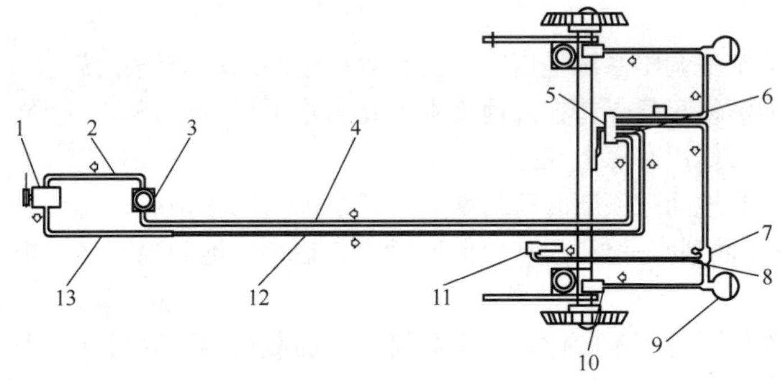

图 10.39 油路循环路线示意图

1—高压液压泵；2—吸油管；3—油罐；4—回油管；5—水平调整阀；6—储能器油管；7—分配阀代减压螺钉；8—控制油管；9—储能器；10—弹簧液压缸；11—制动力调节器；12—高压油管；13—弹性软管。

发动机运转时，高压液压泵把动力油从油罐中吸出，经水平调整阀后已没有压力的动力油又流回油罐。

如果轿车后部受力，高压油从水平调整阀进入左、右弹力储能器，左、右弹簧液压缸和制动力调整器。由于压力的提高而推动弹簧液压缸增高，使下降的后车身又回到水平位置，同时至液压缸的油路循环又恢复了。

2. 水平调整阀工作原理及车身水平自动调整

水平调整阀示意图如图 10.40 所示。回转滑阀 3 左端通过花键与阀杆垂直连接,阀杆经连接杆与后桥相连,随车身上下运动而带动回转滑阀转动,改变动力油的流向。回转滑阀有两个控制槽,它的转动使控制槽 I 接通或断开与回油管的通路。水平调整阀右侧的弹簧压力可以调整,从而调整了进入弹力储能器的高压油油压。减压孔 2 的作用是降低从控制槽 I 流出的高压油的油压,定量杆 1 用来确定由溢流孔回流到油罐的流量。

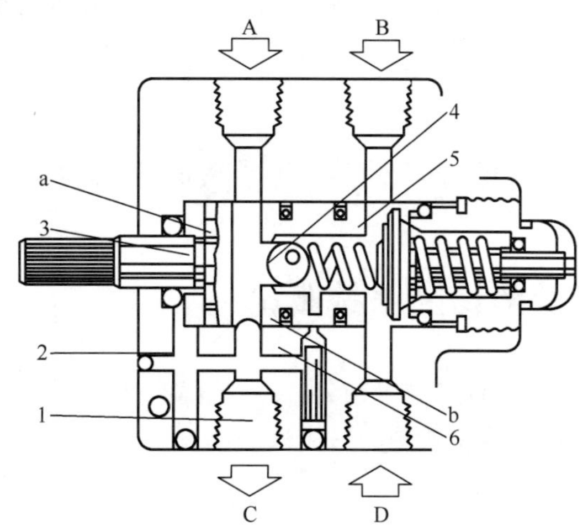

图 10.40　水平调整阀示意图

1—定量杆;2—减压孔; 3—回转滑阀;4—止回阀;5—限压阀;6—溢流孔;a—控制槽 I; b—控制槽 II;
A—来自高压油管的油;B—来自左弹力储能器的油;C—流向液压缸;D—来自右弹力储能器的油。

3. 汽车车身自动水平调整过程

1)车身处于无加载的水平状态

轿车车身处于无加载水平状态位置时,油管经过水平调整阀的回转滑阀的控制与回油管相通。单向止回阀和限压阀此时关闭,限压阀要保持弹力储能器的最小压力。这时由高压液压泵流出的动力油经高压油管、水平调整阀、回油管流回油罐。

2)汽车后部加载

当轿车后部加载后,后车身下沉,水平调整阀的阀杆带动回转滑阀向里旋转。当阀处于“上调”位置时,回转滑阀上的控制槽 I 将回油管关闭,油压不断上升,克服单向阀的弹簧力打开单向阀和限压阀。由于高压油油压的作用,抬高汽车的后部,直到车身重新回到水平位置。回转滑阀的阀杆又带动阀芯旋转到水平位置,回转滑阀的控制槽 I 将回油管接通,动力油直接回到油罐。这时,单向阀关闭,限压阀由于弹力储能器的较高压力而打开。

在加载过程中,高压油从高压液压泵经高压油管、水平调整阀进入弹力储能器和弹簧缸。

3)汽车处于水平状态加载后

汽车处于水平状态加载后,在水平调整阀的作用下,高压油管经过回转滑阀的控制槽与回油管接通,动力油无压力地流入回流管,进入油罐。此时单向阀关闭,而限压阀由弹力储能器的较高压力而打开。

从高压液压泵出来的高压动力油经高压油管、水平调整阀、回油管流回油罐。

4) 汽车卸载

汽车后部卸载时,车身上升,水平调整阀阀杆带动回转滑阀阀芯向“下调”位置转动。当回转滑间阀芯处于“下调”位置时,由阀芯上控制槽Ⅰ打开回油管,高压油流入回流管。与此同时,控制槽Ⅱ起作用,它打开溢流阀,高压油从弹簧液压拉和弹力储能器中流出,经溢流孔流入油管。此时汽车后部下降,直至回转阀达到“水平位置”,车身也下降到水平位置。

这个过程的油路循环:一路是高压油从弹簧液压缸与弹力储能器流出经水平调整阀的溢流口、回油管回到油罐;另一路是高压油从高压液压泵流出经高压油管、水平调整阀、回油管回到油罐。

10.9 汽车电子故障诊断技术

10.9.1 汽车电子故障诊断系统概论

现代汽车的电子控制系统越来越复杂,当发生故障时,修理厂的维修人员要判断故障部位变得越来越困难,故障诊断系统就是为适应这一状况应运而生的。诊断系统的功能是向驾驶员或维修人员提供故障情报。

故障诊断系统的具体功能为:

(1) 及时地检测出电子控制系统出现的故障。

(2) 将故障信息以代码形式存储在 ECU 的存储器(RAM)内。

(3) 通知驾驶员电子控制系统已出现故障,通常为点亮仪表板上专设的“电子控制系统故障指示灯”。

(4) 维修时,技术人员可将存入存储器的故障代码调出,为维修人员快速诊断出故障类型提供信息。

1. 非车载式诊断设备

德国大众汽车公司首先提出使用计算机对汽车进行故障诊断。大众公司首先成功地在车辆上装备了诊断用传感器和专用连接器,经过与外设的计算机和检测器联机,将 88 个项目检测结果打印出来。

福特汽车公司推出的汽车故障诊断支持系统(SBDS),通过与授权的汽车维修店计算终端连接,将有关车辆诊断数据传送到总公司的大型计算机上,由专家系统诊断并将诊断结果和维修信息显示出来,并指导维修。

非车载诊断装置的功能主要包括:①检测车辆状态特征;②找出故障部位;③作出维修指示。

2. 车载式诊断设备

为保证汽车行驶安全,车内仪表的各种显示和报警功能都可以看成是一种车内故障诊断装置。简单的仪表显示已经无法满足汽车复杂的控制系统故障诊断的要求。丰田公司曾按照对汽车故障的影响将其分成 A 和 B 两级,A 级包括制动系统、传动系统、安全气囊等对安全有直接影响的故障；B 级包括发动机冷却、风扇皮带打滑、灯光断路等间接影响安全的故障。

通用汽车公司推出的电子点火控制系统（MISAR），具有自诊断功能，它能诊断点火系统故障和检测发动机冷却液温度，蓄电池电压等。为满足环保要求，美国加利福尼亚州环境资源局（CARB）于 1994 年实施更加严格的汽车排放污染限制法规，该法规规定汽车必须具备排放污染控制系统的自诊断功能。

为完善车载诊断装置，必须将诊断项目细化，实现各种系统故障进行集中诊断，使诊断的信息有标准化的输入输出功能，以利用诊断支持系统使用这些信息。

车载诊断设备主要功能包括：①发现故障并分类；②故障报警并加以存储记录；③故障应急处理能力。

汽车故障分类与故障应急系统如图 10.41 所示。车内诊断系统将故障分为：传感器故障、执行器故障、传输电路故障和微机系统故障等 4 类。应根据不同故障特点采取不同的应急处理方法，如传感器故障通常不会危及安全行驶，可以用报警提示的方法进行处理；执行器或微机系统故障，控制系统已经无法完成正确的控制，必须启动应急保险后援装置。16 芯插座各插针端子代号及用途见表 10.1。OBD－Ⅱ（On Board Diagnosis）诊断插座如图 10.42 所示。

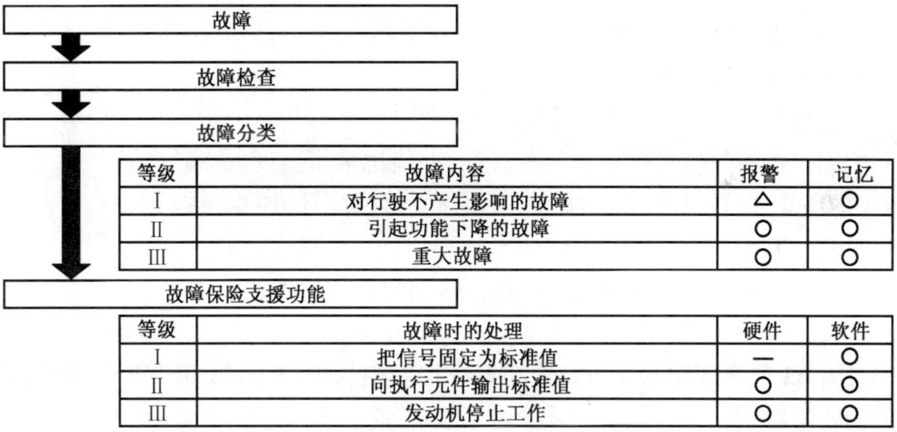

故障

故障检查

故障分类

等级	故障内容	报警	记忆
Ⅰ	对行驶不产生影响的故障	△	○
Ⅱ	引起功能下降的故障	○	○
Ⅲ	重大故障	○	○

故障保险支援功能

等级	故障时的处理	硬件	软件
Ⅰ	把信号固定为标准值	—	○
Ⅱ	向执行元件输出标准值	○	○
Ⅲ	发动机停止工作	○	○

图 10.41　汽车故障分类与故障应急系统

表 10.1　16 芯插座各插针端子代号及用途

代号	连接用途或使用者	代号	连接用途或使用者
1	制造商用	9	制造商用
2	SAEJ1850 规定信息传输线	10	制造商规定信息传输线
3	制造商用	11	制造商用
4	接地（车身）	12	制造商用
5	信号反馈接地	13	制造商用
6	制造商用	14	制造商用
7	ISO9141－2 规定信息传输线	15	ISO9141－2 规定信息传输线
8	制造商用	16	蓄电池正极

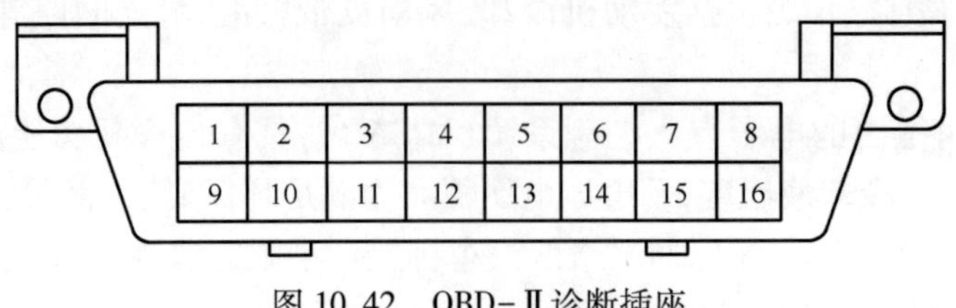

图 10.42　OBD-Ⅱ诊断插座

10.9.2　汽车在线故障诊断监测原理

OBD-Ⅱ是在 OBD、OBD-Ⅰ基础上发展起来的。早期的两种系统由于故障诊断插座是各个制造商自行设计的,对故障的定义也是各自规定的,无法使用通用形式检测仪对不同车型进行诊断。OBD-Ⅱ系统是世界主要汽车制造商提出的,使该系统使用相同的标准插座(16 芯),统一故障码的定义和信息传输格式(SAE 和 ISO)。只要用同一种诊断仪,就能检测出不同车型的故障,大大提高维修效率,降低成本。

1. 功能特点

OBD-Ⅱ的功能特点如下:

(1) 统一的 16 芯诊断插座装在驾驶员侧仪表板下方。

(2) 统一各车型故障码定义。

(3) 具有数据分析和信息传输功能。

(4) 能用仪器消除(已维修汽车)故障码,并能记录新出现故障码功能。

(5) OBD-Ⅱ自诊断软件是新版本,可容纳支持系统升级的需要。

装有 OBD-Ⅱ的汽车还具有以下特点:

(1) 氧传感器通常是加热型氧传感器。附加的氧传感器位于催化传感器之后。前后的氧传感器组合起来对催化转化器的净化率进行监控,同时对燃油控制进行补偿。

(2) 具有 32 位处理器的强功能传动系统控制模块 PCM,应 OBD-Ⅱ的要求,增加 1.5 万个新的标定常数。

(3) 带有 EEPROM 的 PCM,使其中的软件可重新编程,通过终端接口以及外部计算机可对其重新写入新版的软件。

(4) 改进的燃油蒸发污染控制系统,带有一个燃油蒸发排气电磁阀、一个燃油箱压力传感器和一个诊断测试装置。

(5) 增强的排气再循环(EGR)系统,带有一个电子控制的线形 EGR 阀和一个针阀位置传感器,以实现对 EGR 精确监控。

(6) 燃油喷射方式由多点序列喷射(SFI)取代普通多点喷射(MPI)和单点喷射(TBI)。

(7) 进气歧管绝对压力(MAP)传感器和空气流量(MAF)传感器同时使用,更精确地检测发动机的负荷和空气流量。

2. 诊断测试模式

美国机动车工程师法令(SAE)发布了 J2054 号通报,即制定资料通信标准。规定了 14

个诊断测试模式,简称为DTM。这14个模式是:①回到正常模式;②传输诊断资料;③记忆资料清除;④检测RAM资料;⑤元件控制功能;⑥RAM资料选择;⑦RAM资料修改;⑧数据指令显示;⑨切断正常传输;⑩连接正常传输;⑪清除故障记忆;⑫暂停正常传输;⑬根据数值定义诊断;⑭根据记忆故障码定义诊断。

3. 故障码分类

为了减少故障灯点亮的机会,OBD-Ⅱ系统的设计规定如下:一类故障需要在相同的形式工况下检测到两次,MIL才能点亮。而另一类(那些故障立即引起排放明显增加的)故障,则只需检测到一次,MIL立即点亮。所以,在进行故障诊断时应分清故障码类型。OBD-Ⅱ将故障码分为A、B、C和D等4种类型。

A类故障码是最严重的一类,只发生一次,就触发MIL。为了诊断方便,当A类故障码被设置时,OBD-Ⅱ系统同时还储存了一个历史故障码,失效记录和一帧现场数据。

B类故障码是次严重的排放问题。在MIL点亮之前,这类故障码应在两次连续的行驶过程中都发生一次。若在一次行驶过程中发生,而在下一次行驶过程中没有发生,则该故障码还没“成熟”,MIL不点亮。当MIL点亮的条件满足时,所储存的历史故障码,失效记录和一帧现场数据与触发A类故障码时完全相同。

一旦A类和B类故障码已设置,只有在三次连续的行驶的过程中,通过了OBD-Ⅱ系统的自诊断后,MIL才会熄灭。如果故障涉及像P0300随机缺火或燃油平衡问题,那么只有当OBD-Ⅱ系统通过在与触发故障码时相同的工况下的自诊断后,MIL才会熄灭。如果问题仍然存在,可用人为的方式,如用解码器或给PCM断电,消除故障码,但MIL还会重新点亮!

若将一个传感器有意断开,MIL不一定会亮。这取决于这个传感器影响排放的程度(优先级)和OBD-Ⅱ自诊断所需的形式循环系数。

C类和D类故障码与排放问题无明显关系。C类故障码点亮MIL(或其他报警灯),但D类故障码不点亮MIL。

4. 故障码定义

SAE规定OBD-Ⅱ故障码由5位组成。

第一位是英文字母,代表测试系统。P表示发机动和变速器故障;B代表车身故障;C代表底盘故障;U代表车载网络故障。

第二位到第五位为数字码。每个代码均有特殊含义。例如,故障码P1352可表示如下含义。P代表测试系统,在此表示发动机和变速器故障;I代表汽车制造厂商(0代表SAE)定义的故障;3代表SAE定义的故障范围(0~9其中0,9为SAE预留);52代表原厂故障码(00~99)。故障码P0000~P0999为SAE统一规定。

OBD-Ⅱ将发动机和变速器的故障码大致分为如下10类:P01XX——燃油和进气系统;P02XX——燃油和进气系统;P03XX——点火系统;P04XX——排放污染物控制相关系统;P05XX——车速传感器和怠速控制相关系统;P06XX——控制计算机相关系统;P07XX——变速器故障码;P08XX——变速器故障码;P09XXSAE——预留部分;P00XX——SAE预留部分。

5. 故障读取、消除与测试

1）故障码读取

多数汽车系列发动机故障码是通过指示灯或仪表板上发动机检测灯的闪烁读出的。如通用 GM 车系和丰田 TOYOTA 车系跨接 OBD-Ⅱ诊断插座 5#和 6#端子,克莱斯勒车系跨接 13#和 15#端子,三菱 MITSUBIS 车系 1#端子接地,从仪表板 CHECK ENGINE 灯闪烁读取发动机故障码;富豪 VOLVO 车系,在 3#端子跨接指示灯,读取发动机故障。

三菱车系的变速器故障码、ABS 故障码、SRS 故障码、巡航检测故障码,都是通过 4#端子将指示灯分别跨接 6#、8#、12#、13#端子由指示灯闪烁读出的。

2) 故障码的清除方法

只要将蓄电池负极搭铁线拆除 15s 以上,即可清除故障码(ABS、SRS 故障码除外)。如三菱车系的 ABS 故障清除方法是:在点烟器后方有一个两针插头,分别为红/黄和绿/白线,这两条线分别与 ABS 计算机 9#、10#端子连接:

(1) 跨接上述两接头,将点火开关 ON,测试 ABS 电磁阀全开,显示灯闪烁。

(2) 等待 7s 以上将点火开关 OFF,并将跨接断开。

(3) 将点火开关再 ON,即完成清除 ABS 故障码。

3) OBD-Ⅱ测试循环

当一个排放问题"修复"之后,需要进行 OBD-Ⅱ测试循环。

OBD-Ⅱ测试循环的目的是使 PCM 运行全部 OBD-Ⅱ自诊程序,使所有系统状态复位。先削除 PCM 的 RAM 中的故障码,再进行 OBD-Ⅱ测试循环。OBD-Ⅱ测试循环从冷启动开始,冷却液温度低于 50℃,而且冷却液与空气的温度差在 6℃之内。在冷启动之前,应先将点火开关置于 ON 位置,使加热型氧传感器达到工作温度。OBD-Ⅱ的测试循环如下:

(1) 发动机启动后,在怠速状态打开空调和后除霜器 2.5min。OBD-Ⅱ检查氧传感器加热电路、空气泵和蒸发排放净化系统。

(2) 关闭空调和后除霜器,加速至 88km/h,节气门保持半开。OBD-Ⅱ检查点火缺火,燃油调整和炭罐净化功能。

(3) 保持 88km/h 的速度 3min。OBD-Ⅱ检查 EGR、空气泵、氧传感器和炭罐净化功能。

(4) 减速至 32km/h,不踩制动和离合器踏板。OBD-Ⅱ检查 EGR 和净化功能。

(5) 再加速至 88~96km/h,节气门开度为 3/4。OBD-Ⅱ再次检查缺火、燃油调整和净化功能。

(6) 保持 88~96km/h 的速度 5min。OBD-Ⅱ检查催化转换器效率、缺火、EGR、燃油调整、氧气传感器和净化功能。

(7) 减速(方式同(4))至停车不踩制动踏板。OBD-Ⅱ最后检查 EGR 和炭罐净化。

6. 故障监测原理

1) 传感器系统

水温传感器故障诊断方法和水温传感器电路故障示意图如图 10.43 和 10.44 所示。通过界面电压和水温工作规律判断水温传感器和相关电路故障。

高数据传送率曲轴传感器如图 10.45 所示。通过每个气缸曲轴加速度的贡献率判断气缸的缺火。

前氧传感器电压变化波形和后氧传感器电压变化波形如图 10.46 和图 10.47 所示。通过主、副氧传感器工作时电压随时间变化波形,判断空燃比闭环与三元催化转换器控制系统故障。通过主氧传感器工作时电压随时间变化的波形判断氧化锆传感器铅中毒与硅污染。

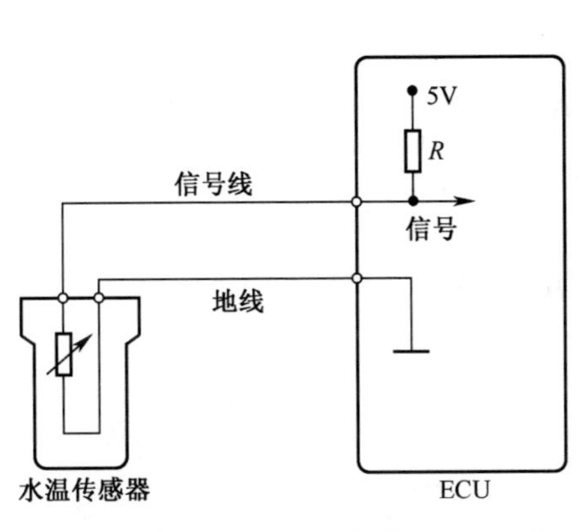

(a) 水温传感器工作电路

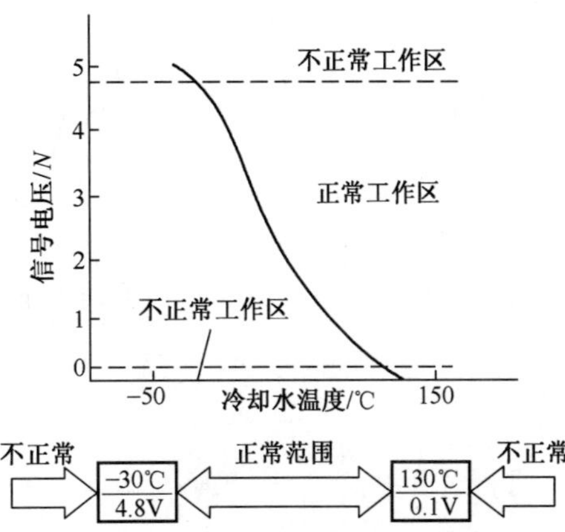

(b) 水温传感器输出特性与故障确定

图 10.43　水温传感器故障诊断方法

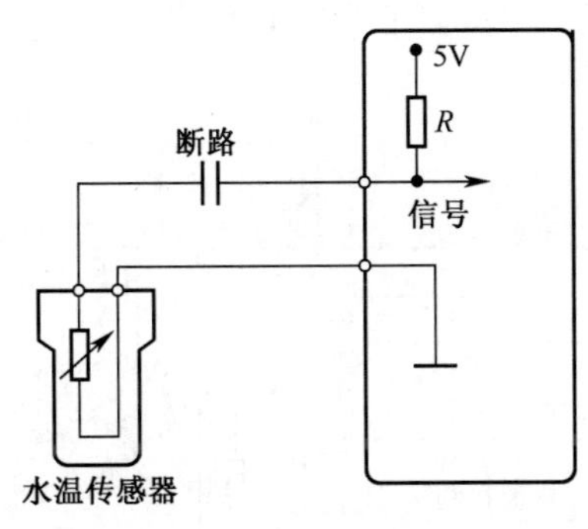

(a) 电路出现短路时

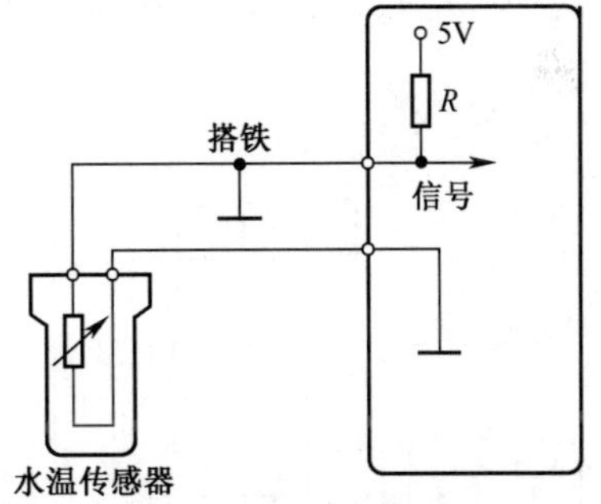

(b) 电路出保险搭铁短路时

图 10.44　水温传感器电路故障示意图

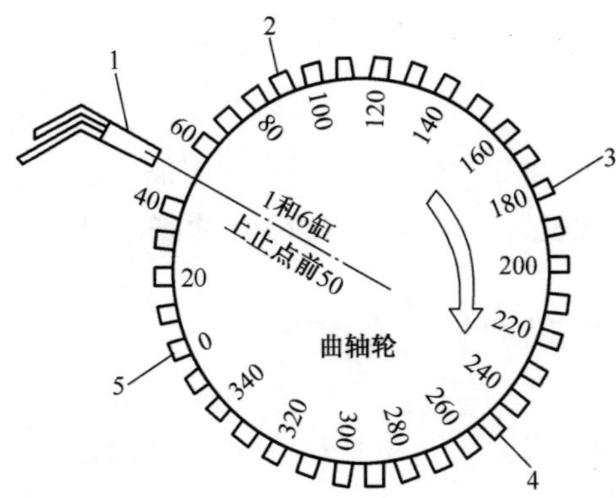

图 10.45　高数据传送率曲轴传感器

1—曲轴位置传感器；2—二缸和八缸上止点；3—四缸和七缸上止点；
4—三缸和五缸上止点；5—一缸和六缸上止点。

2）执行器系统

点火系统故障诊断示意图如图 10.48 所示。ECU 通过监测 IG_f信号判断气缸是否缺点

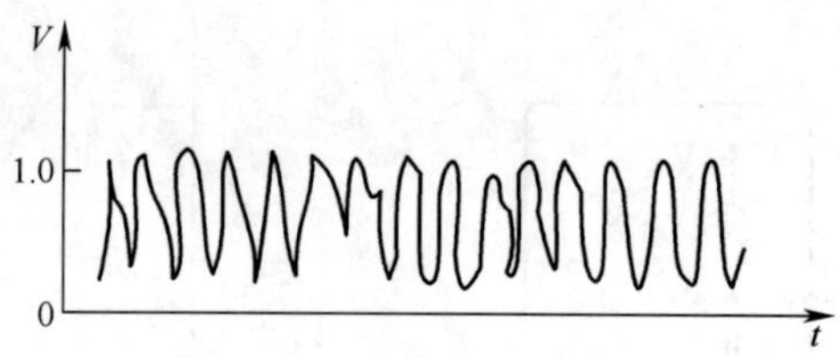

图 10.46　前氧传感器电压变化波形

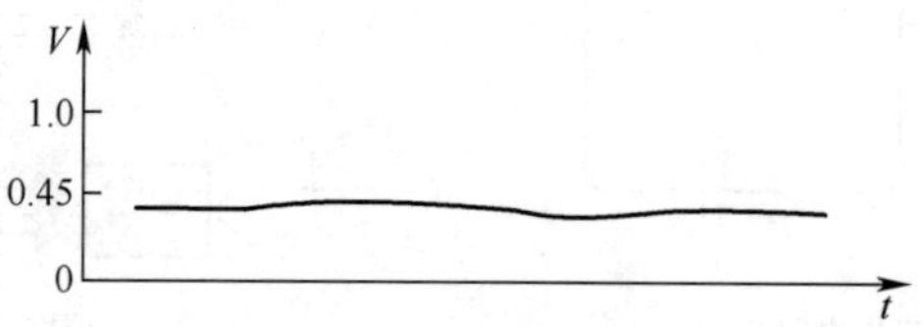

图 10.47　后氧传感器电压变化波形

火。另外,ECU 通过监测回流泵式 ABS 泵电动机的工作时间判断 ABS 液压系统是否泄漏。

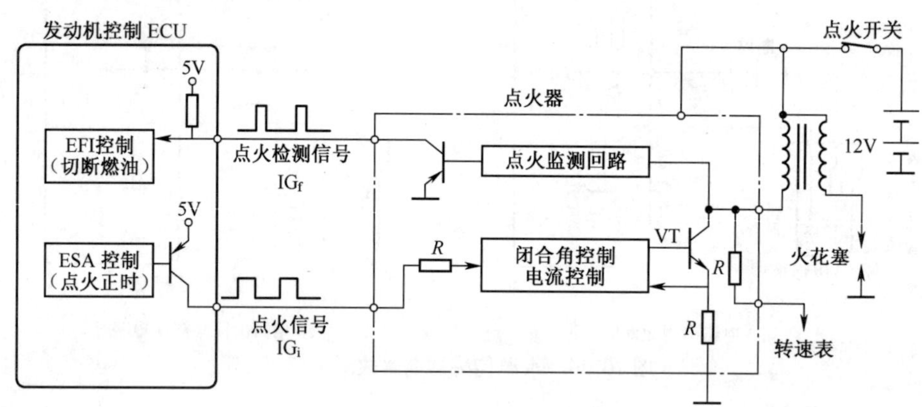

图 10.48　点火系统故障诊断示意图

3）电子控制器

点火系统 ECU 控制故障诊断电路图如图 10.49 所示。ECU 的监测包括对通信的测试、校验和确认以及内部硬件的测试。SRS 通过双 CPU 实行不对称冗余测试。

10.9.3　汽车故障访问与故障诊断原则

电控汽车的故障访问分为人工访问和机器访问,从技术发展的角度看,今后以人工诊断为辅,机器诊断为主。在进行电控汽车故障诊断时必须遵循故障诊断的基本原则和 6 个步骤。

1. 汽车故障诊断基本原则

在进行汽车电控故障诊断时,首先应判定该故障是否与微机系统有关。如果发现发动机有故障,而警告灯并未发亮(未显示代码),在大多数情况下,该故障可能与发动机微机控制无关。此时,就应该像发动机没有装微机那样,按照基本诊断程序进行检查。否则,可能

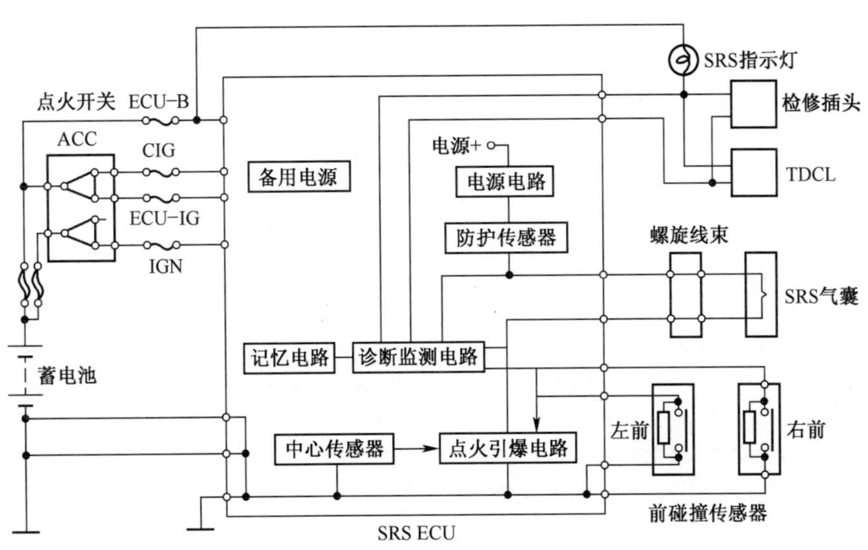

图 10.49　点火系统 ECU 控制故障诊断电路图

遇到一个本来与微机无关的简单故障,却去检查微机系统的传感器、执行器和电路等,花费了很多时间,而真正的故障反而没有找到。

2. 汽车故障诊断步骤

如果发现电控发动机故障警告灯发亮,则应进行:①用户调查;②目测检查;③基本检查;④车载自诊断检查;⑤专家系统机器检查;⑥疑难故障分析。

参 考 文 献

[1] 史文库．现代汽车新技术[M].2 版．北京:国防工业出版社,2013.

[2] 舒华,姚国平．汽车新技术[M].2 版．北京:国防工业出版社,2012.

[3] 邢忠义．汽车新结构与新技术[M].2 版．北京:机械工业出版社,2014.

[4] 毛彩云,陈学深．汽车新技术及典型故障诊断维修[M]．北京:机械工业出版社,2010.

[5] 李艳菲．汽车文化与新技术[M]．北京:机械工业出版社,2013.

[6] 嵇伟,桂江一．汽车新技术新配置[M]．北京:机械工业出版社,2012.

[7] 姜立标．现代汽车新技术[M]．北京:北京大学出版社,2012.

[8] 田晋跃．现代汽车新技术概论[M].2 版．北京:北京大学出版社,2014.

[9] 李朝晖,杨新桦．汽车新技术[M].2 版．重庆:重庆大学出版社,2012.

[10] 黄武全,符旭．汽车材料[M]．重庆:重庆大学出版社,2011.